エリクの木版画（1925年頃）。
1905年, カーラとテオドール・ホンブルガー（後景）はハネムーンでコペンハーゲンに向かった。そのときの, 船上のエリク（前景）。

カーラ・アブラハムセン。
コペンハーゲン, 1895年頃。

エリクとカーラ・アブラハムセン・
ホンブルガー。
カールスルーエ, 1906年頃。

エリクと最初の異父妹, エルナ・ホン
ブルガー。
カールスルーエ, 1907-8年。

エリクと異父姉妹エレン（左），ルース（右）。

カールスルーエ，1925年，彼の長い遍歴時代が終わった直後。

ヒーツィング学校教師としてのエリクと生徒たち，クリスマスの寸劇で。

ウィーン，1930年頃。

最初の子，カイを抱くジョアン。ウィーン，1931年。

エリク，ジョアン，ジョン・ホンブルガー。
アメリカに着いてまもなくの1934年，マサチュセッツ州シチュエートで。

エリクとスー・エリクソン。バークレー, 1939年後半。

エリクソンの家族（ジョン, カイ, エリク, スー, ジョアン）。
ストックブリッジ, 1953年。

エリクソンの人生　上

アイデンティティの探求者

L. J. フリードマン＝著
やまだようこ・西平　直＝監訳
鈴木眞理子・三宅真季子＝訳

新曜社

Lawrence J. Friedman
IDENTITY'S ARCHITECT
A Biography of Erik H. Erikson

Japanese translation rights arranged with Scribner,
an imprint of Simon & Schuster, Inc. through
Japan UNI Agency, Inc., Tokyo.

シャロンに
愛と感謝をこめて

序　文

　二十世紀の一人の人間が、ついに伝記の主人公となるときが来た。心理学や道徳的視点から自分自身について理解する方法をさし示し、精神分析と社会科学（人類学、社会学、歴史学）をつなげるために大いに貢献し、複雑に入り組んだ理念を洗練された明快な達文で説き明かし、そしてルターやガンディーなど歴史上の人物の人生を忘れがたい新鮮さと独創性と技巧で探索し、そうすることで伝記的探究の本質を豊かなものとした人間――その生涯が、才能豊かで誠実な歴史研究者の手によって再構成されたのである。実にすばらしいことだと思う。そのうえ、エリク・エリクソンの人生は、伝記の主人公となるための古くからの要件に、劇的とさえいえるほどにぴったり当てはまる。つまり、その人の成し遂げたものとは別に、その人の人生物語を、興味深く、感動的で、人を引き込むものとする要素が彼の人生にはあるのだ。ページをめくればすぐわかるし、題名からも容易に想像がつくことだが、ここに明かされるのは一人の精神分析家の生涯である。人は自分の人生を一段ずつ築き上げていく（関心事や希望や不安は、年月とともに訪れては過ぎ去る）ということについて、きわめて示唆的で魅力的な理論を創り出しただけでなく、私たち以上に、曖昧さや不可解さや混乱といった自身の過去から自分の――専門分野だけでなく一般の読者にとっても魅力的な独特の――アイデンティティを確立した精神分析家の人生を、この本は語っていく。

　改めていうまでもなく、アイデンティティという言葉はエリクソンの同義語になっている。この言葉を使用した精神分析家はもちろん彼だけではない（なかでも、アレン・ホイーリスの『アイデンティティの探究』は優れた研究書だ）。だが、エリクソン――その人生と足跡がこの本でつまびらかにされる人間――にとっては、アイデンティティという言葉は抽象的あるいは概念的な重要性だけでなく、大きな個人的な意味ももっていたのである。エリクと名付けられ、実の父親が誰かをついぞ知ることのなかった少年は、幼くしてとある小児科医の養子となる。彼の母親はユダヤ人であったが、デンマーク人の実父はそうではなかった。養父はユダヤ人であった。やがて若者に成長したエリク・ホンブルガーは、放浪の芸術家としての一時期を過ごした後、ほとんど偶然に、いわゆるフロイトのサークル――揺籃期にあり刺激に満ちていた時代の精神分析の世界――に転げ込み、そして、しだいにその世界の一部となっていく（実際、創設者フロイトの娘、アンナ・フロイトから精神分析を受けたのであった）。まもなく、ドイツ語を話すこの青年、児童分析家になるための訓練を受けていた彼（大学には行かなかった、もちろん医学教育は受けていない）は、アメリカで社会学を学んだ舞踏家のカナダ人女性と出会い、恋に落ちる。

おりしも、ドイツとオーストリアでは人種や宗教や国籍が問題になりつつあった。このため、結婚し子どもを抱えた二人は新大陸へ向かう。当時、何百万人もの人たちが新しい人生を始める場所としてアメリカをめざしていた。エリク・ホンブルガー、いまやエリク・ホンブルガー・エリクソンとなった彼もその一人だったのである。そして、一九五〇年に上梓された彼の著作『子ども期と社会』は、彼を養子に迎えたこの国で大きな反響を呼ぶ。この本は、アメリカ人になることが何を意味するか（言い換えれば、人の心理学的な人生は、その人を取り巻く社会や文化や経済によって、また、この地球上のどこでどのように人生を送るかによって形作られるということ）をも、間接的に語ってくれるものだった。ある意味で、エリク・H・エリクソンは、アメリカ人としての自分の経験を綿密な持続的研究へと変容させていったのである。エリクソンは（自分自身の夢と記憶と空想について自分で調べたフロイトと同じように）、自分が目にしたことや彼自身の身近な出来事について自分が感じたことについて「調査研究」したのであり、そこから、さまざまな考え、論文、本へとつながっていったのであった。その道程は、いうまでもないことだが、精神分析そのもの、つまり、吟味される主観――分析家の主観と、分析される人の主観――を通じて精神について学ぼうとするたゆまぬ努力であった。すでに優れた直観とそこから生まれる天才的能力を備えるようになっていたエリク・エリクソンのような芸術家にとって、このような仕事は、きっと願ってもない天職、幸運が授けたチャンスであったろう。

だが、エリクソンの個人的背景も職業的背景も、彼の関心と成し遂げたことの広がりと深みを完全に説明することはできない。ヒトラー率いるナチスがヨーロッパの国々を次から次に支配下におさめていった当時、多数の精神分析家がヨーロッパからの逃避行を余儀なくされた。(一九三三年、ファシズムの邪悪な手が伸び始めたばかりの時点で自ら思い立ってウィーンを離れたエリクソン夫妻は、先見の明があった)。ナチスを逃れてアメリカに渡った亡命精神分析家たちは誰もが複雑な過去を背負っており、ある意味では、それが彼らを研究や執筆に駆り立てた原動力だったろう。しかし、フロイトが有名なドストエフスキー論文で記したように、また心理学的視点から著作家や芸術家の人生に取り組む研究者なら皆が悟るように、創造性の源泉は漠として捉えがたい。そして、まさにここに、エリクソンの理論的著作の瞠目すべき要素の一つがあった。それは、私たちの知的・情緒的生活の捉えがたい側面を、無理に形を整えた(したがって制約的な)言葉で説明するのを差し控えたこと、断定を拒んだことである。彼は、輪郭をはっきりさせたり定義するよりも——定義という大きな枠組みというより、一つのものの見方を暫定的に提案したり暗示しようとした。彼の理論定式化は、多様な《オープン・エンド》解釈を許すもので、異論の余地がないまでに断言し主張することよりも、考察を喚起し奨励することを意図したものである。彼はつねに芸術家であった。暗闇に一筋の光を投げかけ、真実(目に見え報告されたこと)は人間一人ひとりの外界に対する特定の応答であるという確かな知識に抗して、形を求め、取り組んだのである。

エリクソンの著作の一つについて問いただした学生に答える彼の姿が私の目に焼き付いている。「いいですか、あなたがそこから得たことはあなた自身のものなんですよ——そして、それは、私も含めた他の人たちにとって役立つものや価値あるものとは、必ずしも同じではないかもしれないのです」。著述家にしろ、教師にしろ、あるいは社会学や心理学の理論家にしろ、エリクソンほど、構えることなく心底からニーチェの格言「真実をなすには二人の人間が必要である」に賛意を示した人物はいない。実は、この格言はこの本にも当てはまる。一人の考え深い歴史研究者が、卓越した精神分析家であり教師であり著作家であった人間と、そして彼のずば抜けて明晰で理解力のある妻ジョアン・エリクソンを理解しようと、何年も心を傾けた(まさに、「真実には二人が必要」なのだ)。その努力は、ここに、明快で、模範的で、わかりやすく、それでいて深みを湛える一巻の伝記として結実した。この本は、エリク・エリクソンのなした仕事が実に貴重なものであったことを力強く語ってくれるだろう。私には、空のかなたで、エリクとジョアンが微笑んでいるのがわかる。二人の間で何かについて結論に達したときに、エリクとそしてジョアンの顔をよぎったであろう誘《いざな》うような是認の微笑が見える。老境に入った二人が信頼し自分たちの人生を打ち明けた相手——この伝記の語り部ローレンス・フリードマン——が実に優れた仕事を完成させたとうなずきあう、エリクとジョアンの顔が浮かんでくる。

ロバート・コールズ

はじめに

一九九三年六月、エリク・H・エリクソンの九十一歳の誕生日が近づいたころ、彼に特別なバースデー・プレゼントを贈ろうと私は心に決めていた。それは、彼の実の父親の身元を明らかにする情報だった。これより前に、私はコペンハーゲンで、エリクソンの縁者フィン、マーサ・アブラハムセン夫妻に手伝ってもらい、同家に伝わる記録や書類や思い出話を探索していた。そして、十八世紀にさかのぼる詳しい家系図や、エリクソンの母カーラの若いころの一枚の写真、それに彼の実父かもしれない二人（ともにデンマーク人の写真家）についての情報をアメリカに持ち帰っていたのだった。

エリクソンは自宅の書斎でひっそりと車椅子に腰掛けていた。彼の自宅は、古い木造の大きな建物で、通りの向かいにはケンブリッジ・リングとラテン語学校があり、数ブロック先にはハーバード大学のキャンパスが広がっていた。エリクソンの視線は私のデンマークみやげの上をさまよった。家系図にはほとんど関心がないようだった。実父かもしれない二人のデンマーク人（ともに、名前はエリクだった）についての情報も、このエリク——若いころに、ホンブルガー姓をエリクの息子を意味するエリクソンと代えた車椅子の老人——には、ほとんど意味をもたないようだった。この瞬間、私は、彼が生涯追いかけてきたもの、つまり実の父親が誰かという謎は、ついに解かれないままとなるだろうと悟ったのであった。

しかし、すべての興味が失われていたのではなかった。母親カーラ・アブラハムセンの若いころの写真を取り上げた彼は、長い間じっと見つめ、「本当に美しい人だ」とつぶやいた。このころには衰弱が進んで身体もほとんど動かせない状態だった彼の瞳に、輝きが戻ってきた。そして、微笑みが顔をよぎった。エリクソンは、デンマーク人の母親の懐かしい思い出に浸っているのだった。彼は、暖炉の上の棚に飾った小さなデンマークの国旗に目をやり、再び母の写真に視線を戻した。そうしてまもなく、彼はうたた寝を始めたようだった。最晩年の日々、心身は力尽きつつあっても、喜びと気力と発見があり、そして生は遊び心に満ちたものであり得るのだった。

エリク・エリクソンは、彼と同世代の知識人や亡命学者や著述家のなかで異色の存在である。ホロコースト、スターリン主義者による粛清、毛沢東思想の暴虐、ヒロシマの悲惨、それにマッカーシズムの影が蠢《うごめ》く世界にあって、彼の同世代人たちはしばしば、官僚主義と軍国主義がはびこる大衆社会の人間を取り巻く状況、陰鬱と絶望と退廃を取り上げた。テオドール・アドルノたちは権威主義的人格について研究し、デイヴィッド・リースマンは同調主義者の「他人指向」について記した。ヘルベルト・マルクーゼは、「一次元的人間」の出現について述べ、ハンナ・アーレントは「階級から大衆へ」の進化や「自己関心の急激な喪失」について説き明かした。そして、ラルフ・エリソンは、人がお互いに、そして自分の姿も、見えなくなっていると書いた。

だが、エリク・エリクソンは違っていた。現代の人間悲劇の巨大さにもかかわらず、彼の言葉と存在は希望と可能性の灯火を掲げるものだった。エリクソンが、人間は個であるが人類としての普遍性をもつと信じたこと、個人の確かなアイデンティティと尊厳を力説したこと、人間の多様性や豊かな相互関係を築き上げる意義を認め尊重したことは、他の同世代人（リベラルなコスモポリタン主義の戦後知識人と呼ばれることもある）も認めたところである。しかし、こうしたものの見方は残虐行為が蔓延する地球上で漠とした正気の道標にすぎないと考えた他の知識人に対して、エリクソンは現代の生活のなかで実現できるものだと捉えた。それらは、今ここで、大切にし追求すべき特質なのであった。

ウィーンで訓練を受けた児童分析家エリクソンと「アメリカ人」の間の情熱的な恋愛物語が始まったのは、一九三三年が終わろうとするころ、彼が初めてアメリカの大地を踏んだときだった。ボストンの連邦移民局の担当者は、不安におびえるこの三十二歳の移民に微笑みかけ、合衆国へようこそと温かい歓迎の言葉をかけてくれた。新しい故郷とのこの最初の出会いは、ずっとエリクソンの沸きたつ活力の源となった。移民局を後にする彼からは、アメリカ独立戦争時代の流行歌「ヤンキー・ドゥードル」の口笛が漏れていた。そして、それから六十年間、エリクソンは変わらぬ前向きの精神を示し続けた。彼にとって、フランクリン・ルーズベルトを大統領に戴く国は、狂乱つのるファシストのヨーロッパに対する防波堤以上のものだった。万人のために最小限度の経済的・社会的・心理学的尊厳を実現しようと人道的試みを続ける国、それがアメリカだったのである。アメリカ合衆国は、また、社会のなかでの個人の確たるアイデンティティ感覚を確立するという面で希望の象徴でもあった。移住から数年の間、エリクソンは、アイデンティティという概念を創り出し、アイデンティティの危機という語に意味を吹き込む仕事を始めた。

　しかし、アメリカに渡って十五年が経ったころ、マッカーシズムの嵐がエリクソンの行く手を遮った。彼は、第二次世界大戦後の「アカ狩り」旋風のさなか、フランクリン・ルーズベルトのアメリカを特徴づけていた価値観——信頼と協力と寛容——に背を向けはじめたこの国に懸念をおぼえるようになった。広島や長崎の惨劇をもたらしたアメリカの軍事行動の裏に潜む動機についても、思いをめぐらすようになっていた。一九四五年の八月にはもたなかった疑念が頭をもたげてきたのである。一九六〇年代末から一九七〇年代初めになると、ミライ村の大虐殺などベトナムにおける米軍の暴虐行為から目を逸らしていられなくなったエリクソンは、核の脅威を振りかざすアメリカの対外政策に嫌悪感を深めていった。だが、すでに老境に入りつつあったとはいえ、彼は希望を失ってはいなかった。ずたずたになったルーズベルトのアメリカの伝統を悼むことよりも、彼は、ガンディーが（一九一八年のアーメダバードのストライキの折に）示した教えや、ガリラヤ布教時代のイエスの言葉に心を注ぐようになったのである。こうして、ガンディーとイエスは、生気《エネルギー》と歓びと可能性の試金石となっていった。

　エリクソンは、当時希望の徴《しるし》を探し求める知識人として、戦後アメリカの政治や文化に関わった。大学教授として彼は、アルバート・ゴア・ジュニア、キャロル・ギリガン、ハワード・ガードナーといった学生たちに、自分たちの個人的・社会的アイデンティティに誇りをもつこと、人間愛に根ざす社会を作り上げるために働くことの大切さを深く刻み込んだ。臨床家としてのエリクソンは、患者の心に希望の灯をともした。情緒的な障害が精神的《メンタル》「健康《ヘルス》」の障壁となっていることを重視する臨床家仲間とは違って、彼は、患者の強さ《ストレングス》——患者が持っているもの、心的外傷《トラウマ》や虐待を乗り越えて患者が築くことができるもの——を重視した。セラピストとしての成功は、たまさかではなかった。

エリクソンの人生――私的にも専門的にも、思想的にも文化的にも――は、多種多様な境界や伝統的な区分を、あちらへ行き、こちらへ戻る行程であり、彼はしだいに境界を越える往還に熟達していった。こうした境界は、彼の学問や仕事への姿勢、彼の創り出した概念の構造、彼の宗教や国家に対する忠誠、彼にとって「真《リアル》」な「母語《ネイティブ》」と感じられる言語、そして彼が「父」と呼ぶことができる人の問題とさえも深いかかわりをもっていた。ようするに、エリクソンの人生の地理的、社会的、学問的、個人的、知的な文脈《コンテクスト》は、たえず変化していたのである。彼は、常になる《ビカミング》プロセスのなかにいたのであった。

「アイデンティティの危機」という概念で有名なエリクソンの変化に富んだ理念や経験は、彼に、自分自身についての感覚を何度も何度も作り直すことを要求した。自分の思想や性向や経験をたえず新たに設計したり変更したりせざるを得ないと感じていたのである。そして、この経験は、初めこそ苦痛に満ちていたが、やがてむしろ歓びにあふれたものとなっていき、それゆえに、彼は多くの概念や状況を、上から下からためつすがめつし、内奥に入り込み、さらに境界を越えて探求したのであった。「あらゆるものが研究の対象となるのです」と彼は心底から述べた。エリクソンにはある種の地図作成者の一面があり、社会の広大な「水平面」（社会的表面）上の交錯する理念や場所や経験の地図を作製することに歓びをおぼえた。社会の水平面に関心を寄せる彼は、人間の内なる精神の深みに到達しようと、「垂直に」掘り下げることを重視した一種の坑夫ともいえるフロイトとは対照的であった。自らはフロイト派で深層心理学者だと考えていたものの、エリクソンは変化に富む興味深い物事の表面に焦点を当てることを好んだのである。

この本の主題をこのように記すと、幾重にも層をなし絶えず移り変わる文脈のなかで営まれてきた並はずれて複雑で捉えがたい彼の人生が、あまりにも整然としたものになってしまう。エリクソン研究の大半は、彼の人生を、魅力的ではあるかもしれないが、見せかけの鮮明さに還元している。彼らの著作に、私が知っている彼、授業で講義を聴いたエリクソンを見いだすのは難しい。

今回、エリクソンの人生を本にしようと取り組むなかで、私のなかでは二つの忠誠心がせめぎあった。八学年生だったときの教師、人を元気づけてくれるロバート・ウィリアムズ――彼は、私の机の上にあった『ウィークリー・リーダー』を『ネーション』に取り換えるような感性の持ち主である――から、エリクソンの著作を手ほどきしてくれた大学院時代の恩師ですばらしく創造力あふれるドナルド・マイヤーまで、私ははっきりと、わかりやすく、かつ精確に表現するように訓練を受けてきた。カール・メニンガーも、あるとき次のように述べた。「誰もがわかるように表現できないとしたら、それは自分が何について書いているか、書き手自身にもわかっていないからなのだ」。こうした数々の指導者に恵まれたことに加えて、熟慮の上の筋の通った議論が重要だと主張し、地に足がついた考えをもつ父親のおかげで、私は精確で熟練した論法家の仕事を高く評価するようになった。実際、それは私のなかに深く刻み込まれている考え方である。しかし、このアプローチには問題もあった。私はこれまで、チャールズ・ブロックデン・ブラウン、ウィリアム・ロイド・ギャリソン、カール・メニンガーなどの生涯を描き出そうとしてきたが、そのたび、そのような明確さや精確さは複雑なものを単純化してしまう還元主義だと思い知った。エリクソンは、ルター、ガンディー、ジェファーソン、イエス・キリストの人生について書いたとき、このことをよく知っていた。

しまいに私は、曖昧で不必要かもしれない用語――つまり訓練された主観――を通じて対象を捕捉しようとしたエリクソンの方法を踏襲しようと決めた。彼は、古くからのデカルト的な主観と客観の二元論、調査対象は調査者の精神の外側にあるものと想定して両者を明確に区分する考え方から離れるべきだと考えていた。彼は同時に、調査者ないしは分析家は参与観察者であり、自分が目にし、感じ、経験したことをかたちづくるのだとも主張した。もっとはっきりというと、エリクソンは、明快さや論理という必須事項と、印象や情動や美的性向の流れとを宥和すべきだと説いたのである。どちらか一方が他方を制圧してはならないという考えをもっていたのだ。この二つの主観性――調査者と調査対象者――は、エリクソンが「訓練された理解」のプロセスと呼んだものを通じて収斂すると同時に拡散するのである。調査者の理性と心情を結合させること――この対照的な二つの要素を調和させることを、達成できるかもしれない現実性《リアリティ》以上に目標ないしは標的とするようエリクソンは提言したのであった。そして、この二つを調和させる試みが非常に役立つことを、私も知ったのであった。

エリクソンの伝記のための調査を始めてから数年が経っていた一九九二年のある寒い冬の夜、私は脚本家のウィリアム・ギブソンと夕食をともにした。数十年来のエリクソンの親友だったギブソンからは、いろいろなことが聞けるだろうという期待が私にはあった。マサチューセッツ州のグレート・バリントンの、私たち以外にほとんど客の姿がないレストランで、とりたてていうこともない月並みな食事を口に運びながら、ギブソンはエリクソンとの個人的なつきあいの細々したことを話してくれた。あまり重要でないあれこれの話が小一時間も続いたろうか、私は冗談まじりに、まだ今日のディナーの招待に見合う話を聴かせてくれていませんねと水を向けた。すると、彼は声をあげて笑い、コーヒーのお代わりを注文し、そしてあまり知られていない話をし始めた。ジョアンとエリクの四人目の子どものことだった。ダウン症で、一生を施設で送り、両親が見舞うことも稀だったというニールの物語である。エリクとジョアンは、ニールが健常な発達から外れていて、生まれなかったほうがよかったのではなかろうかと思っていたという。ニールの存在が、エリクのライフサイクルの八段階モデル――ニールではなく、健常な人間の発達――の研究に大きく貢献したと、ギブソンは確信していた。このショッキングな話に、私がよく知っている前向きで率直な臨床家にして知識人のエリクソンとは非常に異なる、彼の別面が浮かび上がってきたのであった。

　ギブソンの話から、この本の焦点が定まった。エリクソンの個人的な生活と彼が世間に提供した概念やテクストとの相互作用《インタープレイ》という中心軸が固まったのである。そして、この忘れられない一夜から後、私は、彼の人生について複眼的視点に立って、改めてエリクソンの著作や論文をひもとき、彼の作成したチャートを眺め、新たな理解に達しようと努めた。それからまた、彼のテクストのなかの見過ごされることが多かった要素を選び出すことによって、彼の人生について深く知ろうと心を傾けた。

　エリクソンのテクストは、けっして取り組みやすいものではない。複雑に入り組んで、幾重もの層をなしており、論点を突くことが難しいことも少なくない。そして、彼の人生は、彼のテクスト以上に解き明かしがたいものであった。思索家、臨床家、著述家のエリクソンだけでなく、個人としてのエリクソンも感じ取ることはきわめてむずかしい。彼は、自分の「研究」以外には、趣味も情熱を傾ける対象もほとんどもっていなかった。確かに、彼は長い散策を好み、泳ぐのが好きで、甘いものに目がなかった。それから、戸外で執筆することや、美術館をふらっと見て回ること、自然に浸ること、できのよい映画を観賞することも好きだった。また、聡明で魅力的な女性との会話を好み、ジョークが好きで、遊び心をもつことを愛した。しかし、彼が研究以上に引き込まれるものはそれほど多くなかったのである。国際的な名声を博した児童分析家ではあったが、父親あるいは祖父として子育ての義務に特に熱心に取り組んだとはいえない。時間と状況はパーソナリティを形作る重要な要素だと高く評価しながら、手紙を書くときに日付はもちろん、月や年や書いている場所さえ記すことはめったになかったし、社会情勢に触れることも多くなかった。

四十代の終わりには、出版のために書くことがエリクソンがすべてを注ぎ込む情熱の対象となっていた。彼が考え、口に出し、読み、行なったことの多くが、彼の著作のなかに織り込まれるようになった。ジョアンは、夫の焦点を広げようと心を砕いた。エリクがもっとリラックスして安心できるように、そしておそらく社会情勢を悲しむ気持ちが軽くなるようにと、彼女は努めた。ダンスに興じることや歌を歌うことを勧め、ミュージカルや演劇を観にいこうと誘い、社交行事に連れ出した。とはいえ、ジョアンはつねにエリクの居場所に目を配っていなければならなかった。著作では社交性を尊重したこの孤高の研究者は、退屈だと感じたディナー・パーティーやレセプションからはふいと姿を消してしまいかねなかったのだ。彼の行き先はたいていは書斎だった。そこで、再びジョアンから引っ張り出されるまで、論文や本の草稿を書くという終わりのない日課に没頭するのだった。

中年期以後のエリクソンは、他の何にもまして書くことと出版することを重視した。彼が書いたものの幅と深みには、この男の広さ、多様性、そして豊かさ——ジョアンでさえも引き出せなかったもの——が現われている。とはいえ、彼の生活が多様性や色合いをまったく欠いていたというわけではない。作ること《コンポジション》への強い情熱がとどまるところを知らなかったのである。そして、この情熱から、あふれる情感、欲求、洞察、アイデアが、他のどんなものよりも強く、わき出たのである。改訂が必要な本の章に取り組むことができさえすれば、ケープ・コッドのコーテュイの海辺で過ごす午後もサンフランシスコ湾をフェリーで横断する時間も、豊かなものに感じられるのだった。全身全霊で執筆に取り組むことで、彼にとっての人生はつねに挑戦であり興味深いものとなったのである。そして、この情熱は、すばらしい実りをもたらしてくれた。執筆への情熱がなかったとしたら、エリクソンは今日、もちろん非常に成功した臨床家として名を馳せていたであろうが、アイデンティティ概念の制作者《アーキテクト》、ホロコースト後の絶望のさなかにあって希望の声を発した人物として知られることは、なかったかもしれない。

一九六〇年代末から一九七〇年代初めにかけて、私は若輩の教授として、エリクソンの著作や概念について学生に教えるようになった。人間の内なる情動と外的社会環境との相互作用（エリクが心理社会的と呼んだもの）のなかに個人を位置づけるという彼の力点を受け入れていた私は、ある意味で「エリクソン派」であった。駆け出しの歴史研究者として、私は、彼が彼の主人公――ユーロク族の呪術師の老女、アドルフ・ヒトラー、マルティン・ルター、トーマス・ジェファーソンなど――を、それぞれの人物が生を営んだ豊かな歴史背景のなかに置いて、同時に各人の独自性についての視点を失わないで描き出す方法に敬服していた。実際、初期の「心理歴史研究《サイコヒストリー》」運動に加わったこともある。仲間の多くの歴史的な判断が誤りであり、美的感性も十分とはいえないことが明らかになるにつれて、この運動への幻滅が大きくなっていったが、エリクソンの「心理社会的」方向性は、私の頭と心のなかにしっかりと残った。一九九〇年の初め、友人のチャールズ・ストローザーとロバート・ジェイ・リフトンが、誰も手をつけていない包括的なエリクソンの伝記に取り組んでみないかと勧めてくれた。私は即座に同意した。以前からエリクソンの著作を崇拝していた私にとって、伝記を書くことは、なぜこの人物にこれほどまでに惹きつけられるのか、その理由を明らかにする方法だった。

それから六年が過ぎ、私は身近に起こった大きな不幸のなかにあった。そして、この苦しみの経験は、この本の最終的な形に多大な影響を及ぼしたのである。三十年以上もの年月ずっと私にとって非常に大切だった人が入院し、数ヵ月にわたって生と死の境界をさまよった末に、ようやく少しずつ快方に向かった。来る日も来る日も、友が命をつなぐように祈り、その回復を少しでも手伝いたいと願って懸命に過ごす日々、窓の外は陽春でも私のなかでは荒涼たる冬の風が吹きすさんでいた。膨大なエネルギーが注ぎ込まれた。いつ何時、快方へ向かう風が逆転するのではないかというおそれから、一時も気が抜けない時間が続いた。

この耐えがたかった数ヵ月間、私はこのエリクソンの伝記を書き進め、手直しする作業を続けた。あるときにはほんの数分しか取り組めなかったし、一時間集中できることもあった。しだいに、どんなときにも、最低限、数ページに目を通すことが日課のようになっていった。伝記に集中する時間は私の気持ちを落ち着かせ元気づけてくれた。この時期、それは私の日々を支えてくれ、困惑のなかで平安のひとときをもたらしてくれた。こうして、一週、また一週が過ぎるうちに、私は、この伝記の力点が移っていくのを感じた。エリクソンの人生と思想のニュアンスと重要性を明らかにするという最初の目標は変わらないが、それ以外に、人生――それは、エリクソンの人生であり、生と死の境で闘っている友の人生であり、私自身の人生でもある――の勝利と悲劇、両方の深みに達したいと思うようになったのである。人生の突飛さと気品、たくましくユーモアにあふれ活気に満ちエロティックな要素を今まで以上に大切にし始めたという意味で、私はロマンチックになっていった。それは、一種の新生であった。これらは、人生が共に提供してくれる謎や悲哀《ペーソス》、心の傷《トラウマ》や情動的行き詰まりの対旋律をなすものだと感じられた。幼いころ、母がよく説いた「笑い声と友の愛」の価値の重要性とは、実は、エリクソンの思想のもっとも重要な要素の一つを象徴するものだった。そのことが、今この齢になってわかるようになった。こうした要素についての彼の説明は(たとえ、彼自身は往々にしてそれらを自分の人生に取り込むことができなかったにしても)、実に豊かにして繊細であり、そしてみごとなまでに説得力がある。それゆえに、私たちは、エリクソンとの接点を失ってはならないのだ。

謝辞

この伝記を書くにあたって、多方面の実に多くの方々の大きな助力がありました。こうした助けなくして本の完成を見ることはできなかったでしょう。まず、諸機関の資料係の方々の協力に恵まれました。エリクソンの手稿を収蔵しているハーバード・ヒュートン図書館では、レスリー・モリス以下草稿部門のスタッフが何年にもわたって親身に手伝ってくれました。そのほか、アメリカ各地のエリクソンの重要著作を収蔵している諸機関も協力してくれました。とりわけ、議会図書館手稿部門のフレッド・バウマン、コロンビア大学手稿図書館のバーナード・クリスタル、ロックフェラー資料センターのダーウィン・ステープルトン、アメリカ心理学史資料室（アクロン大学）のシャロン・オクセンハートとマリオン・マクファーソン、国立医学図書館の医学史部門のピーター・ハートル、イェール大学手稿・資料部のジュディス・シッフ、カリフォルニア大学バークレー校学内資料室のウィリアム・ロバーツの諸氏に感謝します。また、ハリエット・ハーヴェイとフランセス・デイヴィッドソンの二人は、フィルムや写真の収集資料の閲覧で、ドナルド・ラムはＷ・Ｗ・ノートン社資料室の重要データの閲覧について力になってくれました。国外の諸機関でも、大勢の資料係のみなさんの膨大な手を借りました。特に、ウィーンのジグムント・フロイト旧宅のイングリッド・ショルツ＝シュトラッセル、ロンドンのフロイト博物館のエリカ・デイヴィーズとマイケル・モルナー、そしてカールスルーエ総合文書館のスタッフにはいろいろと助けてもらいました。デンマーク国立文書館では、アブラハムセン家のフィンとマーサの二人の並々ならぬ助力を受けました。

ウェルフリートの集まりのメンバーたちからも、構成について重要な指摘を得ました。ロバート・リフトンとチャールズ・

ストローザーは、最初に「自分でエリクになってみる」といいのではと助言してくれましたし、マーガレット・ブレマン＝ギブソン、ベティ・ジーン・リフトン、ジョン・マックといった非凡な伝記の著者たちも「あなたならやり遂げられる」と励ましてくれました。ジェラルド・ホルトンは、エリクソンのドイツでの子ども時代についていろいろ教えてくれました。キャサリン・ベイトソンは、母のマーガレット・ミードをはじめ文化とパーソナリティ運動の多彩な顔ぶれの関係者たちとエリクソンとのつながりについて披露してくれました。ごく初期段階の草稿をウェルフリートの集まりで発表したときには、カイ、ジョアンナ・エリクソン夫妻が、父であり義父であるエリクの心と精神のあらゆる層を探るよう助言してくれました。私の文章に「父」が生きているという二人の言葉は、大きな励みになったのでした。

また、私の師ドナルド・マイヤーは、同僚の著作を批判的に分析するという実に有益なアプローチを手ほどきしてくれました。もう何十年も前から、私は、私のごく初期の草稿を徹底的に論評してくれるすばらしい同僚たちに恵まれています。私も同じように彼らの著作を読んで、じっくり検討しあう仲間です。このお互いに読みあう習慣はロナルド・タカキと二人で始めたものですが、その後、リチャード・キングやエレーン・シルヴァーマンが仲間に加わりました。エリクソン伝記の草稿がなんとか彼らに読んでもらえるようになったときには、バートラム・ワイアット＝ブラウンとアン・ワイアット＝ブラウン、ラニ・ガーソンとジョゼフ・ガーソン、ジェラルド・グロブ、ロバート・アブザグ、ブリュースター・スミス、S・P・フリンワイダー、ジェームズ・アンダーソン、デイヴィッド・アンダーソン、ネイサン・ヘイル、マーク・マクガーヴィー、ジェームズ・ジョーンズという顔ぶれになっていました。エレン・ハーマン、エレン・ドワイヤー、ピーター・ヘラー、ガリー・ヘス、アーヴィド・ペレス、ベンジャミン・ハリス、アーヴィング・アレクサンダーは、難解な事項を扱った章を綿密に分析してくれました。自身がエリクソン研究者であるポール・ローゼンは、最初から最後まで気前よくデータを提供してくれ、洞察に満ちた鋭い指摘をしてくれました。そして、ジェームズ・マディソンとジャンヌ・マディソン、ジョン・ボドナー、ウィリアム・コーエン、デイヴィッド・テーレンとエステル・テーレン、ウェンディ・ギャンバー、ジェームズ・キャプシュー、マイケル・グロスバーグ、ナンシー・クリドランド、キャロル・ポルスグローブをはじめとするインディアナ大学の同僚たちからは、実に多方面で惜しみない助力と協力を得ました。また、インディアナ大学の博士課程の学生諸君――ロアーク・アトキンソン、ダフネ・カニンガム、デイモン・フリーマン、ロバート・グリム、ジュリー・プラウト、リン・ポール、ヴィクトリア・レズニック、ポール・シャーデワルド、スティーヴ・ワレン、シンシア・ヨーデス——という優秀な面々も、論文指導のお返しだと私の草稿を熟読してくれました。それから、忘れてはならないのが、エリクソンに師事した人たち、バージニア・デーモスとジョン・デーモス、ジャニス・アバーバネル、ゴードン・フェルマン、ハワード・ガードナー、ゴードン・ハーパー、リチャード・ハント、スティーヴン・シュライン、ダニエル・ベンヴェニステ、ジョン・ロス、シュディール・カカール、リチャード・セネット、ピーター・ウッド、ドロシー・ジンバーグ、そしてとりわけパメラ・ダニエルズが提供してくれた洞察やデータやエリクソンについての思い出話です。

また、多方面の精神分析関係者の話は、エリクソンの臨床手腕について、そしてなぜ彼の臨床手腕が卓越したものだったのかについて私の理解を深めてくれました。デイヴィッド・ウィルコックス、スティーヴン・シュライン、ルドルフ・エクステイン、ワーリング・マリエ、ジュリー・ブルーム、マーガレット・ブレマン＝ギブソン、ジェラルド・フロム、エス・ホワイト、エドワード・シャピロといった方々は、そのほんの一角にすぎません。精神分析家ロバート・ワラーシュテインは、友人エリクについて洞察に満ちた思い出を語ってくれた上に、私の草稿を熟読してくれました。また、スー・シュローデル——もう長いこと、私の「散髪」をしてくれています——も、臨床について彼女自身の視点から当を得た意見を出してくれました。

そして、ますます難しくなる出版情勢のなかで、私は大きな幸運に恵まれたのでした。これで三たび、卓越した著作権エージェント、ジェラルド・マクコーリーの賢明な助言を得ることができました。また、今回も辣腕の編集者エレン・ジョゼフが担当してくれました。もう十年も前のことですが、私に一般読者を対象にして書くときの注意点や、活気あふれる話の筋を維持するヒントを教えてくれたのが彼女でした。こうして、ジェーン・ローゼンマン、キャロライン・キム、ナン・グレアム、スコット・モイヤーズ、ウィリアム・ゴールドステイン、ロバート・スチュアートといった大家の著作に混じって、私のこの本がスクリブナー社から上梓されることになりました。

いろいろ悩み苦しんだ十年を経て、私はようやくエリク・エリクソンを理解できるようになり、彼の生涯について記すことができるようになりました。この年月の彼の家族と私自身の家族——二つの家族の協力は計り知れないものがあります。エリクの妻ジョアン、二人の子どもであるジョンとスーとカイ、それにカイの妻ジョアンナは、私を温かく見守り、励まし、辛抱強く信頼してくれ、そして遊び心あふれるアドバイスを授けてくれました。彼らの助けは、それ以上は望み得ない実に大きなものでした。エリクソンの二人の異父妹、ルース・ヒルシュとエレン・カッツも終始、思い出話を語ることを通じて支えてくれました。最後に、辛い日々をともにし至高の時を共有した私の家族——シャロン（この本を彼女に捧げます）、もうおとなになった「子どもたち」ベスとブライアン、それからアグラン家の三人、フィリスとラリーとケネス、そしてつねに私を見守ってくれた賢明な母レナに、ありがとうと言いたいと思います。

日本語版に寄せて

ジョージ・M・ウィルソン

いったい何が、日本の読者をエリク・エリクソンにつなぐのだろうか。ヨーロッパに生まれアメリカに渡った精神分析家――人間の生の根源の問題に取り組み、若者の「アイデンティティの危機」という概念を提示して、新たな故郷で自らの人生を切り開いていった人間――に対して、日本史の研究者が興味をもつ理由はどこにあるのだろうか。

実際問題として、日本は、エリクソンの関心事と大きな関連がある。近代日本は、維新の炎の中に生を受け、逆境の試練をくぐった。一八六八年の明治維新で徳川幕府の封建制度が崩壊するや、日本の民衆は、矢継ぎ早の変革に直面した。対外的には世界の覇権を競う帝国主義国家の仲間入りをした日本は、相次ぐ戦争を経て、最後には、大東亜帝国の建設という完全無欠とは言いがたい野心に蚕食され、自国の山河を戦いの業火に焼かれて第二次世界大戦の幕を引いたのであった。

一八五〇年代から五世代にわたる日本の人々は、近代化の歩みのなかで野放し状態となった変化の波に直面して、現代人に変身すると同時に日本人であり続けるというジレンマに苦しんできた。帝国主義の目的を追うにせよ、第二次世界大戦後のように国民の幸福を目標に掲げるにせよ、日本政府は、政府主導による変化の規制と秩序維持という原則を貫いてきた。

この道を歩んできた一般の日本人は、立ち止まって自分たちは本当には誰なのかを自問する時間をもたなかった。日本人のストレスや重荷の下での主体性という国民性は、詩人や小説家や映画製作者の手によって鋭く描き出されてきた。そこでは、老若こぞって変化に挺身する国風を生み出したアイデンティティの変転について、哀感漂う考察が繰り広げられている。もちろん、日本の何百万という国民は自分なりのやり方で近代の到来を受け止めたのであり、その受け止め方が実に多種多様であったことは明らかだ。日本の大衆を席巻した変化について、私の描くイメージが単純化されすぎたものであることは疑いを入れない。近代の範型《パラダイム》の変化への適応が必要であったとはいえ、大半の日本人は、おそらく、比較的安定した生の営みを続けてきたに違いないのだ。近代日本をテーマとする歴史研究者は、それゆえ、アイデンティティの混乱を明らかにするにあたっては、明らかに変化の影響下にあった個人や集団の例を引く必要がある。言い換えれば、若者のアイデンティティの危機について読者を納得させるには、具体的な事例研究《ケーススタディ》が必要なのだ。そして、このアプローチをとるにあたって、欧米の日本史研究者はエリクソンを模倣しているのである。というのは、彼の著作には、繰り返しアイデンティティの抗争を経験した人物の人生史《ライフヒストリー》が含蓄豊かに描き出されているからだ。エリクソンの手法は、マルティン・ルターやマハトマ・ガンディーを取り上げた著作にはっきりと示されている。彼の研究は、人間の偉大な創造的瞬間だけでなく、青年期の心理社会的モラトリアムをくぐり抜けるときに経験する混乱（エリクソン自身も同じような時期を経験した）にも光を当てているのである。

アメリカでは、日本史研究者の多くが、近代日本人の生に関する研究においてエリクソン派のテーマを踏襲している。その代表例として掲げられるのが、ハリー・ハルートゥニアンのパイオニア的著作『明治維新に向けて』[1]だ。ハルートゥニアンは、幕末の偉人吉田松陰（一八三〇～一八五九年）を取り上げ、若者（未来の明治政府を担うことになる若者たちだ）の指導者となる以前の吉田松陰、漂泊への思いに駆られる青年であった彼が、一種の心理社会的モラトリアムのなかにあったという切り口を提示している。ハルートゥニアンは、さらに、明治維新に先だってアイデンティティ混乱の時代があったこと、そして一八五〇年代から六〇年代の若い活動家たちは、日本の社会における価値は何かを値踏みする必要があり、そのために旅に出て学ぶモラトリアムの時期を必要としていたと主張している。彼は、革命（明治維新はこの革命の帰結だったといえる）に走った「若者の憤怒」の促進剤となったのが、「裏切られた忠誠《フィデリティ》」という感覚であったという結論を述べている。

こうした例は挙げるにことかかない。たとえば、明治大正の夢想家北一輝（一八八三～一九三七年）や、悲劇の運命をたどった幕末の活動家橋本左内（一八三四～一八五九年）といった移行期の思索家についての研究でも、アイデンティティの問題が取り上げられている。この二人は、彼らの時代の既成観念に挑戦した人物として描き出されているのだ[2]。近代日本におけるアイデンティティの危機の経験は、「近代の危機」という社会学の用語で表現されるもので、一部のアメリカの歴史学者は、この切り口を分析手段として用いている。一例を挙げると、ケヴィン・ドークとレスリー・ピンカスは、二十世紀の知識人の歴史についての事例研究を踏まえて、近代日本においては文化的アイデンティティをめぐる一般化された葛藤が出現したという見方を提示している。エリクソンについては言及されていないものの、意識の重要な範疇としてのアイデンティティ概念が一般化したことが、彼らの研究に大きく貢献したことは間違いない[3]。

エリクソンは、しばしば、心理歴史研究《サイコヒストリー》と結びついて語られる。もっとも、エリクソン自身は、伝記に心理学的な側面が適切に取り組まれるようになれば心理歴史研究という下位分類は不要となると捉えていた。そして、彼の洞察は、日本の最近の歴史を一貫して特徴づける問題の理解に役立つことが実証されている。たとえば、二十年前、精神科医小此木啓吾は、米国の傘の下に置かれて最終的な政治責任を免れていた日本は、国全体が長引いた戦後モラトリアムのなかにあって苦しんでいたと指摘している[4]。

エリクソンのアプローチが日本で取り入れられていること、そのこと自体が、彼の提示したメッセージが普遍性をもつことを示している。また、そのメッセージが、特に現代社会では文化的境界を超えて当てはまるものだというエリクソンの主張を確認するものだといえよう。エリクソンが彼のアプローチをどのようにして作り上げていったか、そして彼のたどった人生を知る上で、このローレンス・フリードマンの『エリクソンの人生』は、欠くべからざる案内人となってくれるだろう。この本は、エリクソンの人生と交差した人々の記憶や、エリクソンの著作や私的な文書、そして膨大な関係資料を踏まえた、確かな記録であると同時に人間味あふれる伝記となっている。今回、フリードマン教授によるエリクソンの伝記が日本語に翻訳されることで、独特な――だが、まったく異質というわけではない――記憶に残るエリクソンの経験が日本の一般読者の方々の目に触れることになった。これは、大きな喜びである。きっと、エリクソンはこの本を通じて日本の読者に、抽象的な「他者」ではなく、危険に満ちた移行の最終段階を手探りするときの日本人自身のことを語りかけてくれるに違いない。

ブルーミントンにて

(インディアナ大学教授　日本史)

注

［1］ H・D・ハルートゥニアン『明治維新に向けて―徳川時代の日本における政治意識の成長（*Toward Restoration: The Growth of Political Consciousness in Tokugawa Japan*）』（バークレー&ロサンゼルス：カリフォルニア大学出版局、一九七〇年）、特に一八六～八七ページ、二二九～三四ページ、四一〇ページ

［2］ ジョージ・M・ウィルソン『北一輝と日本の近代（*Radical Nationalist in Japan: Kita Ikki, 1883~1937*）』（マサチューセッツ州ケンブリッジ、ハーバード大学出版局、一九六九年、訳書：勁草書房、一九七一年）／『日本の愛国者と救世主―明治維新の動機（*Patriots and Redeemers in Japan: Motives in the Meiji Restoration*）』（シカゴ、シカゴ大学出版局、一九九二年）

［3］ ケヴィン・M・ドーク『差異の夢―日本浪漫派と近代の危機（*Dreams of Difference: The Japan Romantic School and the Crisis of Modernity*）』（バークレー&ロサンゼルス：カリフォルニア大学出版局、一九九四年）／レスリー・ピンカス『大日本帝国における文化の認証―九鬼周造と国家的美意識の勃興（*Authenticating Culture in Imperial Japan: Kuki Schuzo and the Rise of National Aesthetics*）』（バークレー&ロサンゼルス：カリフォルニア大学出版局、一九九六年）

［4］ 小此木啓吾『モラトリアム人間の時代』（東京：中央公論社、一九七八年）を参照。小此木は、自分の概念はエリクソンの心理社会的モラトリアム概念から着想を得たことをはっきりと認めている。

エリクソンの人生　上　目次

第4章 交差文化《クロス・カルチュラル》のモザイク――『子ども期と社会』 141

第5章 循環《サイクル》する生――『子ども期と社会』そのII 195

注 (1)

エリクソンの人生　下　目次

装幀＝加藤光太郎
カバーイラストレーション＝佐藤　明彦

「前世紀を支配したのが父と子の関係であったとすると、今世紀が関心をもつのは、自分自身をどのように作り上げるべきかと自問する自己制作《セルフメイド》の人間である。」

――エリク・H・エリクソン、一九六四年

第1章
新しい始まりに向けて——子ども時代と青春の日々

一九六〇年代末から一九七〇年代初め、エリク・H・エリクソンは知名度も影響力も絶頂期にあった。ブルーのシャツにツイード・ジャケットというしゃれた装いに身を包み、白のモカシンで足下を固め、血色のよい顔に豊かな白髪を戴いたエリクソンは、カリスマ性と魅力を発散しているように見えた。ライフサイクルやアイデンティティの危機という概念を創り出した人物として、彼の写真は有力誌の表紙を飾った。講演の依頼が引きも切らず、賞や大学の名誉学位の授与が相次いだ。ハーバードのキャンパスでは、大学院生からも学部生からも、親身になって励ましてくれる深遠な導師《グル》のような教師と目されていた。大学や精神医学関係の病院・研究所だけでなく、多方面から助力を求められた。たとえば、当時のジョン・リンゼイが市長職にあったニューヨーク市政府から顧問に招請されたし、ケネディ家やニクソン政権下の国内政策顧問ダニエル・パトリック・モイニハンからも助言を請われた。核戦争の危機から全世界を救うことができる政治倫理を提示した『ガンディーの真理』は、ピュリツァー賞やナショナル・ブック・アワードに輝いた。彼はまた、アメリカ軍のベトナム侵攻についても無関心ではいなかった。

こうして高まりゆく評判に、元来が物静かで控えめな性分のエリクソンにも変化が現われた。ほとんど預言者のような快活さと自信を新たに示すようになったのである。崇敬の念を寄せる若者に対して彼が是認と力づけの言葉をかけるとき、その若者もエリクソン本人も、尊く敬虔な相互《ミューチュアリティ》性の儀式の一瞬を見いだすのだった。ダンフォース大学院の若い研究者ロバート・アブザグには、忘れられない瞬間がある。北カリフォルニアで開かれたある特別会議で、エリクソンは古典となっているイングマール・ベルイマンの映画『野いちご』について講演した。その後で近くの浜辺に散歩に出たアブザグはエリクソンの姿を見かけ、歩み寄って話しかけた。講演では取り上げられなかった映画の主要場面について触れ、主人公のイサク・ボールイは両親と完全なつながりを築くことができなかったという自分の解釈を述べたのである。講演に続いた会議では、エリクソンはアブザグを脇に呼び、彼の肩に優しく手をかけ目を深々と覗き込んで、君の意見は的確だと話したのであった。アブザグにとってもエリクソンにとっても、特別な一瞬だった。若いアブザグは、確固たる力に満ちた一人の預言者から重んじられ、祝福されたとさえ感じた。彼は認められたのである。そして、エリクソンは、また一人、別の世代の献身的な学生を得たのを実感したのであった[1]。

こうした晩年の人間関係にうかがわれる自信や内的な力の源泉を、エリクソンの幼年期に探るのは容易ではない。幼いころのエリクは、後年の彼のような人物、つまり賢明な導き手、よき助言者を必死で求めていたように思われる。私生児として生まれ、母の再婚相手の養子となった彼は、実の父親が誰かを知らなかった。そして、エリクソンの言い方にならえば、実母と養父の愛情から出た欺きによって問題は悪化したのである。彼らは長年嘘をつき通した。「養子であったことは、エリクソンの実存の大テーマでした。彼は、いつも、そのことを話題にしたものです」と、子ども時代の親友ペーター・ブロスはいう。後年の自伝的エッセイのなかで、エリクソンは、「養子の否定的なアイデンティティは、父なし子のそれであり」帰属感覚をもたらすことができないと記し、このような人間は「まったくどこにも属さないでいようと躍起になる可能性がある……」とも述べている。とはいうものの、彼は、この欺きと私生児という出自は人生の初めの何十年かにおいて悪い方向だけに働いたわけではないとも感じていた。「人とは違った背景」をもつことは、非常に特別な状況と、やがて彼が「人生の事実」として受け入れるようになる運命を意味するようになったのである。尋常ではないという感覚は、嘘はあったにせよ「子ども時代の環境が愛情にあふれ基本的に安定したものであったこと」によって、また、もっとも身近な人たちが「私に、自分の才能を自由に発達させ、自分の人生を自分で決め」させてくれたことによって促進されたのであった[2]。

このように、人生の初期の環境は、幼いエリクを縛り押し潰そうとしたが、彼を力づけモチベーションを与えた可能性もある。彼が考案した有名な八段階の一般的なライフサイクルモデルは、人生の最初の二十年間を五つの段階に分けている。しかし、彼自身は、誕生から成人前期までの自分の人生をまとめて一つの段階とみなしていた。自伝的エッセイで彼は、この最初の段階を、非常に束縛が大きいと同時に活気に満ちていたと評している。衰弱させる力と高揚させる力の均衡がとれていたのであった。

この自伝的エッセイを初めとしてエリクソン晩年の回顧談を頼りに、なぜ彼が、自分の乳幼期、子ども時代、青年期、成人前期までの期間を、連続した一つの発達段階——彼の本質的な始まり

――とみなしたかを明らかにすることが重要である。確かに、おとなになってから子どものころの感情や経験を振り返った話には内部矛盾があるほか、さまざまな複雑な問題がからんでくる。それでもなお、一貫性のあるストーリーを紡ぐ素材を探し求めることによって人生初期における統合を見いだそうとしたエリクソンの探索は、尊重すべきであるといえよう。われわれがこのストーリーを混乱させる他のデータをもち込むにしても。

出生の秘密

　エリクの母、カーラ・アブラハムセンは、コペンハーゲンのユダヤ人社会の名家の生まれだった。生家のアブラハムセン家は、十七世紀の北ドイツにさかのぼる古い商人の一族で、商いで身を立てる男たちが多かったが、家系図にはユダヤ教の律法学者であるラビや教会史学者という記入もある。また、ルター派の牧師という記録もあり、異教徒と結ばれた身内がいたことがうかがわれる。アブラハムセン家の女たちは、代々、子育てのかたわら伝統の刺繡や磁器の絵付けにいそしんだ。家内には家事をこなす雇い人がおり、彼女たちは「奥様」と呼ばれる身分であった。コペンハーゲンには東欧からのユダヤ人が多く居を定めたが、アブラハムセン家は彼らとは一線を画し、デンマーク社会に溶け込もうと努めた。たとえば、ユダヤ人の言語であるイディッシュは使わなかったし、食卓にはユダヤ教の戒律に従って料理された清浄な食べ物であるカシェルだけでなく、デンマークの伝統料理も載せたのだった[3]。

　カーラの父ヨゼフは、成功した乾物卸商であった。母のヘンリエッタ・カルカーはカーラが十五のときに死亡し、カーラはその後アブラハムセン家の年老いた伯母たちの手で育てられた。ヨゼフは、四人の息子のなかでいちばん優秀なアクセルを後釜に据え、法律家を志していたアクセルは学業を断念して家業を継いだ。ヨゼフとアクセルの「アブラハムセン父子」商会は繊維織物業界で成功し、アクセルはコペンハーゲンのさまざまなユダヤ人慈善団体で主導的な地位を占めるようになった。そして、父ヨゼフが一八九九年に没した後は、アブラハムセン一族の問題についてはアクセルがほぼ決定権を握ったのであった。ヨゼフの次男マックスは、アクセルの下で家業を手伝ったが二十二歳の若さで死に、後の二人、ニコライとアイナーは独立して貴金属商で身を立てた。二人は、主に国内で取引し、アイナーは慧眼の宝石鑑定人として名をあげた。ニコライとアイナーも、アクセルと同じく地元のユダヤ人慈善団体で積極的に活動した。また、アクセルの妻のマチルダも、ロシアからのユダヤ人移住者のために設置された無料給食所《スープ・キッチン》で慈善活動を手伝った[4]。

　アクセルが父ヨゼフを継いで一家の重要問題について采配を振るう一方、カーラは一族のなかでもっとも目立つ一員に成長した。彼女は、アブラハムセン家の代々の女たちのなかでもいちばんの美人で、才気にあふれた聡明な娘として一族の記憶に残っている。実際、女性には高等教育の機会が閉ざされがちなユダヤ人社会で、高校に進学した数少ない一人でもあった。カーラは、ユダヤ教の教えに反抗することはなかったものの、一方でキルケゴールに没頭した。デンマークの文化風土に根ざしながら決然としてキリスト教徒であり続けたキルケゴールに魅せられたのである。父も兄弟もカーラをかわいがり、その意志を尊重したが、心のおもむくままに行動に移す性向や、しきたりにとらわれない美術工芸家たちに関心を寄せる彼女は、皆の心配の種でもあった。少女のときに母親が死んだため、アブラハムセン一家や、一家の属する階級の人々が重視する女性らしい振る舞いをきちんと身につけなかったのではなかろうかと、父や兄弟は心配したのである[5]。

一八九八年、二十一歳のときに、カーラは六歳年上のユダヤ人の株式仲買人と結婚した。夫となったヴァルデマール・イシドール・サロモンセンのことは、ほとんどわかっていない。ヴァルデマールの父アブラハムは法律家で、アブラハムセン家の友人であった。母のトーラは、有名な肖像画家ダーヴィド・モニエスの娘であった。カーラとヴァルデマールの結婚生活は一日と続かず、おそらく夫婦のちぎりも結ばれなかったと思われる。ハネムーン先のローマから、カーラはアクセルに宛てて電報を打ち、家に連れ帰ってほしいと請うたのであった。アクセルがローマに着いたときには、ヴァルデマールの姿はすでになかった。彼の出奔先はメキシコともアメリカともいう。一族の間では、婚礼の式を挙げた後で、ヴァルデマールは自分が犯罪にかかわっており詐欺に手を染めたこと、借金を踏み倒して夜逃げせざるを得なくなっていることをカーラに告白したのだといわれている。あるいは、カーラに暴力を振るったのかもしれないし、ヴァルデマールが梅毒にかかっているのではないかという疑いを彼女が抱いたのかもしれない。いずれにせよ、婚礼の夜を最後にヴァルデマール・サロモンセンは姿を消し、二度とカーラの前に現われることはなかった。しかし、カーラはその後も夫の姓を使い続け、四年後にエリクが生まれたときも、出生証明書の両親の欄には父ヴァルデマール・サロモンセン、母カーラ・サロモンセンと記されたのであった。一九〇二年の十月、カーラはヴァルデマールの父親から、その十月にヴァルデマールが外国で客死したことを示す証拠を受け取った。このとき、エリクは生後四ヵ月であった。したがって、エリクは法律的には嫡出子である。こうして、カーラは正式に未亡人となり、再婚の自由を得たのであった[6]。

出生証明書の記載はどうであれ、エリクはヴァルデマールの子どもではあり得ない。だとすると、エリクの父親は誰なのか。カーラは、その後再婚してエリクの下に二人の娘ルースとエレンをもうけた。二人は、カーラのことをエリクを身ごもるまで処女で身持ちがよい貞淑な女性であったと信じており、母の思い出を大切にしている。カーラは兄弟の開いたパーティーで酒を飲み過ぎて眠り込んでしまい、男が身体を重ねてきたのも知らなかった、あるいは酔っぱらってしまって相手の男が誰かも憶えていなかったのだろうと二人は想像している。だが、エリクと妻のジョアンは、カーラの話から、彼女はそれほど無垢で未経験ではなかったようだし、エリクの父親が誰かを知っていたはずだ、少なくともエリクの顔立ちから見当がついていたはずだと推測していた。カーラは、しかし、エリクの実の父親が誰かを最後まで明かさなかった。もしかしたら、カーラがカプリ島でバカンスを過ごしたときに出会ったデンマーク語を話す旅行者が父親かもしれないと、ジョアンは想像したこともあった。アブラハムセン一族の間では、エリクの父親はコペンハーゲン裁判所の法廷写真家で、カーラはエリクに父親と同じ名前を付けたのだという囁きが長く伝わっていた。ビョルン・オクスナーの『一九二〇年以前のデンマークの写真家』(一九八六年)は信頼できる資料だが、それには、コペンハーゲン出身でエリクという名前の写真家が二人載っている。一人はエリク・シュトローム、もう一人はエリク・バーンセンである。シュトロームのほうは、法廷写真家ではないことがはっきりしている。もう一人のバーンセンについては、エリクの父親であると決めるだけの確たる証拠はない。エリクの父親が誰にせよ、驚くことに、一九〇二年に北ドイツでバカンスを過ごしにコペンハーゲンを発った時点では、カーラは自分が身ごもっていることにまったく気づいていなかった。アブラハムセン一族によれば、カーラが初めて妊娠を知ったのは産み月がわずか二月後に迫っていたある日のこと、シャワーを浴びているときであった。そして彼女は、バカンス先で医者の診断を受けたという。カーラの家族、コペンハーゲンのアブラハムセン家の人々は、不名誉とスキャンダルを避けるため、そのままドイツにとどまり三人の年取った独身の伯母たちのもとに身を寄せるようカーラに命じた。こうして、カーラはフランクフルトで出産し、その近郊のビュールという小さな町でエリク・サロモンセンを育てることになったのであった。スキャンダルはなんとか丸くおさめられ、カーラと一族の体面は保たれたのである[7]。

ビュールの町で赤ん坊を育てるカーラは、物静かな気品に満ちた女性であった。エリクは、カーラが「どんなに混乱し、わけがわからなくなった問題もすっきりと解きほぐし」、力強い支えとなってくれたことを憶えている。それでも、母親が大切にされていないこと、身内に見捨てられたことを感じとり、そのことに心乱れたという。ビュールの町のユダヤ病院で働く友人の助力で、カーラは看護婦としての訓練を受けられるようになった。町のボヘミアンの地区に住む芸術家たちの友人も多く、父親のいないエリクに、彼が後に「最初のおとなの男性についての刷り込み」と呼んだものを与えた。浅黒い肌で黒髪の母親が、ブロンドの髪と青い眼をもつ色白の子どもが眠る乳母車を押して歩く姿に、近所の人たちや道で出会う人々は何かしら尋常でないものを感じとった[8]。

おとなになってから、エリクは、母だけで父というものがなかったビュールの子ども時代の再構成を試みている。「私のいちばん古い記憶は、彼〔ヴァルデマール・サロモンセン〕の死亡通知が届いたことです」とエリクは書いている。つねに母カーラに目を向けていた彼は、「母が私には理解できないことで悲しんでいるのを知った」のであった。後年、アイデンティティ（「自分が誰か」という感覚）は母親の微笑の認知から始まることを観察したとき、エリクは、母カーラのことを思い浮かべていたのである。カーラがエリクを見つめておらず、目と目を見合わせる信頼の結びつきをしていないときの彼女の姿は、知の権化のようであったとエリクは回想している。「後になって知ったのですが、母は、ブランデス、キルケゴール、エマーソンなどの著作を読むことに没頭していたのでした。」こうして、生涯を通じて読書はエリクにとって若き日の母の姿の記憶につながるものとなったのであった。ドイツ時代、母子はデンマーク語で会話することもあり、そうしたときはエリクにとって特別な時間となった。エリクは二十三歳のときに聖母マリアと幼子イエスの姿をスケッチし木版画にしているが、この作品には、カーラと二人きりで過ごした当時に感じていた信頼感や絆の強さが再現されているように見える。自身が孤独と悲しみのなかにありながらも、並の子どもとは違う息子の才能と可能性を深く理解し支えてくれる母――そうした母の支持を幼いなりに自分はわかっていたのだと、そのころについて、「母が私に大きな希望を託していたこと、その希望が慣習――母自身はあえて破ることはなかった――を超越したものだったのは疑いようもありません」と述懐している。いつも援助の手を差し伸べてくれる聡明で美しい母親、その母から認められ信頼されていたこと、そして顔を寄せあい、目と目を見つめあう喜び、こうした記憶をエリクは生涯、折に触れて反芻し続けたのであった。父親のわからない子どもとして母と二人、アブラハムセン家の人々との交わりもなく北ドイツで過ごした生後最初の三年間が、もしも辛い――心的外傷《トラウマ》となるような――ものであったとしても、決して希望のないものではなかった。母と子の間には非常に特別な絆が育まれたからである[9]。

このようにカーラとエリクの間の絆が強かったため、カーラが、褐色の髪をもち山羊髭を生やした九歳年上の小柄な男、カールスルーエの小児科医と交際しはじめたとき、この男は、母子の絆への「闖入者」となったのであった。エリクは病弱な子どもで、特に胃腸が弱かった。一説では、カーラは、ビュールの芸術家の友人の薦めで、カールスルーエの小児科医テオドール・ホンブルガーにエリクを診てもらうことにしたという。また、カーラがエリクを連れて旅行中、カールスルーエのシュロッス・ホテルに滞在していたときに呼ばれた医者がテオドール・ホンブルガーであったとも伝えられている。小柄で、落ち着いた控えめな物腰の小児科医、つねに思いやりのある態度を崩さず、独身主義を通していたホンブルガーは、エリクのミルクに問題があるという診断を下した。そして、ホンブルガーの新しい処方のミルクを飲むようになってみるみる元気になったエリクの目に映ったのは、この小児科医に強く惹かれている母カーラの姿であった。二人の間に恋が芽生え、結婚の日取りも定まった。この異色のカップル――ユダヤ教のなかでも規模が大きく、より「リベラルな」教会の指導者であるホンブルガーと、ブロンドの髪と、青い眼の小さな男の子を連れた背の高い浅黒い肌と黒い眼をもつデンマーク婦人――は、カールスルーエのユダヤ人社会で大きな注目を集め、話の種になった。エリクの追想には、「この闖入者、得体の知れない道具を携え、髭を生やした医者と仲良くする」ことがいかに困難であったかという話が出てくる。彼には、母がテオドールをとって自分を二の次にしたように思えたのであった。テオドールにとっても、新しい家族と折り合っていくことはけっして容易なことではなかった。というのも、彼自身、カーラとエリクの間に築かれていた特別な母子の絆に割り込んだことを感じとっていたからだ。とりわけ、カーラには葛藤があったに違いない。カーラは、息子がこれからもずっと心の底から自分を必要とすることがわかっていたが、息子の意に添うことは将来夫となる人の希望とは食い違うこともわかっていた。だが、カーラには他にどうしようもなかった。その時代の家族の標準からはかけ離れたものとはいえ、息子にも夫にも居場所をつくっていくしかないのである。なんといっても、カーラをビュールの芸術家サークルからカールスルーエの自分の家に迎えようと約束した男、非常に伝統を重んじ、ありきたりの知識人でしかない小児科医ホンブルガーは、私生児を生んだという罪を軽くする逃げ道を申し出てくれたのだった。カーラにとっては、テオドールとの結婚によって中流家庭の一員としての世間体が回復することになった[10]。

一九〇四年十一月、テオドール・ホンブルガーとカーラ・サロモンセンは婚約を交わした。二人は、翌年、エリクの三歳の誕生日の六月十五日に結婚式を挙げ、ハネムーンにも彼を伴った。まるで、最初からエリクがいたかのようであった。少なくとも、二人はそうあってほしいと思ったのだ。成長して、エリクはこの旅の思い出を木版画にしている。コペンハーゲンへ向かう船上で、セーラー服に身を包み、緊張し、不安と怒りにさいなまれた幼い男の子が、自分はひとりぼっちだと感じ、両親と距離を置いてたたずんでいるさまを描いた習作である。両親は、船のデッキに腰を下ろし、お互いの身体に腕を回している。エリクは、両親に背を向けて立ち、ブリッジに立つ船長を見上げている。ひとつの解釈としては、船長はエリクの本当の父親であり、エリクははしごを登ってブリッジの船長＝父親の側に行きたいと欲しているといえよう。さて、三人を乗せた船はコペンハーゲンに到着し、アブラハムセン家の人々は、カーラの新しい夫、世間に恥ずかしくない生活を築き上げているユダヤ人の医師を歓迎した。だが、彼女が夫以外の男との間にもうけた子どもに対しては、とまどいを抑えられなかった[11]。

根っから中流階級のアブラハムセン家の人々は、テオドール・ホンブルガーに好感を抱いた。ホンブルガーは、未婚の母という罪深い立場からカーラを救済してくれた男であり、しかも、カールスルーエのユダヤ人社会でも有名な旧家一族の出身であった。ホンブルガーの家系は、一七一五年にカールスルーエがバーデンの新しい首都に定められた時代にまでさかのぼり、テオドールが妻と妻の子どもを引き取ることになっていたホンブルガー屋敷（町の中心部、シュロッス・プラッツ九番地にあった）は一七二二年に建てられたものであった。都市としての発展が比較的遅れたカールスルーエには、古いヨーロッパの町によくあるユダヤ人居住区もなかった。小さな州国家に分かれていたドイツのなかで、カールスルーエを中心とするバーデンはもっともコスモポリタン精神とリベラルな気風にあふれていた。当時のバーデンは、プロイセンの絶対君主主義の圧力に抵抗しており、フランスやベルギーにおける改革運動の勝利に称賛を惜しまなかった。実際、ルター派公国領の首都であり、カトリック教徒の人口も多かったにもかかわらず、バーデンは一八六二年には、すべてのユダヤ人に対する法的束縛を完全かつ全面的に撤廃している。十九世紀後半のカールスルーエは急速に工業化が進む民族国家の産業中心地で、工具、機械、家具、その他の必需品の生産地であった。こうした町で、ユダヤ人は専門職や商取引の分野に進出しており、テオドール・ホンブルガーの父、ユリウス・ホンブルガーはワイン商として成功していた。ユリウスと妻のテレーゼ・ヴァイスは七人の子どもをもうけたが、そのなかで高等教育を受けて専門職業に就いたのはテオドールだけであった。テオドールは、カールスルーエのマルグラヴァーテ・ギムナジウムを卒業し、ヴュルツブルク、ミュンヘン、ハイデルベルクで医学を修めた。学校の教室内の自然光の測定法をテーマに学位論文を書き、一八九四年には小児科を開業した。当時、カールスルーエには小児科医も含めて何人かのユダヤ人医師がいた[12]。

歴史のあるホンブルガー家の住まいは翼館《ウィング》がいくつも張り出した大邸宅で、テオドールの兄弟のダーヴィトとルートヴィヒの家族や、姉妹のベルタ・マルクスの家族も、この大邸宅の一角にそれぞれの住居を与えられていた。テオドールが妻と子どもを迎え入れたのは、美しい公園を見晴らす三階建ての翼館であった。テオドールとカーラの最初の子どもは女の子で、一九〇七年に生まれた。エルナと名付けられたが、二歳のときにジフテリアにかかり幼くして死んでいる。夫妻の悲しみは大きかったに違いない。その後、一九〇九年にはルース、一九一二年にはエレンと、エリクの二人の妹が生まれた[13]。

ところで、カーラとテオドールの婚約が一九〇四年の終わりに発表されたとき、彼女は、テオドールが結婚の条件として出した唯一の要求を受け入れた。それは、エリクにテオドールが実の父親だと教えることであった。カーラは、この作り話を受け入れることで過去を葬り去り、新しい人生を始めたかったのかもしれない。エリクは後年になって、テオドールは「どうやらカーラに同意し、過去を白紙にすると約束したようです。二人は協力して、完全に『実の』両親として振る舞おうとしました」と回想している。これは、エリクがあるとき述べたように、当時の世間の視線を案じエリクを不運な過去から守ろうとしたゆえの「愛情から出た欺き」だったのだろうか。それとも、彼が別の機会に記したように、「もっとひどいことだったのだ。養父とM〔母〕は、このことを秘密にしておこうと決めた」のだろうか。幼いなりに、彼はなにか不自然だと感じていたに違いない。三歳の幼児ながら、すでにエリクはテオドールが「血のつながる」父親ではないとわかっていた。エリクの実の父親が誰かをめぐって交わされるホンブルガー家のおとなたちの囁きをはじめ、テオドールが実父ではないことを指し示す「手がかりはたくさん」散らばっていたのである。こうして、エリクは、テオドールを優しい父親と感じつつ成長したが、同時に「自分のアイデンティティについては……長い間、そう、子ども時代を通じてずっと、懐疑を抱き続けた」のであった。そして、「結局、私の生まれは妹たちとは違うのだということを心ひそかに確信しました。そして、なんとかそれを人生の事実として、カールスルーエでもコペンハーゲンでもけっして口の端に上らない、母の過去の一部として受け入れたのでした」。この回想からは、彼が自分は特別だという感覚、否定と肯定の両面をもつ感覚を抱いていたことが伝わってくる[14]。

幼いエリクがテオドールを実の父親だと完全には信じ切れなかったように、テオドールのほうでも、エリクを血のつながった息子として受け入れるのは難しかった。こうした状況について、後年「遺伝子の問題なのだ」とエリクは皮肉っている。養父は養子の気性や性格に自分とは違うものを感じとり、自分とは血がつながっていないという気持ちが態度に現われずにはいない。テオドールの場合は、その上にエリクの実父が息子についてどのような心構えでいるのかまったくわかりようがなかった。こうした不安定な状況でエリクに対して実の父親のように接することは、いくら人情の厚いテオドールとはいえ容易ではなかっただろう[15]。

また、テオドールは、中流階級の尊厳を保ちたいという気持ちがカーラ以上に強かった。そのためには、直ちにエリクを養子とし、彼の名字を正式にホンブルガーに変更する必要があった。しかし、一九〇五年のカーラとテオドールの結婚証明書には養子縁組みについての記載は何もない。養子縁組みが整っていたとしたら、結婚証明書には必ず記載があるはずだ。また、エリクのドイツ国籍取得のために提出した一九〇九年の書類でも、彼の名は相変わらずエリク・サロモンセンとなっている。後年、一九五九年に作成した履歴書のなかで、エリクは、自分の姓が法律上ホンブルガーとなったのは一九〇八年のことで、カーラとテオドールの結婚から三年後であったと記している。一方、フランクフルト市発行のエリクの出生証明書には、「カールスルーエ市政府」はエリク・サロモンセンがホンブルガーと名乗ることを正式に認めたと一九一一年六月付で付記されている。この変更は、「ユダヤ教会《シナゴーグ》に代わっての行政的なもの」と思われる。それ故、ホンブルガーの所属するカールスルーエのユダヤ教会では、それよりも前——おそらく、カーラとテオドールが結婚した時点で——エリクの改姓が行なわれていた可能性がある。もっとも、こうした措置は慣習というわけではない。それから、一九〇九年のカールスルーエ地方裁判所のファイルには、エリクの姓をサロモンセンからホンブルガーに変更したことを記す記録があるし、同裁判所の一九一一年の記録には後見および養子縁組み手続きが完了したとある。カールスルーエとフランクフルトの記録を合わせてみると、エリクが法律上正式にホンブルガーとなったのはテオドールとカーラの結婚から五年後だったと思われる[16]。

　これらの資料から想像すると、カーラたちは、エリクはまだ非常に幼いから父親が誰かなど疑わないだろうと思いこんでいた節がある。それに、二人はテオドールが実の父親だとエリクに信じさせたかったのであった。もっとも、ホンブルガー家が所属していた地元のユダヤ教会《シナゴーグ》では、エリクが養子であることをはっきりさせなければならなかったことはほぼ間違いない。おそらく、エリクが九歳になり地元のギムナジウムの入学試験を受けるときになって、初めてドイツ国籍を取得し養子縁組みの手続きをする必要に迫られたのではなかったろうか。しかし、エリクの改姓手続きが遅れたのは差し迫った必要を感じなかったからだとする解釈には問題がある。テオドールとカーラが早く過去の罪を葬りたいと強く感じていたことを説明できなくなるのだ。二人は、法律的に――つまり、二人を含めたドイツのユダヤ人社会で非常に重んじられていたドイツ政府の記録において――まっとうな中流階級の一家として見られたかった。このように、法律上の形式を非常に大切にするにもかかわらずエリクの改姓という重大事項を延ばし延ばしにしたという事実は、テオドールのなかに、エリクを息子として迎えることについての相反する心情があったことを示唆している。テオドールには、エリクから本当の父親と思われたい一方で法的に父親となるのをとまどう気持ちがあり、それが手続きを遅らせたのだろう。家族のなかではカーラの意見が強かったことを考えると、彼女の側にエリクの親権をテオドールと完全に法的に共有することについて躊躇があったことが養子縁組みの手続きが遅れた理由かもしれない。実のところは、おそらくカーラの側にもテオドールの側にも、単純には割り切れないさまざまな感情が渦巻いていたのだろう。テオドールがエリクを養子として全面的に明示した初めての法的書類が一九四二年の遺言書であったという事実は、示唆に満ちている[17]。

　義理の息子を同伴したぎこちない新婚旅行の後も、ホンブルガー夫妻とアブラハムセン家の人々とのつきあいは続いた。エリクは「子ども時代に何度もコペンハーゲンに行った」ことを憶えている。コペンハーゲンでは、彼はたいてい伯父アクセルの家に滞在した。ユダヤ教は、伝統的に子どもは母親の宗教と同じ宗教をもつとみなす。それは、父親の身元が不明な場合も同様であり、アブラハムセン家の人々はエリクをユダヤ人と認めていた。アクセルはたびたびエリクをユダヤ教会に伴っており、デンマーク国王が礼拝に出席し彼らの隣に席を占めたときのことは、エリクの記憶に鮮明である。エリクにとって、デンマーク滞在中のいちばんの楽しみは、コペンハーゲンの北、エーレスンド海峡に面したスコッテルプ・スネッケルステンにあるニコライ伯父の夏の別荘での日々であった。ローゼルンド〔バラの園〕と名付けられたニコライの別荘は海岸沿いにあったが、近くには森が広がっており、水泳やボート遊びのほか森の散策も楽しかった。エリクは後年、イングマール・ベルイマンの映画『野いちご』を講義で取り上げたが、映画に描き出されたエーレスンド海峡の光景に子ども時代の記憶、「幼年時代のなかで、もっとも光あふれる夏を過ごした」ローゼルンドの記憶が授業のたびによみがえったという。そして、子どものころは「よく、デンマーク側の岸から海峡の向こうを眺め」、スウェーデンが見えると嬉しかったと述べている。このように、自分は特別だというエリクの感覚は、スカンジナビアとの結びつきからも生じていた。実際、エリクのコペンハーゲンへの「特別な旅」は、異父妹のルースやエレンよりもはるかに頻繁であった[18]。

ホンブルガー家もアブラハムセン家も、エリクがたびたびコペンハーゲンを訪ねることに異を唱えなかった。デンマークやドイツに居を定めたユダヤ人の例に漏れず、両家は頻繁に国境を越えて往き来し、第一次世界大戦中には、カールスルーエのホンブルガー家の人々がもっとも必要としたもの、すなわち食料がコペンハーゲンから送られたのだった。このような親類づきあいのなかで、エリクが特に親しみを感じたのはアクセルの娘ヘンリエッタだった。彼女はエリクをよそ者扱いせず、いつも暖かく迎えてくれたからである。彼は十二歳のとき、冬の農家を描いた美しい自作のスケッチに、「いとこより、記念に」とサインしてヘンリエッタに贈っている。アブラハムセン家のおとなたちは、エリクに優しく接してくれるものの、いつも何とはなく居心地の悪さがつきまとった。このことについて、エリクはカールスルーエ時代の親友ペーター・ブロスに誇張して話したことがある。アブラハムセン家の人々は自分と母親を切り捨てたと言ったのだった。コペンハーゲンから親類が訪れた折にホンブルガーの家にみなぎる緊張感や、アブラハムセン家の人々がエリクの出生について口止めされていたことなども鮮明な記憶として残っており、「デンマークからやってくる親類たちは、きっと、あれは言うな、これは黙ってろと言われてたんでしょうね」と述べている[19]。

というのも、エリクの誕生という事態そのものが、ホンブルガー家、そしてアブラハムセン一族の間に緊張を生み出す原因だったのである。そして、幼い彼は、何かがまっとうでないことを感じとらずにはいなかった。母と二人きりで暮らした生後最初の三年間と同じように、カーラがテオドールと結婚した後もエリクはずっと、母の強さと存在は自分の最大の希望と支えであり、自分のなかで続く特別だという感覚の源泉だと感じていた。こうして、エリクは、ホンブルガーの家庭のなかで緊張や虚偽と妥協し、「母と二人きりで過ごした三歳になるまでの月日」を心の奥に埋めたのであった[20]。

義理の息子のアイデンティティ

テオドールとカーラは、カールスルーエで自分たちなりの家族を作り上げようと固く心を決めていた。エリクが四歳のとき、妹のエルナが生まれた。エルナが一歳半ぐらいのころの幼い兄妹を写した一枚の写真が今も残っている。エリクは、セーラー服を着て身を固くしており、楽しそうなようすはみじんもない。妹のエルナはエリクに寄りかかっている。この当時、写真撮影といえば盛装するのがふつうだったが、エルナは上半身は裸、腰にオムツかシーツのようなものをまいているだけだ。この写真からもエルナにはどこかしら尋常でない感じがうかがえるが、実際、その数ヵ月後にジフテリアで死亡している。そして、自分が家族の完全な一員ではないという感じを抱くエリクにとって、エルナの死は心の傷《トラウマ》となって残ったのである。エルナの死から一年後にルースが生まれ、さらにエリクが十歳になったとき、下の妹エレンが誕生した。テオドールは無事に育っていく二人の女の子を非常にかわいがり、日曜日には郊外に散策に連れ出し、音楽や自然の不思議について話して聞かせた。ルースとエレンは、成長して思春期に入るまではエリクを実の兄と思っていたという。ただし、あまり身近な存在には思えなかったようだ。エリクは成長後も母のカーラとは非常に親密で、近所に住むカーラの友人の芸術家に好感を抱いていた。十二歳になったころには見よう見まねで近くの田園風景をスケッチし、才能の片鱗を垣間見せる作品を残している。カーラはエリクの独立心を喜び、「自分で選ぶこと、探求心をもつこと」を奨励したとエリクはいう。こうして、成長するにしたがって一人でいることや町の年若い友人たちと過ごすことが増えていったエリクだったが、母のカーラに対しては、必要なときにはいつでも頼れるという全幅の信頼を置いていたのであった[21]。

父は娘たちと親密で母は息子と近しいという構図はあったが、ホンブルガー一家を切り盛りするのはカーラであった。階下の部屋を診察室にしたテオドールは一日中仕事に追われていた。午後の診察時間には大勢の外来患者がやってきたし、朝晩はたびたび往診に呼び出された。本業の開業医のかたわら、テオドールは市の学校医を務め、戦時の学校教育環境について論文を著わし、時間の許す限りでカールスルーエの医療福祉活動にもかかわった。医業に加えてユダヤ教会《シナゴーグ》の活動を精力的にこなす彼には暇な時間はほとんどなく、また、これといった趣味ももたなかった。家計を取り仕切ったのはカーラで、テオドールはカーラから小遣いをもらっていた。暮らしの社会・文化的な面もカーラが決めていた[22]。

カーラはテオドールの両親や兄弟、すなわち中流のユダヤ人家庭の伝統に従っていた。三度の食事は家族全員が顔をそろえることに決まっていた。また、増築が重ねられて数家族が住む広大なホンブルガー屋敷——テオドール一家はその一画に居室を与えられていた――では、部屋にはそれぞれの用途が定められ、決まりは厳しく守られていた。たとえば、子どもたちは、屋根付きの回廊や美しい内庭で遊ぶのは自由だったが、二階にある自分の家族の部屋以外への立ち入りは厳しく禁じられた。三階には下宿人が住んでいた。三つの階の住人が一堂に会するのは第一次世界大戦の空襲警報が発令されたときのみだった。空襲警報が鳴ると、誰も競って地下のワインセラーに逃げ込み、フランス軍の爆撃に身を縮めたのである。カーラは毎日デンマークの新聞を読んでおり、文化的には自分はデンマーク人だと考えていたようだが、子どもたちにはドイツ語を使うようになってほしいと思っていた。コペンハーゲンのアブラハムセン家の人々も、カールスルーエの家を訪問したときにはドイツ語で話すように言われていた。このようにカーラはデンマーク風ではなくドイツ風の家庭を作ろうとしたが、それというのもヨーロッパ大陸諸国ではドイツ語が「公用語」だったからである。根っからドイツの子どもであるルースとエレンには自然なことだったが、エリクは容易にはなじめなかった。実際、彼は、養父の国の言語に囲まれて「ドイツの継子」として育った幼年時代に、それ以前に身につけたデンマーク語を「忘れてしまった」ことが一生涯の悔いだと述べている。そのほかにもカーラは、キルケゴールやキリスト教徒の精神的問題に関心を抱き続けていたにもかかわらず、ユダヤ教の慣習や儀礼を厳密に守ることを強く主張した。たとえば、数年間にわたって行なわれる伝統的なバルミツヴァ〔訳注　十三歳に達した少年を宗教上の責任と義務をもつ成人として正式に認める儀式〕のための教育をエリクが受けたことは疑いを入れない。また、カーラは、ユダヤ教の食事戒律や祭礼儀式を守り、金曜の夜と安息日サバトにはユダヤ教会《シナゴーグ》の礼拝を習慣にしたのであった[23]。

ホンブルガー一族が属していたカールスルーエのユダヤ教会は、テオドール一家の生活のなかで非常に重要な存在であった。カールスルーエには二つのユダヤ教会があったが、ホンブルガー一族が属していたほうは会員数二千五百人ほど、十八世紀から十九世紀にカールスルーエに移住した古いユダヤ人の家族が多く、「リベラル」な気風が強かった。もう一つのユダヤ教会は、それよりも小規模で正統派ユダヤ教〔訳注　トーラーやタルムードの伝統的な教義解釈に従い、日常生活で厳格に実行する宗派〕を奉じ、ポーランドからの移住者が大半を占めていた。これに対して、ホンブルガー一族が属していたユダヤ教会の会員は、自分たちはドイツの社会や文化に同化していると考えていた。もっとも、礼拝の間は全員が帽子をかぶったし、女性の席はバルコニーにあるなど、ユダヤ教の教義はしっかりと守られていた。また、祝祭日の礼拝は長時間に及んだ。テオドールは、十三年にわたってユダヤ教会の運営委員を務め、さらに五年にわたって委員長の重職にあった。テオドールは改革派〔訳注　理性と科学に耐えるよう合理化したユダヤ教〕で、十四歳の女子に対する成人の儀式を支持した。また、ユダヤ教会聖歌隊を編成し、オルガン伴奏には才能のある非ユダヤ教徒を登用した。カーラは、サバトの午後に、たびたびラビ夫妻を自宅に招いた。また、ユダヤ教会を基盤としたバーデン・ユダヤ人連盟の支部責任者となり、ボランティアの「中産階級の台所《ミドルクラス・キッチン》」を監督した。これは、貧しく職をもたないユダヤ人に教義に従った清浄《カシェル》な食事を無料で提供する給食施設で、毎日、約二百食を配っていた。このように、テオドールとカーラは、ユダヤ教会での活動を通じてカールスルーエのユダヤ人社会の指導的存在となっていった[24]。

　エリクは、できる限りユダヤ教会から距離を保とうとした。テオドールと同じように背が低くて黒い眼と黒髪の男が多い信徒たちのなかで、背が高くブロンドの髪に青い眼をしたエリクは、つねに自分が他人とは違っていることを意識させられた。こうした外見のために「養父が重職にある教会で『異教徒』とあだ名を付けられた」ことがエリクの心に重くのしかかり、自分の実の父親はユダヤ人ではないかもしれないという疑いがますます強くなっていった。養父が彼の芸術への関心をほとんどわかってくれず、「自分と同じ医者になる」よう求めることも耐えがたかった。エリクは、芸術的な才能を埋もれさせたくない、母と二人だけで暮らしたビュール時代の、慣習に反旗を翻したようなライフスタイルを捨てたくないと言い張った。テオドールとの謹厳実直な生活に順応していった母のカーラと違って、エリクはビュール時代の暮らしを自分の核心とみなしていたようだ。実際、エリクは、「小さなユダヤ人社会の中産階級」という意識に凝り固まったテオドールとは折り合っていけないと感じていた。ユダヤ教会だけでなく、非因習的な要素を捨てたカーラの再婚家庭の価値観そのものになじめなかったのだ。この状況を彼は、「ドイツの中流階級の暮らし、改革派ユダヤ教、医師という職業といったものにきっぱりと背を向けるようになった」と回想している。彼がこうした養父に対する見方を改めたのはずっと後のことであった。アメリカに移住し、若き日のカーラ、つまり反抗心に富んだ女性の姿に自分を重ね合わせる傾向が薄れて、ようやく彼は「小児科医であった養父は、義理の息子の反抗を受けながらも、子どもたちへの関心を中軸に広く医の道を歩むという人生の確かな範を示してくれたのだ」と認めることができるようになったのである[25]。

　少年時代のエリクは、成長するにつれて、母のカーラが中流ドイツ系ユダヤ人テオドールの生活習慣に従うようになったことを悟るようになった。当時エリクの指導者《ラビ》であったヒューゴー・シッフは、「エリクは、あらゆる〔ユダヤ的な〕ことや〔ユダヤの〕人々から離れて超然としていた」と回想している。エリクによれば、「当時の私は、人とは違っていようと固く決心していた」のである。エリクは、自分が足繁く通ったカールスルーエの画家のスタジオを、束縛の多い「自宅《うち》」――特に「医者を信じて疑わない緊張した母子でいっぱいの」テオドールの診察室――と対極的存在とみなし、養父の家や診察室と違って、芸術家のスタジオやライフスタイルは「感覚を取り戻す」チャンスを与えてくれたと述べている。視覚的な方法を頼りに自分を取り戻そうとした背景には、カーラの友人の芸術家たちや、エリクが独自に交際するようになった芸術家たちの影響もあっただろう。しかし同時に、それが、実の父親と自分をつなぐ道となるかもしれないという思いもあったに違いない。はっきりした証拠があったというより、むしろロマンチックな幻想を土台とするものだったが、エリクは成長するにつれて、ますます、実の父親も芸術的な人であっただろうという思いを深めていった[26]。

実の父親に関する幻想の根拠は、希望的観測と伝聞の域をほとんど出なかった。母のカーラは、エリクの実の父親が何者かを知っていた、少なくとも相当に当たりをつけていたであろうし、自分の兄弟たちにはそのことを漏らしていたかもしれない。しかし、エリクのいとこたちにはごく漠然とした話しか伝わらなかった。カーラの兄アクセルの息子のスヴェンドとスヴェンドの妻ヘレナは、エリクの父親の身元を知らなかった。エリクの父親を突き止めようとしたアクセルの娘ヘンリエッタの試みも不首尾に終わった。アクセルの弟のニコライは真実を知っていたかもしれないが、彼の娘エディスの並々ならぬ努力もついに実を結ぶことはなかったのである[27]。

したがって、エリクにとって実の父親を突き止めることは容易ではなかった。彼はずっと後年、とうとう成功しなかった父親探しを「母が欺いた」とときおり責めた。これは、母が子育てに失敗して、エリクが自分自身や過去についての感覚を育み維持するよう育てられなかったという明らかな非難だ。実際、「私の出生については、なんと多数のつじつまの合わない手がかりを、母は私に与えたのだろう」と、エリクは幾たびか語気を強めている。口をつぐんで語りたがらない母親から真実を聞き出そうとするエリクの父親探索の跡をたどると、部分的に重なりあう三つの段階が認められる。そして、この三つの段階は、エリクが成長するにつれて母のカーラとの関係性がだんだんとうまくいかなくなっていったことと並行している[28]。

まずエリクは、三歳のときに、テオドールが本当の父親だと教えられた。彼にはこの話は信じられなかった。また、エリクの法律上の姓をホンブルガーに変えて正式に養子とする手続きをテオドールが延ばし延ばしにしたことからも、ますます疑わしく思われてきた。それに彼は、食卓の下に潜り込んで盗み聞きした会話が忘れられなかった。エリクに聞かれているとは知らないおとなたちは、エリクの本当の父親は非ユダヤ教徒の芸術家だと話していたのだった。次の第二段階は八歳から十四歳までである。後年になって友人のベティ・ジーン・リフトンに語ったところによれば、エリクは、ある日、カールスルーエの郊外の黒い森《シュヴァルツヴァルト》を歩いていて一人の農婦に出会った。牛の乳を搾っていたその農婦は、エリクを見上げて「本当のお父さんが誰か知ってるのかい」と問うた。家に駆け戻って本当のことを教えてくれと詰め寄る彼に、母カーラは、エリクがテオドールの養子だという話は事実だと認めた。そして、デンマークのユダヤ人で前夫のヴァルデマール・サロモンセンは、エリクがおなかにいる間にカーラを捨てたと詳しく話して聞かせたというのだった。この話は真実と嘘が半々だ。

サロモンセンがカーラのもとを去ったのは彼女がエリクを身ごもる何年も前のことだったのである。しかし、このときの母の話で、エリクは自分の実の父親はサロモンセンだと考えるようになった。また、最初の夫のことを話す母の大きな苦痛を、彼は感じとった。声音にも素振りも、実の父親についてのそれ以上の追求を思いとどまらせずにはおかないものがあったのだ。こうしたいきさつがあって、それから数年の間はエリクはサロモンセンが父親だろうと考えていた。カーラも真実を隠し続けた。そして青年期、実の父親が誰かという疑いは再び深まった。父親探しの第三段階である。新しい噂を耳にし、昔の記憶を呼び覚まされて、エリクのなかでは、父親は芸術の才能豊かなデンマークの貴族でキリスト教徒らしいと「徐々に気づく」ようになった。一九六〇年にカーラが没した折、アブラハムセン家のエリクと同世代のいとこたちが彼らの間のうわさ話を伝えてくれた。「いとこたちの話は、長い間にたまたま耳に入った話やふとした印象から私が自分なりに出していた結論を裏付けるものでした。つまり、私の父親はどうやら『良家の出』の『芸術の天分に恵まれた』非ユダヤ教徒のデンマーク人だったようです」とエリクは述べている。こうして、初めて実父の身元を突き止める可能性が見えてきたのであったが、エリクは父親探しにコペンハーゲンに出かけることに危惧を感じた。実の父親が裕福——貴族かもしれない——だとすると、エリクの父親探しは金が欲しいためだと思われないだろうかという不安もあった。また、「そもそも自分が生まれた時点で気にかけてくれなかった親を、今さら自分から求めてどうなるのだろう」という思いもあった。自分の父親が誰かを知りたいという気持ちにも限界があったのだ[29]。

少年に成長した後も母カーラへの信頼や結びつきの気持ちは変わらなかったが、自分の人生初期の核となりつつある問題について母が何か隠している、そしてエリクにその問題を追求してほしくないと思っていることは、ますますはっきりしてきた。エリクにとってはショックだった。そのために母に寄せる愛情や母を必要とする気持ちが失われることはなく、母への依存が小さくなることはなかったものの、母と子の間には障壁が生まれ、エリクはしだいに自分自身の情緒的資質に頼らねばならなくなった。「養子であることからアイデンティティを作る」ほかないと感じるようになったのである[30]。

養子のアイデンティティを作り上げることは、単に自分の親は誰かという問題ではなかった。自分の宗教は何か、自分は何国人なのかを突きつめて考え、自分がこうした既定の伝統的な境界や限界からはみ出していることをつくづくと考えさせることになったのである。母や養父と同じようにユダヤ教徒なのだろうか、それとも実の父親のようにキリスト教徒（彼は、そう考えるようになっていた）なのだろうか。母のカーラや、ヴァルデマール・サロモンセン、そしてたぶん実父と同じデンマーク人なのだろうか、それとも養父テオドール・ホンブルガーのようにドイツ人なのだろうか。ユダヤ教会ではキリスト教徒と呼ばれ学校ではユダヤ人と指差された恥辱の記憶を、エリクは忘れることができなかった。ユダヤ教会のユダヤ人少女エリザベス・ゴールドシュミットに心惹かれるようになったときには、自分にキリスト教徒の血が混じっているかもしれないことで苦しんだ。たびたび「デンマーク人として生まれた自分は、外国生まれの子どもに対するドイツの子どもたちの軽蔑の矢面に立たされた」（もっとも、エリクは実際にはドイツで生まれたのであったが）と、彼は回想している。このため、第一次世界大戦が勃発し、デンマークが中立を保ちつつドイツから「シュレスヴィヒ・ホルシュタインを盗み取ろうと」画策していた間、彼は「自分がドイツに忠誠心を抱いていることを遊び仲間にわかってもらうため、一時的にドイツ愛国者の傾向を発達させた」のであった。しかし、仲間はエリクを「デンマーク人」と呼ぶのをやめなかった。後年の当時を急ぎ足に回想したメモからは、「（デンマーク人として生まれ）ユダヤ人の家庭で成長したドイツ人」という感覚がいかに落ち着かないものであったかが伝わってくる。このメモに出てくる「ほとんどラビのような」という表現からは、キリスト教徒かもしれないという面を抑圧して明白なユダヤ人となるようにという圧力があったことがうかがわれる。そして、抵抗するエリクにとってこの時期は大いなる混乱と「失敗」の年月となったのであった[31]。

　カールスルーエのホンブルガーの家では、宗教と国籍をめぐるエリクの葛藤はきわめて大きかった。養父テオドールはユダヤの伝統を非常に忠実に守ろうとし、たとえば一家がバカンスに出かけるときも、ユダヤ教の食事の戒律を守るため、バカンス先で家を借りて清浄《カシェル》な食事を用意できるメードを雇うのだった。カーラもこうした夫の意向に従ったが、心底からではなかったようで、エリクも異父妹たちも、コペンハーゲンの親類宅ではカーラがエビなど清浄《カシェル》ではない食事を口にしたことが記憶に残っている。カーラの内面の混乱をうかがわせる要素はほかにもあった。たとえば、彼女は自宅にドイツ国旗とデンマーク国旗を飾りデンマークの新聞を熱心に読んだが、一方で、子どもたちにはドイツ語だけを使うように命じ、デンマーク語は教えなかった。エリクにとって、ホンブルガー一家が通う「リベラル」なユダヤ教会は、自分の家にまして苦痛をもたらす場所であった。なぜなら、そこでは、バルミツヴァなどの儀式があったからである。もっとも、このユダヤ教会では伝統儀礼の多くは廃止されており、エリクのストレスも少しは軽かっただろう。そして、バルミツヴァの儀式は「さながら芝居」だった。この儀式についてエリクの記憶にもっとも強く残っているのは、それがちょうどフランス軍のカールスルーエ空爆の日にあたったことであった。このときの爆撃でホンブルガー屋敷も被災した。そして、ドイツとフランスは全面戦争に突入したのである。国際情勢が緊迫するなかにあって、バルミツヴァのような空疎にしか見えない行事は、「中産階級《ブルジョワジー》の見え透いた形式主義の一部、挺身の念に燃えた青年たちが……断固として捨て去ることを早々と誓ったもの」であった。実際、エリクは「青少年の一人として、自分たちのラビに対する長文の絶縁状をつづった」のだった。そして、この絶縁状、ユダヤ教会の礼拝、そしてホンブルガーの家での日々の宗教的習慣は「子ども時代の私が置かれていた状況全体、つまりドイツ人であり同時にユダヤ人であるという状況の一部であり……そこから私は静かに身を退いた」と、彼は回想している[32]。

青年《ヤングマン》エリクは、別のものに向かっていたのである。その一つが「私が小さいころから抗いようもなく惹きつけられるのを感じたもの、福音というキリスト教的精神」であった。エリクは、「幼いころに見た母の姿から、ユダヤ教徒であることはキリスト教的精神の実存的側面に対する崇敬の念を抱く上で支障とはならないのだという、静かな確信を感じとって」いた。実際、カーラを通じてエリクのなかでは、「キリスト教的精神の核心的価値観」に関するキルケゴールのきっぱりとした説明への敬愛の念が育まれた。エリクがキルケゴールの著作をひもとき、カールスルーエの街を散策し（この街は、「どんな辻からも十字架が見える」）、黒い森に分け入って、自分の父親はキリスト教徒であるという思いを強めるにつれて、彼の内面は「キリスト教的精神に」向かって進んでいった。彼は特にプロテスタントの教義に非常に強い興味をかき立てられた。彼には、ドイツのユダヤ人たる者ルターの遺産に無関心でいられないという気持ちがあったのだ。そして、彼がライン川上流の村の友人の家で一夜を過ごしたとき、一つの決定的な瞬間が訪れた――友人宅での一夜が明けて、牧師であった友人の父親はルターのドイツ語で主の祈りを唱えたのだった。この祈りに、エリクの心は大きく揺さぶられた。「『意識して』聞いたことは一度もありませんでしたが、簡素な数語のなかに十全性《ホールネス》が捕捉された韻文で、美と道徳が溶けあい、後にも先にもほとんどない経験でした。リンカーンのゲッティスバーグの演説をあるとき突然に『耳にした』人なら、私の言いたいことがわかるでしょう。」[33]

エリクの母方アブラハムセン家では、十九世紀にクリスチアン・ヘルマン・カルカーがキリスト教に改宗し、その有名な話が一族に伝わっていたが、ライン河畔でのエリクの経験はそれほど決定的なものではなかった。また、カールスルーエのユダヤ人社会では社会的地位の向上に野心を抱く若者の一部にドイツ-ルター派の文化規範に従おうとする風潮があったが、エリクはそれを受け入れなかった。彼は、プロテスタントの敬神と信仰に対して心の底から賞賛と尊敬の念を口にし、自分自身の生活のなかに神を敬い信じる心を培おうとし始めたのである。プロテスタントの敬虔さは、養父の家庭やユダヤ教会のユダヤ教の空疎な儀式とは対極に位置するように思われた。とはいえ彼のなかには、ユダヤ教を全面的もしくは意識的に拒絶するという気持ちはなかった。むしろ、自分はプロテスタンティズムとユダヤ教の中間の曖昧な境界領域に地歩を占めていると考えていたのである。

ある程度、エリクは、明らかにデンマーク風のキリスト教的精神と、ドイツのルター派の教義に対する高まりつつある関心とを混合しはじめていたのだろう。後にエリクが述べているとおり、デンマーク人の母親はキルケゴールを通じてエリクに「非常にデンマーク的な」形で「キリスト教的精神を手ほどき」したが、一方で彼女は「自分の家族がユダヤ教徒であることについても」、大きな自負心を保っていた。カーラは、境界を越えることができることをエリクに教えた。つまり、ユダヤ教の教義と「キリスト教的精神の実存的要素への崇敬の念」を結合させ、ルター派の教義の敬神と信心という要素をも合流させることができると教えたのであった。彼女は、また、アブラハムセンの家系からはストックホルムの主任ラビも傑出した教会史家も出ていることを誇らしげにエリクに話して聞かせたのであった。神を敬う心は、形式的な宗教的教理や教会に属することよりも重要なものとなっていた[34]。

ギムナジウムを修了し遍歴《ヴァンデルシャフト》の日々へ

エリクは晩年、カールスルーエが国境を流れるライン河沿いの町であったという事実に特別な意味を見いだしている。つまり、彼の子ども時代は全体として境界――ユダヤ教とキリスト教の、デンマークとドイツの、そして母親と養父と実の父親の境界――の航法《ナヴィゲート》を学ぶことだったというのである。彼はこうした状況を、「綱渡りの生活がどんなものかも知っている」と回想している[35]。エリクの人生の最初期が「養子のアイデンティティ」のもとでの「綱渡りの生活」が中心となっていたとすると、青年期から成人期の初めにかけて別の要素が加わることになった。彼の心は、自分の家族の外側の問題、つまり学校生活や独自の交友関係やヴァンデルシャフトと呼ばれる長い遍歴の旅にいっそう強く向かうようになったのである〔訳注　ドイツでは、一八九六年にベルリンのカール・フィッシャーが始めた青少年のワンダーフォーゲル（渡り鳥）が盛んで、学業を終えて遍歴の旅に出ることが容認ないし黙認されていた〕。

エリクは六歳で小学校に相当するカールスルーエのフォルシューレに入学し九歳で卒業した〔訳注　小学校は九年制だが、一部の生徒は四年で卒業し上級学校に通う〕。ドイツでは、ヨーロッパ諸国に先駆けて十八世紀に小学校の義務教育制度を確立しており、一九〇〇年の国民識字率は九十一パーセントを超えていた。エリクは同じようなことの繰り返しである小学校の授業が好きになれず、母カーラが毎日勉強を見てやったが成績はあまり良くなかった[36]。

その後、九歳から十八歳まではカールスルーエ・ギムナジウムに通った。ギムナジウムは、大学進学を目指す子どもたちが通う中・高一貫式の学校で、古代ギリシア・ローマの古典文学やギリシア語・ラテン語に教育の重点を置いている。ドイツでは、一部の子どもは小学校卒業後、ギムナジウムではなく実科高等学校《オーベルレアルシューレ》に進学する。古典語を必須としない実科高等学校は、自然科学・現代語学・数学がカリキュラムの中心である。その他に、両者の折衷型のレアルギムナジウムもある。エリクが通ったのは典型的なギムナジウムで、古典語などの学科に重点が置かれ、体育・音楽・課外活動などは軽視されていた。ギムナジウムの九年間の終わりの試験に合格し、エリクは大学入学に必要な課程を修了したことを示す大学入学資格証明《アビトゥーア》を得た。しかし、学校はもうこりごりだった[37]。

　エリクのギムナジウム時代は、トーマス・マンの『ブッデンブローク家の人々』に描かれた十五歳のハンノ少年の経験と似たものであった。ハンノと同じようにエリクも、学校の厳格な規律や丸暗記中心の授業や芸術的な感性が欠如した生活に魂が押し潰されつつあると感じていたのである。クラスのなかでユダヤ人はエリクを入れて二人だけという状況も好きになれなかった。医学・法律・神学の道を目指して進学すること、あるいは銀行など実業分野に入ることを希望する大半の同級生のなかで、エリクは将来の希望を「芸術と工芸を学ぶこと」と記している。ギムナジウムの教科課程には彼の興味を引くものはなかった。エリクは、ラテン語とドイツ文学を八年間、ギリシア語を六年間学び、数学（代数と幾何学）、物理学、哲学、フランス語、歴史（ロシア史、ノルマン史、ドイツ史、そして「探検の時代」）の授業も数年間受講した。トゥキディデスの『ペロポネソス戦史』やギリシア悲劇など彼がこの時期に読んだ書物の多くは、異なる社会の間の争いや自己の内部の葛藤を主題としたものであった[38]。

　エリクは、ギムナジウムをやめてしまおうと思ったことも二度や三度ではなかった。このころの彼は、歩き方はぎくしゃくとし、動きはぎごちなかった。顔は細長くて肉が薄く、表情は硬くこわばり、頭の両側に耳が突き出していた。髪の毛は、幼時よりも色が濃くなり豊かに波打っていた。深くくぼんだ眼窩の奥の眼は神経質そうで、おびえたような、どこか悲しげな色を湛えていた。ギリシア語講読以外の授業は好きになれなかった。カーラは、毎日のようにエリクの勉強を指導し、アビトゥーア資格を得るまでは学業を中断しないようにと強く諭した。最後の筆記試験と口述試験は一九一九年末から一九二〇年の初めにかけて行なわれ、エリクの学年は四十五名全員が合格した。エリクは、真ん中より下の成績で合格したが、学校が好きでなかった以上これは当然だったろう。試験は1（優秀）から5（不合格）までの五段階評価だが、エリクの総合成績は3であった。学科別に見ると、ラテン語、ギリシア語、フランス語は3ないしは4で、ドイツ語は2であった。数学は、代数が4で幾何が2、哲学と物理学は3となっている。歴史はエリクのもっとも苦手な科目で分野によって3〜5、最終試験の口述試験は4〜5であった。このように成績は凡庸で学業に対する興味は薄かったが、試験官はエリクの個人的性格には好印象を抱いたようで、彼は素行は1、勤勉さは2、宗教的姿勢は1という良い点をもらっている[39]。

　後にアメリカの精神分析界で有名になったペーター・ブロスは、一九二〇年にエリクと同じギムナジウムを卒業した同級生であった。ギムナジウム時代の大半は二人はふつうの友人にすぎなかったが、最終学年になって、ふとしたきっかけからごく親密な交友関係を結ぶようになった。ある日、エリクはカールスルーエの街角で偶然にペーター・ブロスと行き会い、気がついたときはお互いに話に夢中になっていた。翌朝には二人は親友だった。これは、エリクが終生にわたって散策を好むきっかけとなった出来事である。エリクとペーターは、たびたび連れ立って散策に出た。二人は、「哲学、芸術、そして何よりも自然との非常に特別な関係」という点で互いに引き寄せあう共通の精神をもっていた。「ペーターと私は、自然のなかをさまよい、その懐深くに歩み入りました。そして私たちを包み込む自然は、私たちが内奥に入り込んだことを知っているかのようでした」と、エリクは述べている。こうして、二人だけの世界に没入し時を忘れて散策するうちに、頭上にはいつしか星が輝きを増してくるのだった[40]。

二人の間で頻繁に持ち出された話題の一つが両親のことであった。エリクとペーターはともに母親がユダヤ人であったが、ペーターの父親はキリスト教徒だった。エリクは、自分も実の父はペーターの父と同じようにキリスト教徒だろうという思いをますます強めていった。「私もペーターも、ともに、異なる地理的背景と宗教的背景をもつ両親の子どもであり、ともにいかめしい髭を蓄えた医者の息子でした。思うに、この父親という存在から二人は将来の職業について似たような刷り込みを受けたのです」と、エリクは回想している。だがエリクもペーターも、医者にはならなかった。このころにはすでにテオドールが明らかに血のつながらない父親であることを知っていたエリクは、自分の父親はどんな性格の男だろうかということについて、繰り返しペーターに胸の思いを打ち明けた。実際、エリクは、もしコペンハーゲンで実の両親に囲まれて成長していたとしたら、自分の人生はどんなものになっていただろうと想像してみずにはいられなかった。養父テオドールのユダヤ教会《シナゴーグ》に養子となった非ユダヤ教徒ではなく、誇り高いスカンジナビア人に成長したかもしれないという思いがエリクの脳裏を離れなかった[41]。

ペーター・ブロスには、ユダヤ教会が中心のホンブルガー家の生活や、興味が幅狭く実利的な側面に限られているテオドールが好きになれないというエリクの心情がよくわかった。エリクのほうは、「ペーターが、預言者の雰囲気をもち奇矯なところのある彼自身の父親のことを打ち明けてくれた」ことが嬉しかった。ペーターの父、エドウィン・ブロスは、年若いエリクにとってさまざまな面で印象的な人物であった。たとえば、「並はずれたひげ面で、しかも双眸《そうぼう》は髭をも影薄くする」光を放ち、風貌はさながらイエス・キリストを思わせるものがあったという。また彼の興味は「医師としての職業的習慣や伝統にとらわれず、幅広く多岐にわたっていた」のであった。ブロスは、冬のさなかでも病室の窓を開け放ち、患者には定期的に体を動かすことを奨励し、包帯を巻くよりも傷口を空気にさらすことで治癒を促進するなど、伝統医学だけでなく革新的な手法も取り入れていた。こうしたブロス医師は、ペーター以上に「心と精神の境界にある事柄について いかにもドイツ的に没頭する」、典型例に思われたのであった。ブロスの薫陶を受けて、エリクはゲーテなど偉大なヒューマニストに対する敬愛の念を育んでいった。エドウィン・ブロスは、「ドイツ精神の卓越」という信念を抱くと同時に、東洋の宗教や哲学に深い崇敬を寄せていた（晩年のエドウィン・ブロスは、ブッダのような法衣をまとい、バイエルン・アルプスの山中深くに隠遁生活を送った）。後年、ギムナジウムを卒業しウィーンに移るまでの一九二〇～二七年の時期を振り返ったエリクは、自分の基本的な考え方や関心にはエドウィン・ブロスと交わしたさまざまな会話が影響していることに気づいた。当時のヨーロッパの青少年は、ロマン・ロランの『マハトマ・ガンディー』を通じて、そのころ頭角を現わしつつあったインドの平和主義運動の指導者に興味を抱くようになっていた。ガンディーが彼の最大の偉業を成し遂げるのはまだまだ先のことであったが、エドウィン・ブロスは、ガンディーという世界史の重要人物についてのエリクの知識を広げてくれた。すなわち、後年のガンディーに関するエリクの著作は、この時期に礎石が置かれたのである。また、ゴーリキーの中央ロシアでの少年時代に関するエリク中年期の有名な評論も、ブロス医師に触発された面がある。さらに、人間のライフサイクルの各段階において正反対の二つの力がせめぎあうという図式のライフサイクル論も、ゲーテのいう『両極性について』に関するブロス医師との話し合いに端を発したとさえいえるかもしれない[42]。

ブロス父子と親密に交わり触発された経験は、明らかに、エリクの苦しいギムナジウムの生活を補ってくれた。ペーターの母親が天分豊かな油彩画家であったことも、エリクをブロス家に惹きつけた一因であった。そして、ブロス家に出入りするうちに、彼は、やはりカールスルーエに住む青年で、芸術家の感性を備えたオスカー・ストノロフと知り合い交友を結ぶようになった。オスカーに触発されてピアノに興味を抱いたが、芸術や人文学ほどには惹かれなかったようだ。やがて、エリクとペーター、オスカーの三人の若者は、イタリアのフィレンツェで青春のモラトリアムの日々を共有することになる。もっとも、エリクはその前にちょっとした正式な芸術教育を受けたのであった[43]。

ギムナジウムを卒業後、エリクは数ヵ月間シュヴァルツヴァルトを徒歩旅行して過ごし、一九二一年にカールスルーエにあるバーデン州立芸術学校に入学した。カールスルーエのユダヤ人社会では、職業としての芸術の評価は低かった。つまり、大学に進学せず専門職業にも就かずに芸術の道に踏み込むことによって、エリクは養父テオドールの望んだ道と訣別したのである。そのころ、グスタフ・ヴォルフという人物がスタジオのような小さな学校を開いていた。ヴォルフの学校では、生徒たちは種々の美術工芸にいそしみ、その一つとして小さな美術書を手作りしていた。ユダヤ人でありホンブルガー家とも知り合いだったヴォルフは、エリクに好感を抱いた。それだけでなく、学校は男子校だったのだが、ヴォルフはエリクの異父妹のエレンにも授業への出席を許可したのであった[44]。

ヴォルフは、エリクがバーデン州芸術学校に入学した年に『小さなスケッチブック』を出版した。この小冊子は、スケッチの画法やレタリングの技法や版画（木版が中心）の製作法、さらに彫った版の刷り方も詳しく解説していた。また、スケッチやレタリングの白黒のイラストにも説明文が添えてあった。この小冊子に収めた実例作品は、ファン・ゴッホやデューラーなどの大家の作品を生徒たちが木版に彫って刷り上げたものが大半だが、なかに生徒自身のスケッチの木版画も少数混じっていた。そのなかでもっとも印象的なものがエリクの風景画作品で、小冊子でもいちばん最初に出てくる。これは強烈なパワーを放射する太陽と、山頂の木に巻き付いて太陽に面と向かう邪悪なヘビを描いたもので、一ページ全面に大きく取り上げられている。「木版と説明文は合作」というヴォルフの説明にも、この小冊子は教師と生徒が一緒になって作り上げたものだという誇らしさがうかがえる。

『小さなスケッチブック』は、ヴォルフの芸術的創造に関する基本的な考え方を示したもので、ヴォルフは、学習課程の一環として生徒たちが原作を潤色したり説明することを認めている。エリクは、この課題に真剣に取り組んだ。実際、二年後につづったエリクの「ノート」にも、ヴォルフの全体的な視点を重視する記述がある。この小冊子には、真に芸術的なタッチは作家当人の心や魂《スピリット》と切り離せないものであるという大前提となる考え方が流れており、「山を作る者は、自分自身が形づくろうとする山にならねばならない」と表現されている。すなわち、芸術家の創造した作品がその外見にとどまらない、より深い「意味」をもつためには、芸術家は、自分が作り出したもので「ある（to be）」かそれに「なる（become）」必要があるというのであった。芸術家は「世界に深く根を張ってしっかりと立つ……世界のパワーが彼のなかに流れ込み、芸術家は世界そして宇宙になる。その世界は、彼をこえて噴出し、語りだす」[45]。

ヴォルフと生徒たちにとって、芸術家の根本的な義務とは「断固たる誠実な従僕《しもべ》として魂《スピリット》に仕えること」であった。芸術家が対象物の外見や形の呪縛を解き放って、芸術家自身の魂《スピリット》や自分を取り巻く社会の魂《スピリット》とのつながりを確立し得たときにこの根本的な義務が満たされるのであり、「装飾や技巧を投げ捨てたものこそが魂《スピリット》を見いだす」。真の芸術は「筆遣いそのもの」に縛られることなく「芸術家の魂《スピリット》のみが現われる」。このとき芸術家は「自分の運命を全うする」[46]。

ヴォルフと生徒たちが、ニーチェの「自分がそうであるものになるべし」という命令を自分たちなりに解釈し、影響を受けていたことは間違いない。板を彫って木版画を作るプロセスはこの命令の本質《エッセンス》を理解し深めるための道であり、「ナイフで削る作業は、重要でないものすべてを取り去って、主題の本質的で基本的なもの」、つまり芸術家の自己に到達するプロセスである。そして、本質的なるものを正確に写し取ったスケッチを木版に彫り刻むという行程を通じて、芸術家は「自分の孤独から出発して世界のなかに入り込み、〔そして〕物事の本質《エッセンス》、なること《ビカミング》、離れること《デパーティング》を取り扱えるようになる。芸術家は、現在の外見につなぎ止められず、新しい本質と結びつきを創造することができる」。このような方法で自己実現する芸術家は、同時に神と社会を実現し表現するのであり、「全知全能の神のパワーが芸術家を貫いて流れ、生命の原動力となる。大地の意志が芸術家を通じて語り、芸術家は宇宙の似姿を示す」。芸術家が本質のみを表現することを学んだとき、「その芸術家は、人間的なるものすべてに対して開かれる。その通り道が目的地である」[47]。

　この小冊子はグスタフ・ヴォルフの思想と業績を代表するものである。そして、助手として彼を手伝い、彼から作品を高く評価された何人かの生徒のなかでも、特に彼が眼をかけていたのがエリクだった。異様な形の灌木、馬と牛、頭上には鳥たちが配され、嵐の只中で眠りの安息のなかにある少年という構図の山頂のシーンを描いたエリクのスケッチは、実に力にあふれている。この一九二一年のスケッチでは完全に描ききれていないとしても、エリクはヴォルフの主題――その人の本質になること《ビカミング》や、自己を社会にむすびつける重要性――に非常に真摯に取り組んだのであった。そして、このヴォルフの小冊子は、エリクが晩年まで手放さなかった数少ない書籍の一つだった。

　おそらくヴォルフの勧めがあったことだろうが、カールスルーエで息苦しさが募っていたエリクは、一九二二年、二十歳のときにミュンヘンに向けて旅立った。二年近くを過ごしたミュンヘンでの暮らしについては、詳しいことはわかっていない。エリクは、有名な芸術アカデミーに入学し、芸術技法を学んだ。ミュンヘン水晶宮には、マックス・ベックマンの油彩やヴィルヘルム・レームブリュックの繊細な彫像とならんでエリクの木版画が数点、展示されていた。もっとも、エリクは学校で学ぶより一人で木版画の制作に没頭することが多かった。ミュンヘン時代のエリクには、カールスルーエ時代のような指導者はいなかったようだ。エリクは、素描は「印象を写し取るためのよい練習になる」と考えていた。そのうえ、「自然のくっきりとしたイメージを木という原始的な素材に刻んで大きな木版画を制作するプロセスには、美術と工芸の双方の基本的要素が詰まって」いて、それが楽しかったとエリクはいう。広い意味では、確かに、エリクの素描や木版画には、装飾的な擬古典的様式に反旗を翻したドイツ自然主義や表現主義の作品とつながるものがある。もっと根本のところでは、エリクは、自分は純然たる「印象主義」だと考えており、「ファン・ゴッホのように、自然だけを伴侶とする孤独」という主題を重視していた。岩がごろごろしている原野や丘陵など脈動するエネルギーに満ちあふれたオブジェを描いたエリクの木版作品には、ファン・ゴッホが描いたシーンと相通じるものがある。とはいえ、ファン・ゴッホの作品は大胆な色や絵の具の使い方が中核にあるのに対して、エリクは、「世界を色で描き出すことを習得できなかった」と嘆いた。芸術家として成功するにはモノクロの世界を超えなければならないと感じていた彼は、「白黒の線画や木版画」を超えて色彩の世界に挑戦したのだが、色と油絵の具を操る能力を身につけることができなかった。彼は「大きな壁」が立ちふさがったのでした」と回想している。木版画になったエリクの大きな素描はエネルギーとイマジネーションに満ちており、力量が明らかだ。しかし、彼は最終的に、何か天職を探さなければならないという思いを胸にミュンヘンを後にした。芸術は職業ではないと悟ったのである[48]。

ずっと後になって、エリクはバーデン州立芸術学校や芸術アカデミーで学んだ時期を、七年に及んだ長い遍歴時代《ヴァンデルシャフト》の一部として位置づけている。この放浪と内省の時期は、ギムナジウム卒業と同時に始まり、一九二五年にいったんカールスルーエの家族の元に戻った後もやまなかった（彼は、何度か短い旅に出ている）。しかし、一九二七年、ついに彼の遍歴時代は終わる。ペーター・ブロスがフロイトのウィーンにエリクを呼び寄せたのであった。

それまでの遍歴の七年間、エリクはいろんな町や湖畔に滞在したり、食べ物や着る物がなくなるとカールスルーエの家族の家に戻ったりしたが、「しばらくすると、必ずまた放浪の旅に出た」。この遍歴について、エリクは、ドイツの多くの青年が通過する「多かれ少なかれ、芸術と内省に満ちた放浪の日々」、すなわち「ドイツの文化的儀式化」の一部であったと述べている。遍歴は他の国でも見られるが、ドイツでは青春のさなかの若者に一般的な社会現象であり、青年たちは連れ立って放浪の旅に出立し、このため異性愛の目覚めが遅れることになった。ドイツの学校は非常に厳格なため、学校を卒業した若者が特に目的をもたずに宿屋を渡り歩いたり、野宿しながら徒歩旅行を続けるのは、がんじがらめの規則や機械的な丸暗記に縛られた学生時代への一種の反動でもあった。他国に比べて産業の発達が遅れたドイツでも当時は実利主義的な考え方が広まりつつあり、遅々とながら着実な都市化が進んでいたが、青年たちはそうした時代風潮に背を向け、遍歴時代のなかで自然の理法や価値を尊び賞賛した。おとなたちは、膝の抜けたズボンをはき無帽でほっつき歩く若者たちを、スピリチュアルなものや自然的なものを探し求めているのだと受け止め、容認したのである。それが人生の一時期、やがて後にする青春の日々である限り、健常な行動だと受け止められていたのだった[49]。

エリクの遍歴時代はふつう以上に長引いた。カールスルーエを後にし、シュヴァルツヴァルトを抜け、コンスタンス湖の岸の小さな村に出たエリクは、その村で数ヵ月を過ごした。一度はカールスルーエに戻ってヴォルフの学校に入った後、今度はミュンヘンに向かい、二年間滞在した。さらに、ミュンヘンから南下してフランス‐イタリア国境に向かい、そこで「山頂に座して」風景をスケッチした後、山を下ってイタリアの町を歩いた。イタリアでは、トスカナ地方、特にルネッサンスとのかかわりの深いフィレンツェが気に入った。フィレンツェでは、カールスルーエ時代の友、ペーター・ブロスとオスカー・ストノロフが合流した。エリクは、フィレンツェの町を見晴らすフィエゾレの丘に家をもつ一家との間で、部屋と食事の提供を受け、代金の代わりにスケッチと木版画を製作するというよくある取り決めをした。フィエゾレは、遠い昔から何人もの物書きや絵描きを惹きつけてきた。芸術家たちは、オリーブやイトスギの生い茂る丘の別荘やコテージを仮寓とし、インスピレーションを追い求めたのである。もっとも、フィエゾレにたどり着いたときのエリクは、すでに芸術の道はあきらめていた。ブロスやストノロフと共同で借りた家の近くのベンチで、彼は、フィレンツェの町の風景や伝わってくるざわめきに心を奪われ、自分たちの前途には何が待ち受けているのだろうと想いに耽ることが多かった。ストノロフは木版画から絵画と彫刻に移り、ブロスは詩作を始めていたが、この三人の青年は、エリクが後に呼ぶところの「心理社会的モラトリアム」のさなかにあり、「精魂を傾けることができる仕事に出会える日を待っていた」のであった。三人とも、「芸術の形や人間の尺度《ヒューマンメジャー》に関する理論」に関心を抱いており、そのころ台頭しつつあった政治的な脅威には注意を払わなかった。「[イタリアの]ファシズムなど、私たち三人は歯牙にもかけませんでした。古典の精神に立って眺めれば、ファシズムは束の間の逸脱にすぎなかったのです」。一九二四年、ブロスは一時的にカールスルーエに戻った後ウィーンに向かった。エリクは翌年帰郷した[50]。

このとき、カールスルーエはもはや我が家《ホーム》ではなかった。彼は後年になって、母と養父は「私が自分の進むべき道を見いだすのを、追い立てることなく見守ってくれた」と、二人を讃えている。しかし、その当時のエリクは、テオドールが、「養子として引き取って育てた一風変わったところのある男の子」の遍歴生活がいっこうに終わらないことにいらだちを募らせていること、小児科医となってカールスルーエで腰を落ち着けてほしいと願っていることを感じとっていた。一九二〇年代のドイツを見舞った激しいインフレのなかで、カーラは遠い親戚の銀行家を通じ、夫には内緒で相当の金をエリクに渡していた。そのことが耳に入っていたら、テオドールはいっそう不快感を募らせたことだろう。放浪の合間にエリクがしばしカールスルーエに戻ったときにも、カーラは食べ物や衣服の包みをこっそりとエリクに手渡していた。テオドールは、エリクが一つのことに集中しないことが気に入らなかったようだ。後年になって、エリクは、青年期の息子の放浪への渇望に対して、「母親は、おおっぴらにか密かにか、羨望とはいわないまでも好意を示す」一般的な傾向があると述べている。しかし、「父親は、邪魔する敵に思えるのだ」[51]。

カールスルーエのホンブルガーの家で、エリクは出生の謎をめぐって久しく前から居心地が良くなかったが、この時期にはこの家で暮らすことは不可能だとさえ思うようになっていた。両親、特に養父はエリクを「ほとんど『失敗者』」で「落ちこぼれ」と考えていた。もっとも「母は、昔と変わらず信じてくれていた」。カーラがテオドールに内緒で経済的な援助を続けてくれる限りは、ホンブルガーの家やユダヤ人社会という「小市民的[中流の]社会」を逃れることができた。同世代のドイツの若者と同じように、南ヨーロッパ一帯を歩き回り、濫読と、興味を惹かれたものをスケッチする日々に浸ることができたのであり、「こうした日々は、私の肉体を頑健にし、ものの感じ方を均衡のとれたものにしてくれた」。しかし、ミュンヘンを後にしたエリクは、自分はプロの芸術家にはなれないと悟っていた。彼は、自分にはできないことや「やりたくないもの」もわかっていた。しかし、「何になるのかというイメージがなかった」。もっと正確にいうなら、放浪の生活では満たされなくなったのである。エリクの気分はたえず変化し、異父妹たちは彼が大きな悩みを抱えていると感じていた。エリクは家に一通も手紙を書かず、このことも両親が堪忍袋の緒を切りそうになった原因の一つだった。彼は、たびたび著しく神経過敏になって「読書に没頭し」、平凡な日常にいらだった。そうかと思えば、非現実的な幻想に耽り、自分が非常に特別で他人とは違った存在であるという壮大な夢に浸るのであった。後に臨床家となり精神的な苦悩について専門的な知識を身につけた彼は、この情緒不安定の状態について専門用語を用いて診断を下している。それによると、この当時のエリクの「情緒障害」は「神経症と精神病の境界上に」ある「『境界例』だった」。彼は、「たぶん精神病に近い状態にあったのだと思う」とも述べている。しかしながら、どれほど障害が大きかったにせよ最終的には回復したのであり、この点で、伝統的な診断には納まりきらないものがあったと指摘している。こうした伝統的な診断とのずれに対する認識から、エリクは自分の病は単にいわゆる「アイデンティティの危機」の重症例だったとみなすことを好んだ。こうした情緒不安定は、当時のエリクと同年代で、同じような状況に置かれた青年にとっては、それほど異常なことや不吉なことではなかった[52]。

エリクがおとなになったばかりの時期の壊れやすい状態であったことははっきりしている。「異なる背景をもつ両親から生まれ」、出生や宗教や国籍がきっちり決まっていない義理の息子のアイデンティティは、自分の生活が危ない「綱渡り」で、多次元的な境界を越えて進まなければならないと感じる人間を形作った。そんなエリクは、中流のホンブルガー家の束縛から逃れて、別のライフスタイル、ブロス家の人々やグスタフ・ヴォルフの価値観に救いを求めたのであった。こうして、エリクはミュンヘンや、南欧の芸術の都フィレンツェに赴き、画家にとって必須の絵の具や色彩の技法を身につけたいと望んだが、望みは実現しそうになかった。この危機的時期にエリクを捉えたのが、十九世紀半ばの印象派を予感させるギュスターフ・クールベの絵画作品（「私の画室の中、芸術家としてのわが七年の人生の現実的寓話」）であった。それは、画室で制作中の一人の画家を描いたもので、画家は絵筆を手に、樹木と空、明るさ、そして希望にあふれた風景を描き出そうとしている。一人の子どもと裸婦が、制作に励む画家を同情に満ちた視線で見つめている。エリクは、クールベの作品に描かれた画家は感覚の革命を経験しているのだと感じた。「それは慣れ親しんだ室内の事物の色調から目を、道徳的な抑圧から想像力を、過剰な衣服による窒息から身体を、そして習慣のくびきから官能を、すべてを一度に自由に解き放ったのだ」。屋外の風景は、「開かれた窓」を象徴しており、希望、美、静穏の「外に向かって『大きく見開いた眼』」だ。この作品全体からは、「観察された自然と人間の裸の統合という長く抑圧された官能的気付き」が感じとれる。エリクは、小市民という抑圧された存在から解き放たれて自由でしかも希望と静穏に満ちた環境に至る「開かれた窓」を、クールベのように描くことも、他の永続性のある確固たる基盤の上に見いだすこともできなかった。遍歴の道程ではこの解放の境地には到達しなかったのである。エリクの回想には、どこにも行く場所がなく、カールスルーエのテオドールの家に戻らざるを得なかったときの絶望を語るくだりがある[53]。

「エリクの手記」

二十一歳になった一九二三年の八月から約一年間、エリクはスケッチ用に手に入れた一冊の大判のノートを身近に携えていた。最初のもくろみとは違って、このノートにはエリクのいう手記《メモ》が約百四十ページにわたって書き付けられている。芸術の道にくじけ、新たな表現手段を模索していた当時のエリクにとって、この手記は、まとまった量のものを書く初の練習となった。ミュンヘンを後に南フランスから北イタリアにかけて広がる山岳地を踏破し、フィレンツェにたどり着くまでの遍歴時代後半の日々、彼はこのノートに書いた。旅日記ではなく、ページ番号も打たずに奇妙で論理も不確かな文章が記されている。日時も場所も、そのときの天候や、家族や友人のこと、あるいは政治・経済情勢もまったく出てこないし、記述は順序だってもいない。長さも、一行か二行の短い詩から一ページの記述までまちまちで、前後の文章とはほとんど脈絡がない。また、大部分が思いつくままペンの走るままに紙の上に書き付けたもので、指が考える速度に追いつかないように見えるところもそこかしこにある。文法的に正しくない文章もあれば、動詞がない文章やつづりのミスも多い。逆に、いくつかの記述ではきわだって注意深く、自分の言いたいことを正確に表現しようとして、ときには何回も書き直した痕跡がある。一部は、旅の途上で書き連ねたときから相当後に書き直されたらしい。字も乱れ、ほとんど判読不能なところや、オリジナルのドイツ語から英語への翻訳が困難または意味をつかみきれないところもある[54]。

エリクは、この手記を「蔵書票《エクスリブリス》――テオドール博士とカーラ・ホンブルガーへ」と記し、両親に献じている。このことから想像すると、彼は自分の考えを両親に知ってもらいたかったようだ。もっとも、巻末には「誰であれ、これを目にした人は、最後まで読んでほしい」とあることからすると、読んでもらいたかったのは必ずしも両親だったのではなさそうだ。この手記について、エリクは「遍歴の日々につづったメモの集積」と位置づけており、「規則的連続性《シークエンス》をもたず、人が風景をどのように経験するかをつづったもの」と記している。形式、構造、方向性すべてにおいて定まった視座がない思い切った実験的習作という意味で、学際的というより前学問的である。

エリクの筆致は力にあふれているが、個人的な感情はほとんど記されていない。語り口は、抽象的、哲学的であり、ときに没個性的で傲慢ですらある。人類の性質について大上段に振りかぶって断定していて、彼自身についてはっきり示すようなことは散見されるにすぎない。気分や感情の激しい波があることを示唆する表現もあるが、具体的に取り上げてはいない。情動は抽象に従属させられている。また、生きるということを、時と場につれて変化する実体的な日々の営みのなかで捉えていない。これは一種の抽象的でランダムなメモであった。

一部の記述は、内容的にほとんど独自性がない。エリクに限らず、ドイツのギムナジウム課程を修了した若者であれば誰でも考えそうなことが書かれているにすぎない。ここに記されたエリクの想念には、ゲーテの『若きヴェルテルの悩み』を思い起こさせる伝統的なドイツ青年や成年の絶望、美、悲劇のこだまが聞き取れる。二十世紀になって、ヘルマン・ヘッセやロベルト・フォン・ムージルが小説のなかで取り上げたのも同じテーマだった。こうした作品群に登場する青年には、フランスの啓蒙思潮やドイツロマン主義思想と興味深い結びつきのもとで展開した第一次世界大戦前のドイツの若者運動の中心的要素が色濃く備わっている。こうした作品の青年たちは、旧弊な伝統に縛られたおとなな社会を批判し、自然を賛美し、社会の変革という理想主義の目標を論じ、(抽象的な面でも性愛の面でも)自由を信奉した。エリクの場合と同様に、この種の作品はヨーロッパ諸国の学生たちにとって世界に開く窓となったのであった。青年たちは、心を打つ風景を求めて足の向くままに旅を続け、家族や学校の束縛を蔑み、自然と真理、そして「純粋の」自己を賞賛してやまなかったのである。

このように、大方は特に独自性があるとはいえないものだが、重要な点でエリクの卓越性を示すものもある。おそらく、この手記は何ものにもまして、当時のエリクの深い悩みを生き生きと物語っている。当時の彼は、自分の考えを整理し情動を直視することができないという大きな問題を抱えていたように思われる。数十年を経て、こうした青年期から成人前期にかけての心理学的な状況を、彼は「アイデンティティの危機」として特徴づけることになる。エリクを二十世紀の知の巨人たらしめた思想や概念の片鱗を、この手記は、漠とした示唆的な方法で垣間見せてくれるのだ。専門家の間では従来、アイデンティティの危機という概念は、ジグムント・フロイトとアンナ・フロイト父娘のもとで受けた精神分析訓練の延長線上で発展したと考えられてきたが、エリクがウィーンにたどり着く四年前に書かれた手記にすでに概念の萌芽が認められる。それらの概念は深層心理学について知る以前のエリクのなかにあったのである。彼は、フロイトよりもはるかに大きい恩をドイツロマン主義思想から受けて、彼自身の強力で独創的な思想を表したのである。

エリクの手記は、何度も書き直された痕跡がある乱雑な二ページの文章で始まっている。そこには、手記のさまざまな文章が

「多様な経験と風景から」生まれ出たものであり、「書き留めた順序で並べている」ことが説明されている。また、「嘲笑のつぶてのような私の文章の矛先」や「実際に知っていることすべてを表現できないこと」についての弁解じみた但し書きもある。そして、手記に引用した「人々について、自分ではほとんど読んだことがない」ことを認めている。その後には、一般的なテーマ、すなわち人生の歩みにつれてたえず移り変わる人間の経験の性質について書いている。子ども時代と青年時代はいくつもの希望が生まれ、さまざまな目標が頭をもたげる。次に、周囲の人々と交わる中年期の「冷静な観察と高尚な思考」の第二段階が来る。最後に、「第三そして最後の段階が死である。その倫理的な完全さの最後の炸裂のなかでの自我の克服、愛情を踏まえた理解、始源の意味への回帰」の時期が訪れる。手記は、人間のライフサイクルについて考察しはじめるよりもはるか前に、雑多なメモを統合するテーマがライフサイクルであることを示していた。

しかしながら、この手記には根底をなすテーマというものはなく、文章は四方八方に広がり、ライフステージについてちょっと言及した文がそこここに散見されるにすぎない。たとえば、明らかにライフサイクルに関する「悪霊の紡ぐ糸がとぎれなく生の循環から突き出る」と謎めいた記述もあれば、「有機的発達」についての理解を深めるためにゲーテや老子を引用して「ある段階を強く没入的に経験することが、次の段階の有機的連続につながる。すべてのステップが目標である」と述べているところもある。さらに、ライフサイクルとはまったく無関係なある文章のなかでは、「ものの性質をゆっくりと、幅広く、練り上げること」は、「変化に富んだ経験によって豊かになり、完全なものとなる」と記している。あるところでは、「性格の諸段階」について言及し、別のところでは、天才は「彼の人生のすべての段階において」その人の青年期のスタイルと「官能的強度」を永続させると力説している。そして、このようなバラバラの記述に幾分なりと相互関連を見いだそうとしたり増幅発展させようとした試みは、まったく認められない。

エリクが、ドイツロマン主義や、テロス〔究極の目的〕ないしゴールによって特徴が定まるという発達の見方に強い影響を受けたことは間違いない。とはいえ、二十一歳のとき、フロイト派の発達理論に触れるよりも前に、彼が人間のライフサイクルにおける段階の進化について考えをめぐらせていたことは特筆に値する。なかでも、人生や運命の対極性を主題にした一編の四行詩は、エリクがこの時期にすでにライフサイクル段階について考えていたことを物語る。ヘーゲル、ゲーテ、ブレイクの影響を受け、またゲーテの「両極性について」に関するエドウィン・ブロスとの対話にも触発されて、エリクは頻繁に、「美」と「混沌」、「必要性」と「自由」、「肉体的」と「霊魂的」、「男性的」と「女性的」、「若者」と「老人」、「悪魔的」と「調和的」、「生」と「死」といった対立する概念を並列させている。そして次の詩では、こうした対立する概念を織り込んで老と死のプロセスを記述している。

中身は死ぬ、均衡《バランス》した形は生きのびる
(Inhalt stirbt, Formgleichgewicht lebt)
肉体は死ぬ、美は生きのびる
(Koerper stirbt, Schoenheit lebt)
事実は死ぬ、真実は生きのびる
(Tatsache stirbt, Wahrheit lebt)
人〔自己《セルフ》〕は死ぬ、わたし〔自我《エゴ》〕は生きのびる
(Person stirbt, Ich lebt)

有形で現世的なもの（中身、肉体、事実、自己）は消滅するが、美的でスピリチュアルなもの（均衡、美、真実、『わたし《アイ》』）は永続する。数十年を経て、エリクは、同じような弁証法的対立の形式をもつライフサイクル・モデルを創り上げるのだが、このモデルでも、有形の存在よりもスピリチュアルな存在に力点を置くという姿勢がはっきりと打ち出されている。

このエリクの詩の最終行「人〔自己〕は死ぬ、わたし〔自我〕は生きのびる」という表現には、非常に興味深いものがある。手記の別のところで、エリクは「自己《セルフ》とは、生きること、経験それ自体である。なぜなら、外的〔世界〕が存在しないとしたら、自己も存在しないであろうから」と記している。エリクがここで言いたかったのは、人は、自分自身を「外の」世界のなかの他人と「差異化」することができて初めて「自己」の明白な感覚《センス》を経験するということであろう。その四ページ後には、「『わたし』とは、経験それ自体である。他者が経験するのは『非自己』である」という記述が出てくる。「わたし」という感覚は、「受動的に」出現することも、「意識を形作る過剰な意志」を通じて出現することもできる。ドイツ語から翻訳するにあたって、エリクのドイツ語のオリジナルの文章の意味が完全には伝わらないという点はさておいて（たとえば、自己とすべきか人と訳すべきか、また「わたし」か「自我」か）、彼の言葉の使い方やものの見方に混乱があったことは明らかである。「わたし」という語は、「自己」よりも完全で万象を内包する語であり、個の内部でより強力で、より永続的で、より深いスピリチュアルな真髄を表わす語として用いられているようだ。しかし、「自己」と「わたし」が彼の思考のなかで重複しており、後に彼がアイデンティティと表現するようになるものと連関していることは紛れもない。

前述した詩の最終行や、手記の「自己」と「わたし」についての記述からは、二年前にグスタフ・ヴォルフの『小さなスケッチブック』製作にかかわって以来彼をひきつけてきた問題に正面から取り組もうとしたことがうかがえる。それは、ニーチェの「自分がそうであるものになるべし」という命令の重要ポイント、すなわち人間の本質のもっとも内奥を発見し錬磨することであった。「自己」と呼ぼうと「わたし」と表現しようと、あるいは、後年になって彼がアイデンティティと関連づけようとした「自己」と「わたし」の収斂形であろうと、その本質にあるのはロック哲学にいう自律的な個ではない。むしろ、恋人、指導者、両親、ある

いは神などのような形であれ、他者との連関のなかで出現するものである。「自己の創造」は、人が強い愛情を抱く他者を注視し、この他者と「共鳴しあう」ようになったときに実現する。この他者がある特定の人間か、または「時を超越して微笑むもの」（すなわち、神）であるかは問題ではない。ずっと後にエリクは、強固な肯定的アイデンティティには他者との結びつきが必要であると主張する。彼の理論を一般に普及させた研究者たちは、彼の視点をしばしば原子論的個体主義だと見誤っているけれども。

エリクの四行詩の第一行は、「形の均衡」を強調している。手記には、この詩のほかにも、均衡、調和、求心、平衡といった概念について述べた文がある。「調和《ハーモニィ》」は、「互いにもっとも異なる情熱の生産的な均衡、あたかもすべての非常に異なるものが一つの方程式のなかにあるようなしかたでやってくる……複合体を構成する部分要素どうしの関係性に調和がある。」もっとも重要な均衡の一つは、自己のなかの男性的性質と女性的性質の均衡《バランス》である。エリクは、ゲーテの文学作品とレオナルド・ダヴィンチの芸術作品の双方に「『女性的なるもの』と『男性的なるもの』を折り合わせる自然の感情の物差し」を見いだしていた。エリクは、それから先何十年もの間、この自己のなかの性《ジェンダー》的特性の均衡という問題に夢中になるのである。

エリクの手記には、フロイトについての言及は一つもない。エリクは友人に、フロイトの思想についてはほとんど知識がないが、その思想は不合理に聞こえると語ったことがあった。もっとも、ニーチェを重視していたからだろう、手記には、ニーチェの思想を介した形で、漠としてはいるがフロイトへの近似を示唆する部分が認められる。ニーチェと同様に、エリクは人間の発達における子ども時代の重要性を重視し、「わたし」と「自己」を強調している。きわめて重要なことに、ニーチェは、フロイトより前の時代に、肉体の本能的な希求を抑圧することの危険に深い関心を抱いていた。そして、エリクもこの視点を踏襲し、「徳は、肉体的必要から生じる」と述べ、肉体の内部で衝動と「感情」が折り合って初めて真の道徳性が生じ得ると述べている。「魂はすなわち肉体」であるがゆえに、肉体による「病める魂の意図」の解放は許容されねばならないというのだ[55]。

二十世紀初頭のドイツのギムナジウムの伝統のなかで教育を受けた青年の多くと同じように、エリクは「大衆」を蔑視する完全なエリート主義者だった。ギムナジウムでは、シーザーの戦記、ドイツ悲劇、その他、偉人の歴史的重要性に焦点を当てた作品が教材として取り上げられていた。またヘーゲルは、英雄は集合的無意識と結びついて統合と偉大さを促進するであろうと、英雄を称揚した。エリクも同じく、「民主主義への熱狂」はその「将来性のない価値」ともども言語道断だと退けた。そして、「平等は孤独を生み出し、プロレタリアートを作り出すことは差別を生じさせる」ものだと警告し、偉大な「先導者のパーソナリティが統合を生み出すのだ」と述べている。歴史的に大衆の唯一の美徳は「リーダーシップへの本能」だ。偉大な指導者は「組織内での強さ、示唆という柔軟な力」を発揮した、そして、「〔社会の〕意志が形成されるような生き生きした空間」が必要だと論じている。さらに、後にルターやガンディーなど創造力あふれる革命の指導者について記すときのエリクの特徴的な記述のしかたで、革命の指導者たちは「人々に、ほとんど耐えがたいほどの瞬間的な畏怖の身震いを起こさせるような〔社会のなかの〕緊張と結びつきを描出する能力を備えている」と述べる。指導者は、社会の内奥に潜む緊張を明るみに引き出して解決することによって、抜本的で、しかも整然とした歴史の変化を成し遂げるのだ。

指導者のパーソナリティに関するエリクの論評は、大半が一般論の域を出ていない。そのなかで、モーゼと彼がユダヤの民に対して発揮したリーダーシップについての考察は、具体的な、対象となる時代と文化がはっきりした数少ない記述の一つである。彼は、モーゼやユダヤ人の倫理観は「境界が消えている」がゆえに人類すべてを内包することができる（エリクが後に普遍的な種と呼ぶもの）と力説している。そして、「個は、自分自身のなかにより多くの世界を統合するほど……より包含的であるほど、より真となる」がゆえに、これは称賛に値するという。ゲーテ、フリードリッヒ・フォン・シラー、あるいはライナー・マリア・リルケと同じように、エリクも自分の基準を普遍的なコスモポリタン主義に定めていた。しかし彼は、人類は「孤独の深淵に立ち向かおうと」、排他的な人種や宗教や国籍を信奉しがちだ、この理由から、多くの人々は、自分たちを自分たち以外とは区別し「境界を守ろうと用心深く」なる（エリクが、最終的に擬似種化と呼ぶことになる性質）とも結論づけている。

もっとも、手記の他の部分では、モーゼやユダヤ教についてエリクはそれほど褒め称えているわけではない。自分の出生やカールスルーエのユダヤ人社会についての感情の葛藤を反映しているのか、自分はユダヤ人というより、むしろ「ヨーロッパ人だ」とエリクは述べている。ユダヤ教の一神論についても、「儀礼的神性という要素が強く、スピリチュアルな神性ではない。ユダヤ教徒は没落のさなかで、この名称をスピリチュアルな解釈で覆い隠したのだ」と批判している。あるところでは、モーゼやユダヤ教徒の思想は「境界が消えている」と述べ、別のところではユダヤ教の一神論は儀礼的神性でスピリチュアルには抑圧的だと述べ、個人的な対立感情《アンビヴァレンス》以上のものをあらわにしている。ユダヤ教の中枢をなす要素——ユダヤ教は、倫理社会主義の要素をもつ共同体主義の宗教であるということ——について彼は無知だったのである。

人類についての観察や教訓についてもいろいろ書いているが、手記では自然に関する記述が他を圧して大きな比率を占めており、このことからも、エリクが自然を非常に重要な師と捉えていたことがわかる。この姿勢は、彼が強く惹かれていたドイツロマン主義の伝統と一致する。旅の途上で目にしたものを題材にスケッチや木版画を製作しつつ文章をつづったという事実にも関係している。自然に浸ることは、「実際性《アクチュアリティ》」（または「事実性《ファクチュアリティ》」）の最高の形——人と世界のあり方との相互作用——であると彼は述べている。自然に浸ることは現実的《リアル》で生命力《ヴァイタル》に満ちている。こうした自然との結びつきは、ゲーテのいう「真実《トゥルース》」の顕現——ゲーテは、人間個人の内的世界が外的世界の現実と出会い混じり合うところから真実が現われ出ずると捉えた——に通じる。「自分がどのような時代を生き、そこでいかなる存在たり得るかを知りたいなら、燦々《さんさん》と輝く湖畔にたたずみ、天空を見上げたまえ」とエリクは断言している。「紺碧を背景に屹然《きつぜん》と立つ樹や、陽光を浴びて白く輝く石を」目にすれば、それだけで人は自分自身を深く悟り、「世界の静謐にして荘厳な言葉」が聞こえてくる。

遍歴のさなかに書き上げられた「エリクの手記」は、無頼の生活を送るヨーロッパの青年に典型的な関心事が連ねられている。そのなかには彼独自の印象的な文章もあり、人間のライフサイクル、「自己」や「わたし」の感覚やアイデンティティ、個人のパーソナリティのなかの男性的要素と女性的要素の均衡、歴史の変革期における指導者の重要性、擬似種化と普遍的な種のせめぎあいなど、エリクが生涯にわたって精魂を傾けて取り組むことになる数々の構想の種子が散らばっている。エリクが後に老年期における「統合感」として表現することになる考えも、この手記のなかに「新たな始まりを享受するために終わらせること……ゆがむことなしに朽ちること」と記されている。きわめて独創的で創造的な視点をまとめあげたにせよ、彼がドイツの知識人たち、特にニーチェ、ゲーテ、ヘーゲルといった大家の著作から強い影響を受けたことは間違いない。シラーやリルケやゲーテと同様に、エリクも、自由な個の尊重を思考の礎とし、同調を求める愛国主義を嫌悪した。フロイトも、こうしたドイツの思索家に強く惹きつけられて、コスモポリタン的価値観を抱くようになったのであった。こうした点で、エリクとフロイトには共通点がある。ただし、一九二三年から一九二四年にかけて、将来の知の経歴において最重要概念となる考えの萌芽を手記に書きつづった時期には、エリクは精神分析の創始者フロイトについてはほとんど知識をもたなかったことを忘れてはならないだろう。

新しい始まり

エリクの手記の記述のいくつかにうかがえる力強さや深さは、気が弱く、気分の波が激しく、防衛的で、定まった方向性をもたない実際の生活やパーソナリティの一面と著しい対照をなしている。そして、この実生活とテクストのずれは、彼の人生の中で何度か認められる。エリクは芸術家としての将来について悩んだ。フロイトは、かつてミケランジェロの作品を見るためローマへ行った。エリクも彼の地を訪れ、卓越した芸術家とは決して太刀打ちできないという感覚を増大させた。そのため、手記を書き終え、フィレンツェに仮の住まいを見つけたエリクは、長い間、一枚のスケッチ、一枚の木版画すら制作しなかった。そして、この沈滞と落胆の日々は、一九二五年にカールスルーエに戻ってからも続いたのであった。彼はもう旅に出ることもほとんど止めてしまった。実際、この年に撮影した一葉の写真からも、エリクが非常に意気消沈していることがまざまざと見てとれる。ルースとエレンの二人の異父妹にはさまれた彼は、妹たちとは対照的にげっそりと頬がこけ、疲れ、緊張し、微笑みを浮かべることもできないようだ。遍歴時代《ヴァンデルシャフト》の終わり近く、芸術で身を立てる可能性はほとんどないと自覚しはじめたころのエリクは、考えをつづることもなくなっていた。このころのことを、彼は「さまざまな意味で、私は機能していない芸術家だった」と回想している。重症の「活動障害」の状態にあり、「まったく仕事ができず、何かを書きたいという欲求すら感じられない日々が何ヵ月も続いた」。「何もしたくない」こともしばしばだった[56]。

エリクの鬱状態は、それほど特殊なものではない。ヘルマン・ヘッセやその同時代の人間も、遍歴を終えた後に「舵を失ったような」感覚を持ち続けていた。エリクは、どこへ進めばよいかわからなかった。一時は、グスタフ・ヴォルフのように地元で美術工芸の教師になることも考えた。そんな彼の情動状態を、生物学の勉強にウィーンに向かったペーター・ブロスは非常に気づかっていた。ブロスは、一九二七年の早春、エリクに一通の手紙を書き送り、それはエリクにとって生涯忘れられないものとなった。実際、エリクは後に、このときのブロスからの手紙を、窮迫時代のフロイトに対するヴィルヘルム・フリースの励ましになぞらえ、「かつてニーチェは、自己がバラバラになって水底に引きずり込まれそうになったとき、頭が水面に出るように支えて命を救ってくれるのが友人だと語った」が、ブロスはまさしく自分の命の恩人になったのだと述懐している[57]。

ウィーン大学に入ったブロスは、ドロシー・バーリンガムの四人の子どもたちの家庭教師となっていた。バーリンガムはアメリカの富豪ティファニー家の一人で、その当時、ジグムント・フロイトから精神分析を受けていた。また、ジグムントの娘アンナ・フロイトが子どもたちの分析を担当していたこともあって、母親のドロシーもアンナと親しくつきあうようになっていた。ブロスは、バーリンガムの家に部屋を与えられて子どもたちに自然科学とドイツ語を教えていたが、まもなく、家庭教師に時間をとられて自分の学業が思うように進まないと感じ、それを辞した。バーリンガムとアンナ・フロイトは、ブロスのために学校を作るので、バーリンガム家の四人の子どもや、精神分析を受けている他の子どもたちや、精神分析を受ける両親に連れられてウィーンに来ている子どもたち（特にイギリス人やアメリカ人の子どもたち）を教え続けてはどうかと提案した。学校で教えるとなると自分一人では無理だ、仲間となる教師が必要だと考えたブロスは、アンナ・フロイトに対して、「教育や教えることについては何も知らないが」、専門教育を受けた教育者よりも「はるかに天分がある」エリクを推薦したのだった。話を聞いたアンナはエリクに興味を抱き、バーリンガムは、子どもたちの肖像画をスケッチすることと引き替えにエリクのウィーンまでの旅費を出すことに同意した。こうして、ブロスはエリクに肖像画製作の依頼があることや、アンナ・フロイトに面接する機会が待っていると手紙を書いたのであった[58]。

一九二七年の四月、バーリンガム家の長男ロバートは、「ブロス先生のお友達の先生がやってきた。新しい先生は似顔絵が描けるんだ」と日記に書いた。バーリンガム家の子どもたちは、一目でエリクと、彼の描くスケッチが気に入った。このころのことを、エリクは、まもなく二十五の誕生日を迎えようとしていた自分は「〔ジグムント〕フロイトがどのような人かについてほとんど知らないまま」フロイトの娘の面接を受けたと回想している。面接中、「自分が何をしたいかわかっていなかった。芸術の才能はあるのだが、それをどう活かせるかまったくわかっていなかった」ことがはっきりした。「正規の」仕事の経験は皆無だったが、エリクが非常に短時間のうちにバーリンガム家の子どもたちと仲良くなったことに、アンナ・フロイトは強い印象を受けた。そして、エリクと連れ立って散策するうちに、彼の創造の火花を感じとったのであった。その年の夏、ブロスがウィーンを離れた短期間、エリクはバーリンガム家の子どもたちの家庭教師を引き受け、子どもたちの母親ドロシー・バーリンガムはアンナ・フロイトに、エリクは子どもの教師として有望だと報告した。やがてウィーンに戻ったブロスに、アンナ・フロイトは、彼の学校がきちんとした学校教育を実施できそうならエリクを教師仲間として雇ってよいと告げたのであった。ブロスは彼女の提案に同意し、こうしてエリクは初めて正規の仕事を手にしたのであった。それは、フロイト派精神分析家の間で非常に重要な学校の教師の職だった[59]。

エリク・ホンブルガーが、彼のもっとも包括的な自伝的論文の冒頭にウィーン到着を置き、「私のキャリアの真の始まり」と記したことは興味深い。実際、それは新しい始まりであった。こうして、エリクの人生は新しい確固たる形を取り始めた。遍歴時代の手記にまぎれもない未発達ながら聡明なアイディアが、これから精神分析家としての新しいキャリアのなかでテストされ強化されようとしていた。彼は、アイデンティティの制作者《アーキテクト》エリク・エリクソンになるための道を歩き始めたのである[60]。

第2章

ウィーン時代——天職としての精神分析（一九二七—三三年）

一九三三年のある日、ウィーン精神分析協会で投票が行なわれ、三十一歳の誕生日を前にしていたエリク・ホンブルガーは正会員として認められた。正会員となったエリクは、国際精神分析学会に登録され、世界中どこでも訓練分析家として仕事することができるようになった。このときの投票結果は、ウィーンの主だった精神分析家の間で彼の六年間の活動が評価され承認されたことの現われといえた。一九二七年にウィーンに着いたエリクは、ウィーン精神分析協会の重要な活動である毎水曜日夜のミーティングに出席し、アンナ・フロイトの教育分析を修了し、児童分析という新しい分野に熟達するようになった。地元のモンテッソーリ学校で教育学も修めた。そして、実験的なヒーツィング学校では生徒の人気が高い教師だった[1]。

エリクが訓練を受けた時期、ウィーンの精神分析は非常に苦しい時代を迎えていた。ジグムント・フロイトは病み、国内外の精神分析分野での責任の多くは娘のアンナが肩代わりした。カール・ユングやアルフレート・アドラーを先頭に、精神分析界で中心となってきた多数の思索家がフロイトと袂を分かち、あるいはフロイトの内輪のサークルを去りはじめていた。さらにベルリンが、ヒトラーが政権を掌握するまで、おとなの精神分析では理論と臨床の両面で革新的な活動の中心となりウィーンと競うようになった。もっとも、フロイトの思想は依然として国際的な注目の的であり、オーストリアの出版社は精神分析に関する著作、テーマ別研究、雑誌を続々と世に送り出していた。各国から、学生や分析を希望する患者や、分析に興味をもった人々がウィーンにやってきた。そこではフロイトの存在は依然として触発的で、ハインツ・ハルトマン、ポール・フェダーン、エドワード・ビブリングといった著名な精神分析家の活躍が続いていた。また、アウグスト・アイヒホルンやアンナ・フロイトをはじめとする人々の働きで、ウィーンは子どもや青少年の精神分析でも世界の先頭に立ちつつあった。このように、一九二七年から一九三三年にかけていくつかの問題が起こり、ファシストとナチスの脅威が緊迫の様相を強めていたものの、ウィーンの精神分析は活気に満ち、国際的にも魅力を発揮し続けていたのであった[2]。

ウィーンでのエリクの生活は精神分析の関係者やそのまわりに集う人々との交わりを中心に展開し、一九三三年にウィーンを離れた時のエリクは、初めてウィーンに足を踏み入れた当時の青年とはまったくの別人となっていた。「アンナ・フロイトや、彼〔ジグムント・フロイト〕を取り巻くサークルのメンバーたちは、私という人間を受け止め、中に引き入れ、私にとって一生涯の仕事への扉を開いてくれたのでした」と、エリクはウィーン時代を振り返っている。エリクは「ジグムント・フロイト父娘と交友関係をもつようになり、フロイトのありのままの雰囲気を近くで呼吸した」。あたかも「キリスト教の使徒パウロとその弟子たちの時代」のように、「特別な人々の小さなグループ」のなかに彼はいた。長い遍歴や実を結ばなかった芸術家への道程をくぐり抜けて、エリク・ホンブルガーはついに「子どもの精神分析と教育という真の職業」にたどり着いたと感じたのであった[3]。

エリクはまた、児童分析家という新しい天職は自分の視覚的で芸術的な衝動と多くの共通点があったと、熱心に情熱的な口調で回想してくれた。ジグムント・フロイトの「形の重視《フォーム》」──私たちの情動や社会的な状況を理解する上で、私たちの夢はどのような形や特徴を伴って現われるか、私たちは物をどのように置いたり並べたりするか、そうしたことが決定的に重要だとする考え方──に、エリクは非常に感銘を受けた。芸術の形には心理学的な意味があるというフロイトの考え方は、芸術家としてのこれまでの経験と精神分析の臨床訓練とを統合するための拠り所となった。エリクは、その「形」を作り出した人の内的世界と外的社会との関係性を理解しようとする「臨床芸術家」になったのであった[4]。

エリクはまもなく、この内的な情動の世界と外的な社会生活とを結びつける方法を「コンフィギュレーション」アプローチと称するようになり、精神分析をめぐるさまざまな考え方に対して自分がなし得た貢献の中心部分だと感じるようになった。この方法は、ある意味で、ウィーン時代のエリクにとってもっとも重要な存在だった二人の女性を結びつける方法を象徴している。その一人アンナ・フロイトはエリクの師でありスーパーバイザーであり分析家であった。アンナは、人格の形成における外的社会の現実にも注目していたが、父ジグムント・フロイトが提唱した正統派の考え方（つまり、人間精神の内的な層を可能な限り深く掘り下げること）に頑迷なほど忠実であった。もう一人の女性、エリクの恋人で後に妻となるジョアン・サーソンは、対照的に正統派の精神分析理論にはほとんど耐えられなかった。ジョアンの心を占めていたのは、舞踊や工芸など、内的自己を取り巻く外的社会の側面であった。アンナとジョアンはそれぞれ、エリクの目を自分に向けさせ彼を自分のほうに引きつけようと積極的に働きかけ、エリクは互いに相容れない二人の女性の情動的牽引力に大きく影響された。彼は、内的世界と外的世界を理論的に接続するコンフィギュレーション・アプローチによって、この二人の女性の方向性の違いを調和させようとしたのかもしれない。

ヒーツィング学校

一九二七年の春にウィーンに着いたエリク・ホンブルガーは、過去の呪縛から解き放たれたい思いに張りつめているように見える青年だった。デンマークの血を引くことやドイツで育ったことも語らなかったし、どんなことに興味があるかもほとんど口にしなかった。ドロシー・バーリンガムの子どもたちの家庭教師となったエリクは一家の夏のバカンス旅行に同伴したが、この旅行にはジグムント・フロイト、アンナ・フロイト父娘も同行しており、エリクは口蓋癌の苦痛に耐える「彼〔フロイト〕の禁欲的な姿に強い印象を受けた」のであった。中央ヨーロッパでは、男性は幼い子どもの相手が下手だという見方が一般的だが、エリクの手腕は実にみごとだった。エリクは後年、「子どもを教えるための訓練は何も受けていなかったのですが、たいして問題にならなかったようです」と回想し、「子どもの経験というものについて私には一種の勘《センス》があって、それが役に立ったのでした」と語っている。エリクはペーター・ブロスを手伝って新しい学校の準備を進め、フロイト父娘、ドロシー・バーリンガム、そして彼らのよき友人であったエヴァ・ローゼンフェルトは、エリクのための自分たちの計画が現実のものとして形を整えつつあることに満足をおぼえていた[5]。

新しい学校は、ローゼンフェルトが居を構えていたウィーン市のヒーツィング地区にあった。当時のウィーン市は、激変のさなかにあった。一九一九年に社会民主党がウィーン市の政権を掌握して始まった「赤いウィーン」実験は、一九二七年には土台が揺らいでいた。社会民主党は熱心に市政府に働きかけて、膨大な公共住宅の建設、家賃抑制、新しい病院や外来患者向けの診療所の新設、労働者階級が中心の住宅地に図書館の分館を作るなど、先例を見ない手厚い社会福祉事業を押し進めてきた。特に子どもを対象とする社会福祉事業に力を入れ、市の社会福祉評議員ユリウス・タンドラーや学校長オットー・グレッケルを主導者とする総合的な子ども向け福祉サービスが実施されていた。学校給食、学校の歯科検診・健康診断、放課後保育センターやサマーキャンプが実施され、労働者階級の居住地区に幼稚園・児童公園・水遊び場が増設され、問題を抱えた青少年のための特別カウンセリング・クリニックなども開設されていた。タンドラーは、孤児など親が育てられない子どもの受け入れ先を探す養子縁組斡旋施設を運営していた。公立学校では宗教教育を外すようになり、教師の資格取得のための革新的なプログラムが設立された。子どもを中心に据えた教育学、つまり丸暗記の重視をやめて実際に自分で体験する学習や総合的な観点からの学習を推進する教育学が現われた。エリクは政治には比較的無関心であったが、ウィーン大学では短期間ながらタンドラーに学んだし、心理学者で児童福祉運動を進めるカール・ビューラーとシャルロッテ・ビューラーにも教わった。また、社会民主党の活動に積極的に参加していた精神分析家のジークフリート・ベルンフェルトやポール・フェダーンを高く評価していた。ペーター・ブロスはエリク以上に、こうした人々や当時の社会改革運動家に深い感銘を受けていた。こうして、エリクとペーターの二人の青年は、ヒーツィング学校の教育プログラムを準備する段階で革新的な考え方やプログラムを広く採り入れ、革新主義を信奉する人々の助力を得ることができたのだった[6]。

だが、一九二〇年代も終わりになるとオーストリアは、社会全般に右傾化しはじめ、改革主義者や彼らの活動は批判の的になりつつあった。国を挙げての右傾化は、ウィーンの政治や思想にとって脅威となった。一九二七年には、君主制を信奉する保守派のキリスト教社会党が、改革運動に恐怖感を抱く地方のカトリック有権者の支持を得て国政の主導権を握った。その軍隊組織である護国団は、イタリアのファシスト政府から資金援助を受けていた。一九二九年には、世界恐慌の波がオーストリアを呑み込み、失業率が急上昇し、企業の倒産が相次ぎ、ロスチャイルド銀行が潰れた。そして、この煽りを受けて、キリスト教社会党の支持率が急進した。世界恐慌の嵐はウィーンでも猛威を振るい、失業者が街にあふれ、住宅不足が深刻化し、社会サービス予算が底をつきはじめた。ウィーンの公教育プログラムをはじめとする子ども社会福祉サービスは、大幅な予算切り詰めとなった。加えて、反ユダヤ主義が醜悪な頭をもたげはじめていた。そのころ、ウィーンには二十万近いユダヤ人が住んでいた。市で開業する法律家や開業医は大半がユダヤ人で教育界にも多数のユダヤ人が進出していたが、こうした人々が攻撃の矢面にさらされるようになり、ユダヤ社会民主党の活動家は不審者として嫌疑の目で見られるようになった。一九三〇年の夏になると、最右翼の護国団の青年たちが灯火を掲げて練り歩く松明行進が広がり、ユダヤ人が経営するカフェや事業所の襲撃、ユダヤ人大学生への暴行がうなぎ登りに増えていった[7]。

ヒーツィング学校は、まさにウィーンが右傾化の包囲攻撃にさらされているこうした困難な時代に産声をあげた。新しい学校を作るという企てを始めたのは、公的教育が、実験的な教育や公費による教育助成など費用のかかる活動に対してますます冷淡になっていると感じていた人たちだった。新しい学校が、壮麗さを誇る広大なシェーンブルン離宮庭園から数ブロックの近さ、裕福な人々の住む郊外の閑静な住宅地ヒーツィング地区に作られることに決まったのには、さらに理由があった。ローゼンフェルト一家は、カールスルーエでペーター・ブロスと親しいつきあいがあり、ペーターがウィーンに到着したときにドロシー・バーリンガムの子どもたちの家庭教師の口を見つけたのもエヴァだった。彼女は、一九二七年にハイキング中の事故で愛娘メディを失った悲しみに打ちひしがれており、ヒーツィング地区にある自宅の敷地内に学校を建てる用地を提供したいと申し出たのであった。学校は亡き娘メディを記念するものとなり、法律家の夫との結婚生活が破綻していた彼女にとって願ってもない避難所となると思ったのである。「子どもたちと一緒にいることに、私自身の悲しみの癒しを求めていたのでした」。また、生徒や教員たちの食事や音楽を提供し、そして彼女自身も経営に参加すると約束した（エヴァの経営手腕は相当のものであった）[8]。

アンナ・フロイトは、子どもの精神分析を専門職業として確立するという自分自身の使命の一環として、ヒーツィング学校を後押しした。「児童精神分析についての四つの講義」（一九二六―二七年）のなかで、A・フロイトは「精神分析の理論に沿って組織化され、分析家との協力態勢が整っている学校」を支持する意見を述べている。精神分析の仕事と学校生活を統合することによって、分析の心臓部である転移関係を強化し、分析者、分析を受ける子ども、子どもの親の三者のパートナーシップを強化することができるというのがA・フロイトの論点だった。このころには、ドロシー・バーリンガムはA・フロイトと個人的に親しい友人となっており（この少し前に、ドロシー・バーリンガムはジグムント・フロイトの分析を受けるようになっていた）、A・フロイトの関心をめぐってローゼンフェルトと競いはじめていた。ドロシー・バーリンガムは、躁鬱病の夫との冷え切った関係が四人の子どもたちを非常に苦しめていることを知っていた。そんな子どもたちがペーター・ブロスやエリク・ホンブルガーを慕っていることに気づいていたバーリンガムは、家庭教師をつけるよりも、公立学校に代わり得る施設を作って正式な学校教育を受けさせるほうがいろいろな面で益が大きいと判断した。他の子どもたちと一緒に優秀な教師の指導を受けることができれば、四人の子どもは居心地よい環境で知的好奇心を刺激され、学ぶ喜びはいっそう大きくなるであろう。こう考えたバーリンガムは、経済力にものをいわせてローゼンフェルト家の広大な庭の一隅に二階建て四室の校舎を建設し、豊富な調度備品をそろえるために必要な資金を提供すると申し出た。実際に建物のプランを作成したのはブロスとエリクの二人であった。木目の美しいノルウェー産の材木を使い、飾り付けを抑えたヒーツィング学校は、こうして現実のものとなった[9]。

生徒は、初めのうちこそ、バーリンガム家の四人を除くと二、三人にすぎなかったが、学校が存続していた五年弱の期間中、八歳から十五歳の平均して十六人の生徒が在籍した。ヒーツィング学校に集まった生徒は、リベラルで高い文化背景をもつ家庭の子どもたちであった。分析を受けるため、あるいは教育分析のためにウィーンに滞在しているアメリカ人家庭の子どももいた。アウグスト・アイヒホルンやエルンスト・ジンメルといったヨーロッパの著名な分析家の子どももヒーツィング学校に通った。子どもたちの約七十パーセントが、主としてアンナ・フロイトの分析を受けた。ほとんどの子どもたちは、両親が結婚生活に問題を抱えていたり離婚した背景をもっていた。家庭の事情からローゼンフェルト家に起居する生徒も、たいがい四、五人はいた[10]。

ローゼンフェルトは、生徒たちに、お昼に渡されるお弁当が食べきれずに余ったら近所の貧しい子どもたちに分けるよう指導した。だが、こうした慈善の勧めを除くと、ヒーツィング学校の創設者たちには、ウィーンの貧困と失業の軽減に貢献しようとする姿勢はほとんどなかった。彼らは、むしろ世間一般とは違うヒューマニズムにもとづいた教育環境を作り出すことに使命感を抱いており、学校の外の危険な世界から子どもたちを保護しなければならないという思いが強かった。ヒーツィング学校のなかには、長引く反ユダヤ主義もウィーンの多くの家庭の子どもたちが直面している貧困も入り込んでこなかった。当時の生徒の一人ピーター・ヘラーは、長い目で見ると「ずっと過酷な社会の現実」からこれほどまでに隔離されなかったほうが、自分やクラスメートはもっと有意義な人間になれたかもしれないという感想を漏らしている[11]。

ローゼンフェルトとアンナ・フロイトとバーリンガムの皆が、この安全な環境を作り出すことに心を砕き、そして、この環境を守る責任を担ったのが、ペーター・ブロスとエリク・ホンブルガーであった。三人の創設者はペーター・ブロスを校長に任命した。当時のブロスは非常にハンサムな青年で、また厳格で、几帳面で、秩序を重んじた。ブロスは、生徒一人ひとりについて学習進度の記録を作成したほか、両親から幼いころの主な習慣や情緒面の問題を聞き取って記録した。生徒のだらしない態度やぐずぐずとした態度には手厳しかったし、ブロスに比べると因習にとらわれないところの多いエリクに「決められた勤務時間を守るように」と注意したこともあった。生徒全員に平等に接しようとしたブロスだったが、特にバーリンガム家の長男ボブが元気になるよう心を砕き、そのことで学校創設者から特別な支持を得たのであった。ブロスは地理と自然科学を教え、精神分析以外、つまり「現実の世界」に目を向けるよう指導した。開校まもないころは、ドロシー・バーリンガムが英語を受け持ち、ラテン語や数学については何人もの非常勤講師が雇われた。エリクの受け持ちは、人文科学、特に美術、歴史、ドイツ文学であった。ブロスは、ヒーツィング学校に、アメリカのイリノイ州ウィネトカの進歩主義的教育のモデル校で実践されていたプロジェクト法を導入した。これは、子どもが興味をもっているとき、かつ、多様なテーマを盛り込んだ総合的な観点からの授業に取り組んでいるときに学習効果が最大になる、というデューイ主義の考え方にもとづいた教育法である。このため正式な学年制はとらず、学科とカリキュラムは一応決まっていたが、授業は学科の枠にとらわれない総合学習が中心だった。そして、特定の学年を想定したプロジェクトが数週間単位で組まれ、すべてのプロジェクトに、歴史や語学やその他のテーマが盛り込まれていた。ブロスは、年長の生徒向けのプロジェクトについてはとくに、テーマの選択をエリクの自由裁量に任せることが多かった。エリクは、エスキモー、バイキング、アメリカ・インディアンなど、中央ヨーロッパ諸国ではなじみの少ないテーマをよく取り上げた。生徒は、授業のテーマについて物語を作ったり詩を書いた。スケッチや木版画を作製したり、絵を描いたり、あるいはその文化に独特の道具などを製作することもあった[12]。

ヒーツィング学校の卒業記念アルバムには、エリクが授業のテーマや芸術性という点で学校生活に大きな影響力をもっていたことが色濃く表われている。非常に視覚的であることや教師と生徒の親しさが鮮明に映し出されているところは、グスタフ・ヴォルフの『スケッチブック』とよく似ている。エリクは、自分たち自身の生活を含めた人間の生活に文化や社会がどのように影響しているかを卒業記念アルバムに描き出すよう指導した。アルバムからは、エリクの生徒たちに対する影響力は、ヒーツィング学校の目的を推進するという点でブロスのそれと互角であったことがうかがえる。ヒーツィング学校で、エリクは自分にあった仕事と居場所を見つけ、自ら決定を下す能力をもつことに気がついていった。こうして、一九二九年ジョアン・サーソンに紹介されたエリクは、もはや遍歴青年ではなくなっていた[13]。

エリク・ホンブルガーはいったいどんな教師だったのだろうか。当時の生徒たちの回想によれば、エリクは神経質で内気だったが、独特のひょうきんさもあった。背が高くハンサムで、身だしなみに気を遣い、服装はこざっぱりとし、たいていスーツにネクタイを締めていた。歩き方はどこかぎこちなかった。しきりに水を飲み、椅子に腰掛けるときは、ぴしっとアイロンのかかったズボンの膝が出ないよう必ずズボンを持ち上げ、「何でもないことにも簡単に」赤面した。「鏡の前を通り過ぎるときに、必ず鏡を見て自分の姿を確認せずにはいられない」エリクがおかしかったという生徒もいた。それでいて、生徒全員が、エリクは自分たちが何に関心をもっているかを直感的にわかってくれると感じていた[14]。

生徒が興味をもつこと（スケッチ、美術館、校外見学、アメリカ・インディアンなど）や生徒が得意なことに焦点を合わせることによって、エリクは結果的に生徒たちから信頼されていた。彼は、生徒たちに自分の内面を見つめさせ、自分の内的な必要や恐怖をエリクに対してうまく表現できるように導いた。ここには、後年のエリク独特の臨床アプローチの兆しがすでに認められる。自分がヒーツィング学校の生徒たちによい影響を及ぼしていることに気づいたエリクは、「すぐに、その仕事に没頭した」。彼の子どもの扱いのうまさに、アンナ・フロイトは目を見張った。病床の父ジグムント・フロイトの代理として、ウィーン精神分析協会、国際精神分析学会、さらにフロイトが創始した精神分析活動関係のさまざまな組織の問題に対処するという義務をこなすかたわら、児童分析という新しい分野の確立を固く決意し邁進していた彼女は、エリクがこの新分野で成功するかもしれないと考えたのである[15]。
だが、ヒーツィング学校という事業の管理運営をめぐる懸念材料が増えるにつれて、アンナ・フロイトの目にはエリクのもつ問題も明らかになってきた。一九二九年三月、アンナ・フロイトはローゼンフェルトに宛てて、「あの二人〔ブロスとエリク〕にとっては、強迫か、強迫からの解放か、そのどちらかしかないのです。そして、強迫からの解放の結果は混沌なのです」という手紙を書き送っている。教師ブロスとエリクの二人が選んだのは「強迫からの解放」であった。二人とも、完全な自由と完全な管理との中庸をとる昇華の必要性をまったく理解しておらず、学校には守るべき規則があると生徒を指導することもなかった。ローゼンフェルトはアンナ・フロイトの見方を支持し、ブロスとエリクを批判した。中心となっている教師二人は授業計画すら立てず、生徒たちが自分のしたいことをするに任せており、生徒たちは全然しつけができていないと、ローゼンフェルトは批判した。子どもたちがきちんと学んで成果を身につけられるよう、あの二人の教師には、嫌なこともさせる姿勢が必要だとも指摘した。二人の教師が子どもたちに甘すぎるという点には、バーリンガムもすぐに賛成した。バーリンガムはこのころになると、アンナ・フロイトの後援者という立場をめぐる競争でローゼンフェルトに出し抜かれたくないと思うようになっていた。後年バーリンガムは、ヒーツィング学校は「間違い」だったと述べている。なぜなら、ヒーツィング学校が外の世界に対する防壁となったため、子どもたちは世間の荒波と格闘するための準備ができなかったからだ。ブロスとエリクが寛容すぎたために、バーリンガムの子どもたちは、その後も公立学校にうまく適応していくことができなくなってしまったというのだった[16]。

アンナ・フロイト、ローゼンフェルト、バーリンガムの三人は口をそろえて「ペーターとエリク」を酷評したが、二人の青年は三人のパトロンに反論しなかった。ずっと後になって、ブロスは「本学の赤裸々な歴史」と題する二十一ページのレポートを作成し、二十一世紀に入って相当の期間が過ぎるまでは研究者に利用させてはならないという但し書きつきで、議会図書館に供託した[17]。

エリクのほうは、晩年にはブロスほど強硬ではなくなり、二人とも教師としての正式な教育を受けていなかったことや、たいていは思いつきや即興で対処したことを認めた。だが、ブロスは校長として秀逸であったとエリクは強く主張した。バーリンガム、ローゼンフェルト、A・フロイトに対する直接的な反論としてではなかったが、エリクは後年、学校は「甘く」もなかったし「自由主義的」でもなかったと述べている。ヨーロッパの社会慣習や上下関係の秩序は守られていたし、子どもたちは時間に正確で行儀がよかった。エリクとブロスは、「フロイトのいわゆる『光り輝く知性』、ときに自由に振る舞うのを認められる子どもたちが表出する輝き」を許容したのであり、学習環境が無秩序になることはなかった[18]。

アンナ・フロイトが口火を切りローゼンフェルトとバーリンガムの二人がこまごま繰り出した批判に対して、学校の中心となっていた二人の教師が何十年もの間まったく反論しなかったのは理解できる。なんといっても、エリクとブロスの二人は当時若く未経験で、アンナ・フロイトの力が強い内輪のサークルでは蜘蛛の巣にかかった虫のように手も足も出なかった。ヒーツィング学校の後援者たち、教師たち、そして生徒たちさえも、この内輪のサークルの一部であった。ヒーツィング学校の生徒であり、現在はヒーツィング学校の歴史を研究しているピーター・ヘラーは、次のような見方を記している。

実際のところ、すべての人、すべてのもの、一つひとつが絡みあい織り混ざっていた。アンナ・フロイトの分析を受けている子どもたちは、多くがエヴァ・ローゼンフェルトやドロシー・バーリンガムの家で暮らしており、ジグムント・フロイトの患者たち、フロイトの娘アンナ、そしてアンナの親しい友人のドロシー・バーリンガムとエヴァ・ローゼンフェルトによって運営される精神分析を軸にした学校に通っていた。教師のなかでもっとも重要だったのはエリク・ホンブルガー・エリクソンだったが、彼自身がアンナ・フロイトの患者であった[19]。

このヘラーの見方については若干の説明が必要だろう。ジグムント・フロイトは、子どもの精神分析は女性の仕事であると考えており、基本的に娘アンナとその同僚に任せていた。フロイトの考えでは、児童分析は、本来の精神分析、つまりおとなを対象とし圧倒的に男性が主導権を握っている活動分野とは別の領域だった。バーリンガムとローゼンフェルトはともにフロイトの分析を受けており、児童分析やヒーツィング学校に対する関心を押し進めるようフロイトから力づけられていた。フロイトの娘アンナは生涯を独身で過ごした女性だった。ローゼンフェルトやバーリンガムは既婚婦人だが、結婚生活が破局を迎えつつある時期にアンナと知り合った。ローゼンフェルトは、誕生日や季節の行事のたびにプレゼントを交換したり、フロイト家にたびたび食事に招かれたりするうちに、アンナ・フロイトとの間に非常に強固な、温かい友情を築いていった。「私はあなたであり、あなたは私なのです」とアンナ・フロイトはローゼンフェルトに打ち明けている。他方、バーリンガムとアンナ・フロイトの間柄は一種の結婚生活にも似た親密なものがあり、このためローゼンフェルトとの関係に波紋が生じることになった。ドロシー・バーリンガムは、一九二五年、夫を伴わず子どもたちだけを連れてウィーンにやってきたが、このときアンナ・フロイトはドロシーの年上の子ども二人の分析を始めたのだった。その三年後には、ドロシー・バーリンガムは子どもたちを連れてベルクガッセ十九番地のフロイト親子が住む建物の上階に引き移り、こうしてバーリンガム家とフロイト家は、融合し実質的に一つの家庭を築くようになった。アンナ・フロイトとドロシー・バーリンガム、そしてアンナ・フロイトとエヴァ・ローゼンフェルトとの結びつきを通じて、この三人の女性は、自分たちの生活の中心となっている男性から離れたところに情動的な空間を確保したのだった[20]。

ピーター・ヘラーは、アンナ・フロイトの「精神は、きわだって高くそびえ立ち、学校の隅々まで行き渡って支配しており」、学校関係者は全員が「精神分析を軸にした教育に関するA・フロイトの見解についての公的な発言」を受け入れていたと回想している。ある意味で彼女は、ヒーツィング学校の後援者、教師、そして生徒たちすべてを一種の代用家族にしたのだった。たとえば、バカンスや旅行に学校関係者を多数連れて行ったし、皆の幸福を心から気遣ったのであった。ヘラーは、こうした状況を「善意の独裁体制」と表現している[21]。

ウィーンの児童分析全般にいえることだったが、(ヘレーネ・ドイッチュのような例外的な人物はいたものの)女性を男性と完全には同等な存在とはみなさない精神分析という専門職業社会のなかにあって、アンナ・フロイトの内輪のサークルは女性が支配する一種の孤島となっていた。アンナ・フロイトは、バーリンガムとローゼンフェルトの二人をヒーツィング学校という企てのパートナーと考えていた。この女性による三頭政治体制に、ヘラーは「男性的な方法や男性そのものに対する敵意の気配」を感じとった。エリクも、「その雰囲気」はきわめて女性的であり、ブロスも自分も、正しいと思う教え方を貫くことがたびたび困難であったと回想している。特に、アンナ・フロイト、バーリンガム、ローゼンフェルトの三人がブロスとエリクに対して批判的な姿勢を強めていった一九二九年以後は、そうであった。アンナ・フロイトに教育分析を受けていたエリクの場合、問題はいっそう複雑だった。アンナ・フロイトは、精神分析という職業におけるエリクの将来を左右する力をもっているだけでなく、教育分析を通じてエリクの個人的な生活や内面を知っていたからだ。かたやパトロンである女性たち、かたや若い男性教師たちという立場の違いは、ヒーツィング学校の基本的な力動《ダイナミクス》の一部であったといえる。ジグムント・フロイトの時代のウィーンにあっては、女性と男性という生物学的な違いは、ジェンダー、すなわち社会的な性差という拡大されたパターンとなって現われていた。ヒーツィング学校は、一九三二年に閉鎖された。主催者で経営者であったローゼンフェルトがベルリンに移住し、アメリカ人の子どもたちがアメリカに帰国したからだが、三人のパトロンによるペーター・ブロスとエリク・ホンブルガーへの幻滅も影響した[22]。

専門家を目指して

ヒーツィング学校がエリク・ホンブルガーにもたらしたものは、初めての定職と、ウィーン精神分析界での確たる居場所であった。ヒーツィング学校によって、エリクは、ぎこちなさはあったがアンナ・フロイトの内輪のサークルに入り込むことになり、アンナ・フロイトの指導に従うことになれていった。月日が経つにつれて、アンナ・フロイトは、エリクの生活に公私両面で強い影響を及ぼすようになっていった。エリクは、公式・非公式なネットワークを通じて、ヒーツィング学校だけでなく、さまざまな教育、精神分析、心理学、社会福祉サービス施設で活動するようになっていったが、こうした活動の広がりの裏には、たいていはアンナ・フロイトの示唆があった。

自分自身も学校教師の経験をもつA・フロイトは、ヒーツィング学校の実験より数年前の一九二二年にリリ・ルウビチェクが創設した地元ウィーンのモンテッソーリ学校に対して非常に強い思い入れを抱いていた。この学校は「子どもの家」と呼ばれ、主に下層階級の家庭の六歳未満の子どもたちのためのものであった。A・フロイト自身も、この学校で、子どもの世話をする人たち向けに定期的にセミナーを開いた。おそらくヒーツィング学校でのエリクの指導ぶりから何かが欠けていると感じたのであろう、彼女はエリクに、モンテッソーリの教師養成コースを受講し、ウィーンのモンテッソーリ女性教師連盟のメンバーになるよう、強く勧めた。この女性中心の連盟に加わっていた男性はわずか二人で、その一人がエリクであった[23]。

エリクは、ヒーツィング学校で教えるかたわらモンテッソーリの教師養成コースに通い、無事修了して教師免状を得た（一九三二年）。ギムナジウムで大学入学資格《アビトゥーア》を取得して以来、エリクが初めて手にした正式な資格である。モンテッソーリの教師免状を授与された男性はごく少人数であった。エリクは、このモンテッソーリの教師養成課程にかつて芸術家を志していたころの経験と相通じるものがあると感じた。どちらも、子どもが作ったり置き並べた対象物《もの》に重点を置いていたからである。精神分析の訓練を通じて、エリクは、「子ども時代の経験の深く象徴的な意味」が夢に現われたり口にする言葉のなかに漏れ出るという現象について理解を深めていた。そんな彼に、「子どもが触れることのできる世界を知り、その世界を遊びのなかで再構築できるよう、もっとも単純な手操作やそれに伴う思考パターンに注意を払い、その動きを自身の手で繰り返すこと」の重要性に対して目を開かせてくれたのが、モンテッソーリの訓練であった。ヒーツィング学校で生徒にスケッチさせたり、授業で社会的なテーマを取り上げた教材を使った試みと同じように、モンテッソーリ教師養成コースでの訓練は「かつての芸術家」エリクの「視覚的言語」に働きかけ、彼の目を社会という外的世界に向けさせたのであった。子どもが遊びのなかで作り上げた産出物《もの》は、その子どもが外的世界の中をどのように進むかを理解する上で多面的に役立つ地図となるのだった[24]。

モンテッソーリの訓練は、言葉として紡ぎ出された内的な情動世界に的を絞る精神分析との平衡をとるために欠かすことのできないものであるとエリクは見なした。そして子どもの遊びの対象物に対する関心が深まっていった。このエリクの考え方は、すでに遍歴時代の一九二三—一九二四年の「手記」にもはっきりと認められ、人は自分を取り巻く世界のなかで「意味のある活動」（このことを、エリクは、後に実際性《アクチュアリティ》と名付ける）を必要とすると記している。だが、モンテッソーリの方法は非常に現実《リアリティ》指向が強く、子どもの遊びの対象物に子どもの内面の空想《ファンタジー》がどのように現われているかを探ろうとはしなかった。過去の芸術の経験から人間が作った作品には内的感情《フィーリング》と外的経験が同時に現われることを知っていたエリクは、この点でモンテッソーリのアプローチを全面的に受け入れることにはためらいを感じたのだった。エリクは、まもなくコンフィギュレーション・パースペクティブと呼ぶようになるものに向かって、一歩ずつ近づいていた[25]。

一九二九年から一九三三年にかけて、エリクは何度もウィーン大学の受講生となった。アンナ・フロイトはエリクが大学で講義を受けることに反対はしなかったが、かといって熱心に勧めたわけでもなかった。彼女自身は、二年間の教師養成学校に通っただけで大学は卒業していなかった。そのうえ、一九二〇年代も末になると、ウィーン精神分析サークルの教育関係者と大学関係者の間には緊張が高まっていた。当時、大学では反ユダヤ主義が色濃くなり、ユダヤ人の入学の制限やユダヤ人大学生への暴行も始まっていた。フロイト父娘に対して好意的な学部もあったが、大学全体に蔓延する反ユダヤ感情は押さえようもなかった。父ジグムント・フロイトの始めた精神分析を反フロイト派の組織や理念から守り抜くことに心を砕いていたアンナは、大学関係者とはほとんど交友がなかった[26]。

しかし、ウィーン大学を席巻していた反ユダヤ主義の故に、エリクが受講を躊躇したという証拠は見あたらない。彼にとって、大学の反ユダヤの動きは不運な政治の流れであって、自分の生活とは無関係なものだった。ウィーン大学で受講した四年間の間に、エリクは四十七単位を取得した。一九二九年から一九三一年までは、定時制学生の資格で教養課程カリキュラムに受講登録した。最初のうちは、ヨーロッパ諸国の地理、ルネッサンスやバロック美術、ドイツ寸劇に関するコースなど、興味のある科目を手当たりしだいに受講し、カール・ビューラーの心理学コースの一つにも登録したが、そのうちに受講したいテーマが固まってきたようで、教員免状を取得するために必要な単位を選ぶようになった。たとえば、ドイツ語教授法、教育学、教師のための学校衛生学、そして話し方の理論などである。しかし、教員免状も教養課程の学位も取得しないまま、一九三一年の秋からは医学部に移った。医学部では、モンテッソーリ教師養成コース時代に知己を得たユリウス・タンドラーの解剖実技と人間解剖学を受講し、そのほか化学も二科目受講した。しかし、医学部では長く続かず、養父テオドールが望んだ医学の学位を取得しないまま、一九三三年の冬には大学をやめてしまった[27]。

エリクが正規の大学生になれなかったのはなぜかと考えていくと、彼には具体的な目標がなかったからだという事実に突き当たる。たとえば、同時代のケーテ・ヴォルフェやエルゼ・フレンケル＝ブランズウィックは、精神分析家としての訓練のかたわら、大学でカール・ビューラーとシャルロッテ・ビューラーの下で心理学のさらに高い学位の取得に励んだが、エリク・ホンブルガーはこうした学問の統合にはまったく目を向けなかった。カール・ビューラーの心理学における実存主義や内観主義の伝統に関する研究、あるいはシャルロッテ・ビューラーの発達段階に関する研究にさえ、エリクは興味をおぼえなかった[28]。

　このように、大学での勉学はどちらかといえば成果に乏しかった。ウィーン時代のエリクにとっては、精神分析家になるための訓練のほうが大学よりもはるかに重要だったのだ。アンナ・フロイトはエリクに、月七ドルという非常に安い料金で児童分析家として訓練しようと提案した。毎日エリクのための分析の時間をとってエリクの自身の話を聞き、エリクによる子どもの分析をスーパーバイズするという提案だった。エリクは「〔その提案が〕いったい何を意味するのか定かではなかった」が、受ければ自分の生活にアンナ・フロイトが強大な影響力をもつだろうということは理解できた。躊躇した彼は、自分は「芸術家になりたいと思っているのです。それに、子どもたちを教えることも好きなのです」と答えた。アンナは、「芸術や子どもに教えることについての関心は、精神分析と結合させることができると思いますよ」と返した。芸術や教育と精神分析を総合的に捉えるアプローチは珍しくないというのである。口には出さなかったが、アンナのなかにはエリクを自分で分析したいという思いが強かった。その気持ちを感じとり、エリクは提案を受け入れて、アンナ・フロイトの内輪のサークルの新メンバーとなった。教育分析が始まってまもないころのエリクは、精神分析という職業がはたして自分の適職かどうか疑問に感じていたようだ。特に「言葉《バーバル》に強調をおく」精神分析のような「きわめて知的な仕事に、私の芸術的性向では居場所を見つけられないように思えるのです」と、分析者のアンナに話している。これに対してアンナ・フロイトがどのように応じたか、エリクの回想には二通りのバージョンがある。一つは、七十代になって書いた短い自伝的エッセイのなかに記されている。エリクは「自分の分析家の発言を引用することは、つねに、自己欺瞞の危険に満ちている」と前置きし、続けて、自分がためらいの気持ちを打ち明けたことに対して、アンナ・フロイトは「あなたなら子どもたちに見ることを手伝えるかもしれませんよ」と答えたと述べている。もう一つの話は、自伝的エッセイよりも後年のビデオテープに録音されているものだ。それによると、アンナ・フロイトはまず父ジグムントと相談してから返答した。エリクは、「その翌日、彼女はこの問題を再び取り上げて、『あなたがおっしゃったことについて父と話したのですけど、あなたは子どもたちに見させることで私たちを手伝うことができる、そのようにあなたに伝えてほしいと父が申しております』と言ったのでした。この言葉には非常に力づけられる思いがしました」と回想している。アンナ・フロイトの言葉であれ、父ジグムントの口から発したものであれ、視覚的で芸術がわかるエリクは患者が見るのを助けることができ、そのことを通じて精神分析という新しい専門職業に貢献できる、そう考えてくれたことがエリクは嬉しかった。後年、「自分のアイデンティティを見つけるときには、こういった類のことが強く働くものなのです」と語っている。芸術のセンスをもつ精神分析家に道が開かれたのである[29]。

もっとも、この懐旧談の信憑性には問題がある。というのは、一九二八年末ないし一九二九年の初めのころ、つまり実際に上記のような会話がなされたであろう時期には、エリクはもはや「芸術家になることを希望して」はいなかったのだ。それでも、「子どもたちが見ることができるよう手伝えるかもしれない」というコメントがアンナ・フロイトの言葉だったという説明と、アンナの父ジグムント・フロイトの口から出たものだという説明の二通りのバージョンがあることは示唆的である。なぜなら、アンナの提案を受け入れたことは間違いではないか、むしろジグムント・フロイトの分析を受けたほうがよいのではないかという、分析が進むなかでエリクがたびたび抱いた迷いを物語っているからだ[30]。

しかし、この会話についてのエリクの説明を、「不正確な回想」あるいは「歪曲された説明」と片づけてしまうべきではないだろう。この会話の記憶からは、精神分析家となるための一歩を踏み出そうと決心した時点でエリクが抱えていた根本的な対立問題、精神分析家となるための訓練を続行するためには解決しなければならない二つの問題が浮かび上がってくるのである。一つ目の問題は、自分の視覚的な要素を重視する考え方が精神分析という職業のなかで受け入れられるか、自分の「芸術的性向」が入り込む余地があるかという不安であった。二つ目は、精神分析家になるための訓練というアンナ・フロイトの提案を受けたが、その陰には自分のなかで理想化していた失われた父親への思いが影響してはいないかという疑いであった。エリクには、ジグムント・フロイトは養父テオドールの代わりとなる存在であるだけでなく、実の父親のなかに理想化して描いていた資質を体現した存在であるという思いがあったようだ。この点で、自分は望まれない子どもだったのではないかと疑った経験をもち、父親の世話人であり同時に信頼できる相手となっているという自己犠牲を正当化するために、父親を理想化していたアンナ・フロイトと、共通する面があったといえよう。

ヒーツィング学校の教師としての経験から、エリクは、精神分析には芸術と相通じる点があり、視覚的要素が強いことについてある程度の確信を得た。自分のスケッチや木版画、それに視覚芸術を教えることは、子どもたちとの絆の中心だとエリクは感じた。精神分析の訓練の一つのステップだというアンナ・フロイトの勧めで書いた「学校作文における衝動の運命」と題する初期の論文の一つで、エリクは、ヒーツィング学校の生徒たちとの絆の視覚的な要素が、子どもたちの内面の精神世界を発見し解き放つ上で非常に役立ったと記している[31]。

また、ウィーン精神分析研究所でエリクの指導教官の一人であったエルンスト・クリスがウィーン美術館の館長という経歴の持ち主だったことや、精神分析家として地位を確立している人たちのなかにも視覚芸術の背景をもつ人々がいることを知って、エリクは、精神分析という分野に自分の「芸術的性向」が入り込む余地があるかもしれないと勇気づけられる思いだった。芸術の経験を持つ精神分析家がいるという事実は、都市の生活では、治療、教育、文化の各側面が結びついていることを如実に物語ってもいた。興味深いことに、実際のエリクの暮らしは芸術の雰囲気のなかにどっぷり浸っていたわけではない。グスタフ・クリムトやエゴン・シーレといったウィーンの偉大な芸術家の展覧会に足を運ぶことは稀であった。むしろエリクは、ジグムント・フロイトのなかに芸術家の気質を感じとった。そして、その思いは、「教授」と会う回数を重ねるにつれて深まっていった。フロイトは実際に非常な名文家だったが（文学でゲーテ賞を受けた）、エリクは文学よりもむしろ芸術的な資質が強いと思った。「フロイトの著作に、私は一目で、ひたむきな視覚的好奇心が息づいているのを感じたのです。この視覚的好奇心こそ、フロイトの足をイタリアに向かって急がせ、時間の許す限りイタリアの街々の広場や美術館を巡らせずにおかなかった原動力なのです」。こうした芸術的な資質があったゆえに、フロイトは「自分の視覚的印象を見てとり、復元することができたのでした。それは、フロイト自身が代表するもっぱら言葉中心の分野においては維持されがたいことを彼は知っていたのです」。フロイト家には分析を受けにやってくる患者のために父娘が共同で用意した待合室があったが、この小さな部屋で椅子に腰掛けて約束の時間を待ちながら「室内に立ち並ぶ小さな何百という彫像」を眺めて楽しんだとエリクは回想している。フロイトの診察室も、「古代地中海の芸術家たちの手になる、小さなアンティークの彫刻作品でびっしりと隙もなく」埋め尽くされていた。こうしたことも、フロイトは言葉や表現に寄せる信頼以上に視覚的な要素に重きを置いている証だとエリクは感じていた[32]。

　こうしたフロイト理解ゆえにエリクは精神分析の世界に移行しようとしたのだが、フロイトの認知様式を読み間違えている。「芸術の世界から精神分析の道に入った」のはフロイトではなくエリクであったし、「精神分析に視覚的要素がなかったとしたら、私は絶対に成し遂げられなかっただろう」と感じたのもエリクであってフロイトではなかった。それでも、フロイトの「患者の記憶と夢に関する記述からは、フロイトが患者のイメージに深く感情移入していたことが明らかである」というエリクの後年の指摘は多少は当たっている。事実、エリクは、フロイトの『夢判断』を「形と意味の豊かな相互作用」を把握するモデルとして使うことができたと回想している。フロイトにとって、夢は、その外見やあるいは「顕在表現《マニフェスト》」の中に「形」を包みかくしている。そして、「顕在表現」によって患者の内面の何が「否定し歪曲されている」かを分析家が発見したとき、夢の「意味」が明らかになる。そう、エリクは記している。彼は、この、フロイトが概略を示した夢の分析、夢の顕在的要素を出発点とする精神分析アプローチは、自分が芸術の仕事とみなしていた方法と合致しているということに気がついた。まず「顕在表現の芸術的要素」に的を絞り、それから形の背後にある意味を探るという方法を用いることで、「その当時は、言語コミュニケーションよりもむしろ視覚的コミュニケーションの訓練を積んだ人間である」自分は、内的精神《サイキ》の「こうした圧倒的なデータに『自然に接近』できる」と考えたのである。顕在形を分析し、それが顕わにし、同時に隠匿しているものについて分析することによって、エリクは、芸術の視点からの観察という自分の特技と、フロイトの夢の分析方法とを結びつけることができたのであった[33]。

モンテッソーリの実習生として、またヒーツィング学校の教師として、エリクはさまざまな年齢の子どもたちとかかわった。幼い子どもたちは自分の見た夢を言葉で表現することができなかったし、年長の子どもたちと夢について話をすることはエリクの仕事ではなかった。しかし、視覚的な形である「顕在表現」を出発点として、その形が歪めたり隠したりしているものの背後にある意味を探り出すことが精神分析の仕事であると理解したエリクには、子どもたちが自分の遊び道具をどのように並べるか、どのような絵を描き、粘土で何を作るか、そしてどんな作文を書くかといった側面を調べることが役立つとわかるのに時間はかからなかった。こうした子どもの遊びの重要性を強調した若い分析家は、エリクが初めてではなかった。アンナ・フロイトは、自分自身では子どもの分析に遊戯療法をフルに用いることはなかったし、子どもにとって遊びが特別な意味をもつという考え方に全面的に賛成していたわけではなかったが、子どもの描いた絵や白昼夢については分析した。彼女はまた、訓練中の弟子たちに対して、子どもの振る舞いや感情の背後にある象徴的な内容を探るよう強く指示した。子どもの遊戯療法を重視した分析家はエリクの他にもいたが、誰よりも早く、誰よりも遠くまで進んだのがエリクだった。数年のうちにエリクは、子どもを取り巻く「外的」社会や物質的な世界とその子どもの「内的」情動を同時に明らかにする、コンフィギュレーションとしての子どもの遊びの対象物の視覚的な形についての論文を著わすことになる[34]。

精神分析の訓練をめぐる最初の葛藤を解決するにあたって「フロイトが偉大な視覚的才能の持ち主であったこと、たとえば夢の解釈における天才的能力」が非常に大きな力となってくれたという回想は、当時のエリク・ホンブルガーが置かれた状況の核心を突いたものだといえよう。確かに、精神分析という仕事は「なにがしかの〔芸術の〕才能をもつものの、将来の針路が定まっていなかった青年にとって」、魅力ある天職となるかもしれない一つの希望だった。だが、エリクを深く惹きつけ、精神分析という新しい職業に対する最初の疑念を忘れさせたのは、精神分析家フロイトのもう一つの姿であった[35]。

フロイトは非常に率直な人好きのする人物で、こうした彼の人となりに魅せられたエリクは、フロイトの著作や主張の大部分をすんなりと受け入れることができた。第一次世界大戦後のフロイトは権威主義的な口振りが強くなり、精神分析の動きを自分一人で牛耳る傾向が募っていたが、フロイトの魅力にはそうした欠点を割り引いて余りあるものがあった。また、フロイトは劇的対立物の作用（能動的と受動的、男性的と女性的、愛と飢餓感）をますます重視するようになり、社会現象や集合的経験が内的な情動世界とどのように影響しあうかという問題に関心を強めたが、エリクもこうした問題を重視するようになっていた。フロイトの新しい研究テーマである本能的二元論——エロスとタナトスという根元的動因がパーソナリティの内部で永遠の戦いを続けるという考え方——は、エリクにとっても重要な関心事であった。わけても、自我《エゴ》の成長に新たな力点を置くフロイトの考えには、エリクを引き込まずにおかないものがあった。ここでいう自我は、自己の外側の世界と、イドの全面的に無意識的な熱情と、そして罪悪感を誘発する超自我のほぼ無意識的な忠告もしくは機制との間を仲介する機能を担う、理性と熟慮の座として捉えられている。フロイトは、自我は弱く基本的に無意識的であるために、イドを外界の圧力と超自我の圧力に対して従順にしようと模索し、同時に外界と超自我をイドの必要性に従わせようと模索するのだと論じた。このように自我を重視するようになったことで、フロイトは神経症という問題領域を超えて、健常な精神活動を対象とする一般心理学に向かって進んでいったのである。

　フロイトの数々の魅力のなかで、エリク・ホンブルガーをこの第一次世界大戦後のフロイトの理念と力点のすべてに惹きつけた最大最強の要素は、フロイトその人の存在感であった。エリクは、バーリンガム家のパーティーで初めてフロイトと顔を合わせた。その後、この「教授」とキノコ狩りに出かけたり、フロイトの医者通いのための自動車旅行に付き添ったりするようになった。また、知性豊かなフロイトの妻の妹ミンナ・ベルナイスと話しているときフロイトが側を通るのを目に留めたこともあった。こうして、さまざまな機会にフロイトと直接コンタクトをもつようになった。口蓋癌を患っていたフロイトにとって言葉を口にすることが明らかに苦痛なことに気がついた上に、エリク自身が恥ずかしがり屋だったこともあって、二人の関係は言葉よりも視覚的な要素が中心となり、ディスカッションよりもフロイトの著作を通じて結ばれていた。フロイトの名前はもはや抽象観念ではなかった。フロイト個人を知るようになったエリクにとって、フロイトの思想は尊敬に値するものであった[36]。

　エリクは、フロイトについて実に多くを語っているし、二人の共通点をいろいろと挙げている。たとえば、「フロイトも二十七歳になるまで両親の家にいたし、自分自身のことがわかるまでに長い時間がかかった」と記している。学生時代のフロイトに「オーストリア－ハンガリー帝国のなかにあってドイツ国粋主義者の面があった」ことも自分と似ているという。エリクも、第一次世界大戦中のカールスルーエで、同級生たちからデンマークの血を引くことを見破られまいとドイツ愛国主義者として振る舞った経験があった。エリクは、ユダヤ人としてのアイデンティティをめぐって引き裂かれた背反する感情を抱いていたため、フロイトも同じような悩み（もちろん、置かれた状況も違えば、悩み方も違っていたが）を抱えていたとわかったことは、大きな発見であった。フロイトがマリー・ボナパルトやルー・アンドレアス＝サロメ、そしてミンナ・ベルナイスといった「男性的な知性を備えた女性」に好感を抱いたことと、エリクが母のカーラ・ホンブルガーやフロイトの娘のアンナと緊密な結びつきを築いていたことも似通っているといえよう。そして最後に、フロイトの『素人による精神分析の問題』を読んだエリクは、フロイトが「子どもの精神世界に至る道に分け入ろうとして」模索している人物に特別な賞賛の念を表明していることを見いだした。実にこの道こそ、エリクが進もうとしている道であった[37]。

エリクが自分をフロイトと同一視していたことの他のさらに重要な側面は、フロイトという偉大な「伝説と化した人物」は、養父テオドールを経由して、さまざまな空想を重ねて理想化された失われた実の父親にエリクを結びつけてくれる存在のように思われたことである。「私のなかで、その状況に反応したのは何だったかというと、思うにそれは、私自身の神話化された父親の探求と入りまじった、小児科医である義理の父とのアンビバレントな同一視であったのでしょう」とエリクは回想している。彼は、さまざまな状況で過去を振り返り、このテーマを拡大発展させようと取り組んだ。ホンブルガー家では、彼は文字どおり義理の息子であり、そこには自分の居場所はないと感じていた。幼いころに「たぶん、母親的な要素が多すぎ」たのであり、養父テオドールよりももっと父親として本質的な要素をもつ「父親を必要として」いたのであった。フロイトの精神分析関係者のサークルでは、芸術家としての前歴という点で仲間とは毛色が違っていたために「一種の厚遇された義理の息子のアイデンティティを見いだしており、こうして私は、自分が完全には帰属していない場で自分が受け入れられることになんら疑問ももたなくなっていた」。いわば、フロイトもテオドールと同様に、エリクを「養子にした」のだ。それにエリクは、この二人を医師として崇拝していた。こうして、エリクは最終的に、児童分析家として訓練しようというアンナ・フロイトの申し出を受諾したのであった。彼にとって児童分析家とは、「医学部を出ていないものが就ける仕事のなかで、おそらく小児科医にもっとも近い役割を果たせる仕事」であった。アンナ・フロイトの申し出を受け入れることで、エリクは、精神分析家フロイトと小児科医テオドールという二人の専門家の仕事が合体したようにも思われるキャリアを歩み始めた。フロイトが「私の養父と同じように医師であったこと」や、彼の「芸術に対する深い関心」が、芸術家であった実父を求める探求心を覚醒してくれたように思われたのだ。血を分けた父親は自分の身近にいて支えてくれる存在とはなってくれなかったが、ジグムント・フロイトがその代わりになってくれるかもしれなかった。フロイトは「私がそれまでに出会ったなかでもっとも創造的な人物であり、フロイトの仕事関係のサークルは私を暖かく迎え入れてくれたのでした」[38]。

こうした回想からは、フロイトという力に満ちた存在が、養父テオドールの代わり、そしてもっと重要なことに理想化された実父の代わりとなって、彼を精神分析という職業に引き込んでつなぎ留めたように見受けられる。しかし、エリクはこの結びつきをはっきりとした言葉で表現することはなかった。その典型的な例が、月並みな中流ユダヤ人家庭であるテオドールの家を離れてウィーンにたどり着いたときの回想であり、フロイトのなかに「偉大なユダヤ人、モーゼの姿、反逆者が医者になることを許容する反逆の医者（養父との密かなる同一視）」を見いだしたと述べている。そしてこの回想は、「義理の息子であるということからアイデンティティを作り出すことを可能にしたのは、彼らの愛情であった」と強調して締めくくられている[39]。

「彼らの愛情」が母カーラと養父テオドールの愛情を指しているることは紛れもないが、このときの回想の文脈、すなわちウィーン到着についての回想だということを考えると、ジグムント・フロイトとアンナ・フロイト父娘を指しているようにも思われる。義理の息子であったエリクは、実の父親を理想化し芸術の天分に恵まれた男として思い描いていたのであり、その実父に精神分析の父フロイトを重ね合わせたのだった。エリクにフロイトの娘についてて訓練を受けることを決心させた最大の鍵が、この実父と重なるフロイトの姿だった。

アンナ・フロイトとの分析

一九二九年、エリク・ホンブルガーはアンナ・フロイトから教育分析を受ける決心を固め、彼女の先進的なプログラムにも加わることになった。こうして、交友範囲は、ヒーツィング学校やモンテッソーリ学校の関係者だけでなく、精神分析界のさまざまな人々へと広がっていった。エリクは、アンナ・フロイトの児童セミナーのほかに、教える技術に的を絞った教育学セミナーも受講した。また、青年心理学や少年非行についてのアウグスト・アイヒホルンの革新的なセミナーにも、定期的に出席した。アイヒホルンは、非行少年を相手とする訓練でエリクのスーパーバイザーであった。エリクが初めておとなの患者を受け持ったときには、ヘレーネ・ドイッチュとエドワード・ビブリングがスーパーバイザーとなった。やがてハインツ・ハルトマンとポール・フェダーンがアンナ・フロイトとともにエリクの指導に加わり、そのころ台頭しつつあった自我の機能を重視した理論について、いろいろと教授したのであった。こうして、エリクの世界はヒーツィングとモンテッソーリから精神分析界に広がり、さまざまな人々から指導を受けるようになった。圧倒的に女性の世界である教育と児童分析に深くかかわっていたことは事実だが、エリクの世界は児童分析の外側にも広がっていった。実際、先駆的な活動を続けるアイヒホルンの指導を受け、おとなの分析についての訓練も積み、またハルトマンやフェダーンといった影響力のある人物の下で学んだのであった。こうした訓練は、女性と子どもが中心の片隅に押しやられていた児童分析という小領域の枠を超えた幅広い経験をもたらした。こうして、一九三三年にウィーン精神分析協会の正会員として認められる道程の一歩が踏み出されたのである[40]。

経験の幅は広がっていったものの、エリクは依然としてアンナ・フロイトの生徒であり、アンナから教育分析を受けた人間と見られていた。彼の将来はアンナ・フロイトの手に握られていた。一九二〇年代の半ばには、彼女は、やがてウィーン児童分析学派として知られるようになる活動の中心人物の一人であった。エリク・ホンブルガーがウィーンで活動していた間に、おとなを対象とする分析の主導権がベルリンに移ったことにより、ウィーン学派は児童分析の世界中心地となっていった。アンナ・フロイトは、いくつかのセミナーを開講する一方で、分析家を指導する訓練分析家として精力的に活動していた。エリクによれば、アンナ・フロイトの児童分析テクニックについての講義録は、この分野で「唯一の頼れる確かな専門書」であった。エリクがアンナ・フロイトのもとで訓練を積んでいたころ、彼女は、後に『自我と防衛』（一九三六年）として出版され、子どもを対象とする精神分析のための理論的かつ実践的な基礎を確立する著作に取り組んでいた。こうしたこともあって、エリクは、アンナ・フロイトの下での訓練を、自分の分析訓練の中核と位置づけていたのである[41]。

エリクはアンナ・フロイトの教育学セミナーから多くを学んだ。このセミナーは、精神分析の知識を踏まえた教授法に関する学習会で、週に一度開かれた。セミナーを通じて、子どもの発達に関する精神分析の観点からの主要な側面が、細々とではあったが、ウィーン市の学校教育のなかに取り込まれていった。セミナーでは、たとえば青年期についてはアイヒホルンといったように、各発達段階の専門家が講師となった。エリクは後に、このセミナーを通じて人間の発達に関する興味が高まったと回想している[42]。

アンナ・フロイトは、教育学セミナーのほかに、年若い分析家向けの非公式な児童セミナー、またウィーン研修所の認定を受けた児童分析セミナー（テーマは児童分析のテクニック）を主催していた。この二つのセミナーは、ある意味では教育学セミナーよりも重要であった。児童セミナーは、精神分析理論や臨床の問題に的を絞ったもので、ハインツ・ハルトマン、ウィルヘルム・ライヒ、ジャンヌ・ランプル＝ド・グロート、ロバート・ヴェルダーとジェニー・ヴェルダー、リチャード・ステルバといったメンバーも出席し、多種多様なテーマについて斬新なディスカッションが展開された。もう一つのウィーン研修所の児童分析セミナーは、古参の先輩格の分析家がテーブルにつき、エリクら新参者たちは先輩分析家の後の椅子に座ったり、立ったままで参加するという形式をとっていた。出席者は、ベルタ・ボルンシュタイン、エディス・バクスバウム、アニー・ライヒなど、ほぼ全員が女性の児童分析家であった。セミナーでは、出席者一人ひとりが、子どもの行動、夢、空想など、ある特定の子どもについての事例研究を発表した。エリクは両方に出席し、アンナ・フロイトの座をまとめる手腕に舌を巻き、重苦しさのない陽気な雰囲気や、人間の経験の新しい要素が白日の下に引き出されつつあるという興奮をまきおこすテクニックに感心した。「私たちの実験的な活動を特徴づけたもの、それは喜びでした」。一方で、エリクは専門職業についている女性のエネルギーにとまどい、女性たちの洞察力に圧倒される思いであった。「その〔児童分析〕セミナーの出席者は、ほとんどが女性で、私は数少ない男性の一人でした」とエリクは回想し、「そして、過半数を占める〔実際、圧倒的多数の〕女性分析家たちの観察に驚くこともしばしばでした」と述べている[43]。

　セミナーと教育分析以外でも、エリクはアンナから実に多くのことを学んだ。アンナ・フロイトとエリクソンの両方について興味深い著作のあるロバート・コールズによれば、人間精神《サイキ》を語るにあたって社会的状況を重視するエリクのアプローチには、アンナ・フロイトから学んだことが大きく影響している。実際、A・フロイトは、おとなの分析では内的精神《サイキ》に力点が置かれるが、子どもの分析ではその力点を変えなければならない、子どもの分析では教育学と外的環境に的を絞る必要があると主張した。エリクがA・フロイトに出会う以前から社会的状況設定について非常に強い関心を抱いていたことは、一九二三〜一九二四年の遍歴時代の手記からも明らかだが、特定の子どもを取り巻く社会の要素についてエリクが深く考えるようになった陰には、彼女の導きがあったのである[44]。

　一例を挙げると、アンナ・フロイトは、子どもは分析家との間に真の転移関係を築き上げることができないと説明した。子どもの場合、両親などの家族との関係性がきわめて具体的であるため、イメージを内化して、そのイメージを分析家に投影すること〔転移〕ができない。それだからこそ、子どもの分析では、おとなを相手にするときのように分析家との転移関係に的を絞ってはならない、むしろその子どもの行動や感情の象徴的な意味を探らなければならないと、アンナ・フロイトはエリクを含めた訓練生たちに強く説いたのであった。子どもの超自我の発達という観点から重要なことは、その子どもの具体的な関係や子どもを取り巻く環境、そしてその子どもがそうした関係や環境のなかでどのように振る舞い、どのように感じるかであるというのだ[45]。

　子どもの超自我の発達がおとなの場合以上に直接的な社会環境〔「外的世界」〕に強く影響されるならば、環境を改善することで、その子どもの「内的世界」すなわち精神《サイキ》を高めることができることを、アンナ・フロイトは実証した。実際、彼女は、ベルンフェルトをはじめとする「赤いウィーン」時代の教育改革運動家たちと共通の望み、すなわち学校生活を改善し年少の子どもたちを対象とする児童相談所を設立したいという望みを抱いていた。また、非行少年に救いの手を差し伸べようとするアイヒホルンの活動を賞賛した。エリクはこうした社会改革に特に注目し、とりわけ、アンナ・フロイトが栄養状態の悪い子どもに分析セッション中に食べ物を与えていたことに強く感銘を受けた。「経費がかかるものよね、子どもの分析っていうのは」というユーモアたっぷりのアンナ・フロイトの弁解は、エリクの心に深く長く刻まれた。子どもを育て子どもの必要を満たす仕事は個人の責任であると同時に社会全体の責任であり、そしてコストがかかる仕事なのであった[46]。

さらに、イドではなく自我に的を絞ること、そして健常な子どもの発達の過程で自我がどのように働くかに注目することを、アンナ・フロイトはエリクを含めた訓練生たちに教えた。健常な自我（「観察の座」）によって、子どもは、防衛パターンを通じて自分の内的衝動とまわりの世界が求めていることを調和させることができ、そのパターンが（最終分析での）その子どもの特性なのだと述べた。この点で、アンナ・フロイトは、父ジグムント・フロイトが一九二六年の論文「制止、症状、不安」に暗示した考えを押し進め、膨らませたのだった。ジグムント・フロイトはその中で、現実性《リアリティ》の重要性とその（自己の内側と外側の）現実性《リアリティ》を処理するにあたっての自我の役割を強調している。父の主張に沿って、この現実性《リアリティ》に対処するために自我の防衛を呼び出すのが不安であると述べた後、彼女は、不安を処理するために用いられる多種多様な自我の防衛機制について検討した。それらには、現実性《リアリティ》への適応を目指すものや背を向けるものがあり、効果的なものもあればあまり効果がないものもある。エリクは、A・フロイトは自我について防衛以外の重要な性質を軽視しているときがあるというハルトマンの指摘に同意したし、自我をどちらかというと固定された中心を占める存在であるとみなす彼女の考え方を全面的に受け入れることはできないと感じていた。しかし彼は、自分をあくまで、教育分析を担当してくれたアンナ・フロイトの伝統を汲む初期の自我心理学者であると考えていた。エリクは、A・フロイトが描出した視点に沿って自我を注意深く見つめ、防衛という機能に限定されずに広く自我を見通すと、「自我がイドの物理的な性質と社会の制度的バリエーションの間で仲介するときの、個々の発達段階に対応した形と存在」が見えてくると後に回想している[47]。

長期的に見ると、エリク・ホンブルガーのアンナ・フロイトとの最重要接点は、セミナーでもなければ、アンナの革新的で魅力にあふれた精神分析についての視点でもなく、エリクがアンナから分析を受けたことであった。分析の詳細を記した「分析記録」は残っていないが、本人や周囲の人たちの数々の記憶や思い出が当時を浮かび上がらせてくれる。エリクはたびたび、アンナ・フロイトが彼の教育分析を安い料金で個人的に喜んで引き受けてくれたと、誇らしげに語っている。エリクは、アンナ・フロイトが担当した最初期の成人男性の一人になれたのであり、「子どもの精神分析家を目指したらどうかと、アンナ・フロイトが私に勧めてくれた」とも回想している。しかしながら、ウィーンを去ってデンマークに移ったわずか数ヵ月後の一九三三年の九月には、エリクはアウグスト・アイヒホルンへの手紙で「私がアンナ・フロイトに分析してくれと頼んだとき」のことに触れている。また、ペーター・ブロスは次のように語っている。「もしかしたらアンナ・フロイトのほうから分析を提案したかもしれません。でも、それがごく漠然としたものだったとしても、エリクは絶好のチャンスと思って飛びついたに違いないし、たぶんアンナ自身に担当してほしいと強く頼んだと思います。彼は、精神分析の分野で有名な人たちとつながりを持ちたがっていましたから、アンナの教育分析を受けることは、ジグムント・フロイトの内輪のサークルに入り、精神分析の分野で認めてもらうためのチャンスに思えたでしょう。」[48]

アンナによるエリクの分析は、おそらくブロスがほのめかすように、少なくとも始まりは双方から言い出したものだったろう。だが、そこには野心以上のものが介在していた。七歳違いと、それほど年が違わなかったエリクとアンナは、一緒に過ごす時間をもちたいと考えたのである。分析する側とされる側という関係を築き上げることは、情動の面でも、専門家としての職業上でも意味があると二人は考えた。分析が終了したとき、エリクは、アンナ・フロイトとの時間を通じて自分は「母と二人だけで過ごした子ども時代を繰り返した」と思った。母カーラ・アブラハムセンがそうだったように、アンナ・フロイトも保護者のような立場で接してくれる聡明な女性であった。そして、ときに気むずかしく、ときにまじめすぎるきらいもあり、また流行の服には目もくれなかったが、魅力的な女性であった。分析の時間を通じて、アンナもまた、自分がエリクに、彼の知性や子どもを教える才能だけではなく、エリクという人間に惹かれるのを感じたのだった。この天分に恵まれた、悩み苦しみながら努力しているハンサムな青年に対して、アンナは一種の似た者どうしという感じを抱いていたのである。エリクがウィーンに着いてまもないころ、彼女はエヴァ・ローゼンフェルトに宛てて、「私は今、エリクのデッサンのモデルになっています」と弾んだ調子の手紙を書き送っている。短く切り詰めた髪、地味な黒っぽい色のドレスに身を包んだアンナの目に、長めの髪を波打たせ華やかな色の流行の服を着こなしたエリクは、非常に魅惑的に映った。実際、エリクはさまざまな点で魅力的だった。アンナ・フロイトは、父ジグムントの身の回りの世話係で、父に分析を受け、父の秘書であり、そして弟子であった。そして、父親的な要素を過剰にもっていた。それゆえに、彼女の父親的な性質は強化され、「父親が必要であり、〔そして〕おそらく母親的な要素が多すぎた」ことを自認している青年の分析を引き受けたのであった[49]。

エリク・ホンブルガーの分析がどのくらいの期間続いたかはよくわかっていない。エリクは三年だったと述べているときもあれば、別のところでは六年だったとも記している。おそらく、三年半から四年だったのだろう。アンナは父の秘書として旅行に付き添ったし、またアンナ自身が強い影響力をもつ分析家として旅行するようになったため、エリクの分析は頻繁に中断された。エリクによれば、「教授」と呼ばれていたフロイトが治療を受けにベルリンに出かけるときはつねにアンナが付き添い、山の家にバカンスに出かけるときもアンナが一緒だった。アンナは、分析を中断せずにすむように、エリクに同道を求めたこともあった。アンナの都合で分析セッションをキャンセルしたことはほとんどなかったが、エリクはキャンセルされても不満そうには見えなかった。また、ジョアン・サーソンとエリクが親しくつきあい始めた時期には、アンナからの提案でエリクの分析は一時的に中断されたのであった[50]。

分析を受け始めたころ、フロイト家の階段を上り、アンナのオフィスと父ジグムントのオフィスにはさまれた二階の共同待合室に入ると、エリクは落ち着かなくなった。フロイト家の待合室は薄暗く重苦しい雰囲気に満ちていた。部屋にはどっしりとしたペルシア絨毯が敷いてあり、大きなテーブルのまわりには椅子やソファーが置かれていた。そして、アンナのオフィスかジグムントのオフィスのドアが開くと、暗い待合室に光が満ち、分析を待っている人の注意を引くのだった。エリクは、フロイトのオフィスのドアが最初に開いて老フロイトが次の客を招じ入れる瞬間を心待ちにしていた。この年老いた「教授」を自分がどのように見ていたか、彼は次のように回想している。「教授は、正式な挨拶の礼をとり、自分の患者を書斎に招じ入れるのでした。そして、その場に居あわせた私にも軽く頭を下げるのでした。そうしたやりとりの後で、アンナ・フロイトがドアを開けて私を招き入れるのでした」。この情景はエリクの内部で「複雑に入りまじった感情」を引き起こした。エリクはいつも、ジグムント・フロイトの患者を羨ましく感じた。あるときには、自分は分析を受ける者として二級だから「女性の分析家」に割り合てられたのだと感じた。別のときには、アンナ・フロイト自身が未熟な二級の分析者で、父には遠く及ばない存在のように感じられた。何度もこうした感情にとらわれて、エリクは「自分の立場の複雑さ」を強く認識するようになったようで、アンナ・フロイトのオフィスに足を踏み入れたときに「自分が分析してもらうのがなぜ彼女の父ではないのか、どうもよくわからない……よくそう言ったものです」と回想している。エリクが精神《サイキ》を扱う新しい「科学」に惹きつけられるようになったのは、フロイトの、父親のような存在感、芸術に秀でた視覚的な資質によるところがきわめて大であった。それなのに、気がついてみれば、そのフロイトの娘から教育分析を受けており、全面的にではないがスーパービジョンも受けているのだった。「私の教育分析は、彼によってなされるべきだったのです」という述懐がエリクの口から出たこともある。この見方をすると、アンナ・フロイトは、エリクの分析者としてだけでなく、自分の分析患者と情動面で自分の父親を共有することに二の足を踏む娘としての悩みも抱えていたことになる[51]。

エリクの分析セッションは、毎日午後の遅い時間に予定されており、彼が寝椅子に横たわるのは、アンナ・フロイトがすでに数人の（大半は女性の）おとなの分析を終えた後だった。アンナは、ほかに、エリクがヒーツィング学校で教えていた子どもたち数人の分析セッションも、エリクの前に行なっていた。一九二九年三月までには、アンナ・フロイトは、エリクが子どもたちに自由を許しているように感じ、それを快く思わないようになっていた。このため、学校創設者と教師という仕事上の関係と分析が入りまじることは双方にとって大きな負担となった。また、アンナ・フロイトは、分析している子どもについて記述するにあたってエリクを持ち出すことがよくあった。たとえば、ローゼンフェルトに対して、あなたが預かっている「リジー〔ヴェーレンシュタイン〕とエリクと小さなピーター〔ヘラー〕」について「心配事があるのです」と話を切り出したことがあった。また、「私には、エリクとエルンスト〔フロイト〕の分析セッションがあり」、その後には「治療の必要はほとんどない」ロバート・バーリンガムのセッションがあり、「エリクは非常によい状態にあります」と、ローゼンフェルトに宛てた手紙で記している。エリクには、アンナは自分のことを生徒たちとの関係という観点から見ていると感じられることがあった。ヒーツィング学校の生徒の少なくとも一人ピーター・ヘラーも、数時間、ときには数分のずれで自分とエリクを分析しているアンナ・フロイトから同じような感じを受けたという。ほとんど時間をおかずに教師と生徒を分析するというタイミングは、感情を不必要に複雑で入り組んだものとし、子どもたちのなかに、彼らの教師のなかに、そしてアンナ・フロイトのなかにも、ライバル意識さえ育んだのであった[52]。

アンナ・フロイトがエリク・ホンブルガーとエリクの生徒たちの両方の分析セッションを毎日持っていたことからも、当時の精神分析の世界では専門職業と分析関係が入りまじっていることがふつうであったという状況がわかる。エリクは、あるとき、この時期のアンナ・フロイトの生活について回想し、「公私が分かちがたく織り込まれて、一つのほとんど神聖な使命《ミッション》を作り上げていました」と述べている。また、「私の分析における個人的な問題と仕事上の問題との固い凝縮」であるとか、分析専門家として成功したいという望みと分析治療を通じて得られる期待が衝突したことなど、当時の思い出を語っている。晩年には「アンナ・フロイトは、私の分析担当者でした……でもそれだけでなくて、会合や学校でも会ったし、一緒に子どもたちを連れてドナウ川に泳ぎに行ったこともありました」とも述べ、「私とアンナの交友は節度のある礼儀正しいもので、間違った方向に発展することはあり得ませんでした。けっして、そうはならなかったでしょう」と付け加えた。少なくとも、エリクはそのように望んでいた[53]。

エリク・ホンブルガーの毎日の分析セッションの全般的な雰囲気を一言で表現するのは難しい。エリクによれば、アンナ・フロイトの態度や振る舞いは非常に礼儀正しく堅苦しいくらいにきちっとしており、分析を受け持っていた男性すべてに対してこのような態度で接したのではないかと思われた。分析する側とされる側がふれあったりなど、身体的に優しさを表現することを戒めた父フロイトの分析治療方針を、彼女は忠実に守っていた。エリクは、自分が寝椅子に横たわって話をするときのアンナの態度は「てきぱきと手際よく、非常にきちんとしている」と感じ、「たいていは黙って優しく耳を傾けており、ときたま口をはさむと非常に明晰に解釈してくれました」と回想している。ときには、アンナのなかに「ある種の遊び心」や「穏やかな落ち着きと純真さ」を見てとることもあったが、たいていはアンナは固く抑制が強すぎて感情を自由に出せないでいるように見受けられた。そのうえ、目にしたものを言葉で表現するのを難しいとエリクが感じることが、アンナは完全には理解できなかった。「生まれながらの絵描きである私が、教育分析の過程で私の内的スクリーンに映ったものを言葉で表現しようとすること」がいかに難しいか、わかってもらえなかったのだ[54]。

しかし、これは、エリクの教育分析が形式的で無感動なものだったということではない。逆に、アンナとエリクは二人とも非常に情動的になる傾向があった。たとえば、アンナがまるでエリクの必要性に十分に注意を払っていないかのようにセッション中に編み物をしていたときなど、エリクは不快に思った。だが、こうしたセッションが続いた後で、アンナはエリクの初めての息子にと言って「微笑みながら、私に小さなブルーのセーターを手渡した」のであった。エリクには、彼が分析を受けているまさにその家での父親との生活についてアンナ・フロイトがけっして口にしないことも奇妙に感じられた。その当時「教授」が娘を分析していたことを彼は知らなかったが、数十年後に、自分が彼女の父親をめぐってアンナにライバル意識をもっていたことを思い出して、「私はいつも近親相姦かもしれないと疑っていました」と述べている[55]。

分析が進むと、アンナ・フロイトは、エリクがいつも「疲れている」と感じていることや、しばしば「病気」がちなことの原因について話すようにさせた。エリクはこのころ、舞踊を学ぶカナダ人学生ジョアン・サーソンと同棲しており、結婚を考えていた。つまり、別の女性——エリクがベッドをともにするパートナー——がエリクとアンナの間に侵入してきたのであり、この事実は分析に無関係ではあり得なかった。エリクは、ジョアンの存在がアンナを悩ませているのを感じとった。父親、バーリンガム、ローゼンフェルトといった人たちとは親密につきあっても心乱れることのなかったアンナだが、これまでに経験のない同年代の男性との長期的な親密さが彼女を動揺させたようだった。エリクは、ジョアンとの結婚について彼女の許可を求める必要があると感じた。彼は後に、「ジョアンと結婚するようにしてくださったことは、本当に正しい判断でした」とつづった手紙をアンナに送っている[56]。

分析の最大の難所は、やはりエリクの幼い日々のもっとも大きな問題、つまり父親の不在という問題にかかわる部分であった。

自分の父親はこのようであったに違いないという想像を、エリクは繰り返し口にした。それは、背の高い非ユダヤ教徒のデンマーク人貴族で、芸術の天分に恵まれ、母親を裏切った男であった。アンナ・フロイトは、つねづね、第一次世界大戦やその他災害でって被った情緒面の痛手に対して同情をいだいていた。彼女から父親を喪った子どもたちが、父親と引き離されるという災厄によって被った情緒面の痛手に対して同情をいだいていた。

分析を受けた一人エステル・メナカーによれば、アンナは自分自身が望まれない子どもだったと感じており、それゆえエリクの痛みがわかったのだった。アンナはエリクに対して、父親についてはっきりしたことがわかっていないという事実を建設的な方向に向かわせること――昇華させて主導権を握り、自分の人生という船を自分で舵をとり船長となる――ことが必要だと説いた。メナカーには、エリクと一緒にアンナ・フロイトから分析を受けていたころの思い出がある。アンナのこのアドバイスを聞いて昔作った木版画の習作を思い出した、とエリクが話したことだ。例の、テオドールとカーラに背を向けて、まるで船の舵をとらなければならないとでもいうように船長に向かって立っている一人の小さな男の子として彼自身を描いた作品である。このシーンは、人生を変容させ欠点を強さに変えなさいというアンナ・フロイトのアドバイスを象徴していると、エリクはメナカーに非常に満足げに語った。エリクはある面でアンナ・フロイトを木版画に描かれた船長に重ね合わせていたのかもしれなかった。彼は、この木版画をアンナにプレゼントした。しかしエリクは、アンナ・フロイトがあまり共感を示さなかったように見える側面についても回想している。その当時のヨーロッパの精神分析家がたいていそうだったが、アンナ・フロイトも、行方知れずの親の身元を探し求めること、一族のスキャンダルの張本人を明らかにしようとすることは、自分を貶めるという考えをもっていた。このため、自分の父親について拾い集めた断片的な情報をエリクが口にするたびに、必ずといっていいほど言下にその話題を退けたのだった。アンナは、養子にされた子どもというものは実の両親についていろいろ空想するものだといい、エリクは父親の裏切りを人生の神話に仕立て上げていると警告した。彼はこの言葉に傷つき怒りも感じて、一度などデンマークの貴族の（と思われる）写真を分析セッションにもっていき、母の持ち物のなかにあったと反論したと回想している。だが、この写真の男が実の父親だと言い張るエリクに対して、あなたは「ファミリー・ロマンス」〔訳注　自分は両親の実の子ではなく、もっと高貴な家の生まれだという妄想〕を作り上げようとしているとアンナ・フロイトは一蹴したのであった[57]。

エリク・ホンブルガーが分析でどのように大きく変わったかを明らかにするのは難しい。一九四九年、すでに地位も名声も確立したアメリカ人精神分析家としてのエリクがアンナ・フロイトに書き送った手紙には、「分析が終わっていたからこそ、まったく新しい国で、そしてゆっくりとした速度で、ようやくおとなとしての責任に対処することを習得できたのでした」と記され、さらに続けて、「アメリカでの『成功』は、あなたの目には敗北に等しく映っているようだとも思いました」とある。もっとも、後年には、エリクは自分の分析についてそれほど批判的ではなくなった。一九六〇年代には「私が昔分析を受けた部屋」を再訪したことについて息子や娘に楽しげな手紙を書いているし、一九七〇年代初めには「相当に優れた個人分析」であったとも記し、「分析は私に自分について気づかせてくれ、そして、私自身であることをおそれないように導いてくれました」と述べている。まさしく、「束縛を解き放つ環境のなかで、自分に気がつく自覚というプロセスが、ときには苦痛を伴いつつ現われた」のである。もちろん、エリクは自分の分析の価値について最適な判定を下す立場にはない。だが、分析の後、分析したアンナ・フロイトと分析を受けたエリク・ホンブルガーの間に親密な交わりがなくなったという事実は示唆に富んでいる。心理学者ロイス・マーフィーはエリクの古い友人だが、アンナによる分析はどういうわけか「あなたのアイデンティティの葛藤を増強してしまい、自覚と自信をもたらすことに失敗したようだ」と感じた。エリクの娘のスー・ブロランドは、彼女自身が臨床家だが、エリクの分析が非常に深い層に分け入ったことは一度もなかったのではないか、だから(一般に行なわれる二回目の分析を含めて)もっと強く自己探求を要求される関係を回避したのではないかと考えている[58]。

エリクの分析の性質は、ジョアン・サーソンの登場によって変容した。エリクは、この独立心に富んだ強い精神をもつジョアンという女性に出会い、恋に落ち、そして分析の途上で結婚したのだったが、このことがエリクとアンナ・フロイトの間のバランスを覆したであろうことは間違いない。ジョアンの存在がだんだんと重要になっていくにつれて、エリクはジョアンに対する思いや心配事をアンナ・フロイトに打ち明けた。一方で、ジョアンとは、自分の分析においてもっとも重要な問題、特に実の父親に関するエリクの見方をアンナ・フロイトが一蹴する傾向があることについて話し合った。一九七一年のインタビューで、ジョアンとエリクの「二人が出会った時点で、二人ともめいめいの分析を離れた」とエリクは回想した。実際には、二人ともが分析を受けるのをやめたわけではなかったことからも、おそらく彼は、実際に「分析をやめたこと」よりも、むしろ感情的に疎遠になったことを強調したかったのであろう。ジョアンは非常に強い牽引力を発揮してエリクをアンナ・フロイトから引き離したのであり、エリクの分析を、損なうには至らなかったにしても不安定にした。ジョアンとの結びつきによって、エリクは精神分析サークルで学んでいたこととも距離を置くようになっていった。そして一九三三年にウィーン精神分析協会を離れたときには、彼は自分の精神分析の訓練経験を受け入れていたが、同時に疑問も抱いていた。この両面性は、エリクを自分のほうに引きつけようとするアンナとジョアンの競争を反映したものでもあった[59]。

ジョアン・サーソンとエリク・ホンブルガー

ジョアン・サーソンは、一九〇三年、現在はセントローレンス水路となっているオンタリオ州のサウザンド・アイランドに近いガナノークという小さな町で生まれた。彼女は自分の子ども時代について口にしたがらず、当時の日記帳も破棄してしまっている。生まれたときの名前はサラといい、サリーと呼ばれていた。父のジョンはカナダ生まれで、ガナノークの町の監督教会派の牧師であった。母のメアリーはニューヨーク市生まれのアメリカ人で、生家のマクドナルド家は鉄道で財をなし非常に裕福であった。メアリーは敬虔な監督教会派の信者であった。また非常に頭がよかったが、社交界の女性が高等教育を受け知識を深める道は閉ざされていた。ジョンとメアリーの結婚生活は、最初から冷たくよそよそしかった。このため、彼女は幼い子どもたち（娘二人と息子一人）を連れてしばしばヨーロッパなどを旅行して回った。ジョンは末っ子のジョアンよりも姉娘（モリー）がお気に入りで、ジョアンは父親から拒絶されたと感じていた。また、母親に対しては、冷淡で不安定で、甘えたり頼りにすることができないという思いを抱いていた。ジョアンが二歳になったとき、母メアリーが入院した。鬱病であったらしく入院は長引き、祖母（ナーマと呼ばれていた）がジョアンの世話を引き受けたのであった。父のジョン・サーソン牧師はジョアンが八歳のときに死に、母メアリーは友人の住むトレントンに移った。ジョアンは祖母ナーマとガナノークに残り、ときたまトレントンに母を訪ねる暮らしが続いた。ナーマのほかに家で面倒を見てくれる人はほとんどなく、両親に対して怒りの感情を強く抱いていたジョアンは、できるだけ早く家を離れたいと考えるようになった[60]。

大学進学は家を出るチャンスだった。ジョアンはバーナード大学に入り教育学の学士号を取得した。その後、ペンシルバニア大学に学び社会学の修士号を得た。やがて現代舞踊に非常に興味をもつようになったジョアンは、コロンビア教員養成大学やペンシルバニア大学に非常勤の職を見つけて教えるかたわら、コロンビア大学の教育学大学院で博士号の取得を目指し、現代舞踊の教授法をテーマに学位論文を書き始めた。母のメアリーがトレントンを去ってボストンの監督教会派の女子修道院に入ったとき、ジョアンは国外に出て、ヨーロッパで舞踊に関する学位論文の研究を進めようと決心した。大胆でエネルギッシュなジョアンは、ナップザックを背負い自転車にまたがってダンス・スタジオ巡りをすることも少なくなかった。彼女の舞踊研究はドイツ、特にベルリンが中心で、その空気に触れたジョアンはドイツの政治的な流れに不安を抱くようになった。ベルリンで研究を続けるうちに学位論文のテーマが絞り込まれていった。彼女は、第一次世界大戦後にドイツ国内やドイツ周辺で普及した舞踊学校における教育プログラムについて論文を書こうと決心した[61]。

一九二九年の秋、二十六歳になっていたジョアンは研究範囲を広げようとウィーンに向かった。当時、ドレスデンからウィーンに移っていたヘレロ‐ラクセンブルク・リズム教育舞踏学校でレッスンを受けるためであった。ウィーンに着いたジョアンは、ヒーツィング学校も訪れた。体育と英語の教師としての面接を受けるためだったが、そのときエリク・ホンブルガー（ジョアンより一つ年上）がそばを通り過ぎるのを目に留めたのであった。ピーター・ヘラーは、この「背が高くきりっとしたカナダ人の女性が鼻孔をふるわせるさまを、とても貴族的だと感じた」と記している。ジョアンは、機敏に動く探るような目をしたとても魅力的な美しい女性だった。ドロシー・バーリンガムはすぐにジョアンと親しくつきあうようになり、こうしてジョアンはアンナ・フロイトのサークルに引き寄せられていった[62]。

ヒーツィング学校を初めて訪れた直後、告解火曜日〔訳注　謝肉祭の最後の日。お祭りやパレードがある〕の仮面舞踏会でジョアンは正式にエリクに紹介された。この日、ウィーン郊外のマリア・テレジアの夏の宮殿でパーティーが催され、エリクとジョアンも地元の慣習に従って仮装した大勢の青年男女に混じってパーティーに出席した。二人はその夜ずっと一緒に過ごした。踊り、それから近くの公園で腰を下ろして将来について語り合った。そして、翌朝も待ち合わせて一緒に朝食をとり、汽車で一緒に帰ろうと約束した。その後まもなく、ジョアンはエリクがペーター・ブロスと共同で借りていた部屋に移った。一九三〇年の春、そのころはフィラデルフィアに住んでいたジョアンの母のメアリー・サーソンが、大きな外科手術を受けることになった。ジョアンは、母親の世話をしにアメリカに戻ったが、やがて自分が身ごもっていることに気づいたのだった。しかし、ウィーンに戻ったジョアンを待っていたのは、永続的な関係を築くことへの不安と、非ユダヤ人と結婚することに自分の両親が賛成しないのではないかという恐れから、結婚に後込みするエリクであった。数人の友人が、結婚することが正当だ――父親が犯した同じ過ちを息子が繰り返してはならないとエリクを説得した。エリクの子どもは、彼のような私生児として生まれるべきではないし、ジョアンはカーラのように赤ん坊と二人きりで放り出されるべきではないと友人たちは諭したのだった。数ヵ月後、時間のかかった苦痛に満ちた出産を経て、エリクとジョアンの息子カイが誕生した。カイという名前には、スカンジナビアにルーツをもつ、デンマーク人の自分が父親だというエリクの意識が現われている。こうして過去が力強く、現在に侵入してきた[63]。

さて、エリクが結婚に同意したので、一九三〇年の後半の三ヵ月間に三つの婚姻の式が執り行なわれた――宗教の違いがもたらした、興味深い例である。式については、エリクの両親もジョアンの母親も前もって知らされなかったし出席もしなかった。ジョアンの母メアリー・サーソンが喜んだことに、オーストリアでは聖公会は公認されていなかったにもかかわらず、一つはその信徒が個人所有する聖家族礼拝堂で行なわれた。この式では、ドロシー・バーリンガムとジョアンのフィラデルフィアの友人フランシス・ビドルが証人となった。何十年も後に、エリクは、子どもたちに対してこの式のことを懐かしそうに語っている。二つ目は、古びた市役所の建物での宗教儀式によらず婚姻を登録する民事婚の式で、宗教を記す欄にエリクはユダヤ教徒と記した。ジョアンは監督教会派ではなく単にプロテスタントと記入し、登録手続きは公吏が執り行なった。三つ目は、カーラとテオドールを懐柔するために計画されたもので、ユダヤ教の結婚式だった。この式でエリクの父親として登記簿に記入された名前は、カーラの最初の夫ヴァルデマール・サロモンセンだったが、エリクはずっと前からヴァルデマールが実の父ではないことを知っていた。ジョアンは生まれたときの名前サラとして記入された。正統派と保守派を問わず、ユダヤ教では結婚する二人はユダヤ教徒でなくてはならないという慣習があり、監督教会派の信徒であったジョアンは要件を満たすためにユダヤ教徒への改宗を誓った。ところが、式のために教会《シナゴーグ》に到着したジョアンは、その前に市場に寄って夕食の買い物をしており、ベーコンと豚肉の入った買い物袋を手に提げていた。肉のにおいは強烈で、参列者の鼻孔を衝いた。これは、豚肉を口にしないという伝統的なユダヤ教の習慣に対するまさに正面攻撃であり、エリクすら忍耐心を試される心地がしたのであった。ドロシー・バーリンガムは慣習の白い百合ではなく赤いバラの花束をジョアンにプレゼントしたが、このこともジョアンとエリクが正式な結婚の手順を踏まないうちから一緒に暮らしており、ジョアンが身ごもっているという事実を強く浮き立たせた。そのうえ、エリクは結婚指輪を持っていかなかった。忘れたのかもしれないし、無視したのかもしれない。証人のエヴァ・ローゼンフェルトがその場しのぎに自分の結婚指輪を貸してくれたので、式はなんとか中断せずに執り行なわれた。まるでうっかり者の喜劇だったが、カールスルーエのホンブルガー家の人々が忠実に守ってきた中流ユダヤ人の礼儀作法をあざ笑う茶番劇でもあった[64]。

喜劇は結婚式の後も続いた。エリクの父親違いの二人の妹のうち年上のルースは、エリクたちのすぐ後にカールスルーエでパウル・オッペンハイマーと結婚式を挙げた。エリクはジョアンを伴わずに一人で出席し、また到着が遅れて式には間にあわなかった。式後の披露宴の席上でエリクは自分が非ユダヤ教徒と結婚したことを告げたのだったが、非常に敬虔なユダヤ教徒であったルースにとってこのニュースは大きなショックだった。母のカーラに対してはあらかじめ自分がジョアンと結婚することを知らせていたが、エリクが心底気にかけていたのは、カールスルーエのユダヤ人社会の柱石であるテオドールがこのニュースを受け入れるかどうかであった。カーラは、ウィーンにジョアンとエリクを訪問して自分たちの目で見るまでは判断を差し控えるようにと、テオドールを説得してくれた[65]。

母と養父がウィーンに着いたのは金曜日の夜だった。ユダヤ教では金曜の夜から仕事を休むサバトに入ることになっているが、ジョアンは安息のしきたりを無視してかぎ針編みをしていた。ジヨアンが真剣な気持ちでユダヤ教に改宗したわけではないことや、エリクがユダヤ教の慣習を全然守っていないことはすぐに明らかになった。エリクとジョアンは地元のユダヤ教会に属していなかったし、食の清浄についてのカシェルの戒律をはじめユダヤ教の伝統も守らず、男児の割礼の儀式には反対していた。しかし、息子がついに幸せをつかんだこと、情緒面も以前よりはるかに安定していることは、カーラとテオドールの目に紛れもなかった。エリクは、以前はげっそりとこけていた頬がいくぶんふっくらし、緊張しきっていた表情も少し和らいで、スマートな口ひげを生やしていた。何よりも、彼は定職に就いていたし、妻となった女性は心身ともに力に満ちていた。カーラは一目見たときからジョアンをすばらしい女性だと感じ、長い黒髪を編んで結い上げ、ほっそりとしてはいるが力強い均整のとれた体つきのこの非常に美しい女性が、ウィーンの人たちからべっぴんさんと呼ばれるのもわかると思った。テオドールのほうも、ジョアンとほんの数分一緒に過ごしただけで彼女の穏和な物腰、親切な態度、美しさ、そして性格の強さにすっかり甲を脱いだのであった。テオドールが二人の結婚を承認してくれたことで、エリクは心から安堵した。これは、義理の父と子の間の緊張、何度も難しくなった二人の関係の雪解けの前兆であった。新婚の二人を経済的に援助しなければならないというカーラの意見にテオドールもうなずきはじめ、この新しく芽生えた温かさと尊敬の雰囲気のなかで、エリクとジョアンは初めての子どもをカイ・テオドールと名付けたのであった[66]。

結婚からほぼ一年が過ぎたころ、エリク・ホンブルガーは、裁縫箱の蓋にするため一枚の木版を製作し、妻ＪＨに捧ぐと彫り添えた。この木版は、ウィーンを見渡すキューニクルベルクの丘の上にあった二人の小さな新居のようすを彫ったものだった。ポーチではカイがリンゴをもぎ取ろうと木に向かって手を伸ばし、その後では犬が遊んでいた。この木版には、静穏と心の安らぎが満ちあふれている。また、それよりも何ヵ月か前の作品、カイに乳房を含ませるジョアンを描いたスケッチにも、喜び、平和、緊密な結びつきというモチーフが鮮明である。

この木版とスケッチは、ともに線やプロポーションのバランスがきわだって優れ、幸福と安定というエリクが新たに見いだした感覚を反映している。この新たな面は、誇らしげにカイを腕に抱いて、幼子に頬寄せる当時のエリクの写真にもくっきりと表われている。だが、当時のエリクと家族の置かれた状況には、木版やスケッチや写真には映し出されない面もあった。たとえば、エリク一家の住んでいた家は、快適な住まいというにはほど遠かった。屋内にある水の蛇口は台所のポンプだけで、しかも冬には凍り付いて使えないため外のポンプに水を汲みに行かねばならなかった。エリクはたびたび病気になった。また、カイを保育所に入れる余裕がなかったので、二人は赤ん坊をヒーツィング学校に連れて行かざるを得なかった。ウィーン時代のエリクたちは、このような家賃の安い貸家を五〜六軒も転々としたのだった。一九三三年の初めには次男が生まれ、ジョアンの母メアリーの娘時代の姓をミドルネームにもらってジョン・マクドナルド・ホンブルガーと名付けられた。二人の子どもを抱えて、子育ては輪をかけて大変になり、経済的にも苦しくなった。家事と子どもの世話、それに学校でのつとめに時間をとられてしまったジョアンは、とうとう博士論文の完成をあきらめた。ジョアンは、二人の息子をクリスチャンとして育てた。ジョアンは、エリクに対してユダヤ教を捨て去るように圧力をかけることはしなかったが、監督教会派の信徒である彼女の信仰心の強さに、エリクは不安をおぼえた。というのは、彼にとっては、さまざまな宗教的伝統の境界を越えて柔軟に、時に応じて行きつ戻りつするほうがずっと快適に感じられたからである。エリクは家事を分担せず、彼の精神分析訓練は妨げられることなしに続けられた。また、収入が少ないにもかかわらず、エリクはフロイトのすべての著作を、しかも装丁のよい高価な版を買い求めた。こうしてエリクのキャリアを最優先事項とする一家のパターンが形作られはじめていた。ジョアンのほうは、エリクの仕事の途上でたまたま生じた散発的なチャンスを除くと、自分の学業を進め芸術を深める時間はほとんどもてなかった[67]。

それでも、結婚はエリクにとってもジョアンにとっても非常に大きな収穫をもたらしたと友人たちは感じていた。ジョアンとエリクの仲は、誰の目にも鮮やかな情熱的な関係というよりも、互いの忠誠心と信頼をもっとも強い絆として織りなされたものであった。ジョアンは、エリクのなかに誰かに寄り添わずにはいられない人間、そしてジョアンへの気遣い——そのような気遣いを彼女の両親は示してくれなかった——から寄り添ってくる人間を見いだした。新しい家族と家庭にとってジョアンは力にあふれた非常に重要な存在であり、彼女は、昔ガナノークの少女時代にサーソン家で果たしていた役割と著しく対照的な役割を、新しい家庭で担っていた。ジョアンの見るところでは、ペーター・ブロスといるときのエリクは若い男性に特有のある種の傲慢さと知的情熱を湛えているようで、ブロスが近くにいないときのほうがずっと明るく楽しそうだった。また、ジョアンは、エリクの聡明さと深さを感じとっていた。エリクはきっと精神分析の分野で傑出した人物となるに違いない、自分は、結婚によって妻となったことでエリクの将来の栄光の一部となるであろうと彼女は思った。ジョアンとエリクの間では、ジョアンからの影響力のほうがエリクからの力よりもはるかに大きかった。力強く、きちんとして地に足がついているジョアンの影響で、エリクはヒーツィングの教師にとり、また訓練中の精神分析家にとって必要とされていた、時間に正確で規律正しい生活態度をだんだんと身につけていった。エリクの異父妹の一人エレンによれば、ジョアンは、情緒面で重大な問題があるかもしれない男を引き受けて、この男の支えとなる社会的および情緒的土台を築き上げ、彼の人生を安定させてくれた存在だった。もう一人の異父妹ルースもエレンと同じ見方で、結婚して数週間と経たないうちにエリクの生活に秩序が出てきたと回想している。ジョアンの力でエリクはきちんと決まった時間に滋養のある食物を口に入れるようになった。また、ジョアンはエリクが積極的に身体を動かすようし向けた。そして、エリクの毎日のスケジュールを管理し、エリクにワルツを教え、ピアノを弾きたいというエリクを励まし、エリクが社会の約束事を守れるように気を配った。「ジョアンがいなかったら、エリクは何もできない人間のままだったでしょう」というコメントで、エレンは話を結んだ。エリクも同意見だった[68]。

ヴィクトリア朝の結婚に関する歴史的研究の力作『平行する人生』のなかで、著者フィリス・ローズは、長続きするうまくいった結婚にはある種の安定性——カップルのうち、力の弱いほうが搾取されたと感じることなく、強いほうが報われたと感じられるような関係——があると述べている[69]。エリクとジョアンの場合がまさにそうだった。二人の結婚生活は六十四年間にわたって続き、その間、重大な離婚の危機に直面したのはほんの一時期にすぎなかった。エリクが何かにつけてジョアンの意見を求め、ジョアンを精神的な支えとしてますます頼るようになり、同時にアンナ・フロイトへの依存の度合いが小さくなっていったことで、ジョアンは結婚してすぐ、報われたという感じを抱いた。

ジョアンにとって、アンナ・フロイトは、エリクが訓練生としてかかわりをもつウィーン精神分析界——ジョアンの見るところではかなり孤立した集団——の一部だった。ジョアンも精神分析を受けた経験があったが、最初の経験は成功とはいえなかった。一九二九年にウィーンに着いたジョアンは、ドロシー・バーリンガムと親しく交わるようになり、またヒーツィング学校で働くようになったこともあって、アンナ・フロイトの影響圏内に入った。そして、フロイトの初期の弟子の一人ルートヴィヒ・イェーケルスから毎日分析を受け始めた。イェーケルスは情熱に燃える社会主義者で、ナポレオンの精神分析に関する著作をもつ学者でもあり、フロイトの著作のポーランド語への翻訳も手がけていた。ジョアンは、イェーケルスの温かい人柄、たとえば診療室でバラをプレゼントするなど旧世界人の魅力を湛えたこの人物に好感をもった。イェーケルスがウィーンのオペラや劇場について話題にして、ジョアンに鑑賞するように勧めたこともあった。イェーケルスのほうでも、ジョアンの美しさと率直さを魅力的だと思っていた。たとえば、フロイトの親類の一人がキルトの上に座っているジョアンを見つけてとがめたとき、ジョアンは「あら、いけなかったの」と言葉を返したのだったが、この飾らない応答ぶりがイェーケルスを面白がらせたのだった。しかし、分析が始まって数週間も経つと、ジョアンはイェーケルスについて早まった判断をしないほうがよいと考えるようになった。そして、言葉の壁があるためにイェーケルスがジョアンの話を十分に理解できないときなど、ジョアンはいらだちを感じるようになった。加えて、費用のかかる分析に、ジョアンの乏しい資金源は底をつきはじめた。ジョアンが具合が悪くてセッションに出られなかったときにも、イェーケルスは料金を請求したのである。また、ジョアンは精神分析家たちに英語を教えていたが、彼らが英語をマスターしたいという動機がウィーンに分析を受けるためにやってきたアメリカ人相手に儲けたいということらしいと気づき、当惑を感じた。何よりも、ジョアンは、精神分析に対してそれほど一貫した興味をもっていたわけではなかった。彼女は精神分析家になりたいとは思わなかったし、分析セッションを通じて自己理解を深めようとしていたわけでもなかった。自分がイェーケルスに語るために話をこしらえていると気づいたジョアンは、数ヵ月もすると分析を受けるのをやめてしまった[70]。

　実際に分析を体験して幻想を打ち砕かれただけでなく、エリクとは違って、ジョアンはジグムント・フロイトに強烈な魅力など感じなかった。何度かフロイトに会う機会があったが、フロイトと言葉を交わしたことはほとんどなかった。ジョアンは、カイを背負ってグリンツィンクにあるフロイトのサマーガーデンの近くを通りかかり、彼に声をかけられた日のことを憶えている。フロイトは、カイを非常に利口な子だと言って歩き去ったが、それが傲慢で紳士を気取っているように思われて、ジョアンはよい感じを受けなかったという。ジョアンは、多くの分析家が患者のニーズよりも自分たち自身のニーズを優先するようだとも感じていた。ようするに、ジョアンはアンナ・フロイトによるエリクの毎日の分析セッションを重要だとは考えなかったし、そのことをはっきりと口に出しもした。また、ハインツ・ハルトマンから精神分析に対する敬意が足りないと非難されたこともあり、あれやこれやが重なって、彼女は精神分析に対してますます懐疑的になった。エリクが分析や訓練セミナー、あるいは臨床実習から戻ってきて、自分が大いなる歴史の動きの一部となっていると感激に浸っているときも、ジョアンは、自分はそのように熱狂的になれないということをエリクにきっぱりと告げるのだった。とりわけ、ジョアンはアンナ・フロイトが嫌いになった。アンナは冷たい人で、診断名をつけることしか頭になく、父親と同じように内的精神《サイキ》の層を掘り下げることに没頭しており、現実世界におけるかかわりあいの感覚に欠けているとジョアンは思った。自分自身がよく笑い、友人と肩を叩きあったりする親しさを好むジョアンから見ると、アンナはそうすることがほとんどないようだった。ジョアンは、自分に対するアンナの態度がよそよそしく見えることにも心を痛めた。また、アンナ・フロイトが夫のエリクに大きな影響力をもつように思われることにやきもきし、アンナに対して素直に接することができないことを包み隠さずにエリクとの会話で話題にした。アンナ・フロイトは宗教は幻想だとエリクに話したが、そのことも信仰を抱くジョアンを落ち着かなくさせた。ジョアンと結婚したいと考えていることを告げたとき、アンナ・フロイトはエリクに「そのような分析的な同盟関係には危険が存在する」と警告した。ヒーツィング学校の生徒に対するエリクの「寛容さ」にアンナが不賛成なことも不満だったし、実の父親についてのエリクの説明を、自分の生まれについての空想譚《ファミリー・ロマンス》だとアンナが一蹴したときには強い怒りを感じた。ジョアンの考えでは、アンナのそうした対応は、エリクにとって過去に根ざすもっとも重大な問題の追求を邪魔だてするものだった。彼女は、エリクの分析が成果をあげるには、失われた父親や関連する問題についてエリクを助けてくれる男性の分析家が必要だと感じていた。ようするに、アンナ・フロイトを好きになれなかったジョアンは、アンナに分析を受けることをめぐってエリクのなかで燻《くすぶ》っていたすっきりしない感情を煽り、内面の精神状態を重視する正統派の精神分析に対する漠とした疑いを強化したのだった。ジョアンの影響力が強くなるにつれて、エリクの情動面の発達、エリクの信頼、そしてエリクの幸福についての感じ方においてアンナ・フロイトの力は小さくなっていった[71]。

アンナ・フロイトの分析を受けたことは、最初のころは、母親やアンナのような強い優秀な女性に対する自分の依存心を理解する上で役に立ったであろうし、他の悩み事をはっきりと浮かび上がらせてくれただろう。だが、エリクはジョアンのほうに近づき、ジョアンへの信頼が大きくなり、彼女にいっそう頼るようになった。ジョアンは、彼の日常生活の枠組みを決め、裏切った父親という彼の物語を全面的に信頼してくれた。ジョアンへの依存度が増すにしたがって、エリクのなかではアンナ・フロイトとの分析セッションのもつ重要性が薄れていったと思われる。エリクは、おそらくジョアンにもアンナにも惹かれ続けており、そして、二人の意見の食い違いが少なくなってほしいと願っていただろう。だが、エリクに対する情動的な牽引力という点から判断する限りでは、明らかに勝利者はジョアンのほうだった。

独自の精神分析を目指して

ウィーンでの正式な精神分析の訓練は、エリク・ホンブルガーに比較的明晰で首尾一貫した思考体系と臨床観察についての明白な理論的枠組みを与えた。エリクは、臨床セミナーに出席し、フロイトのメタ心理学論文『夢判断』などの著作を研究してフロイト理論に熟達し、鋭敏な子ども観察者としての技術を習得し、おとなの精神分析についても指導を受けた。こうした日々を重ねるうち、エリクは自分が訓練の成果を踏まえた視点から物事を眺めていることを突然に実感し、「そうだったのか、こうしたことはすべて何かを意味していて、全部が関連しているのだ」と悟ったという。彼によれば、「こうした新しい考え方を提唱した創始者や最初期の関係者」から学ぶことができたからこそ、万事が「関連している」と感じられたのであった。フロイトをはじめとしてエリクを教えてくれた人々の「個人的な」存在感が、彼らの教えることを「いっそう信頼できるものとした」のであり、訓練を受ける側と指導者との間の直接的で個人的な信頼が決定的に重要なのであった。だが同時に、一部の理論の説明については問題があると彼は感じた。習得した理論を支持するが、しかし、自分なりの批判も持っていた。このような、支持しつつ展開発展させながら要所で鋭く批判するというプロセスは、精神分析の知識をもつ聴衆を前にして自分を表現するときのエリク・エリクソンの独特の手法となっていくのである[72]。

エリクは、精神分析の理論が「十九世紀の物理主義という観点から」組み立てられていることを理解した。それは「衝動に焦点を合わせた」理論であったが、ドイツ語の衝動（Trieb）という語は、文字どおり衝動やリビドーだけでなく、人を気高くする力や攪乱させる力をも意味することをエリクは知っていた。エリクは、リビドーに根ざす衝動がどのように抑圧されるか、どのようにして再浮上し思い出されるか、そして被分析者がそれをどのように分析者に転移するかについて学んだ。衝動は自我の防衛（それによって衝動に水路が開かれる反応）の問題を引き起こす。エリクは、アンナ・フロイトが創り出しつつあった図式――人間を自分の内的感情や人間に開く、非常に未熟なものから相当に成熟したものまでにわたる自我防衛のタイプの継時的発展――について熟達していた。自我防衛についてのアンナ・フロイトの説明は、その当時「科学的」で妥当とされた考え方に沿ったものであったが、エリクには（論理的ではあるが）非常に「機械的」だと感じられた。エリクの最初期の論文の一つ「学校作文における衝動の運命」（一九三一年）は、ヒーツィング学校の生徒の作文に衝動理論をきわめて機械的に当てはめて考察したもので、正統的なフロイト派の方法そのままに、生徒の作文のなかの「内的構造を生き生きとさせる衝動」や自我防衛について論じている。だが、自我とイドの相互作用については、フロイト正統派の考え方というよりも、エリクがその後まもなく「言語的であると同時に視覚的なコンフィギュレーション」と呼ぶことになる考え方に立って考察している。この論文では、コンフィギュレーションとは、患者が目に見えたり耳に聞こえるさまざまな形状やパターンに水路を開く力を意味する。患者のコンフィギュレーションの性質を研究することによって、この患者の生活に影響している情動的環境やその他の状況から、患者が「はっきりと示唆したものが何で、省略したことが明白なものが何か」をいっそう深く理解することができる。エリクの初期の著作では、このコンフィギュレーション理論のパースペクティブがたびたび機械的な自我‐イド構造のパースペクティブを押さえて主導権を握り、「無意識そのものの創造力」が明らかにされるのだった[73]。

イドと自我の構造的な関係について熟達し、断続的に形状とパターンに（アイデンティティの制作者《アーキテクト》としてコンフィギュレーション的な、と呼ぶようになるが）集中することになって、アンナ・フロイトやハインツ・ハルトマンといった彼の師たちが「外的世界」と「内的世界」の間に厳然たる区別を設けていることに対して異を唱えることになった。かつての遍歴の日々、一九二三年から二四年にかけてつづった手記のなかで、エリクは自然や世界と自己との相互作用を重視した。子どもに及ぼす外界の影響力を重視している点でアンナ・フロイトを評価していたが、彼女の力点は無意識の精神《サイキ》の「内的世界」の分析であると感じていた。それとは対照的に、エリクには、「子どもは、外的世界から非常に多くのものを内的世界に取り込むステップの一つひとつにおいて、内的世界の観点から外的世界を経験している」ことが見える。したがって、外的世界と内的世界はつねに相互作用しあう同等のものとして捉え検討しなければならない。エリクには、アンナ・フロイトやハインツ・ハルトマンは「内的世界」と「外的世界」をつなぐものを「完全に無視している」ように感じられ、彼らの内と外の二分法を乗り越えて進むことが不可欠に思われた。実際、エリクは精神分析訓練を受け始めたばかりのごく初期の段階で、外的世界という語の使い方そのものに疑問を感じ、この使い方は「社会的であって同時に内的な問題への新しいアプローチ」を妨げ、社会的問題と内的問題の関係をわかりにくくすると指摘した。エリクの考えでは、アンナ・フロイトの子どもに関するセミナーにおける重要なディスカッションは、ほとんどの場合はっきり認識されていなかったが、すべてこの外的世界と内的世界の相互関係性をめぐるものだった。とりわけ、アンナ・フロイトの症例検討会では「家族などの共同体単位」の内部において「患者が重要人物と相互にかかわりあいをもつこと」について論じられたが、こうした検討が行なわれたことも、「内的衝動の『経済学』と防衛」に焦点を絞る方法や、またはおざなりな「外的世界」についての言及――「外的世界」を真剣に取り上げようとすることはほとんどなかった――では説明しきれない部分があることを如実に表わすものだったとエリクは回想している。彼は、ジョアンのなかに自分と同じ視点に立つ支持者を見いだした。実際、ジョアンはまもなく、社会について真に理解するには「社会についての精神分析〔の観点からの見方〕の外側に」立って眺める必要があると主張するようになった。だが、ジョアンと違って精神分析サークルと近しく、精神分析の分野で成功したいという野心があり、またアンナ・フロイトの下で訓練を続けていたエリクは、自分の考え方はジグムント・フロイト「教授」の弟子たちの考え方とは隔たっているが、「教授」自身の考え方には近いという結論を出していた。フロイト自身は、衝動を出発点として自我の問題に取り組むなかで、社会と文化の双方との決定的に重要な結びつきを内包するパースペクティブの概略を明らかにしていた。内的精神《サイキ》と外側の社会の交わりは「フロイト自身の著作ではつねに暗示されているように私には思えた」と、エリクは後に回想している[74]。

ジョアンの影響力にもかかわらず、エリクはジグムント・フロイトに対して心底から忠誠心と魅力を感じていたし、たぶんアンナ・フロイトによる教育分析を続けていたこともあり、精神分析界の一画にしっかりと根を下ろしていた。だが、彼は、アンナ・フロイトのセミナーでもウィーン精神分析協会の集まりでも、自分の研究は十分に認められていないと感じており、このままでは新しい職業におけるキャリアのチャンスが狭まるのではないかと心配していた。たとえば、ヒーツィング学校の生徒の作文を材料にした論文（「学校作文における衝動の運命」）を初めて発表したときも、生徒の作文には視覚的な型（コンフィギュレーション要素）が暗示されているというエリクの示唆に対してまったく反応はなかった。エディス・ジャクソンによれば、エリクの発表についての「質疑応答は不活発で」、すぐにヒーツィング学校の作文課題は公立学校のそれより生徒に刺激を与えるか否かをめぐるアンナ・フロイトとエディス・バウスバウムの議論に脱線していった。また、エリクには、「精神分析と教育の未来」という論文に対するウィーン精神分析協会の反応は冷淡ないしは否定的だと感じられた。彼の見るところ、同僚たちは限られた内的精神《サイキ》のなかの衝動と抑制という正統派の考え方を遵守する姿勢があまりにも強く、教師と生徒の間で形状や型についてのやりとりがあるという（主流から外れた）考え方は、わずかな指摘ですら受け入れられることがなかった。結果的に、エリクは、精神分析界で支持を得ようとするなら「本当に言いたいことを口にすることができない」ことを悟ったのであった[75]。

エリクによく理解できなかったのは、一部の心配性の同僚やフロイトに妄信的な忠誠を捧げる弟子たちのためらいだった。彼らは、フロイトに反旗を翻すことになるのではないかというおそれから、エリクの最初期のコンフィギュレーション・アプローチを公平に見ることを躊躇したのである。エリクの論文は、子どもたちがおもちゃで作るもの、絵筆で描き出すもの、そして選んで口にした言葉に注目したものだった。エリクよりもかなり前の一九一九年に、児童分析の分野でアンナ・フロイトの強力なライバルであったメラニー・クラインも、おもちゃや物を使った子どもの行為は非常に重要だという考え方を明らかにしていた。エリクがクラインについてほとんど知らなかったことや、超自我は乳離れによって母の乳房を取り上げられたことに根ざす子どもの野蛮でサディスティックな本能に由来しているというクラインの主張に彼が同意しなかったことは、問題にもならなかった（エリクは、ジグムント・フロイトの考えどおりに、超自我は後の発達段階でエディプス・コンプレックスの解消とともに出現するとみなしていた）。だがエリクが子どもの遊びの構造について発表したとき、ウィーンの精神分析関係者の何人かは、幼い子どもがおもちゃの車を真正面からぶつけたりするのは両親の性交を目にしてショックを受けたからだとクラインが主張していたことを思い浮かべたのであった。アンナ・フロイトは自分の教え子がクラインの信奉者であるとは思わなかったが、彼の主張を聞いた一部の軽率な人々はエリクがそうではないかと陰で囁き、エリクの主張を公然と承認することはなかった。こうした応答にエリクは非常に心を痛めたのであった[76]。

エリクの最初の発表論文が典型的なアンナ・フロイト派の児童分析とはみなされなかった理由は、それだけではなかった。エリクの論文は、アンナ・フロイト本人、またその弟子や同僚の多くの論文とある非常に重要な点で一線を画するものだった。エリクは、精神分析を通じた洞察によっておとなは子どもをより深く理解できるようになり、子どもとおとなとの関係性をよりよいものにすることができると、随所で非常に真摯に主張した。その一方で、エリクの論文には、精神分析の洞察と理論を脇に押しやって、子どもとおとなの情動的な関係性を、両者の信頼の絆や隔たりを作る不調和といった独自の観点から見ていると思われる箇所もあった。転移や、子どもの世界におとなが超自我という制約を課すという精神分析の考え方はおとなと子どもの関係を理解する上で役立つが、子どもとおとなの関係には精神分析では完全に補足しきれない特別の雰囲気《オーラ》が存在するとエリクは考えていた。アンナ・フロイトはじめ彼の意見を聞いた人々は、精神分析に則りながら精神分析では把握しきれない要素があるという矛盾した考え方をはっきりと理解できず、漠然とながらエリクの主張は何かが「間違っている」、あるいは「首尾一貫していない」または「欠けている」と受け止め、その原因はエリクが若く経験不足だからだと考えた。エリクの論文に対する関係者の応答には、こうした受け止め方が現われていたのであった。

こうした子どもと子育てに関する初期の論文では、エリクはフロイトの示した範型をきわめて忠実に守っていることがわかる。たとえば、ヒーツィング学校の十二~十三歳の少年とのディスカッションを取り上げて、「生徒たちは、示された攻撃性について話をし、それから、感じられた攻撃性について、また罰への罪悪感と願望について話し合った。彼らは、おとなにも稀なほどの内面の理解力をもっていた」と報告している。また、十二歳の女児の作文について検討したときには、精神分析にもとづいた洞察——自分の母親を破壊したいという子どものエディプス・コンプレックスに由来する願望についての知識——が不可欠であると述べた。もう少し一般的に言えば、エリクは、おとな(教師、分析者、両親)と子どもとの健全な関係においては「子どもの良心の力を弱めることなしに、私たちおとなが子どもに分け与えることができる超自我の形成を制約しているものは何か」ということが問題だと主張したのである[77]。

だが、フロイトの範型を支持する一方で、エリクは精神分析のパースペクティブでは取り扱われない部分、おとなと子どもの間の具象的で特定的で個人的な情動的絆に注意を喚起した。おとなと子ども、つまり二つの世代の間の特殊なつながりを人間存在にとって不可欠で重要なものであると描き出すことによって、エリクは、一九二三~二四年の手記につづった考え——「自己」と他者、指導者と追随者、老人と若者との間の個人的な結びつきの重要性についての考え——とのつながりを見いだしていった。興味深いことに、ウィーン時代の子どもとおとなの関係に関する論文には、この昔の手記に散見されるエリート主義者の語り口はみじんも認められない。

この階級主義的な考え方を薄れさせた決定的な要因は、ヒーツィング学校での特定の子どもたちとの個人的な結びつきであった。たとえば、マビー・バーリンガムに読み方を教えたときのこと、この女の子が膝の上に載ってきて一緒に読み始めるとあふれるような喜びを感じたと述べ、「とても自然で心が安らぐ。マビーも、そして教えていた私自身も」と記している。また、ミッキー・バーリンガムと初めて本当にありとあらゆることについて話をしたときのことを、「私が子どもと話をしたのは――むしろ私に対して話をするようにし向けたといったほうがいいかもしれないが――初めての経験でした。そして、彼の話しぶり、その寡黙と饒舌の組み合わせは非常に魅力的でした」と述べている。マビーとミッキー、そしてエリクの二人の息子のカイとジョンが実証したのは、「〔子どもが〕驚くほどの個性をもち、よかれあしかれ一人ひとり違っていること」であった。論文「学校作文における衝動の運命」では、ドロシー・バーリンガムの英語クラスで子どもたちが書いた「内側の世界」に示された、みごとに豊かな「絵」について説明している。子どもたちがすすんで心の裡を明かしたのは、教師との間に豊かな個人的関係が築かれているからである。ドロシー・バーリンガムの授業は、子どもたちにとって「すぐにやすやすと信頼感を抱ける人とのふれあいの時間を過ごすチャンス」となっていた。そして、このきわめて個人的なコミュニケーションの鍵は、教師と生徒の間の「信じあい」の精神と信頼感であった。「うつろな目をした丸顔の男の子」が、先生はわかってくれるんだという思いに突き動かされて自分が書いた作文を今すぐ読んでくれと教師にせがむさまを、エリクは次のように描出している。「この男児は教師の肩に手をかける。認めてほしいという欲求の動作――いや彼が求めているのは愛かもしれない。この教師がよく知っている習慣的動作である」。うるさくつきまとう男児に対して、子どもを信頼し子どもに共感を抱くこの教師は、つねに、「いつでもそうやって先生のところにきて」手を伸ばしてよいのだ、心配なことや困ったことは何でも打ち明けるようにと勇気づけるのだった。別の論文「子どもの絵本」では、芸術家が子どものためにどのように絵を描くかというおとなの側からのアプローチと、子どもがそれらの絵をどのように見るかという子どもの側からのアプローチの双方が相俟って、芸術家と子どもの間に独特の結びつきが生じると主張している。この双方向性は、実際、おとなと子どもの間のあらゆる具象的な情動的関係に当てはまるもので、「子どもに対して私たちがどんな振る舞いをしようと、その振る舞いの影響力は私たちの真の衝動のそれに及ばない――それらを抑止しようという私たちの努力とはかかわりがない。子どもは（動物と同じように）どんなうわべに隠されていても、相手のおとなが容赦ないか優しいか、頑としているか揺すれば動きそうかなど、その下の本質を嗅ぎ分けることができる」。子どもは、おとなが外に示した面だけでなく内に隠れた残酷さを感じとり、それを軸に自分自身を形作ることができるとエリクは示唆しているが、この見解には後年の否定的アイデンティティという概念の予兆がうかがえる。エリクは最後に、おとなと子どもの情動的な「関係は、子どもにとって真に異なる環境を作り出すためのあらゆる努力の核心である」と述べ、おとなが心を開いて、子どもを信じ、うわべだけではなく子どもを尊重し、思いやりをもって接するなら、子どもは率直に、尊敬の念をもって、おとなを信頼するだろうと主張している。こうした発表論文のほとんどで、エリクは、この信頼と自己の開示という個人的な関係性は、子どもの芸術作品、作文、そのほか子どもが表出した物を、指導者であるおとなが、自分の作品への応答として期待するのと同じ尊厳をもって取り扱ったときに初めて生じるのであると指摘した。さらに、スケッチ、作文、その他の作品は、現実世界を表現した物であると同時に子どもの内的な主観的現実への糸口として真剣に捉える必要がある、子どもが自分の作品や活動を信じるようにしたいのであれば、教師や治療者は、子どもの作品のなかの現実性《リアリティ》だけでなく、主体性を信じなければならないと述べた[78]。

おとなと子どもの関係についてのエリクの取り扱い方は、精神分析の転移と逆転移に関する論とほとんど矛盾しない。だが、力点の置き場所が違っていた。彼は、子どもの生活とおとなの生活との情動的交わりが生じるのは、ある特定の条件が整った状況だけであり、おとなが子どもと同じように率直で尊敬と信頼の念をもつ場合に限られると考えた。教師であり芸術家であるエリクに顔を向けているヒーツィング学校の子どもたちを描いた彼の何点かのスケッチ、そこに描き出された生徒たちの信頼感に満ちたまなざしでエリクに注目し関心を注いでいる表情が、ときとして、エリクにこうした瞬間を思い起こさせるのであった。おとなと子どもの完全な気持ちの通じ合いが不可欠だった。エリクは、法律や政治や経済の平等ではない、非常に特殊な意味での平等の重要性を暗黙のうちに説いていたのであった。彼は平等という語を使ってはいないし、この言葉を深く意識してさえいなかっただろう。しかし、おとなと子どもの間の情動的な結びつきにとっては、この平等性が決定的に重要であることをはっきりと示したのであった。ウィーンの教師養成プログラムにはこのような考え方はなかったし、アンナ・フロイトの児童分析セミナーでも教えなかった。もちろん、エリクの一九二三〜二四年の手記を特徴づけているドイツのギムナジウムのエリート主義の伝統から生まれ出たものであるはずはなかった。おとな（教師であれ分析家であれ）と子どもを同等に位置づけようとするエリクの姿勢を考慮に入れると、ヒーツィング学校におけるエリクの「寛容な」教育方針にアンナ・フロイトが不賛成であったこともいっそうよく理解できる。自分が何を主張したいのかについてエリクが自分自身の考えをもっとはっきりさせていたとしたら、そして、精神分析の正統派の理論をそっくり踏襲するのではなくて、はっきりと自分の意見を口に出していたとしたら、きっと大きな論争が巻き起こっていただろう。

しかし、エリク・ホンブルガー本人でさえ、自分の意見が強い平等主義者的な性質をもつことや情動的な平等主義が伝統的な精神分析や教育学の上下関係（分析する者と分析を受ける者、教師と生徒）とどの程度対立するかについては、はっきりわかっていないようだった。エリクは自分が反逆者だとは考えていなかったし、おとなと子どもの情動関係における平等、エリク自身の「わたし（I）」と「自己《セルフ》」についての考え方、そしてニーチェの「自分がそうであるものになるべし」という命令とのつながりについて、深く掘り下げる用意もほとんどできていなかった。エリクは以前、何かになるプロセス、すなわち自己の発見のためには人は非常に愛する他者との「共鳴」が必要であるという点を強調していた。教師や治療者は子どもに対して率直に、信頼する態度で接するべきであるという主張は、こうした相互の「共鳴」が必要だという主張にほかならない。こうした考えは、何年か後にエリクをアンナ・フロイトやその弟子や同僚たちから離れて新しい道を踏み出させることになる。

　ウィーン時代の精神分析の訓練をそろそろ修了しつつあった時期、エリクは「わたし」という概念を膨らませようとするなかで、「わたし（I）」ともっとも近い概念——「自我《エゴ》」と取り組む必要に迫られた。エリクは、未熟なものから成熟したものまで多種多様な自我の防衛法についてのアンナ・フロイトの研究成果に耳を傾けた。一九三〇年代半ばにアンナ・フロイトが自我の防衛に関する体系理論を出版したとき、エリクは、ジョアンの勧めで批判を発表したが、それは何年もアンナ・フロイトのセミナーを受けてきたなかで形作られたものだった。「子どもの自我を制限し危険にさらす可能性があるもの」については新しい的を射た見解が随所に見られるが、「自我そのものについての記述はほとんどない」とエリクは批判した。この意味で、「自我を照らし出し」、単に衝動を制限したり交わしたりするだけでなく——自我を成長させ高めるものが何かという問題は解明されないままという精神分析の失敗を、アンナ・フロイトも繰り返しているというのだった。また、ハルトマンについては、自我がどのようにして環境に適応していくかに目を向けて検討したことで自我の強さについて多くのことを明らかにすることができたが、自我そのものの本質を説明することに成功したとはいえないと感じていた[79]。

　自我そのものについて明らかにするという点で、アンナ・フロイトもハルトマンも掘り下げ方が不十分だと感じたエリクは、二人ほど「有名ではないが魅力ある教師」であったポール・フェダーンに目を向けた。フェダーンが発表するセミナーのいくつかに出席して、この非常に「創意に富んだ」人物が「自我の境界」という独自の考え方を明白なものにしようとしているのを見いだした。フェダーンは、個々の自我を区別するもの、あるいは境界を定めたり限界を設けたりしているものは何かという問題と取り組んでいた。彼が自我アイデンティティまたはそれと非常に近い表現を用いるのを耳にしたような憶えがあるとエリクは回想している。この記憶はエリクの心に深く刻み込まれた。そして、『アイデンティティ—青年と危機』（一九六八年）の執筆にとりかかったとき、エリクは、その冒頭にウィーン時代にフェダーンが自我の境界について論じたことを記したのであった。エリクは、フェダーンが自我の境界とアイデンティティの問題に強い関心をもったきっかけは、ヴィクトール・タウスクとの個人的な会話にあったことを知らなかった。タウスクは、精神分析家を目指して訓練中に自ら命を絶ち、ウィーンの精神分析関係者の間に大きな動揺を生じさせた人物である。一九二三—二四年の手記に萌芽にあたる考えを書き留めはしたものの、ウィーン時代のエリクは、アイデンティティはもちろん自我の境界といった概念についてさえも自分には解釈したり意見を述べる準備は整っていないと感じていた――これらは、アメリカに渡った後のテーマである。もっとも、それらの概念と近縁関係にあるように見える「わたし（I）」や「自己性《セルフフッド》」の感覚に関心があったエリクは、アイデンティティという概念またはそれに近い言葉まであと一歩というところまで来ていたと回想している。――自我の境界やアイデンティティという概念はおそらく、「自我」と「わたし（I）」の間の橋を表わしていたのだ[80]。

　ウィーンで訓練を受けた時期、自我に奉仕する退行というエルンスト・クリスの考え方にも興味をもったと、エリクは回想している。クリスは、自我は退行することで自我自身のためにイドのエネルギーを直接利用できるようになると主張し、芸術家の創作には特にこうした自我に奉仕する退行が明らかだと感じていた。芸術家の魂をもつエリクがクリスの研究に惹きつけられた理由は、ここにあるように思われる。フェダーンのアイデンティティに対する考え方と同じように、クリスも自我について、衝動の引き立て役以上の深い意味があると考えていると思われた。また、ヴィルヘルム・ライヒも同じく自我を重く見ていた。エリクがときおり出席したセミナーで、ライヒはさまざまな性格の形成について取り上げ説明したが、なかでも「流動性」や感情に対抗するための「防御の鎧《よろい》」をまとったように張りつめてこわばっている人を指す「装甲性格」という性格分類に、エリクは大いに感銘を受けた。彼は、「鎧」と「流動性」は、自我の境界に関する説明でフェダーンが重視した対立物であると漠然とながら感じていた。彼をアイデンティティという問題を深く掘り下げる研究に導いたのは、これらの概念だったようだ。数年後のアメリカで心理学的に「流動的な」若い患者たちに接するようになったとき、フェダーン、クリス、そして特にライヒの考え方はいっそう重大な意味合いを帯びるようになったとエリクは率直に認めている。だが、すでにウィーン時代に、「わたし（I）」や「自己性《セルフフッド》」など自分が関心をもつ事柄と「自我」のつながりを見いだし、「自我」により深い意味をもたせようと模索した時点で、エリクはフェダーン、クリス、ライヒといった人々の考え方に近づいていたのだった[81]。

　ジグムント・フロイトは、内的アイデンティティという用語を、一九二六年のウィーンのブナイ・ブリス集会でのスピーチで使用した。この集会に出たことは、フロイトのユダヤ人としての一面を表わしている。エリクがウィーンで訓練を受けていたころにフロイトが自分の概念リストに「アイデンティティ」という語を加えていたとしたら、エリク・ホンブルガーにとっては大いに役立っただろう。しかし、より大きな意味では、フロイトがアイデンティティという概念について重要な成果を残さなかったこと、そしてフェダーンが自我の境界という概念を進化発展させてアイデンティティのような概念を創り上げるに至らなかったことは、エリクにとって幸運であったといえるかもしれない。エリクは、フロイト派の世界観を知るようになるより前に、すでに「わたし（I）」という感覚に対する関心から自我の境界やアイデンティティという概念に惹きつけられていたのだった。それが「わたし（I）」、「自我」、あるいは「アイデンティティ」のなかに意味を見いだそうとする探求であったかどうかはともかく、自分はずっと自分自身の存在に意味を見いだそうとしてきたと、後にエリクは語っている。エリクの回想によれば、人生の最初の三十年間には、ユダヤ教徒であれキリスト教徒であれ、デンマーク人であれドイツ人であれ、また芸術家であれ精神分析家であれ、「ぴったりする帰属集団」が彼にはなく、これらのアイデンティティの境界を往きつ戻りつしていた。自分の実の父親が誰か、自分が誰の息子なのかがわからない限り、自分が本当に誰なのかを知ることができなかったというところに問題の根源があった。フロイトによれば、息子が父親を相手として競争することに発するエディプス・コンプレックスは、精神分析の世界観の基本をなす概念である。それゆえ、競争相手の父親がまったく見知らぬ存在だったことで、エリクのアイデンティティは複雑な大問題となったのだった。やがて彼は全身全霊をこめて、「わたし（I）」、自我の境界、そしてアイデンティティという問題に取り組むようになっていった。なぜなら、彼にとって、自己の発見のための個人的な探求という点では、エディプス・コンプレックスとの戦いよりも、これらの概念を追跡するほうがはるかに重要だったからだ。それは、大半を自力でなさねばならない探究であった[82]。

ウィーンを後にする

一九三三年のまだ寒いころ、エリク・ホンブルガーはウィーン精神分析協会の主会議室の外で待っていた。なかでは、正会員たちがエリクの成績について審議中だった。このころのエリクは、頰はふっくらとし、表情には和らぎが加わり、体つきも初めてウィーンにやってきたころに比べるとずっとがっしりとしていた。以前よりも自信がつき、自分の将来についてもはっきりとした見通しをもつようになっていた。ウィーンの精神分析界では、自分の研究は全面的に受け入れられてはいないが、優秀で才能のある児童分析家とみなされていることを彼は知っていた。その当時、ウィーン精神分析協会の会員資格は明確に定まってはおらず、融通が利いた。会員資格の審査では、候補者の全般的な評判、専門分野での発表論文の質、傑出した会員（特に、ジグムント・フロイトとハインツ・ハルトマン）の評価、そして候補者を指導した訓練分析家の評判と進言が吟味された。

エリクの予想では、アンナ・フロイトの後押しがあれば準会員にはなれそうだった。準会員なら最初の一歩としては悪くないし、もっと地位が固まったあかつきには正会員への道も開けるだろう。数時間にも感じられた数分間が過ぎて会議室に招じ入れられたエリクに、協会の議長ポール・フェダーンは正会員に決まったことを告げた。心から尊敬するフェダーンの口から朗報を伝えられて、エリクの心は喜びにあふれた。これで、「一人前の精神分析家として、晴れて協会の『内輪サークル』のメンバーに」なれるのだ。「正会員」なら子どもだけでなく、おとなの分析もできる。そのうえ、ウィーン精神分析協会の正会員には自動的に国際精神分析学会の会員資格が与えられることになっていた。つまり世界中どこでも開業できるのだ。投票からの数週間、ざっと自分の心を探った後、エリクはコペンハーゲンに白羽の矢を立てた。コペンハーゲンで開業すればデンマークの市民権も手に入れられるだろうし、(ことによると)血縁の人たちと近づくこともできるだろう。そして、このエリクの決定にジョアンも同意したのだった[83]。

実際のところ、協会の「正規の」会員資格が得られなくても、エリクはウィーンを後にしたかもしれない。なぜなら、エリクもジョアンも、ドイツで起こった政治事件に危機感を募らせていたからである。ジョアンは、以前に舞踊の研究でベルリンに滞在していたとき右傾化の兆しを身をもって感じていた。エリクと結婚したことでジョアンはドイツ国籍を取り、二人の息子はドイツ人として生まれた。エリクもドイツの状況を注意深く見守っており、ドイツの政治不穏がオーストリアにまで広がってきはしないかと心配していた。一九三三年三月四日、オーストリア国会が解散しエンゲルベルト・ドルフュスが首相に就任した。このときから、ウィーンはドイツと運命をともにするだろうというジョアンの募る恐怖を、エリクもひしひしと感じるようになった。キリスト教社会党の首魁ドルフュスは、ドイツやオーストリアのナチス運動とはまた別の独裁政治制を信奉するファシスト政権のイタリアをモデル国家とみなしていた。しかし、エリクとジョアンにとっては、ドルフュスとナチスの違いなどどうでもよかった。エリクは、サンドール・フェレンツィがジグムント・フロイトにオーストリア国外に出るよう強く勧めていることを知っていた。だがフロイトは、オーストリア人はドイツで蔓延しているような野蛮行為にまで堕落することはないだろう、オーストリア‐ファシズムの要素に入っているカトリックの教義がヒトラーの侵略からの防護壁となってくれるだろうと、フェレンツィの勧めを拒んでいた。彼にとってオーストリア以外の国での生活は非常に窮屈だろうし、亡命者になるのは嫌だった。ウィーン精神分析関係者の間では翌年になってもこうしたフロイトの反応が大勢を占めていたし、楽観的な考えがもっと後まで続いた例もあった。これは、忌まわしい「新しいタイプの政治秩序」が勝利のときを告げているさなかにあって「人類の内的力動への知性の集中」が推進した回避姿勢であったと、エリクは当時を振り返って語った。身から出た錆ともいえようが、「外的世界」よりも「内的世界」を重視した誤謬――エリクとジョアンが非常に問題だと考えていた点――が、我が身に跳ね返って来つつあった[84]。

エリクは、ウィーン精神分析界に対して全般的な疑惑や懸念を感じていた自分たちは、中央ヨーロッパの政治的混迷がなかったとしても早晩ウィーンを去ることになっていただろうとも述懐している。ウィーン精神分析界では、「外的」世界よりも「内的」世界に焦点を絞っていたが、このことは、協会の「強くなる一方の保守主義と、特にある種の〔逸脱した〕考え方への傾きを禁じる趨勢」の紛れもない兆候の一つにすぎなかった。フロイトの内輪のサークルの人々は、本来の革命的で革新的な思考姿勢に背を向けはじめていた。「信者集団を形成しつつあったのでした。こうなってしまうと、自分が訓練を受けているのかそれとも教化されているのかわからなくなってしまいます。そうした状況だったので、私にとっては、そこから離れることが重要だったのでした」と、エリクは回想している。アンナ・フロイトに近しい女性たちの間では、この「教化」の傾向が特に強く、児童分析分野の内部に「過度に母性的な集団がはびこって」いた。「こうした状況では、若い男性は本当に力を発揮することはできなかったのです。このことはジョアンも知っていたと思います」[85]。

実際、ジョアンは知っていた。「一家全員で」オーストリア国外に出たいというジョアンの心のなかでは、エリクをアンナ・フロイトや彼女のサークルから引き離したいという気持ちが決定的な比重を占めていた。フロイトが君臨するウィーンでは、エリクはいつまでも下っ端の存在であり続けるだろう、特に子どもの精神分析の分野ではそうだろうとジョアンは感じていた。遠からずウィーンを離れたいと考えるジョアンは、オーストリア市民権をとるのは難しいから見合わせたほうがいいだろうと、エリクと話し合っていた[86]。

ウィーン精神分析協会の正会員に認められたことでウィーンにとどまらなければならない理由はなくなったが、エリクの心の裡は複雑であった。彼は、「私は非常に強い相反《アンビヴァレンス》する気持ちを抱いてウィーンを後にしたのでした」と回想し、「精神分析は私が身につけた唯一の技術」であり、ウィーンを離れる目的は「それ〔精神分析〕を違った方法で進めることではなく、『私自身のやり方で』続けることだったのです」と語った。ウィーンで受けた「〔特殊な〕専門職になるための訓練から解放される」ことは嬉しかったが、「自分が忠実な追随者であり、教えられた理論を実践していることを実証しなければならなくなった」ことは苦痛だった。「母はユダヤ人だったが実父はそうでなく」、妻は監督教会派の牧師の娘であったことから、圧倒的に多数を占めるユダヤ人が牛耳っているウィーン精神分析界では、エリクは自分がその一部であると思うと同時に隔たりも感じていた。ウィーンで六年間の訓練を積んでもなお、「精神分析を通じて得たアイデンティティは完全に安泰とはいえなかった」のである[87]。

予想に難くないことだが、ウィーンから離れることについて矛盾する感情をエリクがもっとも強く実感したのは、計画をアンナ・フロイトに告げたときだった。彼のなかのためらいを感じとったアンナ・フロイトは、並はずれて重々しい態度で、真摯にジョアンの影響力に立ち向かおうとし、ナチスがオーストリアにまで侵攻してくることはないだろうと請け合った。どちらかといえばアンナは政治には無関心で、心情的にはそのころ姿を消しつつあった「古き欧州」に共感していた。エリクはこうしたアンナの見方に同意できなかった。アンナは、児童分析という「大義」、彼女が精魂を傾けて押し進めている運動の将来のためにエリクが必要だとも説いた。これに対して、自分は別のところで、自分のやり方で児童分析を前進させたいのだとエリクは答えた。彼は、とりわけ「これほどまでに多くのことが、かくも取り返しようもなく失われてしまった以上、私は自分自身を助けることに集中する必要があるのです」と強く言い張った。エリクが暗黙のうちに告げようとしたのは、アンナ・フロイトの導きに従ったがために、そして独力で考えることができなかったがために、それらは「失われてしまった」ということであった。この返答に、「アンナは肩をすくめて、あなた方がいなくなってしまうのは残念だと言いました」とエリクは回想している。もはや自分の力はジョアンの影響力に及ばないことをアンナは実感し、訓練の基本から離れすぎて「反対側」に移ってしまわないようにとエリクに警告した。室内には緊張がみなぎり、その後の険悪な関係の始まりを告げるかのようだった。こうした苦い思いも味わったが、ウィーンにまつわる思い出を一つエリクは大事にしていた。ジグムント・フロイトがエリクたちの出発を見送りに駅まで来てくれたこと、そしてエリクに温かい愛する心を持ち続けるようにと激励してくれたことだった[88]。

一家四人でコペンハーゲンに向けてウィーンを離れた日から数ヵ月後、アメリカへの移住を目前に控えた一九三三年の九月、エリクはアウグスト・アイヒホルンとの間で内心を吐露する手紙のやりとりを始めた。ウィーン時代にアイヒホルンと一緒に仕事をしたことはそれほどなかったことを考えると、奇妙なことであった。

アイヒホルンは、精神分析の知識を踏まえた子どもの研究分野でのアンナ・フロイトの先駆者として、ジークフリート・ベルンフェルトと並び称されていた。アンナ・フロイトは、アイヒホルンの技術を賞賛し、大きな恥ずかしがり屋の異邦人《ゴイ》と親しげに呼んだ。アイヒホルンが開設した児童相談所では、無料の短期治療を施し、子どもとその両親に助言し、他施設への紹介状を出していた。また、ヒーツィング学校でもたびたび教鞭を執った。エリクと同じように、反抗的で人と交わることが少ない若者時代を過ごしたアイヒホルンは、エリクが訓練の過程で非行少年を相手にしたとき、スーパービジョンを受け持ち、分析者は少年一人ひとりの社会的状況や経済的状況に対して注意深く目を配り、子どもが社会慣習に逆らう背景にそれらがどのように寄与しているかについて注意深く検討する必要があると強調した。とりわけ、分析者は非行少年に共感の気持ちをもって接することが重要であり、子どもを自分と平等の存在——興味深い刺激的な仲間——として取り扱うことで信頼関係が育まれると強く説いた[89]。

「外的世界」を重視し、分析者と非行少年の多少とも平等主義的な関係に焦点を合わせるアイヒホルンの立場は、ウィーン精神分析界の主流の見方とは一線を画していた。だが、エリクは共感をおぼえた。アイヒホルンの仕事は、エリク自身の内部で育ちつつあった平等主義に則った治療についてのパースペクティブを固め、自信を強めるものと思われた。アイヒホルンの感化があったから、ごく初期の分析患者の一人——頭を銃で撃たれて、医療と社会援助の双方を必要としていた十七歳の非行少年——について考えたとき、「内的」な情動に的を絞った伝統的な分析の限界を理解することができた。「赤いウィーン」改革に積極的にかかわった分析関係者のなかには、非ユダヤ教徒でウィーンのカトリックの旧家の出身、政治はキリスト教社会党の支持者で、市の教育関係公務員の端くれとして反社会主義の立場をとるアイヒホルンに不信感を抱くものもあった。だがエリクにとって、アイヒホルンの臨床における姿勢は共感できるものがあった。事実、父親が行方知れずで進むべき方向を見失い絶望にさいなまれている「若者の問題に対して目を開かせてくれた」アイヒホルンに、エリクは感謝の心を抱いていたのである[90]。

　コペンハーゲンからアイヒホルンに書き送った九月七日付の最初の手紙には、エリクにとって決定的に重要だと思われる悩み事が連綿とつづられている。エリクは、アイヒホルンもよく知っていたペーター・ブロスとの長年の友情がうまくいかなくなったことに動揺していた。アンナ・フロイトがエリクだけに教育分析を申し出、ブロスには話がなかったことで、二人の仲は大きなひびが入っていた。というのも、ブロスは、自分のほうが専門家として経験豊富だし、知的にもエリクより上だと感じていたのであった。一九三二年にヒーツィング学校が閉鎖された後、ブロスは生物学の博士課程に戻り（修了はしなかった）、一方で精神分析を学びはじめた。だが、ウィーン精神分析協会で「正規の」会員になれる見込みはなく、キャリアの面でエリクから大きく離されたと感じたブロスは、まもなくウィーンを離れたのだった。アイヒホルンへの手紙で、エリクは「ペーターは、私が非常に大きな悲しみを感じる一つの影です……彼がこの影に入っていった原因は彼自身（それとも彼の学業が不首尾に終わったことでしょうか）にあるのです」と打ち明けている。この「影」の核は、明らかに、アンナ・フロイトがブロスのスーパービジョンを引き受けるのを拒んだことだった。友人の憂鬱にエリクは心を痛め、ブロスがウィーンに呼んでくれる前のカールスルーエでの自分の絶望感を思い出した。だが、おそらく一つには、ジョアンがブロスに対してよい感情を抱いていなかったせいであろうが、エリクは恩返しとなることを何もせず、そのためにいっそう落ち着かない気持ちに駆られたのだった。以前に助けてくれた友人の苦境に援助の手を差し伸べなかったことで、古くからのいちばんの友人との仲を損なってしまったと、彼は苦しんでいた[91]。

　ブロスについて記した後で、エリクは最大の懸念に話題を移し、「[ウィーンに暮らした間に]あなたともっと近づきにならなかったことは、私の最大の過ちでした。大失策とさえいえるかもしれません」とつづっている。手紙によれば、ウィーンに到着した直後エリクはアイヒホルンと話をして大きな「希望を抱いたので」、教育分析をアイヒホルンに頼もうと考えた。結局はアイヒホルンではなくアンナ・フロイトに教育分析を頼んだのだったが、「アンナに頼んだことで、叔母の家で母と過ごした子ども時代、父というものが存在しなかった過去のくびきにまたもやつながれたのでした。年長の女性たちが支配したウィーンの女性陣に私がとらわれの身となってしまったこと、子ども時代と同じ運命的な人間関係に取り込まれたことは、容易におわかりいただけるでしょう」。「ウィーンの女性陣」とは、アンナ・フロイトを中心とする児童分析関係の女性のサークルであり、そのなかでエリクは居心地の悪さを感じていたのであった。ためらいがちな不承不承ともとれる口調で、エリクは今ではなぜ自分が子ども時代の「女性陣」の虜囚を繰り返したのか理解できると記している。この問題は「分析され、そして分析は成功したといえるでしょう」とエリクは述べているが、アンナ・フロイトとによる分析での「成果」についてはあまり触れたくないようで、多くを語っていない[92]。

エリクは次に「台無しになってしまった」彼のアイヒホルンとの関係について、非は全面的に自分にあると記している。彼は、アイヒホルンに教育分析を頼むべきだったのであり、もっとアイヒホルンの下で勉強し、彼の臨床活動を観察するためにもっと時間を割くべきだった。臨床家の先輩アイヒホルンに対する自分の態度は一種の裏切りであったとエリクは言い切り、「間抜けで頼りない自分」をまざまざと見せつけられる思いだと書いている。

だが、ありがたいことに、今になってみると自分の裏切りの理由が理解できる、自分は無意識のうちに、アイヒホルンを「自分が三歳になるまで母親と二人きりのままほうっておいた」実父、「裏切り者である父親」に重ねていたのだと続けている。「あなたの指導を受けられたらどんなにか嬉しかったでしょうに、そのあなたに対して後込みするようにし向けたのは、裏切り者の父親についての私の無意識の知識だったのでした」[93]。

今では二人は遠く離れてしまったが「これからも父親のような友人であってくれないだろうか」という希望で、エリクは手紙を締めくくった。このときエリクは、実父が向かったと思い描いている国アメリカに向けて出発しようとしていた。「当然ですが、アメリカに行ったら裏切り者の父親を見つけ出すことができるのではないかという無意識の空想を私はずっと心に温めておりました」。いなくなった父親に対する自分の感情がアイヒホルンとの関係に支障を来す原因となったことが理解できたと記しながら、その一方で、実父がおもむいたと想像するアメリカへの出立を目前にして、「父親のような友人」であってほしいとアイヒホルンに求めているのである[94]。

アイヒホルンへの手紙には、エリクが自分の子ども時代の問題について分析で学び得たことが記されているが、そこに示されているのはそれだけではない。手紙は、失われたチャンスについての思い出だけにとどまらず、彼がウィーンで得た洞察力をも浮かび上がらせるものとなっている。エリクは、自分の人生に直に前向きに取り組み切り開いていくことができるということについて、漠然とした感じすらもてたことがほとんどなかった。あたかも、父親の裏切りという物語によって強調された子ども時代のトラウマや制限が、分析の中に含まれていた元気を失わせる経験によって増幅されたかのようだった。実際、エリクの手紙には二つの矛盾するメッセージが含まれているように思われる――一つは、かなり公然としたメッセージであり、もう一つは、それほどあからさまではないが認めてほしいという切実な願いが伝わってくるものである。(1)ウィーンで受けた訓練や分析はエリクが子ども時代の制限を理解するのに役立ち、こうした制限を踏み越えられるようになった。(2)エリクの子ども時代の情動面の動揺と癒しが、人生をそれらから解放することになるはずの精神分析の経験そのものによって表面化し再確認された。このように、エリクは、ジグムント・フロイトとアンナ・フロイトのウィーンで過ごした日々が相反するものであったと見なしていた。それは解放の日々であると同時に、消耗の日々でもあった。

エリクの手紙を受け取ってまもなく、アイヒホルンは一通の返信を書き送った。冷厳な文面の手厳しい手紙で、二人の間に分析する側とされる側という関係が続いている場合だったら効果的であったかもしれないが、遠く離れたエリクとアイヒホルンの間では、年若い相手をいっそう不安定にしただろう。アイヒホルンは、エリクは精神分析の訓練で学び取ったことを用いて自分の行為を「赦免」しようとしているのだと軽蔑を顕わにし、「意識して……〔精神分析の〕助けを拒否し、他者が見るような目でもう一度人生を見直したほうがよいでしょう」と忠告している。精神分析を踏まえた説明は、エリクに自分を欺くことを許し、いわゆるアイヒホルンへの裏切り行為について自分を「赦免」することを容認したのだ。エリクは、将来の別の機会に別の裏切りを正当化するためにまた精神分析を持ち出すかもしれない、彼に必要なのは、〔あなた〕自身のモチベーションを疑いの目で見ること」なのだ、「自己愛の傾向が顕著な」エリクは「この自分自身への不信を再確立する」必要があるのだ。新しい人間関係をもつたびに、自分が私利から「自己愛による満足」を求めているのか、それとも相互信頼と共感に根ざす「真の関係性」を追求しているのかを、自分のうちに問うようアイヒホルンは強く諭し、自分のモチベーションを「信頼しない」ようにすれば「他者の状況について考えることを余儀なくされるでしょう……そうすれば、誰かを『裏切る』ことになるのを避けられるでしょう」と記したのだった。このような姿勢で臨めば、エリクは個人的関係を築きながら「それに失敗する」というパターンをなくすことができるだろうというのが、アイヒホルンの助言であった[95]。

アイヒホルンからの返事にエリク・ホンブルガーは深く傷つき苦しんだ。心から尊敬の気持ちを抱いていたベテランの分析家から「自己愛的」というレッテルを貼られたのだ。アイヒホルンは、エリクは自分の分析的洞察力を自分の行為を理解するよりもむしろ赦免するために使っていると非難し、実の父親の裏切りを乱用

(まさに様式化)していると暗黙のうちに強く指摘していた。最悪だったのは、活力ある自己性《セルフフッド》と「わたし(I)」という感覚とはつまり、「他者」との間に思いやりを抱きあう関係を築くことであるとする若者に対するアイヒホルンの応答だった。おまえは私利追求に走ったために相互信頼にもとづく「真の関係」を築き上げられないのだ。このアイヒホルンの責めの言葉は、エリクにさまざまな思いをかきたてた。かつてペーター・ブロスが支えてくれたように、自分はペーターを支えたか。ウィーンを離れ、戻ってきてほしいというアンナ・フロイトを無視したことは、アイヒホルンにとっても友人である彼女に対する「裏切り」だったのだろうか。きっと、子どものころの両親の信頼の瓦解を超えるには、人生に相互の信頼と思いやりにもとづいた「真の関係」を築き上げなければならないだろう。願わくば、ジョアンとの結婚がその出発点になってくれますように。

深く傷ついたエリクは、アメリカへの船出を前にアイヒホルンの手紙に短い返事を書いた。最初の手紙とは違って、この返事は外交的な配慮はされているが、きっぱりとした力強い文章でつづられており、自分の人生の舵をとることができるというエリクの思いが伝わってくる。エリクの動機が自己愛の兆候ではないかというアイヒホルンのアドバイスを虚心に受け止めたと述べ、続けて「実際に行動に移すことがとても難しいのは、あなたご自身もおわかりだと思います」と付け加えている。このように書き加えることで、アイヒホルンも同じ自己愛の性向があるとほのめかしたのだ。次に、最初の手紙には、アイヒホルンへの「裏切り」について弁解するために精神分析の解釈を持ち出したかもしれないが、アイヒホルンも同じように、エリクの弁解を拒絶するために(そうではないという振りをしながら)精神分析を持ち出していると指摘し、「あなたがなんとおっしゃろうと、あなたは現実に私の分析を続けてくださり、同時に何でも精神分析を当てはめたがる私の気持ちを鎮めてくださったのでした」と記している。そして、このような手紙のやりとりは不必要だったという指摘がアイヒホルンの本心だとしたら、「残念ですが、あなたのおっしゃるとおりだと認めざるを得ません」と同意の言葉を記している。そもそも、アイヒホルンに手紙を書くべきではなかったと思ったのであった[96]。

この二通のアイヒホルン宛の手紙は非常に対照的で、ここにもエリクのウィーンでの経験の両面性が表われているといえよう。最初の手紙では、エリクは、自分の過去と子ども時代のトラウマをアイヒホルンに打ち明け、精神分析の訓練は確かに新しい洞察や方法をもたらしてくれたが、状況や事象に対する受動的姿勢と一種の無力感を残したのではないだろうかとほのめかしている。二通目は、力と理知にあふれる短い反論で、自分自身をアイヒホルンと同等の存在だと思っており、ウィーンの経験で「内面がたくましくなった」と自負していることが明らかな若者の筆致が色濃く出ている[97]。

アイヒホルンは、エリクの最初の手紙に対する返事のなかで、あなたは人生の一つの章を終え、今は新しい章に向かって歩み始めたところなのだと述べている。エリクの復信は、その指摘を地でゆくものだった。アイヒホルンも復信の文面にあふれる力強さを感じとり、人生の新しい章を始めたエリクにとって「私についての思い出はけっして楽しいものとはならないだろう」と思った。

そして、エリクについての自分の判断は間違っていたのであろうかと自問したのであった。数年後、アイヒホルンはペーター・ブロスに、アメリカで「彼〔エリク〕の人生はうまくいっているでしょうか」と消息を問うている[98]。

第3章
「アメリカ人の制作」――ホンブルガーからエリクソンへ（一九三三年―三九年）

一九〇一年、政治スキャンダル専門のジャーナリスト兼写真家であり、都市の貧困の光景と喧噪に立ち向かった闘士、ジェイコブ・A・リイスが、『アメリカ人の制作』を出版した。これはヨーロッパからアメリカに渡った移民による伝記として、広く知られた初めての作品の一つとなった。リイスは、愛するふるさと、デンマーク北部海岸のリベを離れ、無一文でアメリカに到着したようすを描いた。そのメインテーマは、ホレイショー・アルジャー〔訳注　成功は独立心と勤勉によって得られると説いたアメリカの十九世紀の聖職者・児童物語作家〕の物語と同じく、勤勉と忍耐とチャンスを活かす努力によっていかに自分の人生が成功したかということだった。リイスは、こうしたものの見方や彼のカメラから生み出される迫真の写真のおかげで、講師として、社会改革家として、そしてセオドア・ルーズベルト大統領の個人的な友人として、アメリカの著名人になった。

もう一人のデンマーク移民、エリク・ホンブルガーは、一九三三年秋、アメリカに向けてコペンハーゲンを旅立った。後になって、彼は、自分より数年後にヨーロッパのファシズムを逃れてニューヨークにやってきた「亡命」知識人（主にユダヤ人）と「アメリカ移住者としての自分の立場」とを区別した。エリクはリイスと同じく、新しい国の言語と文化に身を浸した。そして、その努力は十分に報われるものであることを悟った。おそらくボストン初の児童分析家になったエリクは、偶然の出会いや好機を活かして、まずハーバードで、続いてイェールで職を得た。多くの移民にならって名前を変え、すぐに腕のいいセラピスト、思慮深い知識人として知られるようになった。精神分析家である彼は、この移民の国の文化のなかに、ポール・フェダーンの唱える自我境界の概念を超えたところに自分の目を向けさせる何ものかがあることに気づいた。そして、この視点から、アイデンティティとアイデンティティの危機という概念を発展させた。アイデンティティとは、「祖国を離れ、移住し、アメリカ人になるという経験に自然に根ざしている」ように思われる一つの現象だった。彼が人間の発達の主要素としてアイデンティティの概念を練り上げてゆくと、アメリカの知識階級における彼の知名度は、かつてのリイスに匹敵するほどになった[1]。

　しかし、アメリカでの最初の数年におけるエリク・ホンブルガーの人生には、暗い面もあった。アメリカにやってきたときまだ三十一歳だったにもかかわらず、すでに移住は初めての経験ではなかった。エリクの母は、彼が嫡出子ではなかったために、コペンハーゲンの家族の元を離れてフランクフルトの郊外で彼を産んだ。母と息子は、カールスルーエに移り住み、養父とともにドイツ市民として暮らした。二十五歳で、母と養父とドイツを後にし、フロイトのいるウィーンに移った。この街で専門的な訓練を受けた六年間には、九回も住まいを変えた。そして、一九三三年、カナダ人の父とアメリカ人の母をもつ妻、それに幼い二人の子どもたちとともに再び居を移した。今度の行き先はコペンハーゲンだった。その地でデンマークの市民権を得ようとしたが、願いはかなえられなかった。そこでアメリカに渡ったが、この国でも頻繁に引っ越しを繰り返し、何度も大陸を横断した。このように、渡米の前を含め、ある土地に生やした根を引き抜いては別の土地に落ち着くというプロセスがたえまなく繰り返されたため、「いつも、到着や出立、生活を変えたり腰を落ち着けるとはどのように感じられるものかについて書く」ことになったのだった。「以前にも国籍を変えたことがあった」エリクは、アメリカでも、「自分がなじんできた風景や言語」、また「概念的なイメージの基礎となっている」その他すべての子ども時代の「知覚的、感覚的な印象を失った者がしなければならない、非常に重要な再定義の一つ」を追求し続けた[2]。

　この頻繁な根こぎ《アップルーティング》には、エリクの父を知らないという苦悩がつきまとっていた。それはエリクに自分が不完全であると感じさせ、コミュニティや国籍という感覚をもたせず、足のおもむくままに移動できる自由さと、つねに動き続けずにはいられない不安定さを与えた。ウィーンからデンマークへ、そしてアメリカへという移動は、実の父がたどったであろうと彼が想像する足跡に一致している。後にエリクは、「私を家族、国、宗教、職業の上で周辺的存在にしたのは、私の人生史《ライフヒストリー》なのです」と述べた。明確な自分の境界をもたない周辺的存在という、苦しく、ときに悲しい感覚が「移民のイデオロギーに安らぎをおぼえる下地となり」、彼にアイデンティティとアイデンティティの危機という概念について考えさせる一つの要素となった。エリクは最終的にアメリカの暮らしを心地よく感じるようになったが、そこまでの道のりは、ジェイコブ・リイスが『アメリカ人の制作』に描いた武勇伝とは異なっていた。アメリカの文化は、エリクにとって、ヨーロッパでの過去にかかわるもっとも苦しい感情や問題を増幅させたように思われるからである。一九三九年にエリク・ホンブルガーが正式にアメリカ市民、エリク・エリクソンになったときにも、過去は現在のなかに顔を出し続けたのだった[3]。

短いデンマークでの暮らし

一九三三年五月にナチスがフロイトや他の人々の著作を燃やしたとき、少数のユダヤ人の精神分析家はドイツを離れたが、オーストリアで暮らしていた大多数の分析家はまだ危険を感じなかった。しかし、エリクとジョアンは違った。「私たちはナチスがやがてウィーンにやってくると確信していました……」とエリクは回想している。二人は、オーストリアの運命はドイツから切り離すことができないと考えており、テオドール・ホンブルガーがエリクを養子にし、エリクがジョアンと結婚したために、二人が法的にドイツ市民であることが重いくびきになると感じていた。ジョアンは、ドイツやオーストリアの旗の下で子どもを育てたくなかった。二人はすぐにもウィーンを離れるべきだと感じたため、教育分析家となるために必要な規定症例の確保も延期することにした[4]。

一九三〇年代が進むにつれ、異父妹のエレンや両親をはじめ、ドイツのユダヤ人の多くがハイファを定住の場所に選ぶようになったが、エリクたちはハイファに移住しようとは考えなかった。エリクが強く望んだ地はデンマークだった。後に当時を回想したエリクは、ユダヤ人であることにはあまり触れず、「デンマーク人として生まれたのだから、デンマークに戻ったのです」と語っている。エリクは国際精神分析学会の会員だったため、コペンハーゲンに精神分析学会を設立しようとするギリシアの皇女、マリー・ボナパルトを手助けする正式な分析家としての資格をもっていた。ジョアンは、母親が暮らし、自分も学生時代を過ごしたアメリカに夫とともに戻りたかったが、エリクにとってデンマーク人としての自分の過去について知ることやデンマークの市民権を取り戻すことがいかに重要であるか理解していた。コペンハーゲンに住むアブラハムセン家の親類たちが若いカップルに援助を申し出ていたし、エリクは文化的にも教養の面でもヨーロッパ人であった。当時の彼の考えや熱望にとって、アメリカは周辺でしかなかった[5]。

オーストリアとドイツから離れることを二人がいかに重く見ていたかは、彼らがとったルートにはっきりと表われている。生後数ヵ月のジョンとよちよち歩きのカイを連れていたにもかかわらず、彼らはドイツを迂回する遠回りのルートを選んだ。鉄道でポーランドを縦断し、ポーランド回廊をグダニスクまで北上した。グダニスクで、コペンハーゲン行きの乗り心地の悪い家畜運搬船に乗った。直接ドイツを縦断する列車で進めばもっと速く、安く、快適だったはずだ。しかし、エリクもジョアンも、二人がドイツ国籍をもち、エリクがユダヤ人であることから、ドイツを通らないほうが安全だと感じた。ウィーンの精神分析界の仲間たちは、ホンブルガー夫妻のドイツの状況の読みは偏執病的とまでは言わなくとも見当違いだと考えたが、エリクとジョアンは、のちに出国したユダヤ人たちと同じく、ナチスを避けるよう注意深く計画してルートをとったのだった[6]。

コペンハーゲンでは、エリクの母親の世代が急速に減りつつあった。母カーラの兄、アクセルは数年前に亡くなり、その未亡人とニコライの未亡人が残されていた。アイナーも存命だったが、体が弱っていた。エリクが親近感をもっていたのは主に彼の世代のいとこたち、すなわちアクセルの子ども(ヘニーとスヴェンド)と、ニコライの子ども(ポヴルとエディス)だった。彼らが手配してくれたおかげで、ホンブルガー一家の四人はとりあえず市内の賄い付き下宿に滞在することができた。しかし、彼らの収入はアメリカに住むジョアンの母親からのわずかな援助(一ヵ月およそ三百クローネ)だけだったため、コペンハーゲンの郊外南部にある小さな安い借家に移った。カイもジョンもまだ街まで歩くことができなかったが、エリクが就労許可を得て、精神分析家として仕事を始めることができるようになるまで、一家は手持ちの乏しい金銭でなんとか生き延びなければならなかった。彼らは隣近所の人々との意志疎通にも苦労した。エリクはデンマーク語をうまく操ることができず、ジョアンはドイツ語と英語しか話せなかったからである[7]。

ホンブルガー一家はなんとかやりくりして――特にジョアンの母親が訪ねてきたときに――少々コペンハーゲンの観光にも出かけた。マリー・ボナパルトは彼らを友達に紹介し、エリクたちがくつろげるように努力してくれた。エリクはそうした機会に実の父親の身元を調べてみたが、ほとんど何もわからなかった。年かさの親類たちは、エリクの出生について黙っていてほしいというテオドールの希望を尊重し、子どもたちにも沈黙を約束させていた。いずれにしても、いとこたちは信頼にたる情報をもっていなかった。ただ、エリクが彼らに知っていることを明かすよう無理強いしなかったことは意味深い。また、詳細なデンマークの公記録に手がかりを求めようともしなかった。エリクは、父親が誰かはわからないが、おそらく芸術家肌のデンマーク貴族であり、何年も前にコペンハーゲンを去ってアメリカに渡ったに違いないと考えていた。彼はこの物語に慰めを見いだしていたように思われる[8]。

一九三三年は、デンマークで精神分析の開業許可を得るのに向いた年ではなかった。一般にデンマークの精神分析家たちは、いかがわしい偽医者とみなされがちだった。なかでも、指導者格の精神分析家であったシーガード・ネスガードは、医師仲間からの評判が悪かった。特に、ほとんどどんな病気の治療にも精神分析を薦めるようになってからは、すっかり信頼をなくしていた。ホンブルガー一家がコペンハーゲンに到着してまもないころ、彼はイェーノ・ハーニクが行なった精神分析の公開講座に出席した。フロイトから「紛れもない偏執症」と評されたハーニクは、何時間もとりとめなくしゃべり続けた。しまいにはとうとう演壇から無理矢理引きずり降ろされ、地元の病院の精神病棟へ送られた。また、このハーニク事件の数ヵ月前、マルクス主義の精神分析家、ウィルヘルム・ライヒがドイツから移住してきたのだが、コペンハーゲンで最初の患者の一人が自殺をはかったとき、ライヒも手厳しい批判にさらされることになった。彼の左翼的な政治活動と性的エネルギーの強調に反感をもったデンマークの精神分析家たちとマスコミは、彼の短期ビザの更新拒否を求める陳情を行なった。この騒ぎのさなか、エリクはある海岸でライヒに出会ったことがある。ライヒは、「星のまわりに見えるのと同じ青っぽい光が、愛を交わしているカップルの間を行き交う」のが見えると主張した。精神分析のクリニックを開設する許可も就労許可も得られなかったライヒは、一九三三年の終わりごろ、スウェーデンに移住した。こうした出来事は、デンマークに精神分析学会を設立しようとするマリー・ボナパルトの努力を妨げた。皇族という彼女の地位も、フロイトの「私のもっとも優れた生徒の一人」という賞賛も、役には立たなかった[9]。

エリク・ホンブルガーは、六ヵ月の短期滞在許可しか発給してもらえず、有給の職を探すことも認められなかった。彼が期待していたのは、滞在許可を延長して七年間デンマークで暮らし、ドイツ市民の養子になったときに失ったデンマークの市民権を回復することだった。しかし、さしあたり、家族を養うために就労の禁止を取り消してもらわなければならなかった。根本にある問題は、ドイツのユダヤ人やその他の非主流派の人々をデンマークへと駆り立てている右翼の新しい脅威をデンマーク政府が理解していないということだった。アブラハムセン家の人々は、エリクがコペンハーゲンで仕事を見つけて俸給を得ることができるように、地元のユダヤ人社会のリーダーであり非常に著名な弁護士であるC・B・ヘンリケに助力を依頼した。ヘンリケはエリクの代理人として司法省に出向き、ホンブルガー家全員の長期居住許可証とエリクの就労許可を出してほしいと訴えた[10]。

ヘンリケが司法省に提出した書類からはいろいろなことが読みとれる。アクセルの息子でヘンリケの事務所の若い弁護士だったスヴェンドは、ヘンリケに家族の情報を提供した。ヘンリケは、エリクの両親、カーラ・アブラハムセンとヴァルデマール・サロモンセン（後に死亡）がどちらもデンマークの市民であったことを強調した。彼は、サロモンセンがエリクの実の父親ではないという事実は隠して、カーラがドイツに移住してサロモンセンがアメリカに渡った後にエリクが生まれたこと、したがって幼いエリクはデンマークの市民だったこと、そしてカーラがテオドールと結婚したためにエリク・ホンブルガーとして「ドイツに帰化した」ことを書きつづった。しかも、エリクはドイツに「特別な愛着をもったことがなく」、むしろコペンハーゲンの「富裕な親戚」と強い絆を保っており、親類たちも金銭面でエリクを援助する用意があるとヘンリケは力説した。さらに、アメリカに住むジョアンの母親がすでに経済的な援助をしており、精神分析の訓練を受けたエリクは教職に就くことも可能だと記した。そして、エリクが受けた訓練は「純粋に科学的なもの」であって、「政治的な色合いを帯びたもの」ではないと主張した[11]。

スヴェンドの努力により、ヘンリケはアブラハムセンの親類や友人からの身元保証状も提出した。これらの書類には、エリクの血筋がデンマーク人であり、また彼の関心が政治的なものではなく科学的なものであると力説されていた。マリー・ボナパルトからも保証状が出された。エリクの伯父のアイナーは、エリクの両親がデンマーク人であることを宣誓した。しかし、デンマーク人の両親のうち生き残っているのが女親であるというのは法的に不利であった。それを埋め合わせるため、アイナーは、エリクとその家族がユダヤ人であり、ドイツとオーストリアのユダヤ人は苦境に追い込まれていることから、デンマークでの定住が認められるべきだと主張した。加えて、自分がかなり裕福であることを詳細に説明し、エリクの収入が不十分ならばアブラハムセン一族の全員が喜んでホンブルガー家を支援するつもりがあることを強調した[12]。

ヘンリケとスヴェンド・アブラハムセンは、エリク・ホンブルガーをコペンハーゲンのアブラハムセン一族の人間とみなし、しばらく外国に暮らしてはいたもののデンマークの家族の元に戻る資格をもつ人間であると記した裏付け書類も作成した。こうして文書にまとめられたヘンリケの訴えは、司法省に助言を行なう国家保健委員会の元に回された。委員会はこの件を「いわゆる精神分析家」の問題に分類した。これがホンブルガー家の運命を決した。醜聞だらけの精神分析家の一員であるということが、尊敬される傑出したデンマークの旧家の一員であるという事実に勝ったのだった。委員会は、ヘンリケの訴えを認めないようにと助言した。委員会の意見を受け入れた司法省のある役人は、エリク・ホンブルガーがドイツ市民権をもっているということが精神分析家という職業と同じくらい彼にとって不利になったとヘンリケにほのめかした。さらに司法省は、コペンハーゲン大学に対しても、ホンブルガーをデンマークで教職に就かせることはできないと通知した[13]。

デンマークで一、二を争うほど著名で有能な弁護士の助力と、同じく一、二を争うほど名高いユダヤ人旧家の支援を頼みにしていたエリクは、自分の訴えが認められるだろうと考えていた。それゆえ、司法省に却下されたのはショックだった。彼は、その後もずっと、「デンマークの市民権を取り戻すことができなかったために」、自分の夢と希望がいかに無残に打ち砕かれたかを忘れなかった。悲しみと、そしておそらくは自尊心を傷つけられたという思いのなかで、この国を離れることにした[14]。

エリクとジョアンは、一日か二日で対応を決めた。まだオーストリアでのヒトラーの意図を甘く見ていたアンナ・フロイトなどの人々はウィーンに戻るように勧めてくれたが、二人はこの申し出を本気で考慮しはしなかった。彼らはアメリカを目指すことにした。実のところ、エリクは、「自分を捨てた〔実の〕父親をアメリカで見つけることができるかもしれない」という頭から離れない希望をアウグスト・アイヒホルンに打ち明けていた。フロイトの内部サークルの著名メンバーでボストンで開業しているハンス・ザックスとしばらく前にウィーンで偶然に会ったことも、アメリカに向かわせた一因だった。ザックスは、ボストンは児童分析家を緊急に必要としていると力説し、エリクがアメリカに移住するときには地歩を固めることができるよう手助けすると約束していた[15]。

デンマークの司法省がエリクの請願を却下したとき、ジョアンはザックスのこの申し出のことを持ち出した。それから、その他の実際的な点も強調した。ボストンに住むジョアンの母、メアリー・サーソンは、彼らがマサチューセッツの州都に移ってくるならば自分が身元保証人になり、経済的な支援も約束するとしきりに言ってくれていた。彼女は、移住がすんなりとできるようにアメリカの移民局にかけあうことさえ約束していた。ジョアンがヨーロッパに移る前にアメリカに住んでいたことも、あまり待たされることなく夫とともにアメリカに戻ることができるだろうという見込みを高める要因だった。自分の主張を支持するこうした確かな要素があり、他には選択肢が考えられなかったため、ジョアンはアメリカへの移住を強く主張した。彼女はウィーンにいるときでさえアメリカに移りたいと考えていたし、ウィーンでフロイトのサークルのなかにいたときと同じく、デンマークの精神分析家たちのなかでも居心地が悪かった。だからジョアンは、デンマークの当局がエリクの訴えを退けたとき、心のどこかでほっとしていた。これでアメリカ以外に実際的な選択肢はなくなった。エリクは、デンマークという自分の根《ルーツ》を育めないことを残念に思いながらも、ジョアンが「自分たちをアメリカに連れて行く決心をした」ことを知り、不本意ながらもそれに従うことにしたのだった[16]。

アメリカへの移住

メアリー・サーソンは、家族四人のために移住ビザを取得した。カイは二歳、ジョンは八ヵ月、エリクとジョアンは三十代の初めだった。エリクの下の異父妹、エレンは、少し前にカールスルーエからパレスチナに移住していたが、エリクたちと別れを告げるためにコペンハーゲンにやってきた。ニューヨーク行きの汽船スカンメイル号で十三日の船旅に出発する直前、アメリカの移民局の職員がまったくの手違いから、エリクは重い病気でデンマークを離れることができないと決定するハプニングがあった。結局、当局は決定を変更してくれたのだが、エリクもジョアンもひどく心配させられたのだった[17]。

ずっと後になって、エリクは孫のパー・ブロランドのために、この航海のことを短い旅行記にまとめている。そこには、「コペンハーゲンで親類たちを訪れてから」、スカンメイル号に乗ったと記されており、デンマークの市民権を回復する努力が成功しなかった失意については述べられていない。ひどい嵐と高波に揺れ続けたこの旅は苦しいものだった。エリクはカイを抱いて、船のあちこちを見せて回った。船酔いをした兄や両親と違って、ジョンはスカンメイル号のたえまない揺れを喜び、「起きている時間のほとんどを笑ったり、のどを鳴らしたりしていた」。船が自由の女神を通過したとき、エリクは、「その像やビルや、その他すべてのものの大きさ」に圧倒された。「上陸すると、今度は車に驚かされた。初めて目にするアメリカの光景は少しばかり恐ろしくもあったが、魅力的で、私たちを力づけてくれもした」[18]。

この旅行記のなかで、エリク・ホンブルガーは、英語を話す国で家族を養っていかなければならない不安——「私の知っている英語の単語は百語くらいだった」——を表明している。彼は新しい言語で読んだり書いたりするよう努力したが、それを完全にマスターし、細かいニュアンスまで理解できるようになるには年をとりすぎているのではないかと心配だった。しかし、まもなく、自分が語学に向いた耳をもっていることに気づいた。それに、ジョアンが「大いに手助けをしてくれた」。エリクは後に、「おまえも知ってるとおり、ジョアンは物事の説明がとてもうまいからね」と孫に語っている。彼女は英語を読むときにも、アメリカ人に話しかけるときにも、エリクに力を貸した。加えて、ありがたいことにアメリカ人は英語に熟達していない「移民に対して、信じられないほど辛抱強かった」[19]。

そのようなアメリカ人の一人に、スカンメイル号で出会ったジョージ・ケナンがいた。ケナン夫妻はホンブルガー一家の隣の船室で旅していた。ラトビアのリガでアメリカ公使館員を務め、ドイツ語を流暢に話し、後にアメリカの外交政策立案の立て役者の一人となるケナンは、エリクが「出会った初めてのアメリカ人」だった。ヒトラーにひどく不安を感じていたエリクは、まだウィーンにいるうちに、このナチスの指導者の何がドイツの若者の心を惹きつけるのかを分析する小論を書き始めていた。ケナンは、スカンメイル号のデッキでエリクがその小論を書いているのに気づき、エリクに頼んでそれを読ませてもらった。そして、その論考の深さと緻密さに強い感銘を受けたケナンは、アメリカ人の読者のために「翻訳すべきです。一緒に訳しましょう」とエリクに言った。二人はそれからニューヨークに到着するまで翻訳に取り組んだ。それは本質的に、アメリカの外交官による英語の指導だった。また、彼らはドイツの歴史と文化について、特にドイツの若者が父親に対して感じるおそれと侮蔑について、活発な議論を楽しんだ。ヒトラーは、危険なほどに「社会規範から外れて」はいるが、ドイツの父親に代わる、魅力的なリーダーシップを見せているようだと話し合った。ここで行なわれた考察が後に『子ども期と社会』のもっとも重要な論考の一つとなった。ケナンの助力と励ましにより、エリクは、教養ある洗練されたアメリカ人に対してヨーロッパにおける自分の経験を伝えることができると確信することができた。二人はその後、一九五〇年に『子ども期と社会』が出版されるまで連絡を取り合うことはなかったが、この本が出版されたとき、ケナンは「文章がすばらしく、的確に論じられている」と評する手紙を送った。そして、「船上での二人の話し合いをとてもよく」憶えており、自分たちの会話がヒトラーに関するエリクの評論に役立ったばかりか、「この新しい〔アメリカの〕環境を理解する一助になった」のがとても嬉しいと書いた。ケナンは、スカンメイル号での話し合いのなかで、ドイツの歴史や文化と異なるアメリカというものについて、エリクになんらかの洞察を与えていたことに気づいたのである。このようにドイツという背景に立ってアメリカの特性を描き出すという視点は、その後エリクが新しい祖国について研究し著述していくなかでも、重要なものとして維持された[20]。

エリクは、驚くほど率直な言葉で、アメリカ到着を回想している。「私たちの船が冷然と競い合うニューヨークのスカイラインを初めて目にした瞬間のことを私はけっして忘れない。この眺めは、過去ばかりを振り返るのではなく、自分が外国で生き延びることになったという事実を受け入れるという意味で、そしてこの国で家族みんなで生き延びていくのだと決心を固めるという意味で、多かれ少なかれ移民の心に生き残りへの意志を呼び起こす」。アメリカで生き残ろうとする努力は、「初めは視野を狭めさせ、不運な人々やつらい立場にある人々に共感する能力を弱める」と記している。エリス島では、カールスルーエ時代の友人、オスカー・ストノロフが一家を出迎えてくれた。ストノロフはニューヨークの街を案内してから、フィラデルフィアの自宅に四人を連れて帰った。そして彼らは、最終的な目的地であるボストンへ向かうまでの短い間をそこで過ごした。ペーター・ブロスも、エリクがペーターの両親の家に置いてきた古い木版画を携えて、一家に会いに来た。アメリカに到着した直後のこうしたハネムーンのような日々、エリクは、わくわくし、希望と野心に満ち、アメリカの欠点はほとんどまったく目に入らなかった。後に、「移民として歓迎されているさなかには、周囲に目を配って、アメリカはどのような外国人を受け入れないのか――そして国内にいるどのような人間を新しくやってきた移民たちよりも低いレベルに落としておこうとしているのかと尋ねることなどできないものだ」と述べている[21]。

自分たちが後にして来たヨーロッパの社会に批判的だったオットー・フェニケル、ジークフリート・ベルンフェルト、エーリッヒ・フロムなどの亡命精神分析家と同じく、初めエリク・ホンブルガーはこの新しい故郷をほめそやした。実際、彼は、フランクリン・ルーズベルトとニューディール時代のアメリカに惚れ込んでしまった。「この国の大恐慌など、ウィーンに比べれば裕福そのものだ」と感じた。アメリカは品物や住宅が豊かだったばかりか、精神的にもさらに豊かだった。就任したばかりの大統領は、すべての人を歌い出したいような気分にした。エリクは、「再び幸せな日々がやってきた。空は青く、澄んでいる」と記している。下肢が不自由ではあっても「とても陽気な大統領」であったルーズベルトの身辺には、遊び心が顔を出すゆとりと心身の躍動感が漂い、車椅子を使いながらも「いつもぴんと背筋を伸ばしていた」。彼の楽観的な声と振る舞いは、国のムードを高め、人々の心を高揚させるのに一役買っていた。ルーズベルトと初期のニューディール政策の活気と熱気を思い出すとき、エリクは陶酔にも似た幸福感を味わったものだった[22]。

一九三三年の秋にエリク・ホンブルガーが到着したときにはまだ、激しさを増すホロコーストから命からがら逃れてきた難民ではなく、自分の運命について自分で意味のある選択をする移民であることが可能だと感じられた。デンマークの当局はエリクにこの選択の自由を与えてくれなかった。エリクがヨーロッパを後にしたのは、「私のような生い立ちをもつ者〔ユダヤ人〕が自分の意志で国を離れることができた最後の時期」であった。ジェイコブ・リイスが何十年も前に書いたのと同じく、エリクにとって、「アメリカはまだ自由や夢を意味していた。アメリカは『いらっしゃい。あなたを手助けしてあげますよ。来てくれて嬉しいですよ』と言ってくれる国だった」。実際、エリクは、心から「ようこそ」と言ってくれた移民局の係員のことをしばしば口にしている。その言葉には、後にただ生き延びるだけのために中央ヨーロッパから逃れてきた多くのユダヤ人難民の場合とは異なり、移住者として「自ら望んでこの国に来てくれたんですね」という気持ちがこめられていたのである。エリクは、リイスのころと変わらず移民を快く受け入れる伝統が残っている時代に――ナチスのユダヤ人虐殺が移住の意味を変えてしまい、とびきり「無邪気な」アメリカ人の「ようこそ」という言葉をすっかり変化させてしまう前に――アメリカにやって来てよかったと感じた[23]。

とはいえ、アメリカでの最初の数週間には不安もあった。エリクは、ヨーロッパにおける過去との「断絶」が少々きしみを立てているのに気づいた。日々の生活の光景や音やリズムが違っていた。言語は大きな問題であり続けた。友達に会えないことを寂しく思い、まだカールスルーエにいる母と養父のことを心配した。(幸いなことに両親は、一九三五年にパレスチナに移住することができた。)もう一つ失われたものは、医者ではない分析家が精神分析を行なうというフロイトが公認した伝統である。仕事の見通しも立たず、「まったく期待がもてない」状態だった。しかしながら、エリクは、ヘレーネ・ドイッチュと同じく、亡命したヨーロッパの分析家がどっと押し寄せる前にアメリカに着いた。だから、エイブラハム・ブリルのニューヨークの事務所におもむいたとき、自分が受けてきた精神分析の訓練が大いに役に立つはずだと思っていた。国際精神分析学会副会長のブリルは、ヨーロッパからやってきた分析家たちの仕事の斡旋に重要な役割を果たしていた。エリクは、ニューヨークかできればボストンで開業するのに手を貸してほしいと頼んだが、ブリルは見下すような態度をとり、セントルイスなど、患者があまり多いとは思われない辺鄙な場所を勧めた。後にブリルは、イギリスの著名な精神分析家、アーネスト・ジョーンズに手紙を書き、ホンブルガーに「さほど強い印象を受けなかった」と述べている[24]。

エリクはブリルの冷たいあしらいを「深刻には受け止めなかった」と言い張った。しかし、ブリルの拒絶と英語の不自由さと海外にいる家族や友人への心配が重なりあったこの時期、彼はつらい思いを味わった。ルーズベルト大統領のアメリカに希望と活気を感じながらも、ときどきみじめに感じた。それは、後に彼が「アイデンティティの危機」と呼ぶことになる不安定な感覚だった。移民の場合、この危機は青年期のずっと後まで続くことがある。実際、このときのエリクの精神状態は、「新しい国になじむためにそれまでの国のアイデンティティを手放す」移民の情動状態そのものだったように思われる。また、国内で大恐慌に直面し、国外でも危険な右翼の動きに脅かされるアメリカ全体の不安な気分も反映していたのだろう。後にエリクが語っているように、アイデンティティの危機という概念がアメリカで築き上げられるのは、ほとんど必然だったのである[25]。

一家はニューヨーク＝フィラデルフィア地域からボストンに移ることになった。ジョアンの母親が住まいの手配をし、エリクが職に就くまで金銭的な援助をしてくれた。彼は、ハンス・ザックスがボストンには子どもの精神分析家がぜひとも必要だと請け合い、ボストンの精神分析界に仲間入りできるよう後押しすると約束してくれたことを忘れていなかった。しかし、ザックスは、エリクがボストンにやってくることを同業者たちに伝えていなかった。英語を流暢にしゃべる力も、専門的な学位も、地元のつても持っていなかったエリクは、不安にいらだち、いくらか自棄的にもなった。本当に「ゼロから出発しなければならなかった」のである。彼は、懸命になって、仕事を与えてくれるかもしれない重要な人々に会った。そのときには「自分のことにかかりきりだったので」、当時のボストンの医学界全体を見渡すことなどできなかったと後に回顧している。ザックスは一家を夕食に招待した。それはホンブルガー夫妻にとって、アメリカで初めての重要な社交の場になった。その席で、彼らはウィリアム・ヒーリーと会った。ヒーリーは、有名な社会改革家であるとともに、問題を抱える子どものための施設、ジャッジ・ベーカー・クリニックの所長だった。外交的な如才なさをもつエリクは、ヒーリーが自分の役に立ってくれそうだと思ったが、自分から頼みごとはしなかった。代わりに、ウィーンでの児童精神分析の訓練について快活にしゃべった。それが功を奏したのだろう、夕食会がお開きになるまでには、ヒーリーのクリニックで働く見込みについて話し合いに来るよう誘われていた。しばらく後、マサチューセッツ総合病院の有力者、スタンレー・コブがホンブルガー一家を夕食に招待した。このときも、エリクの愛敬と計算された慎み深さのおかげで、コブのオフィスに招かれることになった。さらに彼は、アメリカの精神分析のパイオニアであるジェームズ・ジャクソン・パットナムの娘、アーマリータ・パットナムと知り合いになった。彼女は、一九三三年の終わりまでに、カールスルーエからウィーンを経てアメリカにやってきたこの若い精神分析家について、ボストン中の精神分析界と医学界に触れ回っていた。フロイトをよく知っていたミス・パットナムは、エリクが非常に有能な精神分析家としての資格をもっていると明言した。エリクは、ようやくボストンで仕事のチャンスが実現したのはミス・パットナムが自分の力を保証してくれたおかげだと感謝した。一年もしないうちに、講演の依頼も舞い込むようになった。たとえば、ウースター州立病院の主任心理学者、デイヴィッド・シャコウから、児童精神分析の研究の意味について同僚たちにセミナーをしてほしいと依頼された[26]。

エリクが働き口と講演の仕事を模索していた間、ジョアンは自分の仕事の野心を抑え、乏しい収入でやりくりしながら二人の幼い息子と夫の世話に専念した。一九三〇年代の多くの父親の例に漏れず、エリクは子育てに協力的ではなかった。しかし、子育てに無関心な他の大部分の父親たちとは異なり、エリクは自分の時間の多くを他人の子どもたちのケアに費やした。

ホンブルガー家の四人は、チャールズ川をはさんでケンブリッジ側にあるメモリアル・ドライブにアパートを見つけた。ジョアンにとって、そこは寂しく、気の滅入るような場所だった。買い物をするにも遠くまで歩かなければならなかった。特に、オートミールや無添加の無精白小麦パン、(夕食の主食だった)たっぷりのサラダ用の新鮮な野菜、おやつにする新鮮な果物など、健康的な食事に必要なものが近くでは手に入らなかった。彼女は牛肉の代わりに魚や鶏肉を使うことが多かった。ジョアンは、市場が近くて賑やかでもっと快適な住宅地で暮らしたかったため、アピアン・ウェイにある小さな家具付きの借家に引っ越す手はずを整えた。家賃を補うために、下宿人を一人置き、階下の居間をエリクの診療室にした。加えて、ケンブリッジにあるデューイ主義の児童教育施設、シェイディ・ヒル・スクールでリズム体操を教える非常勤の仕事も見つけた。彼女は、よく病気をする子どもたちの看病をし、何くれとなくエリクの世話を焼いた。エリクは買い物も料理も嫌いで、給仕してもらうのを好み、どうしても必要なときにいやいや台所の残り物を皿に盛り分けるだけだった。レストランに行けば、エリクの分までジョアンが注文した。彼女は本人以上にエリクの好みと栄養上の必要を知っていた[27]。

精神分析を受けにやってくるあらゆる年齢の患者たちが、エリク・ホンブルガーに初めての定期的な収入をもたらしてくれた。アピアン・ウェイの自宅のほかに、ボストンの高級街、マールボロ通りにも定評ある分析家たちと共同で診察室を設けた。彼は、紹介されて自分の元にやってきたすべての患者を受け入れた。その多くは子ども、青年、若者であったが、国籍はさまざまで、豊かな者も貧しい者もいた。エリクは初めから、治療者の中立性を強調する正統的な精神分析の方法から逸脱した。患者の家を訪れてその家族と一緒に食事をしたり、自分の家に招いて家族に会わせたりしたのである。それでも、ウィーンで受けた資格があったのに加えて、ボストン地域で初めての児童分析家の一人だったことから、そうした仕事のしかたの正統性が問題にされることもあまりなかった。それどころか、きわだって敏感で直感的なやり方で、すぐに人々に認められるようになった。ザックスも語っているように、子どもや若者に対する「直感的な洞察力」ゆえに、「ここボストンでかなり短期間に並はずれた声望を築くことができた」のだった。ボストン地域の小児科医や児童心理学者やソーシャルワーカーなどは、子ども、ときには青年の難しい症例に出会うと、エリクに助言を求めるようになった。幅広い作品に取り組んだ芸術家という経歴は「精神分析家の下地として最高の資格」とはいえないものだったが、「ボストンで分析家として道を切り開いていくことは可能だった。そして、彼はそれに成功したのだ」とフェリクス・ドイッチュは記している[28]。

精神分析家としてのエリクの名声は、ボストン精神分析協会の重要な会員であるジョン・テイラーの妹、マーサ・テイラーの治療に成功したことから始まった。マーサは子どものとき重度の失読症であったため、両親は彼女をケンブリッジの公立学校に入れず、十一歳になるまで家庭で教育した。ずば抜けて頭のよい彼女は、名門女子大のラドクリフを卒業して、ハーバード大学医学部の医学研究レポートの編集者になったが、家族力学に発する情緒的な問題を抱えていた。一九二〇年代半ばには、パリでオットー・ランクの精神分析を受けた。彼女は、自分独自の声を見つけて、本当の意味で自律的に行動したかったが、それは実現されなかった。代わりに、ランクは、著書の『発生心理学』を完成させる上でマーサの優秀さがいかに大きな力になったかをジョン・テイラーに話したのだった[29]。

一九三三年の後半になってもまだ深い悩みを抱えていたマーサは、兄の勧めに従い、ウィーンからやってきたアンナ・フロイトの元弟子で近頃ケンブリッジに開業した分析家を訪ねてみることにした。エリクの慎ましい借家はランクがパリに構えた瀟洒な診察室と対照的だった。治療費もかなり安かった。エリクは、分析の伝統を無視して、まず、分析を行なっているときに聞こえるだろう喧噪の源（すなわち彼の子どもたち）を知ることができるようにと、彼女を家族の夕食に招待した。彼女は、一年あまり毎日ホンブルガー家の居間兼診察室に通ってきた。この部屋は明るく、活気にあふれ、あちこちにおもちゃや本や植物が置いてあった。ランクの診察室と違ってここには特別な精神分析用の寝椅子がなく、座ったり横になったりできるふつうの家庭用の擦り切れたソファーが据えられていた。エリクはランクのように患者と距離を置いた他人行儀な態度をとらず、気取りのないくつろいだ雰囲気で患者に接した。たとえば、ジョアンが家にいないときには、中座して泣いている息子の世話をしに行ったり、飼い猫を外に出してやったり、食べ物を探してきたりした。マーサは、エリクによる自分の分析が具体的で「家庭的」だと感じた。ランクはマーサの特定の問題だけに焦点を当てたが、エリクは、家族の重い圧力と医学雑誌の編集の責任を抱えた自分の人生について語るように彼女を促した。彼は、英語の能力が不十分だったためだけではなく、分析する側とされる側の協力関係を築くために、ときどき、単語やセンテンスを詳しく説明したり、アメリカの習慣についてわかりやすく解説したりするようマーサに求めた。彼女のような患者から、エリクはアメリカの言語と習慣を学んだ。彼はときどきランダム配置の絵を見せて、その中で彼女の人生に関係があると思う一つを選んで解説するよう求めた。このようにして、彼女の情動的、社会的な強さを発見し、彼女と一緒にそれをつくっていった。分析が進むと、マーサは、自分が以前よりリラックスし、家族と仕事の圧力から離れて気晴らしにもっと目を向けるようになっていることに気づいた。何より大事なことに、彼女は、自分の必要とすることを親類たちや仕事の仲間たちに伝えられる十分な声《ヴォイス》をもつことができるようになって、自分が情動面で強くなったと感じたのだった。その後、マーサ・テイラーは、ボストン保育者養成学校、ラドクリフ大学、タフツ大学の児童プログラムを指揮するようになり、さらには身体・情緒的な障害をもつ子どもたちのための学校を開設している[30]。

　このマーサ・テイラーの分析において、エリクは、彼女が自分の発達と環境に根ざしたアイデンティティを見いだすのを手助けしようとしたようである。ただし、当時はまだ、「アイデンティティ」や「ライフサイクル」という用語を用いてはいなかった。それは、彼女のような患者の人生を理解しようとする努力のなかから生まれてきたのである。エリクの分析がオットー・ランクよりもずっと多くのことをジョン・テイラーの妹になし得たという評判は、ボストン精神分析協会のメンバーたちの間に急速に広まった。このマーサの分析の成功と、当時ウィーンにおける精神分析の訓練がもっていた威信が、医者ではない精神分析家を制限しようとする動きのなかでエリクが仕事を続けていくのに役立った。

　一九三〇年代、ボストン精神分析協会が公的なものに組織替えしていくなかで、全国的な流れに従って正会員は教育分析を修了した医師に限定されることとなった。エリクは二つの条件を満たしていなかった。しかし、ウィーン精神分析協会で正会員の地位を得ていたエリクには、自動的に国際精神分析学会の会員権が与えられていた。このため、アメリカ精神分析学会が導入しようとしていた、正会員となるには医学の学位を必要とするという条件の対象とならなかった。ただ、ボストンの協会については事情が別だった。有力な指導者であったアイヴズ・ヘンドリックが、医師以外に門戸を閉ざすよう仲間を説得していたのである。しかしジョン・テイラーから、エリクがジョンの妹にとって大いに力になったと聞き、ヘンドリックはエリク（およびもっと高名なハンス・ザックス）に快く正会員の資格を与えた。また、ヘンドリックは、分析の症例発表における「彼〔ホンブルガー〕の思考の並はずれた創造性」にも心を動かされた。それどころか、エリクがボストン精神分析協会で初めての児童分析の課程を担当し、他の児童分析家の訓練を監督する指導員になったときには、それを誇りに思ったのだった。ヘンドリックは喜んでエリクに患者を紹介した[31]。

アンナ・フロイトは自分が教育分析を行なった弟子の進歩を聞き知っており、一九三四年に「ボストンでのグッドニュース」についてアーネスト・ジョーンズに手紙を書いた。エリクの地位は、アメリカで彼女の父の業績が認められたことを示す散発的な事例の一つだった。エリクは、アメリカの精神分析の「医学化」に心を痛めていた。「ウィーンでは、精神分析は人文的な仕事だという感覚があった。その仕事は人々の啓発だった。しかしここでは、精神分析は医学の一部になっている」。アメリカの分析家は「誰しも、医学の専門分野としての精神分析の医学的な発展に関心をもっている」と感じた。こうしたなかで、ボストン地域の精神科医の分析家たちに仕事ぶりを尊敬され、渡米の翌年、アメリカ精神分析学会から児童・青年精神分析委員会の長に指名されたのは幸運なことだった。そのときまでに、ボストン精神分析協会の三人の同僚、スタンレー・コブ、ウィリアム・ヒーリー、ヘンリー・マレーが彼に就職と研究の機会を申し出ていた。それでもエリクは、アメリカ精神分析学会およびボストン精神分析協会のなかで、医学はもとより「いかなる種類の大学教育も修了していない」、おそらくは唯一の会員であるということに不安を感じていた。それに、アメリカで自分の力量を示さなければならない外国人としてのぎこちなさと落ち着かなさも続いていた。ときどき、自分が「ノックアウトされた」ように感じることもあった。しかし、全体的に見るならば、アメリカでの最初の数年は「もっぱら支援を受けた」というのが彼の感想だった[32]。

仕事の責任の拡大

ボストン地域での三年間に、エリク・ホンブルガーの責任は拡大した。個人開業の精神分析家として少々仕事をし、ボストン精神分析協会で活動したのに加えて、ジャッジ・ベーカー・クリニックの顧問、ハーバード大学の系列であるマサチューセッツ総合病院の精神科の研究員、ハーバード心理クリニックの准研究員も務めた。さらに一時はハーバード大学心理学部の大学院生でもあった。一九三六年までに、彼の肩書はあまりにも増えすぎ、飽和状態になった。彼は、各週、各月に何をしなければならないかが一目でわかるように、いろいろな色の枠で日や週を囲み、色鉛筆で線や矢印を書き込んだ自分用のカレンダーを作るようになった。この習慣はその後も長く続いた。『子ども期と社会』において、彼は、自分の時間を日々やりくりしなければならないのはアメリカという国の文化的な風土に起因すると記している。彼のスケジュールは、刺激的であると同時に、心身を消耗させるものでもあった。

ジャッジ・ベーカー・クリニックは、一九一七年に、情緒障害の子どもたちのためのモデル実証施設としてウィリアム・ヒーリーによって設立された。このクリニックは、一人ひとりの子どもを手助けし、その両親や教師やその他の重要な人々と協力する、精神分析家、心理学者、ソーシャルワーカーの学際的なチームを中心として組織されていた。ヒーリーは、子どもたちの医学的な問題に真剣に取り組む一方で、子どもたちが社会的な存在であることを強調した。ヒーリーは、ボストン精神分析協会でのエリクの症例発表と議論に心を惹きつけられた。子どもの無意識のプロセスへの共感と理解において非凡な力をもつエリクには、児童分析家としての「特別な天分」があると思った。エリクは「精神分析の理論をきわめてよく知っていた」が、いつも（内面を強調する）理論をためらいなく脇によけて、子どもたちを取り巻く現実の社会環境に焦点を当てた。エリクは、クリニックの臨床チームが学際的メンバーで構成されている点が気に入り、社会とコミュニティを強調するヒーリーの主張を高く評価した。ヒーリーの視点は、青少年に関するアイヒホルンの考え方を補うものだった。エリクは、問題を未然に防ぐために子どもの精神衛生を定期的に診断すべきだと主張するようになっており、ジャッジ・ベーカーでの症例検討会に参加するようヒーリーに誘われたときには、興奮した[33]。

しかし、ヒーリー、そしてボストン中の子どもの専門家たちにもっとも強い印象を与えたのは、ヒーリーのスタッフやその他のコンサルタントたちから見込みがないとみなされた子どもたちをエリク・ホンブルガーが救ったという事実だった。当時、子どもの精神衛生にかかわる仕事は、ボストンだけではなく国内の他のいくつかの都市でも急速に増加しつつあった。ロックフェラー財団の慈善基金が、大学で行なわれている子どもおよび子どもの情緒的、身体的、認知的能力に関するさまざまな研究プロジェクトを援助していた。精神衛生の活動家たちが児童指導運動を始めるのを手助けし、それがジャッジ・ベーカーのような子どもの治療施設の開設を促した。こうした施設の学際的なチームは、「道徳的な厳格さ」に陥らずに、問題を抱える子どもたちに対応しようとした。そして、だんだん精神分析の知識にもとづく治療に引き寄せられ、一九二〇年代に形作られた行動主義心理学の仮説の多くを避けるようになった。一方、子どもの発達に対する関心も、治療と交差して高まっていた。各地に子どもの発達を専門に扱う研究・訓練センターが作られ、そこにはベンジャミン・スポックやロイス・マーフィーといった若い専門家が集まった。精神衛生の専門家、精神分析家、デューイ学派の進歩主義教育家は、児童相談所や大学の研究センターばかりでなく、学校、サマーキャンプ、孤児院、子どもの家庭サービス組織、子どもの学習グループ、その他、子どもに関する各種の施設で互いに影響を与えあった。そうした人々がもっとも望ましいものとして目指したのは、子どもの衝動を社会に認められた創造的な方向に向かわせることだった。しかし、こうした活動が広がり、子どもの医療や社会・心理学的な公共サービスに当てる連邦政府の予算が増加したにもかかわらず、「深刻な問題を抱えた」「難しい」子どもを手助けする試みは散発的にしか成功しなかった。そのようななかで、エリクは、社会改革家で、子どもの問題に関して財団からの資金供給と各種の会議を促進していたローレンス・フランクと親しくなった。フランクは、児童福祉の専門家が標準的な発達モデルや集合的な研究結果から「はみ出た」子どもたちに思いやりをもたないために、アメリカの努力が失敗するのではないかとおそれていた。エリクは、他の人たちが失敗したところで成功したというまさにその理由で、人々の注目を集めた。児童福祉の専門家の間でエリクの名を初めて有名にしたのは、ジャッジ・ベーカー・クリニックでの六歳のジョンの治療だった。

船乗りの息子であるジョンは、情緒発達が止まり、少し非行の傾向をもつ陰鬱な子どもだった。彼はしばしば体の具合が悪くなった。怒りや性的な興奮にとらわれると、ズボンの中に排便し、口をきかなくなった。医学的な診察や検査からは器質性の障害は見いだされなかった。精神科医も心理学者もその他の精神衛生の専門家たちも、何が問題なのかわからなかった。エリクは、初めてジョンに会ったとき、積み木やおもちゃと一緒に粘土を渡し、それらで遊ぶように勧めた。ジョンは、三つの積み木で食料雑貨店を作り、粘土をいくつかの玉に丸め、それをおもちゃの食料配達トラックに載せてから部屋の隅に行き、配達をするときのようにどさっとトラックの中身をあけた。彼は、粘土の玉の一つを「お母さんの玉《ナッツ》」、同じ色の小さな玉を「赤ん坊の玉」と呼んだ。それから、別の色の粘土で作った同じ大きさの玉を長い列に並べ、「兄弟の玉」――「お母さんの兄弟」と呼んだ。エリクが「叔父《アンクル》さんのことかい？」と尋ねると、ジョンは青ざめてトイレへ駆け込んだ。戻ってくると「漏らしちゃうときはこんな感じなの」と言った。エリクはその粘土がジョンの家族を表わしているのだろうと解釈した。「兄弟」が「叔父さん」になったときのうろたえぶりから、ジョンは耐えがたい秘密をもっているらしい――（異なる色の粘土で作られた）「叔父さんたち」が父親の場所を奪い取っているらしい――と考えた。エリクはジョンをじっと見つめ、その幼い人生の性的な恥辱と秘密を反映しているに違いない遊びの構成をもう一度見て、ついに理解した。ジョンは、食料品の配達人として、家族の秘密、すなわち父親が頻繁に家をあけている間に母親が別の男たち（「叔父さんたち」）と情事を重ねているという秘密をエリクに配達したのだ。粘土の玉は問題ある家庭のダイナミクスを伝える方法となり、ときにはお漏らしの代わりとなった。この時点で、エリクはジョンの母親に会った。彼女は、自分の情事のことを医師やカウンセラーに話さないよう釘をさしていたことを認めた。彼女はジョンに、「お父さんがそれを知ったら、お母さんは絶対殺される」と言っていたのだった。秘密を強いることが治療の妨げとなっているというエリクの説得を受けて、母親はその強制をやめた。それからは、ジョンの治療を急速に前進させることができるようになり、粘土のイメージに代わって言葉が使われるようになった。最終的に、言葉は詩になった。最初はつらい記憶、そして次にはすてきな経験の詩になった。彼はこうした詩を母親に贈りはじめた。「排泄の衝動が高次の表現を見いだした」とエリクは結論した[34]。

　エリクは、ジャッジ・ベーカー・クリニックで扱ったこの重要な症例を『発生心理学モノグラフ』シリーズに発表するためにまとめ、子どもの遊びの配列《アレンジメント》に関する自分の総合的な研究と著述に結びつけた。ジョンの「玉《ナッツ》」は、「〔子どもの〕患者が空間の中でどのように活動《アクト》するか」をはっきりと示していた。そのような「比喩的、象徴的な玩具の使用」を通して防衛が解かれ、「子どもは現実には行なう勇気がないことを行なう」のである。子どもは、ジョンのように、「比喩的なほのめかしに限られはするものの、自分の秘密を伝える」。ジョンの遊びの配列《アレンジメント》には言語的な要素（「お母さん」の玉《ナッツ》と「赤ん坊」の玉《ナッツ》、「兄弟」／「叔父さん」の玉《ナッツ》）があったが、中心になっていたのは具体的な視覚的選択と物体の空間配置である。ジョンは「言語的な自己意識」も考えをはっきり述べる必要もなかった。観察できるコンフィギュレーション（配置）そのものが、子どもの内的な情動と外的な社会環境を結びつけることによって、「苦しみに意味を」与える。ジョンは、自分自身とエリクに、自分を悩み悲しませている事柄が母親の情事と父親にそれを隠さなければならないという社会的な領域にかかわっていることを示した。主に視覚的な（部分的に言語的な）ジョンの遊びの配列《アレンジメント》はこの秘密を打ち破り、そのおかげで治療者も患者も、彼の情動が社会的な環境とどのように関連しているかを理解することが可能になった。ジョンは、それを理解することにより、最終的に、しっかりとした自己性の感覚を得ることができた。重要な他者との関係が変化したとき、ジョンのなかの「自分（me）」がかなりの程度「解放された」のである。明らかに、エリクは、主体をもっぱら個人として見る考え方から離れつつあった。この点で、彼はジョン・デューイ、W・E・B・デュボワ、ジョージ・ハーバート・ミードといったアメリカの現代思想家の仲間入りをしたのだった[35]。

　マーサ・テイラーの分析の成功は、英語力にハンディがあってもなお、エリクが繊細かつ効果的にフロイトの会話による治療を利用できることをボストン精神分析協会のメンバーに示した。そして、ジャッジ・ベーカー・クリニックでのジョンの治療の成功は、エリクが子どもの「無意識のプロセス」を見いだす「特別な天分」をもっているというヒーリーの主張を裏付けた。それだけでなく、ジョンの症例は、おとなが言葉でコミュニケーションを行なうように子どもは視覚的な配列《アレンジメント》（コンフィギュレーション）でコミュニケーションを行なうということを精神分析家、心理学者、ソーシャルワーカー、その他の精神医療関係者に対して実証したという意味でも重要だった。確かに、コンフィギュレーションとしての遊びの配列《アレンジメント》に関するエリクの考察はまだ十分に発展しておらず、問題点もないわけではなかった。実際、まだ「コンフィギュレーション」という専門用語にすっかり満足してはいなかった。しかし、ジコンの治療を通して、エリクは、腕のよい治療者であるとともに卓越した概念構成者でもあることを、ボストンの臨床専門家たちに証明したのだった[36]。

ヒーリーは、エリク・ホンブルガーにジャッジ・ベーカー・クリニックの顧問の職を与えたが、それは家族を養うための定期的な収入をもたらすものではなかった。エリクに非常勤の仕事を提供したのは、ボストン精神分析協会でのエリクの初期の発表に感銘を受けた他の二人、スタンレー・コブとヘンリー・マレーだった。当時、コブはマサチューセッツ総合病院（ハーバード大学医学部の系列病院）の精神科医長、マレーはハーバード大学心理学部の系列下にある心理学クリニックの所長を務めていた。そのころ、アメリカに渡ってくるようになっていたヨーロッパの精神分析家は、当然ながら、（かつてのエリクと同じように）大きな国際都市の精神分析協会に仕事を求める場合が多かった。そうした協会は、患者を紹介したり精神分析の訓練生を送ったりすることによって、開業分析家として収入が得られるように手助けしていた。コブとマレーは、ヨーロッパの精神分析家がいるとアメリカの精神分析協会に箔がつくことに気づき、そうした亡命者たちをボストン精神分析協会から引き抜いてハーバード大学医学部の傘下に組み込もうとした。ハーバードをボストン精神分析協会と比肩し得る地位に押し上げることを目指して、ロックフェラー財団医学部門のアラン・グレッグに経済的な支援を要請し、亡命精神分析家たちに給与や奨学金を提供した。こうした動きの一環として、コブとマレーは、頭脳明晰で将来有望なアンナ・フロイトの若い弟子に、いくつかの非常勤の職を約束したのだった[37]。

コブは、マサチューセッツ総合病院の精神科医長であったのに加え、ボストン市立病院のハーバード神経学部門の長とハーバード大学医学部の神経病理学教授も兼務していた。マレーと同じく、コブも精神分析に惹きつけられていた。エリクも、心と身体と環境の相互作用に関する全体論的《ホリスティック》なコブの見方に関心をそそられた。コブは、コンフィギュレーションを中心とする視点は「いくぶん思弁的」であると感じたが、エリクとの親しいつきあいを楽しんだ。彼は、精神分析を科学というより哲学と特徴づけるエリクの考え方を評価し、エリクを、ほとんどいつも「非常に難しい患者を治療できる」、「神が作りたもうた生まれながらの治療者の一人」であると考えた[38]。

コブは、ロックフェラー財団の資金と自分の予算を使って、エリク・ホンブルガーに、マサチューセッツ総合病院の心理学科とハーバード大学医学部の非常勤研究アシスタントの地位を提供した。高等教育の学位をもたないエリクは、アメリカで初めてこうした学究的な仕事を与えてくれたコブに恩義を感じた。コブは、著名な神経病理学者、フランク・フレモント＝スミスとともにてんかんにおける情動的要因について研究するようエリクを任じたが、この役割はそれほど大きなものではなかった。エリクは英語の力が十分ではなく、専門的な身体医学の世界に居心地悪く感じたため、マサチューセッツ総合病院のスタッフ会議に出席はしたものの、ほとんど黙って座っていた。しかし、たまに口を開くと、まわりの人々が関心をもって聞いてくれた。彼はそれを嬉しく思うと同時に、ウィーンでの資格がもつ威信の大きさを感じた。コブの命《めい》によってこの病院の神経精神科研究室で児童精神分析に関して六日間のセミナーを行なうことになったときには、十ドルの登録料が必要だったにもかかわらず、多くの人々が出席した。マサチューセッツ総合病院のスタッフとしての彼の仕事はそれほど広範囲にわたるものではなかったが、スタッフの一員に指名され、周囲の人々に認められたということは、「公認されたキャリアの始まり」であり、医者の養子として育ったエリクにとって「ある意味でわが家に帰ったようなものであった」[39]。

一九三四年にヘンリー・マレーからハーバード心理クリニックの診察室のスペースと定期的な助成金が与えられることになったのも、エリク・ホンブルガーにとって重要な出来事だった。彼は、マレーとコブとグレッグの間で交わされていた金銭的、戦略的な協力については知らなかったが、マレーのクリニックは、ジャッジ・ベーカー・クリニックやマサチューセッツ総合病院には見られなかった、活発で枠にとらわれない知的な話し合いの雰囲気を作り出していた。このクリニックには、「他のどんな場所でも聞いたことがないようないろいろな文化の学際的な出会い」があった。エリクは、アメリカに来て初めてこのような「学際的な場」に身を置いたことによって、「コンフィギュレーションに関する私の考え方を発展させる機会を得た」のだった[40]。

ハーバード心理クリニックは、一九二七年、ボストンの有名な神経学者、モートン・プリンスによって設立された。翌年、プリンスが病没したとき、若いアシスタントであったマレーがその後を継いだ。マレーは短い期間、カール・ユングに分析を受けたことがあり、ユングのおかげで自分が情動的に生まれ変わったと考えていた。この生まれ変わりのなかで、マレーは、有能な内科医・生化学者から、フロイト、ユング、および全人的なパーソナリティに関するその他の人々の考え方に大きく依存する折衷主義の心理学者になった。マレーは、実験心理学者を「些末主義者」と酷評し、学術的な専門分野としてのパーソナリティ心理学の創始者の一人となった。マレーのアプローチは、人が社会的設定のなかでどのようにして意味を見いだすかという点を考慮に入れた力動的で全体論的《ホリスティック》なものであった。カリスマ性をもつ指導者だったマレーの下には、ドナルド・マッキノン、ロバート・W・ホワイト、ソール・ローゼンツバイク、ネヴィット・サンフォード、ジェローム・フランクなど、クリニック内でそのアプローチに共感する多様な若い心理学者（多くは大学院生）が集まってきた。このグループは、ユージン・オニールやバートランド・ラッセルといった名高いゲストと一緒に、心理学書のみならず小説や伝記も読み、研究会を開いては、繰り返し人間の特性というテーマを探求した。マレーは、アカデミックな心理学の多くを退け、幅広い人格学を取り込んでいたため、彼自身も、その下に集まった大学院生たちも、ハーバードの心理学部長でありその研究所の所長であったエドウィン・ボーリングにはよく思われなかった。精神分析の情報に通じた人格学の分野に友人がいなかったハーバードの学長、ジェームズ・コナントは、一九三五年、実験主義者のカール・ラシュレーを心理学部に招いた。ラシュレーはすぐに、マレーの活動と彼のクリニックを制限しようとするボーリングの画策に手を貸すようになった[41]。

ボーリングとラシュレーの妨害にもかかわらず、このクリニックはエリク・ホンブルガーにとって大きな意義をもった。彼はある意味で、このクリニックには自分が受けた精神分析訓練のコスモポリタン気質に近いものがあると感じた。スタッフのなかには何人か興味深い女性がいることに彼は気づいた。そのなかには、マレーの愛人であったクリスティアーナ・モーガンのように、非常に有力な地位の女性が含まれていた。マレーはエリクにとってこのクリニックが「もっとも家庭に近い場所」と感じられるように計らった。特に図書館は、ゆっくりと英語の出版物を勉強することができる「知的な寝台」とみなすようにと言ってくれた。エリクは、マレーがフロイト、ユング、ウィリアム・ジェームズに傾倒している点を賞賛していた。にもかかわらず、マレーや彼の仲間の男たちと一緒にいると、エリクはときどき、自分が場違いな「移民、ユダヤ人」であることを意識させられた。彼らは、上流階級で、プロテスタントで、北東部の家系の出身だった。スポーツを愛好し、ときにはまるでアメリカの「スポーツイベント」に参加しているかのように討議を行なうこともあった。「社会的、文化的に彼らと同じ背景をもっていない者」、特にヨーロッパ出身のユダヤ人で、芸術的な関心はあってもスポーツには関心をもたない者ならば誰でも、マレーとの交流にときとして居心地の悪さを感じたかもしれない[42]。

エリクがこのクリニックで過ごしたのは一九三四年から一九三六年の二年間であったが、この間、スタッフたちはしばしば、アカデミックな心理学や実証主義を、臨床的な概念や精神分析に統合するという先駆的な努力に時間を費やした。この試みから、『パーソナリティの探求』が生まれた。マレーはエリクの創造的なひらめきを高く買っていたため、このプロジェクトを指揮する診断委員会に彼を参加させた。エリクは、この委員会のなかで、ウィリアム・バーレット、H・スカダー・メキール、クリスティアーナ・モーガンといった経験豊かな先輩心理学者たちとともに活動することになった。彼らは、ボストン地域で学生の年齢の男性五十人（ほとんどは大学の学部生）を被験者として選び、各種の検査とそれぞれの人生史《ライフヒストリー》を詳しく記録する面接を行なった。特に、マレーの主題統覚検査（TAT）やその他の投影検査が用いられた。それぞれの被験者は、（インクのしみのような）いろいろに解釈できる刺激を渡され、自分の隠れた感覚、望み、感情（願わくば内部の無意識的なプロセス）をそれに投影するよう奨励された。エリクも検査を担当することになったが、彼の検査を除き、他のすべての検査は言語が重要な役割を果たすものだった。たとえば、マレーの検査には、それぞれの学生に二時間にわたって自分の幼いころの生活と発達について書いてもらうセクションが含まれていた。バーレットは、自分の性的な発達に関して言語で自由な連想をするよう被験者に求めた。メキールは質問紙を用い、児童期と青年期の自分の家族関係に関する記憶を尋ねた。その他のメンバーも、同様の検査を行ない、その結果を統計的に処理した。メンバーはそれぞれ、検査の結果、人生史《ライフヒストリー》、パーソナリティの特性、社会のなかでの自己の成熟に対するその検査結果の意味について、一章を書く責任が与えられていた[43]。

プロジェクトが進むにつれ、マレーはエリクがあまりにも心理検査技法を知らないことにしばしば驚かされた。彼は、エリクに、大学生にも子どもの治療のときと同じく単純に積み木やその他のおもちゃを使った遊びの実験をしてはどうかと提案した。エリクは、『パーソナリティの探求』への貢献として、被験者が子どものおもちゃを配置して遊びながら過去の決定的な雰囲気や瞬間を思い出す、劇的制作検査を行なった。気持ちや情動を呼び起こす刺激としておもちゃを用いるこの実験は、投影検査に力点を置くという診断委員会の方針と一致するものだった。しかし、エリクには、自分の行なっているものは言語的な反応を引き出す正式な検査ではなく、幅広い臨床的な探求だと感じられた。彼の被験者は、ジャッジ・ベーカーでジョンが粘土を使って行なったように、重要な転機や過去のつらい経験を明確にするために、おもちゃで「コンフィギュレーション配置」を作った。エリクは、幼い子どもたちや一部の精神病者と同じく、学生たちも、言語化によるよりも遊びによるほうが過去のトラウマに容易かつ十分に取り組めると感じた。また、自分の芸術的な素養と英語力の制約からも、遊びのコンフィギュレーションの意味のほうがよりよく理解できると思った。「私はやはり、多くの言葉で語られた事柄が何を意味しているか理解しようとする前に、何かを見ることができました」[44]。

ホンブルガー一家がボストンを離れた後の一九三八年に出版された『パーソナリティの探求』は、深層心理学と実証主義を結びつけようとした一九三〇年代の重要な研究プロジェクトの一つとなった。これは、現在でも、心理学の歴史のなかで古典の一つに数え上げられている。しかし、劇的制作検査の結果に関してエリクが書いた章は、あまり高く評価されなかった。有名な社会心理学者であるクルト・レヴィンは、エリクの章がこの本のなかでももっとも弱くもっとも主観的な部分であると評した。マレーのクリニックで学んだ心理学者、ネヴィット・サンフォードもそれに同意し、エリクはこのプロジェクトの目標を理解せずに、脇道に逸れてしまったと述べた。マレーも、エリクが検査した学生たちの数値的評価が他の研究者のものと著しく違うことに気づいた。彼は、エリクが「科学的な精神に欠け」、理論を検証するために実験を工夫することに関心がなく、遊びの構成がもつ非言語的な特性を言語的な明確性と結びつけることができなかったと結論した。マレーは、エリクの観察が的を射たものだと思いはしながらも、『パーソナリティの探求』にとってエリクが書いた章の意義は小さいという意見に同意したのだった。エリク・ホンブルガーは、研究者が共同で行なう科学的なプロジェクトには向いていなかった。その後、エリクはアメリカ各地の大学や研究センターで仕事をすることになるが、この性向は終生変わらなかった[45]。

マレーのクリニックでのプロジェクトによって、エリクは、大学生の年齢のアメリカ人と初めて継続的に接することになった。彼らは強くエリクをひきつけた。そして、アメリカの若者が同じ年齢のヨーロッパの若者と「違う形で一緒に中づりになっているように思われる」と結論した。多くの若者は「しばらくの間開放的《オープン》で、何事にもあまり深くかかわらないままとどまっている」。ウィーンにいるエリクの仲間たちならば、病的とレッテルを貼ったかもしれない。しかし、彼は、そのような「遊び心のある実験的な」気質は、アメリカの文化的アイデンティティの特徴としてそれほど欠点ではないと感じた。「当時は気づいていなかったが」、彼が検査した若いアメリカ人たちは、アウトサイダーである移民のエリクが、フェダーンの自我の境界の概念を拡張し、青年と成人前期の「アイデンティティの危機」に関する独自の視点を創り上げるのを手助けしたのだった[46]。

ハーバード心理クリニックでの仕事は、人々が作り出すコンフィギュレーションやアイデンティティの問題について考えを深めるのに役立ったばかりではなく、副次的な収穫もあった。たとえば、エリクは、発生学に基礎を置くヘンリー・マレーのエピジェネティックな発達モデルにかかわることができた。マレーは、健常な成長のプロセスとして卵の中のひよこの発達を研究し、その観察結果を人間の生物学的発達、さらには倫理的な発達に拡大しようとした。これはエリクの心を捉えた。この考え方は、「成長するものはすべて一つの基本設計《グランドプラン》をもち」、それに従ってそれぞれの「部分が特に優勢になる時期がある」ことを示唆しているからである。エリクは、エピジェネティックな発達の観察にもとづくマレーの発生学（および自然的な発達と倫理的な発達の合成）と、子ども期初期の心理学的な発達に関するフロイトの概念を組み合わせはじめた。こうした要素はまもなく、彼のライフサイクル・モデルにとって不可欠のものとなった。彼は、マレーと同じく発達の規範理論と記述的な生物学的視点を融合させることによって、自分のモデルを形成した。マレーはフロイトやウィーンのその仲間に比べ、健常で健康な被験者の発達の研究にずっと重きを置いていたが、エリクも、ライフサイクルのモデルについて考えはじめたとき、健常な発達を基礎に据えた。この意味で、エリクは、心理的な欠陥を強調するウィーンの仲間たちと一線を画したのだった[47]。

ライフコース全体にわたる「人生の研究」としての人格学に焦点を置くマレーと彼の心理学クリニックは、エリクに非常に大きな知的刺激を与えた。彼はエリクに、「物事がどのようにかかわりあい、それらが何に似ており、どのような形態をとっているか、その他もろもろ」を観察するために、理論は脇に置いておくように勧めた。このプロセスはエリクにとって快く感じられた。完璧とまではいわないまでも、このクリニックはエリクに向いた環境だった。ただ、問題は、この組織がハーバード大学心理学部の傘下にあり、この心理学部がマレーの擁する研究員全員に心理学の博士号をとるよう要求していることだった[48]。

初め、エリク・ホンブルガーは、この要求に思い悩むことはなかった。「誰もが、この国では学位がないとチャンスがないと私に言っていた」からである。心理学部長でありマレーの宿敵であったエドウィン・ボーリングは、エリクの資格を検討し、ドイツのギムナジウムの卒業試験合格《アビトゥーア》とウィーン大学での勉強はハーバードの学士号に匹敵すると判断した。エリクは心理学の大学院コースに入学することはできたものの、正式な博士号候補者となるにはいくつかの単位が不足していた。エリクはウィーン精神分析協会での訓練と学習も教育上の経験とみなされるはずだと考えたが、ボーリングはそれを認めなかった。エリクは、一九三四年の一年間と一九三五年の前半、一学期に一つずつ大学院生向けの心理学の科目をとった。それらの科目を終えた段階で、ボーリングは、博士号候補者になるには専門教育期間が八分の七年不足していると判断した。そこで、エリクはボーリング自身が担当する大学院生向けの入門科目をとった。しかし、これは彼にとって耐えがたかった。洞察の余地や芸術性がまったくない実証的実験主義者におじけづいてしまった。すっかり神経質になり、ボーリングがそばを通るとエマーソン・ホールの階段につまずいたりした。後に自伝的なエッセイのなかで、自分はその科目に落第したと述べている。あるいは、あまりにも出来が悪かったので、落第を避けるために自分からやめたのかもしれない。どちらにしても、エリクは大学院コースを途中でやめてしまい、二度と博士号を追い求めようとはしなかった。こうして、ボストン地域での三年間は、臨床家として、また創造的な思想家として成功しながらも、大学院生として「落後した」という思いを残した。この大学での失敗の記憶は、彼にとって深い傷となった[49]。

イェール

新しい祖国でも、エリク・ホンブルガーは一ヵ所に落ち着くことができなかった。ヨーロッパであちこちを転々としてきたエリクは、ボストン＝ケンブリッジでの生活が三年を過ぎたとき、ほとんど本能的に次に進む必要性を感じたのだろうとジョアンは考えている。彼女にすれば、快適な借家に居を構え、シェイディ・ヒル・スクールで自分に合った仕事を見つけていたから、ボストンを離れたくはなかった。しかし彼女は、ジャッジ・ベーカー、マサチューセッツ総合病院、ハーバード心理クリニックでの責任と個人開業の精神分析の仕事を抱えるエリクが、あまりにも多方面に引きずられていることに気づいていた。アメリカにやってきた当初こそ先行きが不安だったが、今では富裕とはいわないまでもかなりの収入を得ていた。けれども、エリクは、収入源となっている多様な仕事をまとめて維持していくという「個人的なニーズにとらわれていて、本当に歴史的価値のある陳述を形作る上で何が自分に役立つかを大局的に見る」ことができないと感じていた。彼は、自分の考えを書く必要性を感じ始めていたが、いろいろな仕事の責任に時間をとられすぎているために、それをかなえることができなかった[50]。

そんなとき、ローレンス・フランクがニューヘヴンに別の仕事の口を準備してくれた。フランクは、児童期の研究、特に子どもの発達に深い関心をもっており、精神分析と文化人類学のある種の収束が、このテーマにとってもっとも実りの多いアプローチとなるだろうと感じていた。研究者というよりも創造的な企画推進者だったフランクは、一九二〇年代、ローラ・スペルマン・ロックフェラー記念財団の資金管理者として、初期の児童発達学の動きを支援していた。その後、一九三一年にロックフェラーの一般教育委員会へ、次いで一九三六年にジョサイア・メイシー・ジュニア財団へ移った。ミルトン・センは、フランクのことを、二つの大戦にはさまれた時期に「児童研究への関心という大波を発生させた触媒」と呼んだ。マーガレット・ミードは、「ともに研究を進めることのできる人々の生きたネットワーク」(主に精神分析家と文化人類学者——すなわち文化とパーソナリティ運動の主な担い手たちのネットワーク)を作るために財団の資金を注ぎ込んだフランクを、児童発達運動の父とみなした。幸運なことに、フランクはエリク・ホンブルガーをその「ネットワーク」に取り込み、エリクが研究と著述を両立させられるようにしたいと考えた[51]。

フランク自身、広いアカデミックな訓練を受けていなかったため、エリク・ホンブルガーがボーリングとうまくいかなかったことも、ハーバードで心理学の博士号をとれなかったことも気にしなかった。二人はニューヨークで開かれたある学際的な会合で出会った。そして、当然のごとく、フランクは、エリクが会議の休憩時間に手短に語った児童研究のコンフィギュレーション・アプローチ、すなわちリビドー理論と文化——「内的」世界と「外的」世界——を融合するアプローチに心を動かされた。エリクは、すすんで「人の世話をしたがる」フランクを見て、「これまでに出会った人のなかでもっとも母性的な男」だと思った。まもなくフランクは、ニューハンプシャーのホルダネスにある夏の別荘にエリクを招待した。数ヵ月後、フランクの影響力をある程度感じとっていたエリクとジョアンは、オンタリオに住むジョアンの親類を訪れた帰りに、フランクの別荘に寄った。彼らは、フランクとその夫人と一緒にお茶でも飲み、エリクのキャリアにどんな手助けをしてもらえそうか探ってみるつもりだった。しかし、結局、彼らは一週間も滞在することになった。その別荘で、エリクは自分のコンフィギュレーション・アプローチについて詳しく話し、フランクはそれが精神分析と文化人類学の理想的な結合になるかもしれないと考えた。フランクは、もっと多くのデータを集めて執筆するための中断されない時間と学際的な仕事仲間がエリクには必要だと感じた。イェール大学は学際的な共同研究と著述の機会を提供していた。そこでフランクは、メイシー財団の資金でイェール大学の正規の研究職を世話しようとした。そして、それが決定されるまでの間は、二ヵ月に一度ニューヘヴンで開かれる専門家会議にエリクを招聘するよう、イェール大学人間関係研究所の所長で教育心理学者であるマーク・メイとイェール大学医学部精神科の有力な医師であるマリアン・パットナムに推奨することにした[52]。

この二ヵ月に一度のイェール訪問は、一九三五年の末に始まった。その報酬は、医学部から支払われた。イェールに出向くと、エリクは、人間関係研究所、医学部の精神科と小児科、およびアーノルド・ゲゼルの児童発達クリニックで、自分の仕事について発表し、スタッフ会議に出席した。パットナムは、すぐに、自分も同僚のルース・ウォッシュバーンもエリクに研究者として来てほしいと望んでいることをメイに伝えた。「彼は自由に、しかし批判的にものを考え、自分の考えを人に押し付けずに人と共有しようとする」というのがこのときのパットナムのエリク評である。メイもエリクに強い感銘を受け、「アメリカ一流の児童分析家」であると記した。シカゴとボストンの学界に精神分析熱が渦巻いていることを承知していたメイは、独創性に富んだアンナ・フロイトの弟子ならば、ニューヘヴンにもその熱をもたらすのに一役買ってくれそうだと感じた。そこで、エリクが「医学教育もその他の科学教育も受けていない」ことは知っていたが、研究所の研究員として彼を迎えたいと考えたのだった[53]。

エリクは、ニューヘヴンの雰囲気を好ましく思った。イェールには、冒険的な学際研究への高い関心があり、「共同研究」ができそうな面白い仲間たちもいるように思われた。時代はキャンパスに反ユダヤ主義を育てつつあったが、フランクは三年間エリクを支援するというメイシー財団の約束をとりつけ、メイがその約束をイェール大学の理事会に引き渡した。研究所と医学部は、彼を精神分析学の講師（一九三八年までに助教授）の地位をもつ研究員とすることにした。彼は、小児科と精神科、ゲゼルの児童発達クリニック、メイの研究所に所属することになった。メイシー財団の年間支給額は気前のよいものだった（一九三六／三七年―六千五百ドル、一九三七／三八年―五千五百ドル、一九三八／三九年―五千ドル）。また、開業分析家として一定数のクライアントを引き受けることで年に千ドルの収入を得ることが認められた。金額が年ごとに減る取り決めだったとはいえ、ボストンにいたときよりも所得が大幅に増え、しかも研究と著述ができることになった。エリクは大変喜び、プリンストンやハーバードやコロンビアよりも強い反ユダヤ主義と移民排斥の空気に懸念を表わさなかった。実のところ、イェール大学では、終身在職権を与えられたユダヤ人は一人もいなかった。ユダヤ人の移民を臨時の職に任命するには、（エリクがメイシー財団からもらったような）外部の資金がほとんど不可欠という状況だった。しかし、自分をヒトラーから逃れてきた難民と区別し、しかもジョアンと結婚した後にはユダヤ教的な生き方をしてこなかったエリク・ホンブルガーにとって、イェールの不寛容はそれほど大きな問題ではなかった。そんな彼には野望と移住してきたばかりの不安定さとがあった。

エリクには、イェールが与えてくれる報酬の大きさと研究の可能性は魅力的だった。ヘンリー・マレーも、このチャンスを逃すことはないと言ってくれた。こうして、一九三六年の夏の終わり、ホンブルガー一家はニューヘヴンに移ったのだった[54]。

しかし、一年も経たないうちに、この選択は期待はずれだったとわかった。その一因は、アーノルド・ゲゼルおよびその児童発達クリニックとの関係があまりうまくいかなかったことにある。ゲゼルは、一九一八年、誰よりも早く、学齢前の健常な子どもの発達に関する研究に着手した。彼は自分のクリニックと系列の保育園で調査を行ない、子ども一人ひとりの発達について、文章だけでなく詳細な写真で記録をとった。ゲゼルは、それぞれの子どもの個性を強く信じていたが、やがて年齢にもとづいた分類図式に心を奪われ、環境的な要因よりも子どもの遺伝的な素質を重視するようになった。このような見方のために、子どもたちの記述は活力を欠いた受け身的なものにならざるを得なかった。ゲゼルのクリニックは公式にはイェール大学医学部の一部であったが、一九三〇年からは、人間関係研究所の建物の一翼に置かれていた。人間関係研究所の心理学者、精神分析学者、人類学者などとの学際的な協力が進むだろうと考えられたのである。しかし、ゲゼルはそれに躊躇し、三十一人の自分のスタッフのために別の出入り口を設け、人間関係研究所との間のドアに鍵をかけてしまった[55]。

エリク・ホンブルガーは、児童発達に関するゲゼルの先駆者としての業績と視覚的（写真）記録を重視する方法には魅力を感じたが、彼の分類方法や遺伝的な要素の強調、それに個人的な剛直さについてはあまりよく知らなかった。ゲゼルの愛想のよい助手で、クリニックの保育園を運営していたフランシス・イルクは、エリクがニューヘヴンに移ってくる前に、臨床クリニックの子どもたちとその記録に全面的にアクセスしてよいとエリクに約束していた。さらに大きな魅力を提供してくれたのは、グレース・ニューヘヴン病院の産科で働いていた新しい友人、マリアン・パットナムであった。彼女は、ゲゼルの研究所で優れた共同研究が進められるだろうと請け合った。パットナムが作った特別研究グループには、ウィーンの実験的な保育園でアンナ・フロイトやドロシー・バーリンガムとともに働いた経験をもつ医学部の児童分析家エディス・ジャクソンや、イェール大学の児童発達学の教授ルース・ウォッシュバーンが含まれていたほか、ときどきは同じく医学部の精神分析家であるフェリス・ベッグ＝エメリーも参加していた。エリクは、初期の神経症に焦点を当てながらクリニックの保育園の一定集団の就学前児童を調査するこの研究グループに参加することになっていた。グループのメンバーは皆、精神分析の視点に共鳴していた。エリクは、その仲間に入れてもらえることを喜んだ。彼がまたも女性たちのサークルのなかに入ったのは興味深い。ウィーンでの訓練時代、あるいは母親やデンマークの叔母たちとともに過ごした幼いころが再現されるかのようだった[56]。

エリクがニューヘヴンにやってきてまもなく、この研究グループは、フランシス・イルクの保育園の子どもたち六人を選び、集中的な調査を行なうことになった。パットナムとジャクソンが、子どもたちとその母親の面接調査を行なった。ウォッシュバーンは、子どもたちの行動の臨床記録を調べ、一連の標準的な心理学検査を行ない、こうしたデータを整理してそれぞれの子どもの発達パターンをプロットするためまとめ上げた。エリクはおもちゃで遊ぶ子どもたちを観察し、子どもたちと話をした。彼は、特に問題が大きい二人の子どもの観察を中心にしていたが、六人すべての子どもたちと園内の他の子どもたちの遊びの配列についてもデータを集めた。グループの週一回のミーティングで、彼は、子どもたちがいかに同性のおとなの動きを再現するかについて報告した。女の子は人形を乳母車に寝かせ、男の子はおもちゃの車をガレージに入れるのである。このテーマは、一九三七年に『季刊精神分析』に掲載された彼の論文「遊びにおけるコンフィギュレーション」で取り上げられることになった。さらに重要なのは、子どもたちが円柱、三角形、四角形などに積み木を配列するようすを記録し、積み木構成の大きさを観察したことである。彼は、男児の構成と女児の構成に違いのあることに気づき、性別によってその大きさと形にはっきりとした統計学的な違いがあることを見いだした。しかし、この発見をグループに報告するとき、女児は四角形の小さいものを作る傾向があり、男児は三角形や円柱形の大きな物を作る傾向があるという仮説を提示しはしなかった。後に彼は、男児と女児の積み木構成と生殖器の形の関係というよく知られた理論（「内的空間と外的空間」）を打ち出すが、この時点ではそれはまだ十分練り上げられていなかった。しかし、彼が集めているデータは、両性の異なる心理と生殖器の意味に関する正統的なフロイト学派の考え方と組み合わされて、彼を科学的裏付けを欠く理論化の方向に動かしていた。その結果、彼は、正統派精神分析のもっとも脆弱な点の一つで、その正統理論を擁護することになるのだった[57]。

一年後にルース・ウォッシュバーンがニューヘヴンを離れると、エリクは、グループの主たる発達学者がいなくなったことを悲しんだ。彼は彼女から多くのことを学んできた。追い討ちをかけるように、子どもの行動の性的な暗示をエリクが強調することに不満だったゲゼルが、プライバシー保護という「管理上の理由で」、子どもたちの記録をエリクに見せるのを拒否した。その理由が方便であることはエリクにもわかっていた。争いの直接の原因は、自慰をしている勃起した幼い男児の写真証拠をゲゼルが隠してしまったのに対して、エリクが怒って抗議したことだった[58]。

記録の閲覧を禁止した後、ゲゼルははっきりと敵意を見せるようになった。偏見も表面化した。彼は、この移民に自分のクリニックにいてほしくないという気持ちを明白に示し始めた。ゲゼルの頑固さは、エリクと同じくらいにジャクソンも悩ませた。彼女は、ヨーロッパからの難民がビザを得てアメリカに落ち着くのを手助けしていたからである。ロックフェラー財団医学部門のアラン・グレッグも狼狽した。彼はゲゼルの発達論がマンネリになったことに気づいており、ゲゼルよりエリクのほうが革新的であるというローレンス・フランクと同意見だった。グレッグは、ロックフェラーの財源という金力をちらつかせながらゲゼルに記録の開示禁止を撤回するよう求めたが、「クリニックにおける制約のない同僚」としてエリクを受け入れるよう説得することはできなかった。グレッグは、イェール大学医学部の学部長、スタンホープ・ベイン＝ジョーンズにも会い、パットナム－ジャクソン－ホンブルガーの研究グループの仕事をゲゼルから独立させるよう要請した。ベイン＝ジョーンズはグレッグの気持ちはわかったが、管理上それは難しかった。そのうえ、エリク自身が、「ゲゼルの態度によって引き起こされた状況を繕おう」と試みても無駄だと彼に手紙を書いていた。この時点でエリクは、ゲゼルとも彼のクリニックともそれ以上接触したくないと思うようになっていた。ただ、自分たちの研究グループがすでに行なった研究の発表をゲゼルが妨害できないようベイン＝ジョーンズに保証してもらいたいだけだった。六人の被験者の臨床記録を見ることができないため、エリクらの研究グループは、それまでの調査結果を発表して解散するしかなかった。この騒ぎの後、ベイン＝ジョーンズは、グレッグに対して非公式に、イェールでの「エリク・ホンブルガーの将来には不確実性と不安がある」と知らせた[59]。

彼の研究グループは解散を余儀なくされたが、エリク・ホンブルガーは引き続きメイシー財団の助成金を通して給与の全額をもらっており、それによってイェール大学での他の主な所属組織、すなわち人間関係研究所での仕事は続けることができた。この研究所には、ゲゼルのクリニックよりも豊かな知的雰囲気があった。イェール大学の他の学部や研究センターと異なり、この研究所は精神分析学に関心をもっていた。精力的なマーク・メイ所長は、精神分析学者のアール・ツィンを採用した。ツィンは、非公式のセミナーでの精神分析理論の指導と、研究所のスタッフの教育分析を担当したほか、研究所のプロジェクトのために精神分析の知識にもとづく人生史《ライフヒストリー》の聞き取り調査を行なった。マリアン・パットナムは児童分析と研究所の他の研究を統合しようとしていた。非常に強い影響力をもつ研究所の指導者の一人、ジョン・ダラードは、ベルリン精神分析研究所で教育分析を受けていた。彼は、イェールの研究所で精神分析研究を進めることによって、他のすべてのスタッフの方向性をまとめることができると考えていた。エリクは、ダラードの「特筆に価する学際的な刺激」に強く惹かれた。ダラードもエリクに一目置いていた。特に、五歳になる自分の娘のセラピストとしてのエリクを高く買っていた。エリクは、臨床家としてのキャリアを続けていた間ずっと、知識人や専門家の家族の治療の成功によって、そうした人々から支持を受けたのだった[60]。

初めエリクは、人間関係研究所で活躍しているように見えた。彼は、攻撃的な衝動と階級と人種的な身分を結びつける理論づけのなかで「内的」世界と「外的」世界を融合させるダラードの刺激的な考え方に関心をそそられた（これはダラードの古典的な研究である『南部の町の身分と階級』の基礎である）。また、一九三五年に発表されたダラードの『人生史の基準』も高く評価した。これによって、乳幼児期を基礎として動因を中心に据えるフロイトの発達理論を拡大したいというエリクの思いが強まった。ダラードは、子どもの初期の生物学的な動因を社会的および規範的な生活の具体的事項と関連づけるべきだと主張した。そして、この関連づけは、乳幼児期だけではなく、人生の全期間にわたって体系的に行なわれるべきだと考えた。つまり、人生史《ライフヒストリー》は「新しい人間がどのように集団に加えられ、どのようにしてその社会の伝統的な期待を満たすことができるおとなになってゆくのか説明する」ことを、具体的な伝記的情報で描き出そうとしたのだった[61]。

ダラードの『人生史の基準』が刺激になり、また彼の励ましも受けて、エリクは、研究所の仲間たちに二つの発表を行なった。一つは文章による概要、もう一つは複雑な図であった。その後十年にわたってこれらは大幅に修正され、有名な八段階のライフサイクル・モデルの基礎となった。この概要には、フロイトの考え方に非常に近くて一見したところそれほど革新的に思われない四つの発達段階のリストが含まれている。（1）乳幼児期―誕生から五歳まで（口唇的、肛門的、性器的）、（2）潜在期―五歳から十二歳まで、（3）思春期、（4）成人の異性への適応期である。エリクがこの概要を通して、乳幼児期の発達を中心とするフロイトの学説から離れ、人生全体に及ぶモデルを積極的に追求したと思われるのは重要である。また、フロイトの発達モデルは、おとなの言語化された子ども時代の記憶を基礎にしていたが、エリクのモデルは自分が観察した子どもたちの遊びの構成を基礎にしていた[62]。

エリクは、ニューヘヴンに移る前からすでに、前性器期の発達を示す格子のような詳細な図を考えていた。この図（121ページ参照）は、人間関係研究所で発表し、一九三七年の『季刊精神分析』の論文（「遊びにおけるコンフィギュレーション―臨床ノート」）として出版されたとき、左下の隅から右上の隅まで盤の対角線上を進む八つの枠に拡大された。それぞれの枠は、身体の八つの「性感部位」で構成される縦軸と、六つの衝動で構成される横軸の交点に位置していた。この性感部位は、フロイトの口唇期、肛門期、性器期のいろいろな側面を精緻化したものであった（たとえば、口唇―吸い込み、口唇―噛むこと、肛門―保持、肛門―排出など）。八つの枠のそれぞれは、多様な衝動刺激と、身体の特定の部位――「強調点が連続的に変化する各段階における身体器官」――の交点である。図の右上の七番目と八番目の枠は、若い「社会的な」存在として「他者の身体または他者の身体の影響領域に対して何かを行ないたいという全般的な衝動」を表わしている。発達段階が四つあった概要と異なり、このチャートには青年期や成人期が含まれていない。これは、人生全体の発達に目を向けるよりも、むしろフロイトが提唱した初期の発達段階を視覚的に精密化し、特定の衝動に対応する子どもの多様な口唇、肛

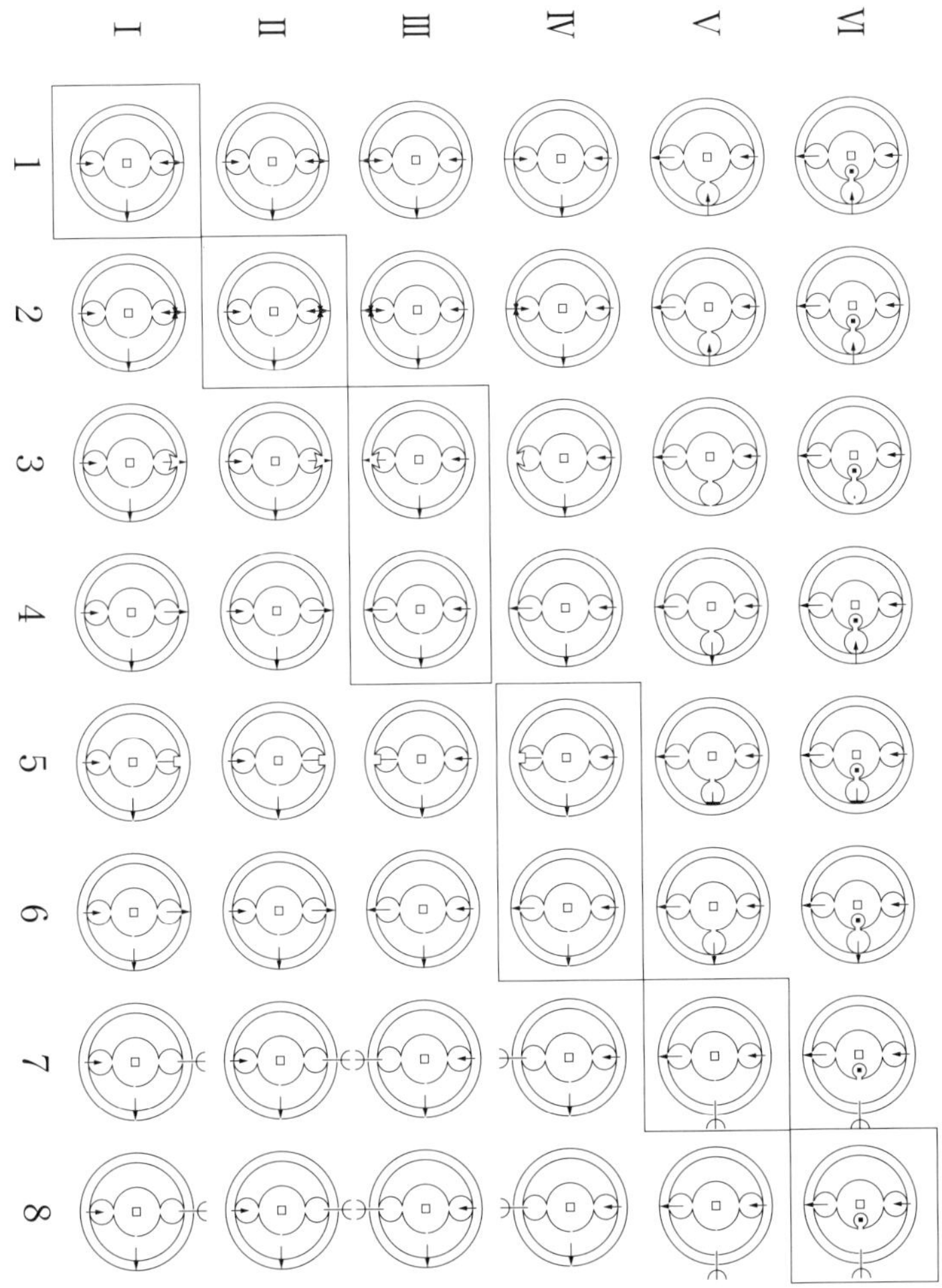

「遊びにおけるコンフィギュレーション」（1977）の格子チャート

門および性器の動きを正確に記したもののように思われる。遊んでいる子どもの観察から導かれた発達段階を、驚くほど詳細に図式化したものといえよう[63]。

一九五〇年に出版された『子ども期と社会』には、人間関係研究所で発表されたチャートを簡略化したと思われる、前性器期の発達を示す格子チャートが含まれている。また、同研究所で概要を示した四つの発達段階にもっとも近い形ではあるものの、最初の格子チャートから取り入れた横軸を含むライフサイクル・モデルのチャートも、別のページに示されている。人間関係研究所で開かれた二回の発表に出席した精神分析学者のアイヴズ・ヘンドリックによると、それらのチャートはエリクの最終的なライフサイクル・モデルの先駆けだった。ヘンドリックは、その発表がフロイト派の基礎に則ったものでありながら、エリクの関心は文化と価値観(「外的世界」)を取り入れること、前性器期の発達に関する情報を超えて広がりをもたせること、そして青年期と成人期も視野に入れることにあったと回顧している。ニューヘヴンでエリクと親交を深めていたマーガレット・ミードは、同研究所でのエリクの発表を聞いたことがなかった。しかし彼女は、エリクがその発表に対するあらゆる種類の非フロイト的な修正、文化を重視した人類学的、さらには倫理学的な修正を受け入れようとしていることに気づいた。彼女は、エリクが特に、「幼い子どもたちの行動の一般的な法則」を探求することによって、その格子チャートを拡大することに意欲的だったことを憶えている。エリクがこの研究所での発表のときに示したフロイト正統派の視点に立つ資料には、社会に結びついた規範的な人生史《ライフヒストリー》に関するジョン・ダラードの先駆的な研究の影響が直接には表われていないかもしれないが、ヘンドリックとミードによると、エリクはすでにその方向に動き始めていた。『子ども期と社会』のもっとも重要な要素――八段階の生物学的・心理学的・社会的ライフサイクルのチャート――が生まれつつあったのである[64]。

ライフサイクルに関するエリク・ホンブルガーの初期の仕事が重要性を帯びてくるにつれて、研究所の仲間たちは、組織の主要な仕事――有力な行動心理学者であるクラーク・ハルを長とする大規模な研究プロジェクト――にとってはエリクの仕事はあまり意義がないと考えるようになった。一九三六年から、ハルは、研究所のスタッフの力を借りながら当時のアメリカのアカデミックな心理学者に知られていたプロジェクトを進めるために、毎週月曜日の夜にスタッフの研究会を開くようになった。ハルは以前から、行動主義心理学の明白な命題体系を発達させ、さまざまな命題の応用を検証する研究を行なっていた。彼は、このプロジェクトのために、自我や超自我とイドの相互作用など、フロイトの理論のいくつかを挙げた上で、これを行動主義的な形に変えて、それを検証する適切な方法を発展させるのに力を貸してほしいとメンバーたちに要請した。月曜夜の研究会は、その長期プロジェクトの他の側面に焦点が当てられることもあったが、いずれにしてもハルの行動主義的な関心を映し出したものだった[65]。

エリクはハルの月曜夕方の研究会に出席していたが、精神分析の理論を行動主義的に応用するという活動になじめなかった。しかも彼は、研究会に出ていた高名な研究者たちにおそれをなして、ほとんど意見を述べなかった。一度、「打ち解けたジョーク」として軽い調子で自分の考えを述べようとしたことがある。ところがハルは、研究会での話し合いをまとめた抄録（全国の大学の心理学部に郵送する予定だった）に、エリクのその発言を入れた。それを知ったエリクは不安になり、その日の約束をすべてキャンセルして「研究会で自分が言いたかったことの要旨を書き直し」た。野心家であり、心配性でもあり、心理学者の間での評判をとても気にしていたエリクは、その後、黙っているか、非常に注意深く言葉を選んだほうがよいと思うようになった[66]。

行動主義心理学のハルの命題体系が主要なプロジェクトであったため、エリクは人間関係研究所にいづらくなってきたように思われる。彼は、陸《おか》に上がった魚のように感じた。研究所を訪れたアラン・グレッグは、「研究所のみんながエリクに好意をもち、彼を尊敬している」にもかかわらず、彼は研究所のなかで「他の学者たちとうまくやっていくのに苦労している」と感じた。エリクは、精神分析とは主に解釈の仕事であり、自然科学あるいは客観的な科学の側面は小さいと考えていた。行動主義やその他のアカデミックな「客観的」心理学は、興味の外にあった。エリクは研究所で学際的な研究ができれば自分にとってプラスになるだろうと考えてニューヘヴンにやってきたのだったが、彼の考える学際的な研究とは、メイやダラードの協力でハルが行なっているような統合ではなかった。彼は、自分が決して「その一員になれない」ことを感じていた。たとえハルのプロジェクトを認めたとしても、彼がこの研究所に長く留まれたかどうかは疑問である。やはり、大規模な共同研究プロジェクトは彼には難しかった。一人で研究するほうが幸せだった。この研究所にやってくる前でも、「わずかな観察結果が得られるたびに時期尚早の議論などをするために頻繁に立ち止まることなく」、子どもたちとその発達について「静かに考えたい」とメイに伝えていた。彼は、自分の研究について定期的に研究所の他の仲間に報告しなくてすむことを望み、自分の研究を他人の研究に結びつけることも好まなかった[67]。

エリクは、研究所に抱いていた夢が砕けるのを感じるようになっていったが、イェール大学の別の場所で、各種の学問領域を結びつけるもっと魅力的な人物に出会った。エドワード・サピアである。文化人類学者のサピアは、エリクと同じように、人間関係研究所の研究の方向に不満を感じていた。また、ユダヤ人であるサピアは、研究所での社会生活に微妙な反ユダヤ主義があることを感じていた。エリクは、サピアの芸術的な関心と、一人ひとりのかけがえのない人生に焦点を当てようとする彼の姿勢に、自分との共通点を見いだした。サピアはあらゆる形の社会科学の抽象主義に猛烈に反対し、人類学、精神分析学、心理学および社会学は、データ収集および研究上の問題の理論化を促進することができる「予備的な」学問領域であるとみなしていた。同時に、具体的な社会基盤のなかでの個々のパーソナリティの形成を考察するために、それぞれの個人とその文化に立ち返ることが不可欠だと考えていた。エリクとサピアの接触は限られており、また、エリクはすべての探求が個人に回帰しなければならないとするサピアの主張に全面的に賛成していたわけではなかった。しかし、いろいろな要素を取り入れた解釈的な文化人類学の形についてエリクが知ったのは、研究所の他の誰よりもサピアによるところが大きかった。それはエリクの精神分析の視点に重要な一つの次元を加え、「外的世界」の文化を「内的世界」の動因や制約に結びつけるという彼の関心を強めるように思われた。エリクの心にもっとも強く訴えかけたのは、サピアの考える学際性だったのである[68]。

相性のよい学際研究——文化とパーソナリティ運動

アメリカの文化人類学について、そして文化人類学と精神分析学の共存の可能性について、初めてエリク・ホンブルガーの目を開かせてくれたのはサピアであったが、他の研究者たちも彼をこの方向に動かした。記念すべき経験が訪れたのは一九三七年の夏のことだった。ハーバード心理学研究所で、エリクは、精神分析の訓練を少々受けたことがある著名な人類学者スカダー・メキールと友達になった。また、エリクはメキールの娘の精神分析治療に成功していた。エリクがニューヘヴンに移ってしばらくたったころ、そのメキールが、サウスダコタ州パイン・リッジ特別保留地内のオグララ・スー族の土地の中心で開かれる夏期特別研究に彼を誘ってくれたのである。メキールは、ドイツの作家カール・マイが雄々しく冒険好きなグレートプレーンズのインディアンを理想化したベストセラー小説をエリクが若いころに読んでいることを知っていた。エリクは、ためらうことなくメキールの誘いを受けた。「スー族というのが〔ドイツ語で〕私たちが『ゼーウクス（Seeux）』と発音していたあのアメリカ・インディアンの名前であるとわかったとき、行くと言わずにはいられなくなった」とずっと以前からメキールに語っている。特別保留地で、メキールは、ずっと以前からメキールに情報を提供してくれていたスー族の人々にエリクを紹介した。彼らは、「白人がやってくる前に」スー族の子どもがどのように育てられたかを中心に話し合った[69]。

エリク・ホンブルガーは、伝統的なスー族の子育てに深く心を動かされた。スー族の親たちは、子どもが自己と身体、自己と血族の間でコミュニケーションを発達させるとき、幼い子どもたちにかなりの自由の余地を与える「融通性のある伝統」に従っていた。子どもたちが強い身体としっかりした自信を発達させて初めて、子どもの行動を形成する上で部族のおとなの視点が働きはじめるのである。スー族は、子どもたちが十全性《ホールネス》と満足の感覚を得ることができる深く統合された文化をもっているとエリクは考えた。彼らのアプローチは、近代西洋文化の子育て――身体の機能と衝動を過剰なほど体系的に統制することにより、商工業上の特殊化された要求に対応できる力を身につけさせる子育て――と著しい対照をなしていた。だからといって、スー族の文化に問題がないわけではない。スー族の経済にとっては大草原でバッファローを追いかけることが基礎であった。彼らの時間や空間という概念さえもそこから生じていた。ところが、バッファローの群れはついにほとんど死に絶え、スー族は特別保留地に閉じ込められ、貧困と無関心の日々を送ることになってしまった。けれども、スー族の家族にはかなり統合された文化の名残が受け継がれ、自律と独創性という要素とともに信頼を生み出していた。エリクから見ると、スー族の子どもは、昔ほどではなくともかなり豊かで自発的な生き方を享受していた。少なくとも、白人の子どもたちの多くが送っている不満足な生活、すなわち市場と機械を使いこなす準備をさせられる毎日に比べると、それは確かだと思われた[70]。

このサウスダコタへの旅は、文化や社会的な慣習という「外的世界」へのエリクの関心を飛躍的に高めた。エリクは、夢、自由連想、空想といった伝統的な精神分析の観点にそれほどとらわれなくなった。（彼は自分の観察ノートにもとづいて『心理学ジャーナル』に一つの記事を書いている。）実際、この旅によって、文化とパーソナリティ運動――いろいろな要素を取り入れながらも人類学に重きを置いた学際研究――への興味に火がついたようである。友人のローレンス・フランクは、エリクを何人かの参加者に紹介した。彼らは、スー族のような「原始的《プリミティヴ》な社会」が近代社会に欠けている十全性《ホールネス》と一貫性をもっていると見る視点をエリクと共有していると思われた。

文化とパーソナリティ運動の活動家たちは、ある種の知的な「階級」に所属していた。彼らは、人間の発達において生得的なものと文化に由来するものを見分けたいと考え、従来の学問領域を超えたいろいろな分野に関心を向けた。フランク自身がこの問題について深く考えていた。エリク・ホンブルガーは、自分のなかで育ってきた「患者としての社会」という概念に特に関心をもつようになった。それは、個人の患者の手助けをするために使ってきた精神分析の手法を、機能不全に陥った社会的な力や制度の矯正に用いようとするものであった。フランクを通してエリクはマーガレット・ミードに出会った。フランクは、ルース・ベネディクトにもエリクに会うよう促した。また、クルト・レヴィンの仕事がエリクにとってプラスになると考え、彼にも紹介した。エリクは、こうした専門家たちが正式にはどのような学問領域に所属していようと、彼らはそれにとらわれずに広い視野に立って解釈的に物を見ており、それは「私がウィーンで学んだものと連続する」と感じた。イェール大学のサピアと同様、彼らは、それぞれの国の国民性や、地球的な問題や、異なる社会における人間性質の多様性について論じていた。また、ほとんどの人が精神分析の理論を知っており、それに共感をおぼえていた。実際、エリクは後に、そうした人々の力を借りることで「当時はまだ自分のなかで漠然としていた『子ども期と社会』の基本概念」がはっきりと定まったと回想している[71]。

エリクは、文化とパーソナリティ運動の人々が主催する研究会に出席するようになった。その一つが、何年も前から積極的な活動を行なっていたコロンビア大学のキャロライン・ザカリーの研究会である（彼女の「パーソナリティ発達研究所」が主催）。ザカリーは、ニューヨーク教育委員会の児童指導部長を務めたことがあり、そこで精神分析家たちと身近に接していた。彼女の研究会には、ベンジャミン・スポック、ローレンス・フランク、ロイス・マーフィーなど、子どもの発達に関心をもつあらゆる分野の人々が集まった。一九三〇年代半ばまでに、この研究会は、ザカリーの主な研究テーマだった青年期の適応に焦点を当てるようになった。そして、この研究会の積極的なメンバーの一人に旧友ペーター・ブロスがいた。エリクは、この研究会で、自分が治療にあたった子どもたちの感情と環境を理解する上で遊びの構成がいかに大事かを発表した。それは聴衆の心をつかんだ。ロイス・マーフィーは、祖母の死に動揺した子どもについてエリクがどのように論じたかを鮮明に憶えている。この子どもは、積み木で棺を作り、中に一人の人（自分自身）を入れた。エリクはこの「言葉のない夢」のなかで、この子どもが祖母の死に対する罪の意識をどのように表わしているかを説明した。マーフィーは、このようなエリクの発表が、「子どものパーソナリティ」とそれへの接近方法に関する「その後の自分の研究にインスピレーションを与えた」と感じたのだった。エリクのアプローチは、単純だが非常に有益で奥が深いように思われた[72]。

ザカリーの研究会は、青年期の適応について初めてのしっかりとした見方をエリク・ホンブルガーに与え、他の人々と考えを分かち合う場を提供した。しかし、エイブラム・カーディナーはエリクに、もっと他人の話に耳を傾けて発言はあまりしないようにと求めた。カーディナーは初めニューヨーク精神分析研究所の人気の高い講師だったが、一九三六年にコロンビア大学に移った。フロイトに精神分析を受けたことがあるニューヨークの著名な精神分析家カーディナーは、正統派の精神分析学と袂を分かち、ルース・ベネディクト、マーガレット・ミード、コーラ・デュボワなど、研究会に出ていた文化人類学者好みの理論を打ち立てていった。実際、カーディナーのもっとも親しい研究仲間は、コロンビア大学の人類学部長ラルフ・リントンだった。カーディナーは、ある社会の人々が共有する子育ての様式からその社会のメンバーに共通した「基礎的パーソナリティ構造」が生まれることに関心をもった。自分の理論を考えるなかで、彼はフロイトのリビドー理論と発達段階を省いた。エディプス・コンプレックスの普遍性さえ否定し、イドと自我と超自我の相互作用に関するフロイトの構造理論も受け入れなかった。カーディナーによると、自我《エゴ》とは主観的に認識される「基礎的パーソナリティ」であった。このカーディナーの立場は、フロイト派が重視する人間の経験の普遍性の全面否定に限りなく近かったといえる。彼はその代わりに、それぞれの社会に特有の価値観や習慣に目を向ける人類学者の関心と共存しうる、心理学的相対主義を提示した。カーディナーとリントンは、特定の社会を考察するとき、子どもの社会化に直接的な影響を及ぼす家族などの「一次的制度」に着目し、宗教や民話といった「二次的制度」を原因ではなく結果とみなした。つまり、特定の一次的制度が基礎的パーソナリティ構造を作り出すと考えたのだった[73]。

エリクはカーディナーの辛辣な態度を不愉快に思った。カーディナーもエリクに魅力を感じなかった。エリクから見ると、この時期に行なわれていた古典的な文化とパーソナリティの論議のなかでは、精神分析的な普遍性に忠実なゲザ・ローハイムのほうが好ましく思えた。それでも、時、場所、特定の家族、その他の「一次的な」要因に着目するカーディナーとリントンの観点は見逃せなかった。エリクも、子どもたちを観察するとき、これらの要素に十分に注意を払っていた。それは子どもの「外的世界」において決定的に重要な要素だった。とはいえ、カーディナーとリントンの一次的制度と基礎的パーソナリティ構造は、エリクにとって、カーディナーにしばしば手ひどく批判される研究会に出席し続けたいと思わせるほど魅力のあるものではなかった。エリクが会に出るのをやめなかったのは、ひとえにマーガレット・ミードとルース・ベネディクトと、もっと懇意になりたいがためだった[74]。

ミードとベネディクトは、フランツ・ボアズに文化人類学の手ほどきを受けた。ボアズは、二つの大戦の間の時期、科学界の人種差別に果敢に立ち向かい、それぞれの人種や文化的集団に上下の区別をつけるという当時の一般的な認識に頑として反対した。ボアズは、異なる歴史的条件をもつ文化体系は経験に異なる意味のパターンをもたらすとミードとベネディクトに教え、彼女たちを相対主義者に育て上げた。ボアズの門弟のなかでおそらくもっとも高い評価を受けた二人は、親友となり、仕事上の仲間ともなった。一九二〇年代と一九三〇年代、彼女たちは、ボアズとともに、アメリカの自民族中心主義を批判するリベラルな知識人として活動した。

ミードは、サモアやニューギニアなど、南太平洋の社会の研究で有名になった。ダコタ・スー族の研究を行なったエリクソンと同じく、近代社会に典型的に見られる攻撃的で競争的な子育てに比較して、「原始的《プリミティヴ》」な文化の充足した十全性《ホールネス》と子育ての習慣を高く評価した。ミードはジェンダーの問題や女性と子どもの生活に注目し、自然分娩と母乳育児の主唱者となった。しかし、自分をフェミニストだと考えていたわけではなかった。彼女は、おとなが子どもを慈しむことの重要性を強調し、紛争を解決する手段としての戦いを拒絶した。慈善家として活躍していたミードの母親は、平凡な教授であった夫よりも自分のほうが価値が高いと考えていた。ミードは、情動が家族のなかでどのような役割を果たし、もっと大きな社会にそれがどのように影響を及ぼすかについて、精神分析学の見方に興味をもった。いつもエネルギッシュで、共同研究の力強い推進者だったミードは、カレン・ホーナイやエーリッヒ・フロムなど、文化的な関心を共有する移民の精神分析家たちに接触し、彼らをベネディクトに紹介した[75]。

ミードは、精神分析の訓練を受けた亡命者のなかで、エリク・ホンブルガーにもっとも強い印象を受けた。彼女が初めてエリクに会ったのは、彼がボストンでなんとか暮らしを立てようと苦労していたころ、シンシナチで開かれたある会議の席だった。ミードと同じく彼も、社会改革家としてよりも教育者として成功し、社会に認められたいと考えているように見えた。ミードには、彼が自分と同じくアウトサイダーであることがすぐにぴんときた。彼女は、エリクがフロイトと異なる形で身体部位を扱っていることにも感銘を受けた。彼が説明する身体部位は、彼女が観察した太平洋の諸文化の社会的な儀式とつながるように思われた。エリクは、身体の各部位が衝動によって刺激されると考える一方で、それを補足する社会文化的な刺激にも目を向けていた。ミードは、エリクが考えた最初の格子状の発達チャートにおける身体部位の捉え方から、彼が社会文化的な補足性を考えていることを見てとった。それらの部位がバリ族などの儀式のなかに社会的に表現されていることに気づいたのである。まもなくエリクは、子どもの遊びの配列、性差、その他の多くの関心をミードと共有するようになった。彼女は、エリクがアメリカに浸透している人（主体）についての個人主義の考え方を打ち破ろうとしていることを理解した。彼は、自己とは社会的な文脈のなかの重要な他者と分かちがたいものだと主張した。一九三九年には、ミードはエリク宛の手紙にこう書き記している。「私はますますあなたの考え方を頼りにするようになっています。どうか、あなたの書いたものをすべて私に送ってください。……あなたからたくさんのことを学んでいます」[76]。

そのころまでに、エリクは自分もミードに依存していることに気づくようになった。『サモアの思春期』（一九二八年）だけではなく、『三つの未開社会における性と気質』（一九三五年）でも名声を得ていたミードは、文化とパーソナリティ運動に大きな影響力をもつようになっていた。ミードは、エリクが他の重要な人々と出会えるように取り計らい、彼の名声を高めるよう力添えをしてくれた。エリクは、知的な魅力はもつものの美人というわけではないこの若い人類学者とならば、精神分析学の定式化の視覚的な面について、気楽に話し合えることに気づいた。たとえば、「精神分析的な身体イメージは開口部だけであって手足がない」といった考え方である。しかし、人間が自分の脚で直立し、それが「バランスを崩したり方角を見失ったりするという特別なおそれをもたらしている」のは重要なことだった。エリクは、ミードへの手紙に、「これまでのあなたとの話のおかげで、私の考えはぐっと明確になりました」と書いている。ミードは彼に、もっと多くの論文を書いて出版するよう奨励した。ときには、自分の影響力を行使して、編集者に彼の著作を受理するよう勧めることもあった。アメリカの聴衆に向けた講演のしかたも指導した。何より重要だったのは、エリクがいろいろ迷いながらも外的な社会的経験を考察しようとしていること、そしてそれによって内的な情動的人生に焦点を当てるフロイトの視点を広げようと努力するのは意義が大きいということを、ミードが理解している点だった。彼女は、自分たちの議論に、恥ずかしがり屋で抑鬱傾向のあるルース・ベネディクトを引き込んだ。ミードはエリクに、当時評価が高まりつつあったベネディクトの著作を詳しく研究するよう促したのだった[77]。

ベネディクトは、精神分析が前進させた人間の動機づけの普遍的な描写――動機が具体的な社会や文化を超越するという考え方――に違和感をおぼえていた。それより、全体論的《ホリスティック》な見方を強調した一九二〇年代のゲシュタルト心理学のほうが自分の考えに近いと感じられた。彼女は、一九二〇年代から一九三〇年代前半にかけてズーニー、コチティ、ピマ、アパッチなど、いろいろなアメリカ先住民族を対象にして行なったフィールドワークにもとづき、「コンフィギュレーション」という言葉を定義していた。一九三二年に『アメリカ人類学誌』に掲載された有名な論文で、ベネディクトは、特定の社会における「コンフィギュレーション」が、そこに共有される特定の「内的必要性」に従いながら、どのようにその成員の感情や認知の反応を形成するかについて詳しく論じた。ベネディクトにとって、「パーソナリティの類型《タイプ》が個人の行動の理解に役立つのと同様に、コンフィギュレーションは集団の行動を理解するのに役立つ」と考えた。集団や社会とは、社会的ダーウィン主義者が主張するように生物学的に決定された存在ではなく、独自の方法で共存する秩序と混沌の要素をもった、開かれた体系なのである[78]。

ベネディクトの著作を読み、それについて彼女と論じるようになったとき、エリク・ホンブルガーには、パーソナリティを特定の社会的な基盤のなかに位置づけるサピアの論点が思い起こされた。確かに、ベネディクトの「コンフィギュレーション」の概念が社会の情動や認知の質のなかに個人を包含するのに対し、サピアはそのマトリックスのなかでの個人の独自性を主張していた。しかしエリクには、自分の臨床的な患者に明らかに見られる個人の独自性は、ベネディクトが社会の特定のコンフィギュレーションと呼ぶものによって促される共通性と共存するのではないかと思われた。さらに重要なことに、彼は、自分が、ベネディクトによって「コンフィギュレーション」という語に与えられた厳密な意味に頼ることなく、自分自身のコンフィギュレーション・アプローチを基本的に築いていることに気がついた。ベネディクトは明白に表われた社会の情動や認知のスタイルという「外的世界」を強調しながらも、それらが「内的必要性」(エリクにとっては精神分析での「内的世界」)に根ざしていることを認識していた。ベネディクトのコンフィギュレーション・アプローチは集団としての「外的世界」を強調し、エリクのアプローチは個人の「内的世界」を強調していたが、重要なのは、個人が社会のなかで方向性をつかもうとするときに「外的」と「内的」がどのように収束するかということであった。強調点こそ違っても、エリクもベネディクト（および彼女と一緒に仕事をしていたミードらの人類学者）も、

一つのよく似た言語を話しているのであり、いつかはダイナミックな意味で子ども時代と文化のパターンについて話すことができるようになるだろう。こうして、私は、精神分析が発見した人間の動機づけと、人々がもつ世界イメージや経済システム——人々が、何を、どこで、どのように捜し求めるか——との関係に関心をもつようになった。

ベネディクトとミードをはじめとする人類学者たちの影響により、エリクは、積み木のコンフィギュレーションを通した子どもの「内的」世界と「外的」世界の理解から、特定の文化のなかでのより広いスタイルと知覚の理解へと動いていった。精神分析学と人類学という二つの学問領域の間をだんだん容易に往き来できるようになるにつれて、彼の頭のなかで両者が融合しはじめていたのだった[79]。

一九三七年、エリクは、英語で書いた初めての本格的な論文「遊びにおけるコンフィギュレーション」を『季刊精神分析』に発表した。これは、ボストンとニューヘヴンで子どもやおとなのアメリカ人を対象に行なった精神分析について述べたものだった。この中で彼は、精神分析家が子どもの「空間的なコンフィギュレーション」——おもちゃや積み木や人形——を見逃しがちだと批判した。おとなが言葉で伝えるように、子どもはそうしたコンフィギュレーションによって、人生や社会についての重要な心理学的データを伝えるのである。エリクは、次々と事例を挙げながら、おもちゃのコンフィギュレーションを作ることにより子どもたちがいかに内面の情動や自分の社会のありようを伝えるか、そして生活における内と外という二つの次元をおもちゃで創造的に統合することによっていかによりよい自己の感覚を達成するかを説明した。新しい遊びの配列は、しばしば、自己統合の成功が新たに発見されたことを明らかにする。またエリクは、それぞれの子どもの遊びのコンフィギュレーションを記述するなかで、臨床的な治療を行なう際に自分が子どもの内部の個人的な関心と外の世界（家庭、両親、教師など）との間をいかに往ったり来たりするかを記した。彼は、子どもの社会に入っていきながら、ほとんど同時に、子どもの内的な情動的生活にも入っていった。その意味で彼は、ベネディクトとミードに勧められたコンフィギュレーション探求のフィールドワークを実行していると感じたのだった[80]。

ニューヘヴンでの家族のこと

エリク・ホンブルガーは、ベネディクトやミード、その他の学際的な研究者との接触を通してコンフィギュレーション・アプロ

ーチを固めていくうち、自分が専門的な出版物に発表するに値する独自の重要な何かをもっていることに気づいた。しかし、英語での出版は簡単なことではなかった。イェール大学人間関係研究所の同僚たちに研究の概要を示したとき、自分の考えやデータは、学者たちの討論の場や専門雑誌に受け入れられる正確な英語に翻訳できなければあまり意味がないことを悟った。ダラードやメイなどにも、「自制や自信等々の人類がもつ最大の力は、言語として表現する力です」と語っていた。一九三九年にニューヘヴンからカリフォルニア北部に引っ越したころ、エリクは、言葉を操るという重要な「力」を身につけつつあると感じていた。当時の彼の英文は、後の『子ども期と社会』の文体ほど流れるような生き生きとした美しさはもたなかったものの、明確で読みやすいものだった。これはエリクがアメリカにやってきたときにすでに三十一歳（新しい言語を習得するのがかなり難しいといわれる年齢）になっていたことを考えると、小さな達成ではない[81]。

この成功は三つの要因のおかげだった。一つは、アメリカ人の患者の信頼である。患者は自分の言葉をエリクに「全面的に理解してもらえると信じていた」。患者たちは、エリクに英語へ移行するための「ある種のモラトリアムを与え」、彼が「救いようもないほど英語がわからないことに」不平を言わなかった。問題を抱えた患者がそれほど寛容であり、エリクはきっと自分を理解してくれる、そして最終的に英語力を身につけることができると信頼してくれたために、エリクは自分の言語能力に自信をもつことができた。二つ目の要素は、エリクの野心である。彼は、アメリカで著作を出版できる研究者として成功したいという思いを強めていた。ボストン時代の仲間たち、たとえばハーバード大学医学部の神経学者、トレーシー・パットナムなどは、アメリカにやってきてからのエリクの「論文執筆量が少ない」のは家族を養うためにあらゆる種類の仕事を引き受けなければならないからだと釈明しようとした。しかし、イェールではメイシー財団から十分な金銭的支援を受けていたため、そのような言い訳が通用しなくなり、英語の専門的な雑誌に定期的に論文を発表しなければならないと感じた。後にヘンリー・マレーが回想しているように、エリクは、学者たちの討論の場で短期間に「洗練された言語力」を示すことによってのみ「前進していける」ことを十分に理解していた。そして、もう一つの重要な要素は、ジョアン・ホンブルガーが果たした役割だった。彼女は、芸術的なドイツ語から良い英文の書き手へ移行しようとしているエリクにとっては、編集者たちが押し付けてくる厄介で退屈な文法規則に煩わされず、自然なスタイルを大事にするほうが望ましいと考えた。そこで、文法の勉強を手助けするよりも、互いに英語の文学作品を読み聞かせあったり英語で会話したりすることでエリクの力になった。彼が最初に英語で書こうとしたとき、ジョアンは愛情をこめてエリクの「文章を導いた」。こうして、エリクは短期間で洗練された言語力を身につけた。その後も彼が論文を書くとき、ジョアンは、ますます簡潔で、深みがあり、それでいて理解しやすくなってきたエリクの文体をいっそう活かすよう手助けした[82]。

エリクの英語の驚くべき上達には暖かく夫を支える妻が大きく貢献したが、夫婦や家族の生活はそれほど牧歌的なものではなかった。一家はニューヘヴンの郊外の小さな町、ウッドブリッジに家を借りており、メイシー財団からの助成金と個人開業の精神分析の仕事による収入のおかげで、銀行口座はまずまず潤っていた。ジョアンはその口座を管理し、家計をやりくりし、大きな支出のすべてを自分で処理した。住み込みの「コネティカット・ヤンキーの家政婦」を雇い、魅力的な「古いニューイングランド」の家具も少しばかり手に入れた。ピアノがあればエリクにもっと家で過ごさせることができるかもしれないと思ったが、買わなかった。エリクは、ウィーン時代以来クラシック・ピアノをたしなんでいたから、ピアノをもっている友達の家を訪ねたとき以外にも練習時間があれば、もっとずっと上達したかもしれない。カイとジョンが学校に行く年齢になると、エリクもジョアンも、評判のよい私立学校に通わせるためのお金は出す価値があると考えた。二人とも、子どもたちの成功に大いに期待していた。このように、ホンブルガー一家の経済は楽になった。しかし、いろいろな苦難もあった[83]。

ウィーンでできあがったパターンのとおり、エリクがあちこちを旅し、仕事をしている間、ジョアンは子育てと家事に専念した。このような労働の分担は、めったに自分の子どもたちの顔も見なかったもう一人の学者兼臨床家フロイトと同じだった。ニューヘヴンに移ってまもなく、カイとジョンが水疱瘡にかかり、ジョアンは何週間もずっと家で彼らの看病をした。それから、エリクがメキールとともにダコタ・スー族の調査に出かけていた夏、カイが重い猩紅熱にかかった。このときは、一ヵ月半もカイをジョンから隔離しなければならず、一人は二階の部屋で、もう一人は一階で過ごした。もっと深刻だったのは、一九三七年の春にジョンが乳様突起炎を起こしたことである。薬で症状が軽くなったように思われたが、翌年に再発し、今度はひどい痛みを伴った。そのため、乳様突起を切除する手術が必要になり、緊急の輸血までしなければならなかった。新たな感染を防ぐために(承認前の実験的な薬として)大量のサルファ剤が使われたところ、ジョンはひどい副作用を起こしてしまい、再入院と家での長い療養を要した。この間、ジョンはこれまでの軽い病気のときにいつもそうだったように、母親にそばにいて欲しがった。しかしこのとき、ジョアンはスーを出産するために自身が入院していた。さらに悪いことに、手術からの回復期に激しいハリケーンがニューヘヴンを襲い、ジョンをすっかりおびえさせてしまった。また、退院してきた母が赤ん坊の世話にかかりきりになっているのも、ジョンの寂しさを募らせた。その数ヵ月後、追い討ちをかけるように、カリフォルニアに引っ越すことが決まった。ジョンは引っ越しを嫌がり、自分の寝室に隠れてしまった。こうしたもろもろの事情が重なったことを考えると、カリフォルニアに到着してまもなくジョンの吃音が始まったのも無理からぬことである。吃音は何年も続いた。

エリクは、その原因の一部は「妻が三人目の妊娠のためにこの子の世話を十分にできなかったこと」だと考えていた。この時代の他の多くの夫たちと同じように、自分がジョンにもっと注意を向けていたら事態がよくなったかもしれないと言うことはなかった。ジョアンは子どもの世話にエリクが手を貸してくれないことにときどき怒りは感じたものの、彼を変えようとはしなかった[84]。

　このようにいろいろな危機が襲ってくるなかで、ジョアンはある小児科改革に成功した。グレース・ニューヘヴン病院でスーが産まれたとき、スタッフはスーを乳児室に連れて行き、決められた授乳の時間だけジョアンのもとにスーを戻そうとした。ジョアンはそのときおたふくかぜから回復しつつあったため、特別室を割り当てられていた。彼女は、スーが欲しがるときに母乳を与えることができるよう、同じ部屋に寝かせてほしいと言い張った。ちょうどそのとき、ゲゼルのクリニックでエリクの同僚だったエディス・ジャクソンとマリアン・パットナムが同病院の産婦人科に勤務していた。母乳育児の利点と、母親と新生児が病院の同じ部屋で過ごす権利を早くから主張していた二人は、ジョアンの要求を尊重するよう病院のスタッフを説得した。こうして、グレース・ニューヘヴン病院での「母子同室」に先鞭がつけられたのだった[85]。

　子どもたちの心配のほかに、エリクとジョアンにはもう一つ心配の種があった。ナチスの影がドイツ全土に広がるにつれて、カールスルーエにいるエリクの家族の運命が強く案じられるようになってきたのである。エリクとジョアンの結婚をテオドール・ホンブルガーが祝福してくれたことから、ドイツとアメリカに分かれた両ホンブルガー家の間には、互いへの尊敬、そしてしばしば愛情に満ちた関係が築かれた。エリクとジョアンは、テオドールとカーラ、それに妹のエレンとルースにアメリカに来るように勧めたが、彼らは動こうとしなかった。ユダヤ民族国家建設主義者《シオニスト》であるエレンは、ドイツで医学の勉強ができないことがはっきりすると、パレスチナに移住した（一九三三年）。エレンは、パレスチナでヤイール・カッツと結婚して、夫とともにハイファに落ち着き、ドイツを逃れてきたユダヤ人の子どもたちのための学校を作った。一九三五年にエレンがカールスルーエの家族に会いに行ってみると、彼らの状況は絶望的だった。小児科医の父は、ナチスの命令によってユダヤ人以外の患者の診察をすることが禁じられ、かなりの額があった彼の収入は半減していた。テオドールはがっくりと力をなくしていた。エレンは、父が自殺を試みたことがあり、ドイツを離れるのを拒んでいることを知ったとき、テオドールをイタリアへ旅行に連れ出すようにとカーラに言った。そして、エレンは、テオドールには知らせないまま、イタリアからハイファの自分たちの元へと二人を連れて行った。この計画は成功だった。テオドールもカーラも、カールスルーエにとどまっていたならば、テオドールの兄弟姉妹やホンブルガー家の何人かの親戚と同じように、国境のフランス側にあったグルス強制収容所に連れて行かれたことだろう。テオドールの姉妹のベアタ・マルクスはグルスで亡くなった。エリクは、何年も後、『青年ルター』に「ヨーロッパにいる私の仲間たちの白骨」について書いたとき、この悲劇に思いを寄せた[86]。

ハイファへの移住は順調に進んだ。カーラとテオドールは、エレン夫妻とともに暮らし、地元の新しいユダヤ教会《シナゴーグ》で活発な活動をするようになった。テオドールは小さな小児科の診療所も開いた。しかし、彼らは家を失った。大急ぎでカールスルーエを脱出したために、お金や財産もほとんど持ち出せず、経済的に困窮した。自棄的になったカーラは、持っていた宝石をすべてコペンハーゲンに住むアブラハムセン家の親類たちに送り、毎週、食べ物を送ってくれるように頼んだ。ニューヘヴンのエリクの元に両親の窮状が伝わると、彼は自分たちに何ができるかジョアンと相談し、それから数年間、毎月百ドルという相当多額の仕送りを続けた。金銭的な面でも、それ以外の面でも、移住することの難しさを彼は身をもって知っていたのだ。一九三六年の春にマーク・メイに宛てた手紙には、「自分の家族に加えて両親も養う責任を引き受けました」と書かれている[87]。

エリクはハイファの両親とエレンを援助したばかりでなく、上の異父妹であるルースとその夫、パウル・オッペンハイマーにも力を貸した。オッペンハイマー夫妻は一九三五年にパレスチナに移住したが、生計を立てることができず、ドイツに戻った。そこにエリクから緊急の手紙が届いた。エリクは、法律上の手続きを引き受け、ニューヘヴンまでの二人の旅費を送ると申し出て、すぐに出国するよう促した。彼らは一九三七年にニューヘヴンに到着し、三週間エリクとジョアンの元で暮らした。エリクは、二人にその街に落ち着くように勧め、移民が多くて経済的なチャンスが少ないと思われるニューヨークへの引っ越しに反対した。しかし、二人はニューヨークを選んだ。エリクやジョアンと違い、ルースたちにとっては、ユダヤ人が比較的少なく反ユダヤ主義の風が強いニューヘヴンよりも、大きなユダヤ人移民のコミュニティで暮らすほうがよいと感じられた。まもなく、彼らはホテル事業を始め、成功をおさめた。このように、エリクは、ルースを驚かせるほど彼らを心配し、気前よく援助の手を差し伸べたのだった[88]。

ホロコーストが迫りくるなかでエリクが両親と妹たちに見せた気遣いは、家族との関係を大きく変化させた。長年にわたる養父との緊張関係はジョアンとの結婚でかなり改善されていたが、ニューヘヴンからの金銭的な支援と配慮によって、この緊張がすっかり解けたのだった。それは、一九四四年にハイファで死去したテオドールの遺書（一九四二年に作成）に雄弁に語られている。この遺書でエリクはテオドールの実の娘たちとまったく同等に扱われていた。テオドールが署名した法的な文書のなかで、エリクが「養子」と記されたのは初めてであった。ただし、エリクが私生児であることを隠すために、「妻の最初の結婚による」息子と記されていた[89]。

エリク・エリクソンになる

こうして、カールスルーエのホンブルガー家は、パレスチナ（両親と年下の妹エレン）とアメリカ（エリクと年上の妹ルース）に分かれた。ルースはパレスチナへの移住を真剣に考えたことがあったが、エリクは考えなかった。デンマークに別れを告げたエリクにとっては、アメリカこそが自分の選んだ国だった。家族のなかで唯一、ユダヤ人でもヨーロッパ人でもない伴侶を得たという事実が、この決定に影響を及ぼした。ジョアンもアメリカを自分の故郷と考えており、パレスチナへの移住には関心をもたなかった。

一九三八年の秋、ニューヘヴンからカリフォルニアに移ることになる少し前、エリクは、コネティカット地方裁判所に帰化を申請した。ダークスーツと、おそらくはジョアンが選んだと思われるカラフルでおしゃれなネクタイ、それに粋なシャツに身を固めて裁判所に出向いた。それまでの数年間で、痩せぎすだった体に少々肉が付き、顔も丸くなっていた。よく手入れされた髭を蓄え、堂々と胸を張っていた。強い光を湛えた印象的な目は相変わらずだったが、まなざしは和らぎ、表情全体には自信がにじみ出ていた。休養も十分にとっているように見えた。毎日、昼食後に午睡をする習慣ができていたのがよかったのだろう。明らかに、十年前、カールスルーエからウィーンに旅立った若者——やせて、張りつめ、いらだち、打ちひしがれた若者——とは違っていた。市民権をとる手続きが完了するのは、一家がサンフランシスコ湾地域《ベイエリア》に移ってから数ヵ月後の一九三九年九月だが、エリクの帰化申請書は多くを物語っている。彼は、心理学の学位も認定証ももっていないにもかかわらず、自分の職業を精神分析家ではなく心理学者と記した。出生地はドイツとしたが、「人種」の欄には「スカンジナビア人」と書いた。何より重要なのは、彼が「エリク・ホンブルガー・エリクソン」という名で市民権を求めたことである。書類にはホンブルガーとエリクソンをつなぐハイフンはなかった[90]。

一九七〇年代にエリクソンがある種の全国的な有名人になったとき、ユダヤ人の名前であるホンブルガーを捨てて、キリスト教徒の名前であるエリクソンに変えたように見えるこの改名について論争が起こった。「アイデンティティの危機」の概念の構築者が、この変更にどんな重要性があるのか、彼自身のアイデンティティについて何を示しているのか、アメリカ市民となることはユダヤ人であることを放棄することだったのかをめぐって、長い年月にわたって問い質された。この論争はエリクにとって不快だった。彼は、質問してくる人に対して、用意したいくつかの覚え書きの一つを送ることでかわそうとした。基本的に同じ内容を記した手紙を『ニューヨークタイムズ・ブック・レビュー』向けにも準備したが、結局、これは送られなかった。そうした説明のなかで、彼は、「すべての新しいアメリカ人は新たな姓を選ぶことができた」し、エリクという名とエリクソンという姓の組み合わせは「スカンジナビア人にとってごくありふれたものだ」と説明している。「ミドルネームとして養父の名前を残し、長男のミドルネームに養父のファーストネームであるテオドールを付けたことからもわかるように」、けっしてテオドール・ホンブルガーを拒絶するつもりはなく、ユダヤ人である養父もこの名前の変更を承認してくれたと主張した。実際、「エリクソンという名は、スカンジナビア人として生まれたエリクという名の移民の子孫にふさわしいものとして、家族や友人たちに選ばれた」のだった[91]。

彼はこの「公式の」説明ではアメリカ移住者にとって改名はありふれたものだったということを強調しているが、ユダヤ人差別が強かったこの時代、ヨーロッパからやってきたユダヤ系の名をもつ移民とその子どもたちの多くが「アメリカ風」に改名することを選んだという事実には触れていない。だからこそ、レオナルド・ローゼンベルクがトニー・ランドールに、イスール・ダニエロヴィッチ・デムスキーがカーク・ダグラスに、イスラエル・エーレンベルクがアシュレー・モンタグに、マイヤー・シュコルニクがロバート・マートンになった。イェール大学医学部でエリクソンの同僚であったミルトン・ウィンテルニッツは名前を変えないと決心したが、ニューヘヴンのユダヤ人コミュニティに近づかず、ユダヤ人ではないと暗に示そうとした。ヨーロッパからのユダヤ系移民の間にそうした慣習が広まったのは、迫りくるホロコーストのためにヨーロッパに戻る可能性が閉ざされるなか、彼らがアメリカで受け入れられたい、職を得たいという切実な思いを抱いていた顕われのように思われる。改名は、高まる反ユダヤ主義によって職場から締め出されるユダヤ人の心理学者の間で特に顕著だった。たとえば、後にバークレーでエリクソンの同僚となったイザドア・クレシェフスキーは、デイヴィッド・クレッチに改名した。カリフォルニア大学でエリクの上司となった心理学者のジーン・ウォーカー・マクファーレンは、エリクの改名に賛成して、「エリクソンというのはホンブルガーよりもなんだかあなたの全体的な形質《なり》や顔立ちに似合っています」と書いた。彼女はエリクがユダヤ人には見えず、名前を変えればキリスト教徒として通用するだろうと言ったのだった。やがて彼女は、ミドルネームのホンブルガーをイニシャルだけの「H」にするように（ときにそれさえ抜かしてしまうよう）ほのめかし、エリクもついにはその意見に従うようになった。エリクは、自分の改名の意図に対するマクファーレンの解釈を訂正しなかったし、自分が書くときにはミドルネームかそのイニシャルを省略しなかったものの、彼女や他の人がそれを抜かしても特に抗議しなかった。マクファーレンへの手紙で、彼は、自身が一部のユダヤ人亡命者との間で「不愉快な経験」をしたと強調している[92]。

「公式の」説明では、エリクソンという名への変更は養父にも承認された家族の決定であると述べられているが、家族の話し合いのようすは少し違っていたようである。エリクたち夫婦、特にジョアンが固執した家族の説明によると、その話し合いはエリクが帰化の申請を出す直前に行なわれたという。カイとジョンが学校や近所の子どもたちから「ハンバーガー」とからかわれるのに悩んでいたのが理由だった。エリクとジョアンは、名前を変えればこのいじめがなくなるだろうと思った。ときどき悪意のないおとなたちから間違って「ハンバーガー」と呼ばれることがあったのも、彼らの決心を強めた。ずば抜けて頭がよく好奇心の強い七歳のカイは、おそらく、父親の名の後に「ソン（son＝息子）」を付ける北欧の習慣についてエリクから聞いていたのだろう。父親がエリクであるから、カイとジョンは「エリクソン」になるのではないかとカイが提案したと説明されている。ジョンも、自分がエリクの息子であることをはっきりと表わすこの姓が気に入った。エリクも、これならば自分が息子たちの父であることが間違いなくわかることに満足した。また、「エリク・エリクソン」という響きもよかった。この名前は、新進の著述家にとって、文筆界でやっていくのに役立つかもしれないと思われた[93]。

家族の説明によると、ここで夫と息子たちはジョアンの顔を見て、最終的な決定を求めたという。家族の名字として「エリクソン」を承認するか却下するかの権限を握っていたのはジョアンだった。「私たちが決定した」後、それが是か非か「ジョアンが決定した」とエリクは回想している。ジョアンが最終決定者だったことはほぼ間違いない。このときの話し合いについてのカイの記憶は、エリクの記憶と一致している。監督教会派のカナダ人であるジョアンは、「ホンブルガー」を別のドイツ系ユダヤ人の名前に変える気はなかった。ドイツの政治文化に対するおそれと嫌悪感もなくなっておらず、息子たちをプロテスタントとして育てていた。それに、自分もまもなく帰化を申請し、ファーストネームを正式にサラからジョアンに変えるつもりだった。彼女にとってはつねに、自分らしさを保つ上で名前の響きが重要なものだった。彼女は、「サリー」、後には「サリーおばさん」などの愛称で呼ばれていたが、エリクと結婚したときからジョアンを通称にしていたのである。彼女は「ジョアン・エリクソン」に満足だった。音が耳に快かったのに加えて、サラ・サーソンであった年月《としつき》と訣別できるように思われた。彼女はエリクソンへの変更に同意した。カイとジョンは大喜びだった[94]。

このとき、もしエリクが「エリク・エリクソン」となることに違和感をおぼえたとしたならば、ジョアンも子どもたちもまず間違いなくその案を撤回しただろう。三人ともエリクの感受性の強さをいつも気遣っていたからである。しかし、エリクはこの名前がとても気に入った。その後、時が経つにつれて、彼はこの名前に含まれる意味を深く考えるようになった。それは、そのときの自分の人生ばかりでなく、その後の人生にもぴったり合っているように思われた。

エリクは昔からバイキングに興味をもっていた。ヒーツィング学校では授業に取り入れたこともある。彼は、赤毛のエリク《エリク・ザ・レッド》がノルウェーとアイスランドから追放され、家族とともにグリーンランドに渡ったことを知っていた。その息子のレイフ・エリクソン（ノルウェーから切り離されて自分は根なし草だと感じていた）は、グリーンランドから「ヴィンランド」（ニューファンドランド）に航海した。弟のトルヴァルド・エリクソンもレイフの後を追い、新世界に定住した初期のバイキングたちを率いた。エリク・ホンブルガーが好んで語ったファミリー・ロマンスでも、実の父はスカンジナビア人、それもデンマークの貴族だった。そして、自分がデンマークからアメリカに旅立ったように、父も昔アメリカに渡ったのかもしれないと考えていた。バイキングのエリクソン一家の物語と自分とを重ね合わせているとはっきり言ったことはなかったが、エリクの頭のなかからはその思いが消えなかった[95]。

エリクは、アメリカという国の特性——一つの国家アイデンティティに融合している民族のるつぼ——を賞賛した。後に、彼は、自らを作る人間というこの国の神話をめぐって「アメリカのアイデンティティは、ある意味でこしらえられたものであり、自ら作られたものだった」と回想している。この神話は「ほとんど文字どおり自分自身を作った人間——自分で生み出し、自分で加工し、自分で創り上げた人間——の理想化されたイメージに溶け込んでいた」。一九三〇年代のアメリカは、後に彼が「アイデンティティの危機」と呼ぶものを経験していた。さまざまな移民の子孫たち、新しい土地での成功を求めて旧世界を後にした人たちの融合によって、新たな国家アイデンティティを作り出そうとしていた。「一つには父親を知らず……また、複雑な人種的、宗教的背景をもつ」者として、エリクは、アメリカで自分自身を確立しようとするとき、過去のさまざまな要素を新しい自分のアイデンティティのなかに融合させなければならなかった。言ってみれば、彼は、エリクソンになることによって、受け入れてくれた土地の養子として自分自身を見ることができたのである[96]。

エリクは、アメリカ人としてのアイデンティティを確立する上でも、また職業人としてのアイデンティティを確立する上でも、ボストンとニューヘヴンで過ごした日々が決定的に重要だったと考えている。ここでの生活で、アメリカの大学、学生、研究者、診療施設などになじんだ。同時に、ホンブルガーのような名前が学者や専門家の間に引き起こす反ユダヤ主義も見逃さなかった。また、ヘンリー・マレー、ジョン・ダラード、マーガレット・ミードといった著名な学者らに、台頭してきたアメリカの知識人とみなされていることも認識していた。アメリカの学界誌にいくつかの論文も発表した。そして、もっと大がかりなもの、おそらくは大作を一冊ものしたいと望んでいた。

エリクは、新しい国アメリカの著述家には新しい名前が必要であると考えていた。だから、家族が説明するように、カイが「エリクソン」を提案したとき、それに強く共鳴した。「子どもは人の父である」とワーズワースとローレンス・スターンは主張している。エリクは、『ガンディーの真理』（一九六九年）に次のような文章を引用した。「それは特別な人々に特別な意味を生み出す。

人々は、まさに、自分自身の父になろうと奮闘するのである」。

エリクは、少なくとも一九二三年から二四年にかけて手記に胸の思いを記したとき以来、自分は独自の運命をもった特別な存在であるという感覚をもっていた。そして、この感覚の重要な源は、追い求めてもけっして身元が明らかにならなかった空想の北欧人キリスト教徒の父親のなかにあると考えていた。彼は、実父をある種の神話的な英雄に仕立てた「空想」(ときに自分でもそれが幻想であることを認めていた)のなかに、自分という感覚のさまざまな断片をまとめようとしていたように思われる。そして、新しい名前はこの努力をはっきりと示すものだった。「私は自分自身をエリクの息子にしました。自分自身の創始者になるほうがいいのです」と述べている。新しい名になった彼は、調和のとれた全体的な人間として生まれ直したのかもしれなかった。生まれ変わりの空想は、フロイトは強調しなかったが、父親に対する息子のエディプス的葛藤の要素の一つである。エリクは、「アメリカの自由」によって、「自分自身のおとな」、すなわち「自分の父親」になることができると考えたのだった[97]。

ミドルネームにホンブルガーを残しはしたが(もっとも後には「H」だけになってしまうが)、エリク・エリクソンになることは、ウィーンでエリクの精神分析をしたアンナ・フロイトの提案の一つを実行しているとエリクには感じられた。つまり、自分の人生に自分で責任をもつことによって、父を知らないという重い問題を昇華させているのだった。エリクソンになることによって、二人の息子の父親であるだけではなく、自分自身の父親にもなった。ラルフ・ウォルド・エリソンやマーティン・ルーサー・キングなどのように、可能な神話を拡大し、夢想化された自分の出生の物語を補強するために、新しい名前を拠り所にした。その名は、これまでに経験してきた他の要素と組み合わされて、目的、地位、職業、責任を伴う特別な意味を彼に授けた。エリクは、ヘンリー・マレーの二度目の妻、キャロラインに、ドイツのカールスルーエ出身のホンブルガーとしてアメリカで暮らし続けるのは不可能だったと語っている。彼は、新しいアイデンティティをもった新しいアメリカ人として、エリク・エリクソンにならねばならなかった[98]。

第4章　交差文化《クロス・カルチュラル》のモザイク――『子ども期と社会』

『子ども期と社会』の基本的なテーマと関心は、ボストンとニューヘヴンで過ごした年月にすでに芽生えているが、この本を構成する論文は、主に一九四〇年代にカリフォルニアで書かれた。エリク・エリクソン言うところの、この時代の参与観察者の「概念的な旅日記」として生み出されたこの論文集は、重なりあうところもある二つの総合的な論点を扱っている。(1) 子どもの特性、および子どもから青年そして成人への発達、(2) 子どもの成長を取り巻く社会、文化、歴史的な状況である。エリクソンは、一九四八年までに、この二つの論点を統合的なテーマの下に組み立てて一冊の本とするために、長いアウトラインを書いた。しかし、この努力は十分に実を結んだとは言えなかった。その理由の一つは、この本のなかに、子どもの治療、その臨床的な問題、子どもからおとなへの発達にもとづく論考と、自分が調査した文化や社会に焦点を当てた論考が混在していたことだった。

バークレー――児童福祉研究所

一九三八年の初めごろになると、エリクソンは、ローレンス・フランクが約束してくれたイェールでのすばらしい研究の可能性が実現していないことを意識するようになった。一連の重要な論文を書くことなど言うに及ばず、一冊の書物になるほどの研究は計画さえされていなかった。研究者、著述家としての実績はなきに等しかった[1]。

そんなとき、アーノルド・ゲゼルのクリニックで頓挫したプロジェクトに一緒に取り組んでいた友人マリアン・パットナムが、耳寄りな話をもってきた。当時、ロックフェラー財団総合教育委員会の理事、ロバート・ハヴィガーストは、バークレー地域の子どもたちの生活の変化を長期にわたって追跡する研究プロジェクトに関して、名門カリフォルニア大学児童福祉研究所のジーン・ウォーカー・マクファーレン所長と交渉していた。これは、マクファーレンが率いる児童指導研究で、ハヴィガーストは、子どもの発達に興味をもつ児童分析家がいればこの研究に役立つだろうと考え、マクファーレンがそのような精神分析家を一名雇うならば資金を提供すると約束した。マクファーレンはパットナムに打診したが、パットナムにはニューヘヴンを離れる気がなかった。代わりにパットナムは、五年間のロックフェラー奨学金の対象者としてエリクソンを推薦した。マクファーレンの親しい友人であり、児童指導研究の支持者でもあったローレンス・フランクも、エリクソンを推した。そのころ、バークレーの助教授の年俸はおよそ三千ドルだった。マクファーレンはエリクソンに、「研究員」の肩書と、ロックフェラー資金からの「お望みの額」の給与（イェールでの収入を上回っていたのは間違いない）でどうかと言ってきた。バークレーの子どもたちを対象とした長期的な児童指導研究に参加するほかに、どんな研究を行なってもよいし、心理学部で大学院生向けの非公式ゼミをいくつか担当してもよいし、さらに、開業分析家の仕事をすることで少々収入を補ってもよいというのがマクファーレンの申し出だった[2]。

バークレーの児童福祉研究所は、一九二〇年代に、旧児童指導クリニックから発展した。アメリカの児童指導運動は、一九三〇年代までに、多くを半民間の組織とするネットワークになり、新たに生まれてきた児童発達学という専門分野と明白に重なりあっていった。児童発達学の研究は、ミシガン大学、シカゴ大学、その他の大学や研究所でも行なわれていたが、特に盛んなのがバークレーだった。児童指導学と児童発達学は、多くは共同で、ときに別々に、研究・養成の分野を確立し、専門組織を作り、専門雑誌を出すようになった。児童指導学は、児童発達学に比べ、子どもの衝動を社会的に認められた方向に向けることに焦点を絞る傾向がやや強かった。それに対して児童発達学は、児童指導学よりも、個々の子どもの身体的、生理学的、精神生物学的な成熟の関連に注目する傾向があった。マクファーレンは、こうした二つの動きの重なりあいに呼応して、自分たちの児童指導研究を児童発達学の方向に進めていった。大量のデータの収集を得意とする学術界のタフな事業家であり、広く人々の尊敬を集めていたマクファーレンは、一九三〇年代、地元の十一歳、十二歳、十三歳の子どもたち二百人以上の発達を長期にわたって調査するための資金として、ローラ・スペルマン・ロックフェラー記念財団から年間一万三千ドルの助成金を受けていた。（彼女は被験者のほとんどを乳児のときから観察していた。）この調査で子どもの変化を示すものとしてマクファーレンが収集したデータは、ジョンズ・ホプキンズ大学医学部のアドルフ・マイヤーに強い影響を受けたものだった。子どもを、相互に関係しながらも明確に区別される多くの要素からなる複雑でバランスのとれた存在と捉え、骨格の比率、代謝、血圧、心拍数と呼吸数、その他の生理学的なデータを収集した。そして、これらのデータと知能テスト、臨床的な観察、子どもの親や教師や友達が記入した質問紙とを組み合わせた。身体的、情緒的に健常な子どもたちを被験者としたこの研究は、心理学的な介入によっていかに子どもたちが「よりよく適応した」ティーンエイジャーとして青年期を迎えられるかを測定し、社会的に応用しようとするものだった。しかし、ロックフェラー財団のハヴィガーストやグレッグ、それにメイシー財団のフランクは、研究の焦点（生理学的、精神的なデータ）と、社会的な適応を高めるという目標の間にずれがあると思った。そこで、このずれを正すために、ハヴィガーストがマクファーレンに対し、社会科学者数名と児童分析家一名を雇う資金を申し出たのだった[3]。

エリクソンは、マクファーレンの長期プロジェクトに興味をそそられた。この研究は、自分のなかで膨らみつつある子どもの発達への関心と呼応するように思われた。特に、一定の特性を共有する集団のメンバーとしての子どもではなく、独自の個人としての子どもにマクファーレンが焦点を当てているところが気に入った。給与も満足できるものだったし、カリフォルニアという土地も一家にとって魅力的だった。ジョアンがとりわけ気に入ったのは、バークレーの公立学校の質が高いことだった。ニューヘヴンと違って、カイとジョンは私立学校に通わなくてもよさそうだった。エリクソンは、マクファーレンにも、その夫のドナルドにも好感をもった。ドナルドは、サンフランシスコ湾地域《ベイエリア》で活躍する精神分析家であり、ピアノもたしなむのだった。エリクソンが他の亡命分析家との「しっくりしない経験」のことを話すと、マクファーレンは、プロジェクトのためになると思われるのならどんなことでもエリクソンに拒否権を与えると約束した。また、「ニューイングランドの知的環境との離別」を埋め合わせるために、彼女自身や、著名な心理学者であるエドワード・トールマン、人類学者のアルフレッド・クローバーらで構成されるバークレーの活発な討論グループに彼を迎え入れると請け合った。カリフォルニア北部のユーロク族の研究を専門とするクローバーは、ユーロク族の情報提供者に話を聞くクラマス川でのフィールドワークにエリクソンも連れて行くと約束してくれた。ダコタ・スー族の調査の経験をもつエリクソンにとって、その申し出は魅力的だった。

しかし、バークレーの何より大きな魅力は、児童福祉研究所で長期にわたって健常で健康な子どもたちを観察することができ、子どもたちの役に立つチャンスが与えられるということだった。ジャッジ・ベーカー・クリニックや自分のオフィスで接する子どもたちはたいてい問題を抱えていたが、バークレーでは心理学的な問題に苦しむ患者の治療が求められているわけではなかった。健常な子どもたちを観察することによって、彼らが問題に直面したときにどのように自我の強さを使うのか知ることができるだろうと思われた。ウィーンと同じくアメリカでも、精神分析学は欠損に重心を置いていたが、エリクソンは、子どもたちがうまく解決できる事柄についてももっと知る必要があると強く感じていた[4]。

　一九三九年一月、カリフォルニア大学評議会は、研究員兼講師にエリクソンを任命することを承認した。一家は、ニューヘヴンからバークレーへ引っ越し、他の多くの教員たちと同じく、バークレーの町を見下ろす丘の上に小さな家を買った。並はずれて親切で親しみ深い隣人のボールドウィン夫妻のおかげで、エリクソン一家は新しい環境になじんでいった。夫人のキャロルは才能あるカメラマン、夫のドワイトはエンジニアだった。バークレーは庭や木立に彩られ、優雅なギリシア劇場まで備えた美しい町だった。大学キャンパスの正門であるサザーゲートは、感じのよいたくさんの店やレストラン、コーヒーショップ、書店などに囲まれていた。大学に関係のない地元の住民は、古くからアメリカに定住してきた中層から中下層の白人が多く、その大部分は小さな一戸建ての家に暮らしていた。しかし、造船業が労働力を必要とするようになり、黒人や白人（しばしば移民）の新しい住民たちがサンフランシスコ湾地域《ベイエリア》の東部に移動しはじめていた。戦争によって造船業の受注が増加し、国防関係の雇用が増えるにつれて、人口の移動も進んだ。それに伴って政治的な問題も拡大した。バークレー校のロバート・スプラウル学長は、「共産主義者《アカ》」を排除するというアメリカ在郷軍人会の圧力に直面するなかで、大学の自治を維持しようと努力した。スプラウル学長は、戦争、賃金、人種差別といったキャンパス外の事柄に関して目立った行動をとらないようにと学生たちのグループに強く言い渡した。バークレーの教員たちは、教師としても学者としても精力的な活動をする人が多く、新入生の入門コースも研究プロジェクトと同じくらいに重要なものだとみなしていた。連邦が資金を提供する大規模な研究センターと長期にわたる研究休暇によってキャンパスが変容した時代は、まだ到来していなかった[5]。

　バークレーに落ち着くと、これまでどおりのエリクソン一家の毎日が始まった。エリクが児童福祉研究所を通してロックフェラー財団からもらう給与はイェール時代よりも多かったが、バークレーでは生活費もずっと高かった。いまや養うべき三人の子どもがいるのに加えて、ハイファの両親へも仕送りをしなければならなかった。一九四二年には、出費を抑えるために自家用車を手放した。また、研究所からの給与を補うために、勤務外でも分析を引き受けるようになった[6]。

　ニューヘヴン時代と同じく、ジョアンは子育てと家事に専念した。子どもたちが映画に行くときにも、その許可とチケット代をくれるのはエリクではなくジョアンだった。以前から手工芸に興味をもっていたジョアンは、しばしば子ども向けの手工芸の催しを開いた。一九三九年末の写真には、スーを抱いたエリクが写っている。エリクはカメラを指差して、スーに前を向かせようとしている。粋なストライプのシャツとズボンとネクタイを身につけたエリクは、仕事から戻ったばかりだ。ちょっと微笑んでいるが、姿勢はこわばっていて、スーの抱き方もぎこちない。彼は、子どもたちを寝かせる前にときどきお話を聞かせたり、ちょっとしたおみやげを買って帰ったりするほかには、子どもたちとジョアンの活動にめったに加わらなかった。スーとジョンは、一九四〇年代初め、特に祖母のメアリー・サーソンが他界した後、家の空気がちょっと重く感じられたことを憶えている。ジョアンとメアリーはどうしてもそりが合わず、メアリーの死後、ジョアンはときおり罪悪感と憂鬱の発作に襲われた。ことに、母親が遺言で孫に遺産を譲り、ジョアンには何も残さなかったことを知ってからはずいぶんと苦しんだ[7]。

ロックフェラー財団とカリフォルニア大学の間の取り決めに従い、エリクソンは、国際的に評判の高いバークレー校の心理学部で、大学院生向けのゼミをいくつか担当することになっていた。まだ学位をもたない彼は、世に聞こえた学部で「ちょっとばかり学生の指導をするのも自分にとって意義があるだろう」と考えていた。カイは、ふざけて、「お父さんはそんなによくしゃべるから先生になりたいの?」と尋ねたことがある。エリクソンが大学院生向けに行なった二つのゼミは、専門的な主題を扱うものだった。「精神分析入門」と「児童期の問題の精神分析」である。エリクソンは講義概要を配らず、文献を読む課題もほとんど出さず、レポートの提出もめったに義務づけなかった。また、ウィーンで自分が経験したフロイトを中心とする精神分析学の芽生えについても、あまり意見を述べなかった。それに代わって彼が中心に据えたのは、いくつかの臨床例だった。ダニエル・レヴィンソンやドナルド・キャンベルなど、後に高名な心理学者になった当時の学生たちは、エリクソンの穏やかで親切で控えめな物腰と、精神分析の専門用語より常識にもとづいた臨床的な論じ方を好む態度をよく憶えている。ただ、学生たちは、子どもの精神分析の分野でアンナ・フロイトのもっとも優秀な訓練生の一人であった人物からその人生と経験について学びたいと考えてゼミに登録したにもかかわらず、ゼミが終わってみると、そうした知識がほとんど増えていないのに気づいたのだった[8]。

児童福祉研究所で児童指導研究の仕事が始まると、エリクソンは、マクファーレンとうまくやっていくことができたし、その夫のドナルドとも親しくなった。エリクソンは、被験者である十一歳から十三歳の子どもたち二百人と定期的に会った。これまでと同じく、子どもたちにいろいろなおもちゃを並べさせたり、遊びながら物語を語らせたりした。イギリスでは、マーガレット・ローウェンフェルトが「世界検査」を開発していた。これは遊びの構成を通して子どもたちの思考を調べる体系的な方法である。しかしエリクソンは、この検査法をあまりよく知らなかった。マクファーレンは、エリクソンが子どものおもちゃの構成から明らかになったことを統計データとしてまとめる訓練を受けておらず、その能力ももたないことに気づいたため、心理学専攻の大学院生であったジェーン・レヴィンガーにこの作業を受け持たせた。また、エリクソンが生物学的な影響と文化的な影響の交わりに関心をもっていることを知り、より大きな研究所の所長としてそうした方向でプロジェクトを率いていたハーバート・ストルツに会えるように取り計らった。さらに、人類学者の友人たちとフィールドワークに出かけるために数週間の休みをとったときのエリクソンがいかに興奮していたかに気づいた。そこで彼女は、長期的な児童指導研究においても彼が「それに引けをとらないドラマチックな可能性」を見つけられるように、エリクソンの研究生活の輪郭を定めようとした。マクファーレンは、エリクソンが児童指導研究とはかかわりのない将来の論文のためにニューヘヴンから臨床メモをもってきていることを知ったとき、通常の仕事時間のなかでその論文を書くよう促した。このころ、エリクソンは、プロジェクトの会議やその他の会合のとき、当を得ていると思ったことや面白いと感じたことを何でもスケッチし、それに注釈を加えるようになっていた（これは一生にわたる習慣になった）が、マクファーレンはそれを奨励した。彼女は、エリクソンの考え方を大いに尊重し、他のスタッフもエリクソンに敬意を示してほしいと望んでいることをはっきりさせた[9]。

　最初、エリクソンは、マクファーレンの長期プロジェクトで働く機会が得られたことを嬉しく思った。彼にとって、心理学的に健常な「任意抽出された二百人の子どもたちの小宇宙の構成を定期的に調べる」のは大いに意義のあることだった。このプロジェクトで、マクファーレンは、被験者の行動と心理学的な経年変化について統計学的にまとめることをすべての研究者に求めていた。そこで、エリクソンが調べたおもちゃの構成に関する諸側面も、レヴィンガーによって数値化され、図表に示され、マクファーレンの統計に組み込まれた。しかし、社会や文化に関心をもっていたエリクソンは、そうした数値よりも、社会経済的な状況や地域社会など、子どもの生活における歴史的な背景を重視した。マクファーレンはこうした面の探求に反対はしなかった。レヴィンガーは、計量的な社会科学の手法を使っている他のスタッフと違い、エリクソンが自分の会った一人ひとりの子どもたちについていかに独自の物語をもち、いかに熱心にそれを語ろうとしたか、はっきりと憶えている。彼にとっては、ボストン時代やニューヘヴン時代と同じく、うまく補い合えると気づいていたこれらの学問領域の間で、境界を自在に越えながら自分の関心を追求したにすぎなかった[10]。

　一九三九年と一九四〇年にエリクソンが調査した多くの子どもたちは、視覚的に、また言葉で、それぞれの物語を伝えてくれた。彼はテーブルの上にいろいろなおもちゃを置き、子どもたちに空想の映画のわくわくするようなシーンを作らせてから、そのあらすじを語らせた。そして、おもちゃで作られたシーンをスケッチし（後には写真に撮り）、あらすじの説明をテープに録音した。エリクソンは、遊びの配列《アレンジメント》を、「子どもの人生史《ライフヒストリー》における主観的な生活空間が遊びの空間にいかに投影されているか」を示すコンフィギュレーションであると解釈した。彼は単純に、ジャッジ・ベーカー・クリニックの幼いジョンや、他の子どもたち、そしてハーバード心理クリニックの大学生たちに用いたアプローチを拡大したのだった。遊びの配列《アレンジメント》は、自己の感覚を確立しようとする努力のなかで、子どもの情動が社会的な環境と収斂することを表わしているのである。彼は、このような自己の感覚を子どもの自我の強さと表現したが、やがて、「アイデンティティ」の感覚を求めて子どもがいかに模索するかを語るようになった。これまでと同じく、子どもが作り出すコンフィギュレーションとは視覚的に観察できる構成であると考えていたものの、以前に比べて、「言語的な意味」、すなわち子どもが遊びについて語る言葉を重視しはじめたようである。エリクソンがハーバード・クリニックで親しんでいたヘンリー・マレーの主題統覚検査（TAT）は、被験者が絵を見た後に組み立てる筋書きに焦点を当てるものだったが、そのTATが専門家の間で重視されるようになってきたことも、エリクソンが「言語的な意味」に重きを置くようになったことと関連していたのかもしれない。それから十年のうちに、彼は言語的な側面にいっそう注目するようになり、それを二番目のタイプのコンフィギュレーションの基礎と捉えて、具象的で視覚的なコンフィギュレーションと同等の重要性をもつものとみなすことになるのだった[11]。

マクファーレンは、一九四〇年の終わりごろ、エリクソンの仕事の習慣がわかってくるにつれて、彼に対する考え方をはっきりと変えたように思われる。マクファーレンは、エリクソンが期待に沿うだけの仕事をしていないとロックフェラー財団の役員に不満を述べた。彼女のプロジェクトで扱っていた二百人の子どもたちのうち、彼が報告書を提出したのは数人にすぎず、それも解釈を中心としたものだった。また、エリクソンは強い圧力を受けない限り、決められた線に沿ってプロジェクトのために「役割を果たして」くれないとマクファーレンには感じられた。マクファーレンは、ハーバード心理クリニックでもイェールでもエリクソンが共同研究になじめなかったと聞いていたが、バークレーでも同じであることを知ってがっかりした。当時、特に心理学と社会科学の世界では、多くの人が力を合わせなければならない複雑なデータ収集法が一九三〇年代以上にもてはやされるようになっていたため、エリクソンはますます主流から外れてしまった。彼は「基本的に『一匹狼』です。つねに特別扱いをしなければ、機嫌を損ねて『協力しようとしない』のです」とマクファーレンは評している。彼女は、週十九時間は児童発達クリニックのオフィスで仕事をするようにエリクソンに要求した。そうしなければ、ずっと自宅にこもって、研究所のプロジェクトに関係のない仕事をするだろうと思われたからである。彼女は、エリクソンが「身勝手で、チームにとって有害であり、自分の行く手に立ちふさがるすべての人に対する自分の衝動を隠すために『私は保護してもらわなければならない傷つきやすい芸術家なんです』と吐露する手法を使う」とまで非難している。エリクソンの知性と創造性は明白であったが、一年にわたってようすを見てきたマクファーレンには、彼が自分の長期的なプロジェクトに大きく貢献することはないと思われたのだった[12]。

エリクソンは強く反論しなかった。ただ、自分は家で仕事をし、昼食後に仮眠をとって、自分のペースで働くのが昔からの習慣であり、それにマクファーレンは自分の執筆活動を進めてよいと約束してくれていたと言っただけだった。彼が何より残念に思ったのは、衝動理論など、彼にとって「もはやそのままでは受け入れることができなくなっていた」正統フロイト派の考え方をかなり厳格に適用するよう、マクファーレンが求めていることだった。実のところ、そうした理論は、バークレーで出会った子どもたちの生活における「重要な傾向を説明」しようとする上で、障害にさえなっていた。一九四二年一月までに、マクファーレンのプロジェクトでの仕事があまり愉快なものではなくなり、「ひどく曖昧な成果」しか得られないことがはっきりしたため、エリクソンはマクファーレンの研究所の仕事を非常勤にしてほしいと申し出た。彼は、空いた時間を開業分析家としての仕事に当て、それによって収入の減少を補うつもりだった。マクファーレンはその申し出を受け入れ、「密かに深い安堵のためいき」をついた。ロックフェラー財団のグレッグもそれを承認し、「エリクソンに対する自分の評価は間違っていた」と述べて、エリクソンが放棄した給与の半分でもっと有能な別の研究者を雇えるとマクファーレンに伝えた[13]。

グレッグがエリクソンの仕事ぶりに対するマクファーレンの評価を受け入れたために、エリクソンが将来ロックフェラーの資金援助を受ける見込みは小さくなった。一九四二年から一九四三年にかけて、エリクソンは、自分の興味ある研究プロジェクトを進める一方で精神分析家としての地位を確立するため、一生懸命働いた。児童福祉研究所で過ごす時間はごくわずかになった。

一九四四年の初めには、ロックフェラー研究助成金の支給期間が終わった。エリクソンはルース・ベネディクトに、「これでフルタイムの精神分析家に戻りました」と報告している。年収は九千ドルを超えていた。これは戦時中のこの職業の全国平均からすると慎ましやかな額だったが、研究所の給与よりははるかに多かった。また、カリフォルニア大学バークレー校の社会福祉学部で子どもの発達に関するコースを受け持つなど、断続的な教育の仕事も家計を補っていた。こうして収入が大幅に増えたことから、一家は経済的な心配をしなくてすむようになった。流行の服を着るのが好きなエリクは、これまでより衣類にお金を使えるようになった。(着飾ったジョアンを見るのが好きだったから)ジョアンにもおしゃれを勧めた。自家用車も買うことができた。バークレーから車で三十分、ゴルフコース付きのカントリークラブをぐるっと取り巻くように大きな邸宅が散在するオリンダに、プール付きの家を買うことさえ可能になった。こうして私生活も職業生活も変化していくなかで、彼は一つのことを学んだ。組織的な研究プロジェクトがうまくいかないときには、個人での精神分析の仕事と教育活動で経済的に豊かに暮らすことができる、だから働き方も研究上の興味もライフスタイルも、妥協する必要はないということである。家計を赤字にしないためにどんな仕事でも引き受ける不安な移民の時代は、終わったのだった[14]。

アイデンティティと歴史的変化

組織的なプロジェクトに時間を費やさなくても家族を養っていけるという新しい自信は、エリクソンがカンザス州トピカの有名なメニンガー・クリニックからの誘いを断った一因だっただろう。一九四〇年代初期、エリクソンは、常勤スタッフになる代わりに、しばしば有償コンサルタントとして同クリニックを訪れ、サザード・スクール（情緒的に問題のある子どもたちを受け入れている同クリニックのセンター）で多くの時間を過ごした。そこで、バークレーの子どもたちの観察結果を発表し、自分が考えた格子型のライフサイクルの改訂について議論した。クリニックの知識人たち、特にカール・メニンガー、デイヴィッド・ラパポート、マートン・ギルなどは、エリクソンの洞察の深さに感銘を受けた。もっとも、おずおずとして洗練されていない彼の英語や、白衣を着たトピカのスタッフのなかでひどく目立つ色鮮やかな流行の服にはあまり感心しなかった。カール・メニンガーは、自分のクリニックに来てほしいと何度か持ちかけたが、エリクソンは断った。ジョアンはトピカに移りたいとは思わなかった。彼女はカリフォルニアの温暖な気候と海の近くでの暮らしがとても気に入っていた。エリクもサンフランシスコ湾地域《ベイエリア》の気候が好きだったが、ヨーロッパから亡命してきた多くの仲間たちと違い、自分を受け入れてくれた国の大平原やその他の地域を文化的に不毛の地とは考えなかった。ただ、クリニックのプロジェクトのために自分の仕事をおろそかにしたくないとエリクは考えており、ジョアンもそれを理解していた。また、メニンガー・クリニックが精神病者や深い問題を抱えた患者を受け入れていたのに対し、エリクソンは、それほど障害の大きくない子どもたちの治療をしたり、遊んでいる健常な子どもたちを観察するほうを望んだ[15]。

エリクソンは、精神分析家としての仕事が成功したため、世界の精神分析学の中心がアメリカに移ったとき、サンフランシスコ湾地域《ベイエリア》の精神分析学界の活動にかかわるようになった。ソビエトの指導者たちは精神分析をブルジョアのイデオロギーであると非難し、ヒトラーはそれをユダヤ人に対する戦いの一環に取り込んだが、アメリカは懐が広く、この職業にとって救いの地となった。サンフランシスコ精神分析協会は、一九四〇年代初期から半ばにかけて、ジークフリード・ベルンフェルト、スザンヌ・ベルンフェルト、ベルンハルト・ベルリナー、アンナ・メンヒェン、エマニュエル・ウィンドホルツといった亡命分析家たちの集まる場所として発展した。彼らには、大学の心理学部よりも協会のほうが居心地よく感じられた。この協会は、設立されてまもない一九三八年、医師以外のメンバーの訓練活動を禁じるアメリカ精神分析学会の決定に直面しなければならなかった。ただ、この決定は一律に厳しく適用されたわけではなかった。エリクソンは、ウィーンで訓練を受けたという事実と、国際精神分析学会およびアメリカ精神分析学会の正会員であることによって、活動禁止の対象から除外された。それでも彼は、医師免許をもたない自分をサンフランシスコの協会が歓迎してくれたことに感謝した。エリクソンは、一九四二年、いくつかの要件を満たしていなかったにもかかわらず、正規の訓練分析家に指名された。若い訓練生たちは彼の指導を強く望んだ。その年、彼は協会の「子ども期の神経症」という講座で教え、翌年も他の三つのコースを担当した。地元の「夢に関する専門家」として台頭してきたのだった（と彼は冗談めかして記している）。高いポストにつくことにはちっとも興味がなかったのだが、協会のほとんどの役職に指名され、選出された。一九五〇年には会長まで務めた。しかし、エリクソンは指導者型の人物ではなく、会長としては特に目立った業績もおさめなかった[16]。

　こうしてエリクソンは、サンフランシスコ精神分析協会で重要な役割を果たし、他の人々から紹介されてやってくる多くの患者のおかげで十分な収入も得ていた。それにもかかわらず、エリクソンは、サンフランシスコ湾地域《ベイエリア》の分析家仲間としっくりしなかった。彼は、アンナ・フロイトへの手紙に、「もっと『私たち』のこと、つまり精神分析界のことを語りたいのですが、職業生活と社会生活は区別しなくてはいけないといつも言われているのです」と書いている。彼には、アメリカの分析家のほとんどは利益志向の医学専門家だと思われた。それはウィーンで過ごした「人文主義的な日々」の精神からは遠くかけ離れていた。同時に、ヨーロッパから亡命してきた仲間たちとも本当にはしっくりいっているわけではなかった。「実をいえば、私はどんなグループにも入れないのです」とアンナ・フロイトへの手紙に記している[17]。

　根本的な問題は、エリクソンがウィーンの精神分析創始者たちの記憶と精神に強い愛着をもちながらも、急速に正統派の精神分析の考え方から離れつつあることだった。カリフォルニアの同僚たちが各種の考え方やアプローチに「とらわれていないと公言する」一方でフロイト主義を厳格に守るべきだと強く主張することに、エリクソンは悩まされた。一部の人々は、彼が、分析を受ける人と気軽に接しすぎると批判した。分析を受ける人の現実的な日々の問題ばかりに対処している、あるいは分析を受ける人に自由に転移満足をさせているといって批判する人々もいた。ウィンドホルツは、エリクソンはセラピストであって分析家ではないとあからさまに非難した。このような評価は、精神分析家にとって特に痛烈な侮辱だった。アンナ・フロイトのライバルであったイギリスの精神分析学者メラニー・クラインの著書をバークレーの大学院生向けゼミの課題に取り入れたことを批判する人もいた。（エリクソンはクラインの擁護者だったわけでなく、異なる考え方を探究したかっただけである。）しかし、もっとも多く取り上げられ、エリクソンをもっともいらだたせた攻撃は、個人の発達における社会と文化の重要性を強調する彼の視点に対するものだった。同様の批判がエーリッヒ・フロムにも浴びせられていた。さらに、エリクソンが革新者として不当に大きな名声を得ていると不満をもつ人、あるいは、精神への「表面的な社会的影響」に対して無意識の性的な衝動やエディプス・コンプレックスの重要性を弱小化するマーガレット・ミードやルース・ベネディクトたち「文化主義者」とエリクソンを結びつける人もいた[18]。

一九四四年六月、エリクソンは、サンフランシスコ精神分析研究所で、「社会的背景と自我の防衛」と題する論文を発表した。これはやがて「自我の発達と歴史的変化」となり、一九四六年に新しい革新的なハードカバーの年刊書『子どもの精神分析学的研究』に発表されることになる。この論文には、パーソナリティの発達における社会と文化の力に関する彼の立場――ウィーンでの訓練時代から解き明かそうとしてきた「内的」生活と「外的」生活の関係――がそれまでもっとも詳しく述べられている。エリクソンが追求していた革新的な精神分析の方向を明確に示すこの論文は、『子ども期と社会』の第三部(「自我の成長」)の土台となった。また、多様な文化と文化的様式に注目を喚起する言及も含まれていた。

この一九四四年の論文とそれを発展させた一九四六年の論文のもっとも重要なテーマは、自我の弱さと強さには社会的、文化的、歴史的な力が大きく貢献するが、精神分析学的な自我心理学はこの事実に十分に注意を払ってこなかったという点である。エリクソンは次のように指摘している。「本能的なエネルギーが物理学のエネルギー保存法則からの類推で変形され、置き換えられ、変質させられた」ジグムント・フロイトの理論では、「もはや、われわれが観察することを学んだデータを十分に処理することができない」。半世紀前のフロイトの世界と異なり、現代の精神分析学者は、「エートスと自我、集団アイデンティティと自我アイデンティティの相互補完」、そして最終的には「自我の統合と社会的組織の相互補完」を目の当りにしている、というのだった。フロイトも、「つねづね、自分の存在の文化的、社会経済的な位置づけに言及」するなかで、歴史や社会が自我に及ぼす影響をある程度意識していた。しかしフロイトは、衝動に対する超自我の束縛に力点を置くことにより、「社会組織が子どもに望む事柄」を強調した。それに対してエリクソンは、自我の強さを強調することにより、社会がどのようにして「人を生き生きとさせ……その人が生きている社会の特定のライフスタイルに従うよう誘うか」を明らかにした。さらに、フロイトのように「人の不合理な行動のそれ以上還元できない図式《スキーマ》としてエディプス三角構造を受け入れる」のではなく、「社会組織がどのようにして家族の構造を前もって決定するのか」、そしてその家族のなかから自我アイデンティティの感覚をもった個人がどのようにして出現するのかを「探究すること」を提案した。一言でいうならば、エリクソンは、「精神分析は、集団ではなく個人を重視し、人々を支えるものではなく過去を振り返るものになっている」、――「集団的であり自分を支えてくれる」文化のなかにいかにして自分を見いだすかではなく、不合理な衝動によっていかに人々が動かされ崩壊するかに目を向けるものになっている。その意味で、フロイトとその信奉者たちは、「物語の半分にしか」光を当てなかったと批判したのだった[19]。

一九四六年のこの論文で、エリクソンは、自我の防衛に関するアンナ・フロイトの業績に言及し、これは衝動と超自我の束縛に焦点を置くジグムント・フロイトからの重要な前進であると述べた。しかしエリクソンは、アンナにかなり批判的でもあった。彼女は自我の防衛を生活環境への原始的な適応メカニズムと捉え、個人の自我を周囲の社会に結びつける創造的なプロセスや戦略的な媒介物とは考えなかったというのである。それゆえ彼女の提示する個性の概念は、機械的でかなり弱々しいものになってしまった。現代の自我がアンナ・フロイトによって描かれたような機械的な適応を求めているならば、「われわれは自我の性質を扱っているのではなく、機能不全に陥っている自我……とまでは言わないまでも、自我の歴史的な適応の一形態を扱っているにすぎないことになる」。実際、エリクソンは、現代社会において優勢になりつつあると感じられる「子どもを訓練する習慣」の多くを批判した。それは「機械の搾取とそれを操作する人間」への適応を重んじすぎているからである。それは、「現代人を型にはめる」おそれがある[20]。

突きつめると、「自我の発達と歴史的変化」は、自我アイデンティティについて論じたものだった。彼のコンフィギュレーション・アプローチは、内的な主観的個性がどのように社会と相互作用するかを記録した。しっかりとした自我アイデンティティの感覚は、その相互作用によって長期にわたる継続の感覚が与えられるときに生まれる。エリクソンは、「自我の統合方法には自己の同一性《セイムネス》と連続性《コンティニュイティ》があるということ、そしてそれらの方法は他人にとっての自分の意味の同一性と連続性を守る上で有効であることを認識」していた。自我は、良いと悪い、大きいと小さいといった「単純な二者択一のなかで、もっとも強力な理想と罪悪の原型（決定的な対立関係それ自身）を組み込むために、そして困惑するほど多くの小ぜりあいのなかから一つの戦いと一つの戦略を生み出すために」統合する。自我の統合からこの「一つの戦いと一つの戦略」が生じるのは、しっかりとした自我アイデンティティが発達したため、——自分の人生のなかに他人がそれとわかる個人的同一性と歴史的連続性の感覚が育ったためである[21]。

しばらく前から、エリクソンは、精神分析が焦点を絞る「内的世界」と同じくらいに「外的世界」が重要であると考えていた。人は、この二つの世界が交わるところで、アイデンティティの追求の感覚を得る。「自我の発達と歴史的変化」論文は、アンナ・フロイトやハインツ・ハルトマンなどが試みていたように、この視点を精神分析的な自我心理学に移植するものだったが、それにとどまらず、自我心理学を大きく拡張した。エリクソンは非常に明確に、過去のいかなる自我心理学者よりも「外的世界」を重視し、「アイデンティティの感覚」を自我の主な機能として強調した。こうしてみると、カリフォルニアの精神分析界の仲間たちが彼の発表に動揺したのもうなずける。彼は、フロイト父娘を批判し、別の強調点を示し、アイデンティティの概念を導入したのだった。

エリクソンは、ウィーンでポール・フェダーンの唱える「自我の境界」を熟考したときから自我アイデンティティの概念に向けて歩み始め、渡米後の数年の間に、この考え方をさらに追求した。そして、一九四〇年代半ば、サンフランシスコのマウント・シオン病院復員兵社会復帰クリニックの仕事のなかで、最終的な形ができあがった。実際、このクリニックで非常勤として働いているときに「自我の発達と歴史的変化」を書き、多くの患者の診断に「自我アイデンティティ」および「アイデンティティの危機」という概念を用いたのは偶然ではない。

第二次世界大戦中にマウント・シオン病院に社会復帰クリニックを開いたのは、精神分析家のヤーシャ・カサニンである。このクリニックの目的は、「神経の不安定」、「砲弾《シェル》ショック」、「精神神経症」で除隊されたアメリカ復員兵に短期の治療を施すことだった。連邦の役人や軍の関係者、それに多くの大衆も、外見的には健康そうな兵士にこうした精神的な病気が多発することを深く憂慮していた。カサニンは、当時の多くの学者仲間と同じく、ナチスの残虐に抵抗する戦いのなかでアメリカの自由な民主主義を支援するのが自分の義務だと感じていた。おそらく第一次世界大戦中の復員兵の治療をしたフロイトを念頭においていたと思われるカサニンは、自分を補佐するクリニックの医長として、正統フロイト派の分析家兼医者であるチェコスロバキア人エマニュエル・ウィンドホルツを任命した。また、カサニンは、ジークフリート・ベルンフェルト、ドナルド・マクファーレン、ユング派のジョセフ・ヘンダーソン、ジョセフ・ウィールライトなど、サンフランシスコ湾地域《ベイエリア》の他の分析家たちを集めて非常勤のスタッフにした。一九四三年の初め、エリクソンは心理学と児童指導学の相談役としてクリニックのメンバーに加わることになった。スタッフのなかにはエリクソンと用語法を共有する人はいなかったが、ここでは珍しく彼が仲裁者の役割を果たした。フロイト派とユング派の考え方の違いを調整し、（ウィーン時代からの知り合いで尊敬していた）ベルンフェルトに対して、同僚たちをそれほど辛辣に批判しないよう説得したのだった[22]。

エリクソンは、スタッフの症例検討会にとても大きな貢献をした。彼は、ほとんどの復員兵の病理的な診断に賛成しなかった。他の医師や分析家たちは、「精神神経症」でも「砲弾ショック」でもなく、重度の「神経の不安定」でもないならば、いったい何という病気なのかと尋ねた。エリクソンは、苦悩を経験している健常な人々を表わす診断用語が精神分析学にないことが問題なのだから、「〔ふつうの〕英語で語らなければならないと思う」と答えた。彼は、自分が観察した復員兵のほとんどはおとなになるときに歴史の激変に遭遇したと述べた。彼らは仕事のキャリアを中断され、家族や愛する人々から引き離され、なじんできたコミュニティから見知らぬ遠い土地に送られ、破壊的な戦いの光景や音を伴う軍隊生活を余儀なくされた。ようするに、彼らは「個人的同一性《セイムネス》と歴史的連続《コンティニュイティ》性の感覚を失い、アイデンティティの危機」を経験しているのである。彼らは、自我の統合――さまざまな刺激のなかから重要なものに対応し、それ以外のものを無視する、完全な自我の能力――に頼ることができない。この「自我アイデンティティ」が失われた結果、復員兵たちは、「自分の人生がバラバラになってしまった、そしてこれからも二度とまとまりを取り戻せないだろう」という感覚を味わっているのである。若者にとっては健常なものであるこの「アイデンティティの危機」は、「自分とは何か、自分がどこに属しているのか、自分は何をしたいのか」という感覚を一時的に失うことである[23]。

　このように、復員兵たちに見られる身体的な緊張と強い不安は病理的なものではないとマウント・シオン病院のスタッフに説明したとき、アイデンティティの危機（「アイデンティティの中心的な喪失」）の概念は、エリクソンにとって「必然的、直接的に明白なものに」なった。後にエリクソンは、この言葉と概念は「忽然とそこに現われ、私が目にしている事柄、私がそのとき説明しようとしていた事柄にとって適切だと思われたのです」と述懐している。多くの復員兵たちは、「同一性と連続性の感覚、そして自分の社会的な役割への確信をなくした」――特殊な歴史的状況のために奪い取られた――のだが、状況が変化すればこのバランスを回復することができる、とエリクソンは考えた。実際、エリクソンは、彼らを観察するうち、一部の復員兵たちが軍隊内の「他の人々との関係において一定の親密さ」を築き、そのことが不安を和らげるのに役立っていることに気づいた。彼らは「女性的な雑用」を引き受け、軍のなかで協力的な家族のように振る舞った。そのような人々は、国に戻ったとき、家族のなかでそれほど固定的ではないジェンダー役割をもつことができる。エリクソンは、臨床医は「精神神経症」といった診断名をやめることによって、連続性の感覚を回復しようと努力している復員兵たちを手助けできると述べた。こうしたレッテルは、彼らの自信喪失と劣等感を増大させるだけである。臨床医がしなければならないのは、新たなキャリアを築き、安定した家族を維持するように復員兵を励すことである。また、臨床医は、復員兵の妻たちが夫の精神状態をよりよく理解できるように、妻のカウンセリングを行なうこともできるだろう。さらに、地元のコミュニティの指導者たちも、復員兵が自分の生活と仕事のなかで一時的な調整をしているだけだと地域の人々にわかってもらうことによって、復員兵の心の安定に一役買うことができるはずだ、とエリクソンは主張したのだった[24]。

　エリクソンは、マウント・シオン病院の症例検討会の所見と報告の一部を正式な形に書き上げた。そのうちのいくつかは「自我の発達と歴史的変化」に登場している。また、コミュニティ・リーダーシップに関するスタンフォード大学の研究会「不安定症状をもつ復員兵のためのプラン」用に書かれた一九四五年の報告書にも、一部が掲載されている。こうした論文が最終的に『子ども期と社会』へと発展した。これらの論文は、『子ども期と社会』

以前にエリクソンが著わした文章のなかで、「アイデンティティの感覚」、および青年や若い成人のアイデンティティの危機に関する概念をもっとも明確に示すものとなっている。ずっと後になって、彼は、マウント・シオンの症例検討会で、復員兵の状況には従来の病理学的な診断よりも「アイデンティティの危機」のほうがふさわしいという彼の主張に少なくとも同僚たちの一部が動かされた理由を推測している。当時、病状が特に重くはない第二次世界大戦の復員兵の多くが精神療法の支援を求めていたため、臨床医たちは患者が情緒的に「健常」であると診断したり治療したりするのが受け入れやすくなったと考えたのだった。エリクソンは、一九四〇年代半ばという時代のなかで、復員兵の経験に共感している自分に気づいたとき、アイデンティティの危機という概念に行き着いた。彼は、「それをある程度」、自分自身のアイデンティティ、すなわち自分の人生史《ライフヒストリー》の不連続のためにバラバラになったアイデンティティと「結びつけた」。その不連続性をつなぐ努力こそ、エリク・エリクソンになるプロセスの中心だったのであり、アイデンティティの制作者《アーキテクト》となる道程だったのである[25]。

エリクソンは、自分のアイデンティティの概念を形成する上でのエーリッヒ・フロムの重要性について言及していない。エリクソンと同じ年にアメリカにやってきたドイツ系ユダヤ人のフロムは、ハイデルベルク大学で心理学の博士号を取得し、ベルリン精神分析研究所で訓練を受けた。その後、フランクフルト社会研究所の研究員として革新的な仕事にたずさわった。エリクソンよりも政治的に左派であり、強烈な活動家の傾向をもち、専門の学問分野で大胆だったフロムは、フロイトとマルクスの思想の統合を試み、フロイト理論を絶対的なものとして崇める立場を批判した。フロムは、特に、疎外と根こぎ感に関心をもち、ドイツの労働者の権威主義的な傾向を研究する上で、主にこの二つに注意を向けた。この研究を通して彼はファシズムの社会心理を深く憂慮するようになり、そこから主著である『自由からの逃走』（一九四一年）が生まれた。この本のなかで、フロムは、大衆の同調行動を促す「われわれのパーソナリティのアイデンティティ」と「アイデンティティの喪失」について論じた。自己意識を消し去る「近代社会の個人の自動化」により、大衆は「たえず他人から承認と認知を得ることによって、同調し、自分のアイデンティティを探し求め」ざるを得ないのだとフロムは主張した。人は「偽りの自己」を受け入れ、「自分に対する他人の期待の鏡像」にならざるを得ない。このように「アイデンティティ」の感覚を失うと、人は「情動的、精神的に死んでしまい」、他人とあまり区別がつかなくなるというのだった。フロムの「アイデンティティ」の議論は、そこで止まっている。しかし、彼のこの語の使い方は、エリクソンが一九四〇年代半ばにマウント・シオン病院で発展させたものとほとんど違わない。また、エリクソンは、一九四三年三月の初めに開かれたサンフランシスコ精神分析協会の会合で、フロムの著作について論じている。したがって、エリクソンがマウント・シオンの復員兵について「アイデンティティの感覚」や「アイデンティティの危機」という概念を打ち出す上で、少なくともある程度は『自由からの逃走』が貢献していたことは間違いない[26]。

精神分析界において、フロムは、フロイトの衝動理論を排し、個人主義や、個我と自己アイデンティティの形成と崩壊を強調しているとして酷評されていた。フロムと重なりあう経歴や関心をもつにもかかわらず、エリクソンがフロムから距離を置こうとしたのは、おそらくこのためだったのだろう。慎重さと野心を持ち続けると同時に、自分は訓練を積んだフロイト派であると今もって考えていたエリクソンは、心理学的であると同時に明らかに社会的な現象である「アイデンティティ」概念の発展において、フロムから影響を受けたとはけっして認めなかった。

エリクソンの人生にさらに重要な（そしておそらくはさらに「異端的な」）影響を及ぼした人物、すなわちユング派の分析家ジョセフ・ウィールライトについても、公に語るようになったのは何年も後のことである。ウィールライトは、マウント・シオンの症例検討会において、最初からもっとも強力なエリクソンの支持者の一人だった。二人は紹介されてから数日のうちにすっかり親しくなり、まもなく妻同伴で夕食をともにしては熱心に語り合うようになった。この友情は永く続いた。ウィールライトの前では、エリクソンは陽気であけっぴろげな自分を出すことができた。ある日、この二組のカップルがピアノの伴奏に合わせて古いジャズを歌っていたとき、エリクソンは笑いながら、これは「考えられる限り最小の公分母にもとづくフロイト派とユング派の出会いである」と宣言した。ウィールライトはフロイトを重視しながら、一方で、エリクソンのなかでまだ十分に発達していないユングへの親和性を引き出した。エリクソンはウィールライトを通して、ユングの芸術的な興味、集合的な経験への関心、成人の発達に対する注目などについて知った。また、ウィールライトは、自己に関するユングの見方と、生まれつつあったエリクソンのアイデンティティの概念の間に興味深い類似があることに気づいた。ユーモラスでゆったりとしたウィールライトは、けっしてユング派のものの見方をエリクソンに押し付けたりしなかった。エリクソンは、「自我の発達と歴史的変化」を発表するころには、自分の患者の何人かがユングのいう元型《アーキタイプ》を彼に伝えたことを認めるようになっていた。また、「アニマ」と「アニムス」に関するユングの考え方が自我の発達にとって決定的に重要であると思われること、そしてそれがジェンダーの問題の理解を深めることにも気づいていた[27]。

エリクソンはウィールライトを、カリフォルニア北部の硬直したフロイト派分析家仲間のなかに吹く一陣のさわやかな風だと考えていた。彼はウィールライトをスケッチしたことがある。そこには彼の不遜な、ユーモアあふれる態度と、暖かくにこやかな顔が描き出されている。ウィールライトがそばにいてくれたからこそ、批判に過敏なエリクソンが、マウント・シオンでの議論のなかで、エリクソンは本物の精神分析家ではないというウィンドホルツの非難に耐えることができた。ウィールライトは、フロイト派とユング派が互いを充実させることができる分野でエリクソンの新しい視点を奨励したばかりではなく、新しい思想のためには尊敬する師を超えていく必要があると勇気づけた。とはいえ、精神分析の視点に根本的な修正を加えながらも、エリクソンはやはり、自分は人生を安定させるのに役立った精神分析の訓練に忠実であると考えていた[28]。

ドイツのすさんだ若者

第二次世界大戦の数年は、エリクソンにとって、「アイデンティティの危機」について考えを深めることができたばかりではなく、他の面でも重要な時期だった。戦争のために、学界や政府内では、国民性の研究、特に心理学的な研究が盛んになった。気がついてみると、エリクソンはこのうねりの真っ只中にいた。パーソナリティに対する文化と歴史の影響に関心をもつ精神分析家として、世の中から求められていたのである。ナチズムとファシズムの勢力が勝利をおさめる可能性があり、個人の自由と自律を重んじるリベラルな民主主義の価値が風前の灯火となった世界では、文化的、歴史的な基礎をもつアイデンティティの概念を保つには、多方面での努力が必要だった。

一九三九年にヨーロッパで戦争が勃発したとき、連邦政府の諸機関は、ドイツ、そして後には日本という敵の文化とパーソナリティについて、エリクソンの友人や同僚の多くに助言を求めた。連邦政府は戦争を遂行しながら、アメリカ国民の士気を高める方法を模索していた。交戦国やその同盟国の特性について、政策志向のわかりやすい研究が短期間のうちに実施され、アメリカの中心的な社会科学者や行動科学者が参加した。一九三九年秋、アメリカ国民の士気を高め、連邦の政策の利益となるように、戦争と宣伝活動の心理面を研究する学者の団体として、国民士気委員会(CNM)が設立された。CNMのメンバーには、マーガレット・ミードとその夫のグレゴリー・ベイトソン、ルース・ベネディクト、ヘンリー・マレー、クルト・レヴィンなど、エリクソンの友人や知人が含まれていた。ミードとベイトソンは、人類学などの研究方法を国際的な危機に適用し、連合軍の軍事活動に役立たせるために、もう一つの民間学術組織、文化間関係会議(CIR)にCNMの活動家などを勧誘した。さらに、政府機関として、戦略事務局(OSS)心理部も設立された。カリフォルニア大学の心理学者ロバート・トライオンが長を務めるこの組織は、CNMやCIRで活躍する多くの人々の支援を引き出した。そして、アメリカやドイツなど各国の特性を知り、市民の士気を高める要素を明らかにするために、標本調査、世論調査、面接調査などを行なった。また、マレーやドナルド・マッキノンといった心理学者に要請して、アメリカの秘密諜報員の候補者を選ぶのもこの組織の仕事だった[29]。

　CNM、CIR、OSSといった機関が積極的に働きかけ、また多様な情報や視点を求めて軍が資金を出したことから、国中の多くの知識人や研究者がそのエネルギーを戦争に関連する活動に向けることになった。一九四二年には、連邦政府に対して報告書の提出と助言を行なう研究会が二十二も活動していた。その内容は、ヒトラーのパーソナリティから防空壕のなかでの監督者に対する人々の態度まで、多岐にわたっていた。心理学者は、何百万人もの新兵の審査を行ない、ストレスへの反応を測定し、心理的な不安定の故に軍務から外すべき多くの人を見つけ出して軍部にそのように勧告し、見いだされたパターンを報告書や雑誌論文にまとめた。ロイ・グリンカーやジョン・スピーゲルなど、同様の研究テーマをもつ精神科医は、精神的に健全な部隊のなかに戦闘のストレスによって生じる「戦争神経症」について調べ、発表した。これは、たとえば一九四三年のチュニジア方面作戦などにおいて観察された。彼らの同僚であるウィリアム・メニンガーは、陸軍の神経精神病学コンサルタント部を改革し、それによってアメリカ軍人の精神的な負担を軽減する学術的な応用研究と治療アプローチが大いに重視されるようになった。ミード、ベネディクト、ベイトソン、ジェフリー・ゴーラーといった人類学者は、研究の対象を小さないわゆる原始的な文化から、交戦中の強力な近代的民族国家へと移した。ローレンス・フランクの「患者としての社会」という概念が新たな流行となり、精神療法の対象が個人から社会全体へと推移していった。こうした活動から、非常に多くの文献が生み出された。たいてい慌ただしく作成されたこれらの報告書や出版物は、伝統的に行なわれてきたような学問的な深い考察を欠いている場合が多く、十分な裏付け証拠もないまま乱暴な一般化をしてしまう傾向があった。これらの著者たちは、だんだん、自分たちを公共的知識人《パブリック・インテレクチュアル》とみなすようになった。彼らは政策の形成と戦争の勝利に重要な貢献をしたいと望み、連邦政府や民間組織から財政的な支援を求めた。ミードの一九四二年の著作、『火薬をしめらせるな』は、高名な研究者が、差し迫った重大な国家的関心についてのスポークスマンへと急速に変化していったことを端的に示す例である。この本は、証拠にもとづいて考察した分析というよりも、国の一致団結を進めようとする連邦の役人や立案者のための手引書となった。ミードは読者に対し、全体主義の挑戦に立ち向かうにあたって、反権威主義、競争主義、地方の権利というアメリカの伝統を大事にしようと呼びかけたのだった[30]。

　友人や同僚の多くがこうした研究に積極的にかかわっていたため、エリクソンも必然的にこの流れに加わっていった。一九四一年十一月という早い段階で、エリクソンは、CNM会長のアーサー・ポープから、マクファーレンの児童福祉研究所を三ヵ月間休職してミードやマレーと一緒にアメリカ人の態度と価値観に関する調査をしてほしいと頼まれた。後には、ワシントンの戦争情報局の委託で研究していたルース・ベネディクトから、「異なる文明国が人生において何を望み、どのようにしてそれを追求するかについての知識を蓄えるために」、異文化のなかで育ったアメリカの子どもたちの研究をするよう依頼された。またミードは、戦争中および直後の期間を通して、ドイツの国民性やドイツの戦争捕虜などにかかわるいろいろなプロジェクトにエリクソンを引き込んだ。彼女は、研究のために連邦の機関から十分な金銭的報酬を確保する方法についても彼に教えたのだった[31]。

エリクソンは、児童福祉研究所での仕事に満足しておらず、増えつつある開業分析家としての仕事で手いっぱいというわけでもなかったため、戦時の研究活動に参加できることを喜んだ。それは社会的、歴史的な状況がパーソナリティの発達にどのような影響を与えるかを追求したいという関心と一致するものだった。こうした活動に参加することには、象徴的な意味もあった。つまり、連邦政府や、アメリカの戦争を支えるCNM、CIRといった機関のコンサルタントとなることは、自分を養子にしてくれた新たな祖国に身を尽くすことだったのである。ルーズベルトのアメリカは、ヨーロッパからやってきた彼を暖かく迎え入れてくれた。それゆえ、彼は敵に対するアメリカの軍事活動の強化を手助けすることに情熱を感じた。実際、エリクソンは、持ち込まれた戦時研究のほとんどすべてを引き受けた。彼は自分の役目を果たしたかった。エリクソンは、ミードとベイトソンに、「意義ある仕事のために「マクファーレンの研究所や精神分析家としての仕事を」離れたいと希望している」と打ち明けたことがある。ベネディクトが彼にオランダ人の子ども期と戦時の状況を調査するように依頼したとき、彼は、「かねがねあなたと一緒に仕事をしたいと思っていました」と返答し、喜んで分析家としての仕事の時間を割いた。戦争の末期になると、新たなプロジェクトをCNMに提案したこともあった。それは、「将来の戦争を防ぐために」ヨーロッパ（特にドイツ）の女性たちに議会やその他の機関を設立するよう促すというものだった。しかし、自分を受け入れてくれた国の役に立ちたいと願い、熱意をもってこうしたプロジェクトに取り組んでいたにもかかわらず、時折エリクソンの心に不安が忍び込んできた。「自分は精神分析家としてさえ十分な基礎が固まっていない」と感じていたエリクソンは、共同作業においてベイトソンのような学術的な訓練を積んだ最高の理論家たちと肩を並べることはできないと思うことがあったのだ。戦争情報局が自分の報告書をどう評価するかを考えると「すっかりおびえて、重症の冷足神経症になった」と告白したのだった[32]。

戦時の国民性研究に対してエリクソンが行なったもっとも重要な貢献は、おそらく、ヒトラーが率いるドイツの研究であろう。この研究から生まれて『子ども期と社会』に含まれた一章、「ヒトラーの子ども時代の伝説」は、この書における他のほとんどすべての国民性や文化の記述にとっての基本的な背景になっている。自分が児童期から青年期を過ごした国に関するこの論文は、エリクソンの初の著書に明白に見られる、交差文化のモザイクのまわりに自分の思想を系統立てる原理を示しているのである。

「ヒトラーの子ども時代の伝説」には、長い準備期間があった。エリクソンがこれを書き始めたのは、一九三三年の初め、ドイツでヒトラーが政権についたのを知り、経済恐慌のさなかにあったオーストリアで右翼勢力が活発化するのを見たときである。ヒトラーは、青年や若い成人の愛国的な傾向を利用しているように思われた。ドイツの状況が悪化していくのをすぐそばのウィーンで見ていたとき、エリクソンは、カールスルーエで育った自分がデンマーク系ユダヤ人として、「外国生まれの子どもに対するドイツの子どもたちの軽蔑に耐えなければならなかった」ことを思い起こしていた。そうした軽蔑を感じていたからこそ、第一次世界大戦のとき、「遊び友達に自分の忠誠心をはっきりとわかってもらう」ために「ドイツ愛国主義的な傾向を発展させた」のだった。ヒトラーとナチズムが力を強めると、昔の遊び仲間の多くは「ナチスに転向」し、「私のユダヤ人の友達を攻撃するようになった。私がもしそこ〔ドイツ〕にいたならば、彼らは私にも矛先を向けたことだろう」。エリクソンが精神分析の訓練を受けていたころ、アウグスト・アイヒホルンは、ウィーンに多く見られるすさんだ非行青年たちに注目していた。同じようにすさんだドイツの若者にとって、ヒトラーが魅力的に見えたというのは想像に難くなかった。エリクソンは、「単にこの現象を自分に説明するために」、ヒトラーの何が人を惹きつけるのかについて書き始めた。そして、アメリカに渡るスカンメイル号のなかで、この論文をまとめた。彼と一緒に船に乗っていたジョージ・ケナンは、それをぜひ翻訳して英語での出版に備えるようにと勧めたが、エリクはそうしようとしなかった[33]。

渡米後まもないころ、エリクソンは、ヒトラーの台頭に関する初期の精神分析学的研究について学んだ。ほとんど『わが闘争』だけをデータとするこれらの著作の多くは、フロイトの『集団心理学と自我の分析』を基礎としていた。これらの著者たちは、指導者であるフロイトと同じく、信奉者の不合理な欲求に訴えかける父親としてヒトラーを捉えていた。ハロルド・ラスウェル、それに当然ながらエーリッヒ・フロムなど一部の精神分析修正主義者は、こうした信奉者が不安定な、中の下の階層であることを重視したが、エリクソンはこの考え方に興味をもたなかった。それに対して、自我心理学の新しい流れに注目する人々は、個人の生き方が制度や出来事といかにかかわっているかに焦点を置いていた。エリクソンが特に関心をもったのはこうした人々の研究だった。彼らの多くは歴史学の訓練を受けていない精神分析学者だったが、なかには、ヒトラー・ナチズムの魅力を理解するには純粋な心理学にとどまらず、社会的、経済的、そして（何より）歴史的なデータを取り入れる必要があることを認識している人々もいた。彼らは、後にエリクソンが心理歴史《サイコヒストリー》研究と呼ぶことになる分野の先駆者だった[34]。

一九四一年初め、エリクソンが家族とともにバークレーに落ち着いた後、CNMはかなり心理学的な面を重視したドイツ研究を推進した。CNMは、情報調整局（まもなく戦略事務局と改称）

の局長であったウィリアム・ドノヴァンへの報告書において、緊急にヒトラーのパーソナリティの分析を行なうよう要請した。彼らは、「すでに崩れかけているヒトラーの情動的な安定をさらに揺るがす」にはどのような行動をとるべきか、政策立案者に知らせることが急務だと考えたのだった。ドノヴァンはCNMの勧告に同意し、数人の研究者にこの点に関して報告するよう委託した。一九四三年までに、ウォルター・ランガーとヘンリー・マレーが自分たちの報告書を完成させた。しかし、それより前、提出期限内に出されたのは、ウィーンでの論文を書き直したエリクソンの報告書だけだった。これは、初め「ナチスの精神構造」と題されていたが、「ヒトラーのイメージとドイツの若者」と改題され、『精神医学』の一九四二年十一月号に発表された。この論文（改訂版）は、ヒトラーとその魅力に関して、アメリカの戦争立案者に検討された最初の本格的な心理分析となった。この論文によって、エリクソンは初めて連邦の政策立案者との重要な接触をもつことになるとともに、重要な知識人として頭角を現わしたのだった[35]。

この論文には、発表されなかった二つのバージョンと発表された一九四二年のバージョンがあるが、これを書くにあたってエリクソンは、ヒトラーが人を惹きつける力に関してウィーン時代に書いた論文をただ引っ張り出してきたわけではなかった。彼は、一九四〇年から一九四二年にかけてCNMの「カナダ・プロジェクト」にかかわったおかげで、論文に重要なデータと観察結果を加えることができた。カナダに抑留されているドイツ人捕虜と面接する必要があったこのプロジェクトに彼を引き込んだのは、マーガレット・ミードとグレゴリー・ベイトソンだった。エリクソンは、この面接にもとづき、一九四二年の論文の基本テーマを含む短い報告書をいくつか書いた。この報告書は、ヒトラーを、ドイツの疎外された若者に対して、両親や堅実な社会に反抗するように訴え、「若者はつねに正しく、攻撃は善であり、良心は悩みの元であり、適応は犯罪である」と信じさせようとした徒党の指導者と捉えていた。ドイツでは、総統と若者を結びつけるこの「若者のイメージ」が最終的に「一国すべて」に受け入れられ、ドイツの市民は、道徳的な判断を中止し、道徳性の一つの形として反社会的な行動を求めるヒトラーの訴えを受け入れたというのだった。CNMへの報告書において、エリクソンは、それに対抗する効果的なイメージは一つしかない、つまり暖かい両親とそれを必要とする子どもたちという、愛情あふれる安定したドイツの伝統的な家族像だけであると論じた[36]。

エリクソンは、政府に提出するためや『精神医学』に発表するためにいくつかのバージョンの「ヒトラーのイメージとドイツの若者」を書く際、ウィーン時代の論文に「カナダ・プロジェクト」で浮上してきた「若者のイメージ」というテーマを加えて手直しした。マーガレット・ミードが連邦通信委員会から手に入れた一九四一年と一九四二年のヒトラーの演説も検討したが、エリクソンがもっとも重要な情報源としたのは、ヒトラーの自伝『わが闘争』だった。
　エリクソンの関心は、ヒトラーが自分の人生をどのように経験し、どのように受け止めたかということであったため、『わが闘争』のはなはだしい不正確さを問題としなかった。それどころか、プロパガンダ用のヒトラーの子ども時代についての記述を用いて、「若者のイメージ」というテーマに肉付けをした。ヒトラーは、『わが闘争』を通して、ドイツ国民のための物語あるいは伝説を作り上げたとエリクソンは主張した。この自伝は、ヒトラーがいかにしてすさんだ若者の指導者として自分を前面に押し出したかを説明している。エリクソンは、きわめて直観的に、この徒党の指導者の心理歴史《サイコヒストリー》的な解釈に焦点を当て、やや問題のある裏付け資料でそれを練り上げた。このときには時間的な制約が厳しかったため、問題ある資料と直観に頼るという論述の方法がほとんど避けがたかったが、戦争のずっと後になっても彼の論文には同じパターンが見られる。また、表現の美的な効果を最大限に高めるために自分の著作を何度も書き直すという一生にわたる習慣も、この時点ではっきりと現われている。エリクソンは、美的な観点から、文を書き換え、加え、削り、段落を構成し直した。草案から最終的な論文へと書き改めるなかで、本質的ではない事柄を取り除き、ドイツ全体ではなく若者にとってのヒトラーの魅力に焦点を絞っていった。連合軍の勝利に確信をもつようになると、戦後の再建の問題に多くの注意を向けるようになった。その昔、若い芸術家であったエリク・ホンブルガーは、審美的な魅力とメッセージを強めるために、同じ情景を何度も何度も木版画に刻み込んだ。今、頭角を現わしてきた戦時の著述家であり知識人であるエリク・エリクソンは、ヒトラーとドイツの文化に関する論文に推敲を重ね、磨き上げた。実際、一九四二年に出版された最終稿は、その後、クライド・クラックホーンとヘンリー・マレーによって編纂された一九四九年のアンソロジー『自然、社会、文化のなかのパーソナリティ』のために（主に美的な理由で）再び書き直され、さらに『子ども期と社会』の第一版と第二版のために改訂されている[37]。

　繰り返し書き直されはしたが、一九四二年刊行の「ヒトラーのイメージとドイツの若者」は注目に値する質を保っている。徒党の指導者として人を惹きつけるヒトラーの力というテーマは、指導者と信奉者の間で交わされた視覚的なイメージと言葉を通して掘り下げられた。まさに、イメージと聴覚的な「調べ」が、指導者とその信奉者の関係を組織する形、すなわちコンフィギュレーションを形成していた。エリクソンはこれを「準言語的な魔法のデザイン」として説明した。彼は、子どもに関する著作で以前に詳述した厳密に視覚的なコンフィギュレーションを敷衍しつつあった。この拡大されたコンフィギュレーションのなかのイメージと音は、ヒトラーの内的情動と外的社会的状況を統合するとともに、若い男性を中心とする支持者たちの内的世界と外的世界も統合した。ヒトラーは、「いかなる意味でも父親になることを望みさえしない青年」として自分を提示した。彼は、ドイツ的な父親となることを避け、「『少年たち』を後戻りできない犯罪に巧妙に関与させることによって……彼らの団結を保つ徒党の指導者」となったのだった。エリクソンはドイツの状況を論じた当時の多くの批評家と異なり、父と子という文脈からナチズムを捉えず、反社会的な若い男性信奉者たちに自分の親や近隣の人々の道徳を拒絶するよう促した徒党の指導者という観点から論じた。エリクソンによると、総統とドイツの若い男性（および徐々に彼の術中に陥っていったそれほど若くないドイツ人たち）との信頼関係のなかに、興味深い動きが生じた。それぞれの信奉者がやがて、「新しい自己も、支えとなる社会的な認知も得ないままに、それまでの自己を手放していった」のである。そして、自己の意識をもたない指導者とその仲間たちは、互いに、良心と社会的な適応に対する若者の攻撃の正当性を賛美しあったのだった[38]。

　このときエリクソンが行なったドイツの「自己」喪失の描写は、マウント・シオン社会復帰センターで復員兵たちを観察した後とは違っていた。すなわち、この段階ではまだ、「アイデンティティ」の喪失、「アイデンティティの混乱」、または「否定的アイデンティティ」として記述されていない。しかし、こうした用語が生まれる準備は整っていた。総統も若い信奉者たちも自分の人生史《ライフヒストリー》の著しい不連続を経験しており、断絶という共通の「調べ」を聞いていた。エリクソンが診察した子どもたちの多くが人生の連続《コンティニュイティ》性と存立可能なアイデンティティの感覚を強めるために積み木やおもちゃでコンフィギュレーションを作ったのに対し、彼が記述したナチスのコンフィギュレーションは、連続性をむしばみ、もっとも否定的なアイデンティティのほかはすべてのアイデンティティを排除した。

　エリクソンの論文が一九四二年に出版される前に、グレゴリー・ベイトソンは、戦略事務局の心理部長ロバート・トライオンに対し、総統とナチスの若い男たちの関係を父と子の反社会的な絆以外の観点から論じたエリクソンがいかに革新的であるか強く主張した。また、ベイトソンは、そこから導かれる明白な意味、すなわちナチスの活動をくじく方法は「若者を落ち着かせて結婚させることとならどんなことにでも」訴えかけることだという点を強調した。出版された論文において、エリクソンは、強力な親のモデルが必要だと述べた。何より、ドイツの父親たちには、発達の過程で子どもが頼ることのできる「真の内面的権威」を見いだすことが必要であり、ドイツの母親たちも、あるときには子どもに寛大で次の瞬間には裏切りと見えるようなパターン（彼自身の母親にも共通するパターン）を打ち破ることができるように、もっと内面的な強さをもつことが必要だというのだった[39]。

　ヒトラーは倒錯した父親像であるという広く浸透した見方に異を唱えたエリクソンの「ヒトラーのイメージ」の初版は、ヒトラー論に新たな視点を加えることになった。エーリッヒ・フロムや他の先駆者たちは、ナチスは中の下の階層のドイツ人にもっとも強く訴えかける力をもっていると論じた。フロムは、『自由からの逃走』でこのテーマを詳しく取り上げ、エリクソンと興味深い類似点をもつ文化的、実存的な見方のなかでそれを捉えた。エリクソンは、具体的な情報よりも直観によって、ヒトラーの一味は上昇志向の強い労働者階級だけではなく中流階級全体の若者を含んでいると感じていた。実のところ、エリクソンは階級を本質的な問題の焦点と見ていなかった。彼は、ヒトラーが人を惹きつける力は、経済情勢や社会構造に関係しているというよりも、ドイツの文化全体における親のあり方や若者の発達のダイナミクスにずっと大きな関係があると感じていた。オットー・フェニケルは、マルクス主義のアングラ精神分析会報『回　状《ルンドブリーフェ》』において、エリクソンは生産の条件を無視し、階級格差の問題を軽視したと批判した。また、エリクソンがドイツの歴史的な進化を形作っている具体的な状況を調査せず、大いに「洞察と気ままな思考」を用いたこともフェニケルの批判の的となった。しかし、エリクソンに対するこうした非難にもかかわらず、ヒトラーの力の背後にある階級的基礎（とその他の経済的な要因）という非常に複雑な問題は、相変わらず学界で異論が強い。ドイツの現代史を専門とする学者のなかには、フロムやフェニケルよりもエリクソンの見方に傾く人々もいる[40]。

『精神医学』に掲載されたエリクソンの一九四二年の論文がドイツの空間的な概念の理解にも貢献したのは、驚くべきことではない。ヨーロッパの中央部を占めるドイツには地理的に「包囲され、攻撃されやすい位置に」あるという歴史的な感覚があり、それがヒトラーの生 存 圏《レーベンスラウム》の追求を促していると指摘したのは、エリクソンが初めてではなかった。しかし、ヒトラーの領土拡大は、地理的、政治的に敵国に包囲されているという認識だけに動かされているのではないと強調した点で、エリクソンは他の人々と違っていた。彼は、歴史的な影響力が多様であるために、「ドイツ人の精神」は、「結晶化することもできず、あるいはゆるやかな論理的段階を踏んで経済的、社会的進化を同化することもできなかった」と記している。ドイツ人は、「バラバラになっている」と感じ、「基本的な価値における深い不安定感」に苦しんでいた。加えて、エリクソンは、生 存 圏《レーベンスラウム》の追求に本質的に備わるたえまない拡大主義が、軍事的、経済的、知的な面で、つねに力ずくの行動を求めるのだと述べた。ハンナ・アーレントも、『全体主義の起源』の草稿において、ドイツはたえず無分別な行動をとり、安定を得ることができないでいると強調した。しかしエリクソンは、ときとしてヒトラーは「動きのイメージを静的な忍耐のイメージに置き換えた」と付け加え、その例証として、一九四二年九月にヒトラーが行なった演説のなかから、ヒトラーが民衆の統率に用いた言葉を引用した——「われわれは兵士たちの背後に立つ。兵士たちがわれわれの前面に立つように」。また、エリクソンは、第二次世界大戦におけるドイツの最大の勝利、すなわち電撃作戦《ブリッツクリーク》によるマジノ線でのフランス防衛軍の打破に関して、ナチズムは「稲妻《ブリッツ》のような戦争のイメージをもって（心理的に）立ち上がり、そして崩れた」と主張した。エリクソンが指摘はしたものの十分に発展させなかったのは、ドイツ人は自分たちが偉大な真価をもつ国民であることを示すために行動と電撃作戦に頼ったが、彼らに本当に必要だったのは、単なる「静的な忍耐」ではなく、平和的な内省を促す成熟した自己の感覚であるという点だった[41]。

『子ども期と社会』のヒトラーに関する章の基本的な要素は、ほとんどが一九四二年の論文に端を発している。主だった考え方のなかで一九四二年の論文に不足していたのは、アイデンティティという明確な概念だけだったと言ってよい。エリクソンは、一九四〇年代半ばまでこれを確立していなかった。しかし、彼の思考はあと一歩のところまで接近しており、これが具体的な形になるために必要だったのは、その言葉自体と、二、三の説明的な語句だけであったように思われる。このほかにもう一つ、一九四二年の論文に取り上げられ、『子ども期と社会』で拡充された点は、ドイツ社会のユダヤ人に関する論議だった。一九四二年の論文には、背が高く、色が白く、姿勢のよいアーリア人と対照的に、「背が低く、色が黒く、毛深く、人を無力化する病原菌」とされたナチスのユダヤ人像についてごく縮約された記述がある。ユダヤ人は、主に、ドイツの舞台に現われた無名の人物として扱われた。しかし、この論文が一九五〇年に『子ども期と社会』となって現われるまでに、エリクソンは、ナチスが排除しようとしたユダヤ人のアイデンティティと精神について、考えを発展させていた。たとえば彼は、律法にしがみつき、自分たちの習慣を変化させる新しい状況を受け入れようとしない教条主義的なユダヤ人と、地理的な移動性と「文化的な多様性」をもち、相対主義が「絶対的」となっているユダヤ人とを区別した。エリクソンは、ヒトラーが阻もうとしていた人間の価値観の相対性や英知を独創的に掘り下げた三人のユダヤ人、マルクス、フロイト、アインシュタインについて論じた。一九四二年の論文におけるエリクソンのユダヤ人論が短く、ステレオタイプといえる面をもっているのは、自身がユダヤ人であることに相反する感情を抱いていたせいだと考えることができるかもしれない。そうだとしても、決して特別のことではない。オットー・フェニケル、エルンスト・ジンメル、ブルーノ・ベッテルハイムなど、ナチスの動きについて書いた移民のユダヤ人精神分析学者たちも、その相反する感情のために、反ユダヤ主義とユダヤ人の経験を十分に描き出すことができなかった[42]。

『子ども期と社会』のなかで若者に対するヒトラーの魅力について論じた一章は、一九四二年の論文に比べ、戦後の世界におけるドイツの未来について割いた部分が多くなっている。この章に見られる真剣な思考の多くは、戦争が終わりに近づいたときになされたものである。このころ、エリクソンは、ドイツの状況についてCNMと文化間関係会議への報告書を書き、各種の会議で発言していた。そのころには、マウント・シオンで復員兵の治療を行なうようになっており、ついに彼のなかでアイデンティティという概念が結晶化していた。実際彼は、敗戦の結果、ドイツ人の集団的な「アイデンティティ」が危機に陥っていると語った。ドイツ人は、日々、偏執症、憎しみ、投影されたスケープゴート

（ナチスの過去の遺産）と、「罪の意識、洞察、進歩への希求」とに引き裂かれている。エリクソンは、（元ナチス党員の多くさえも含む）ほとんどのドイツ人が肯定的なアイデンティティへ推移していくことができるという楽観的な見方を表明した。「文明化された価値観に感受性を保っている可能性のある人々には、心理的な支援が与えられるべきであり」、ヒトラーの反社会的な若者のイメージに何度も惹きつけられる人々だけが「措置の対象から除外され」るべきであると主張したのだった[43]。

『精神医学』に発表された一九四二年の論文には、ナチス後のドイツについてさらりと言及されているだけである。これは、若いときに読んだゲーテの描写と軌を一にするものだった。ゲーテは、小さな社会‐政治的諸国家で構成され、多くの独立した中心をもつドイツの多様性や複数性を重んじた。同時に、ドイツの軍事力の価値と国の文化の自己充足について強い疑念を抱いていた。どちらも、道徳的な強さや文化の豊かさを意味しなかったからである。第二次世界大戦が終結すると、エリクソンは、ナチスの生存圏《レーベンスラウム》の思想を引きずる軍国主義者や文化的な自民族中心主義者を打倒する活動のなかで、ゲーテのビジョンを強調した。「ヒトラーのイメージのまさに対極に位置するのは、普遍的な文化的生活の基礎としての家族、町、地域のイメージであり」、地方民主主義というドイツの文化遺産のイメージであると書いた。一九四五年には、「私が理解し得る限り、〔ドイツの〕未来は」、ヨーロッパ大陸のすべての地域の「経済的相互依存」と組み合わされた「文化的な地方自治にある」と記している。この地方主義、文化的な多様性、軍国主義や戦争の回避というビジョンを促進するために、エリクソンは、ヨーロッパの女性の常設議会を提案した。子どもを産み育てる「女性以上に、人的資源を保護するために」団結する「権利と義務をもつ者が他にいるだろうか」。実際、人種主義的なしつけの習慣を打ち破るために、「論理的に言って、〔ナチス的考え方と戦うための〕再教育の問題は、女性と幼い子どもたちから始まるだろう」。真に地方や地域の文化に根ざすこと、家族、そして女性が、中央集権化され男性化されたナチスの戦争機械を撲滅するのに役立つというこの捉え方は、人を混乱させるような側面をもっていた。こうしたエリクソンの記述は、抽象的にロマン化されたコミュニティ、家族、出産、自然とのつながりというナチスのプロパガンダと類似するところがあったからである。言うまでもなく、彼は、複雑で相矛盾するドイツのイデオロギーと文化のなかに長く身を置いてきた。そのため、彼の考えには、ときとして意図しない含みを内にとどめていることがある[44]。

それにもかかわらず、戦後のドイツの状況について書いたとき、エリクソンは、「一九二九年以来、ドイツ本国には足を踏み入れていなかった」。また、ドイツに戻りたいという強い望みももっていなかった。実際、安全に海外に出かけることができるようになったとき、彼が最初に訪れる地として選んだのは、母親、養父、異父妹の住むハイファだった。エリクソンは、その後も何度かハイファを訪れている。イスラエルが建国されると、ユダヤ人国家に強く心を揺すぶられた。自分がアメリカ市民でなかったならば、まず間違いなくイスラエル人になっていただろうと告白している。その一方で、一九五一年までにはドイツも定期的に訪れるようになっていた。そして、ドイツで開かれる各種の会議で講演し、名誉学位を受けた。しかし、初めての著書、『子ども期と社会』が出版されたときには、自分のルーツがドイツの政治や文化にあるとは感じていなかった[45]。

一九五〇年に『子ども期と社会』が発表されたとき、ドイツの若者の反社会的な本能に訴えかけるヒトラーの力という基本的なテーマは、十年近く前に書かれたものとほとんど変わっていなかった。しかし、このテーマは、アイデンティティという概念によってずっと深められていた。一九四二年の段階ですでに、「けっして屈服しない青年――総統――と同一視する」ようになったドイツの父親たちと息子たちについて書かれている。一九四五年までに、アイデンティティの概念は、つながりや同一性《セイムネス》、あるいは分離の感覚という意味ではるかに豊かで深い意味をもつようになっていた。一九五〇年には、「総統と同一視する（identify）」という表現における同一視という語が、擁護できない、または否定的な形のアイデンティティ、つまり自分の生物学的、家族的、文化的な過去から切り離された非常に「不自然な」感覚を表わしているということが読む人によくわかるようになった。ヒトラーとその信奉者たちは、スケープゴートを選び出し、生存圏《レーベンスラウム》を追求したとき、「アイデンティティの危機」を経験し、それを心理的に満足できる形で解決することに失敗していたのだった[46]。

エリクソンは、フランクフルト学派など、最終的に『権威主義的人格』を発表することになる重要な研究プロジェクトの人々とは「たまに接触をもつ」だけで「体系立った」議論をしたことがなかった。その理由の一端は、エリクソンがヒトラーの力を説明するためにアイデンティティの構成概念を固めていったプロセスからうかがうことができる。R・ネヴィット・サンフォード（サンフランシスコ精神分析研究所およびバークレーの心理学部に所属）、ウィーンで訓練を受けた亡命精神分析家エルゼ・フレンケル＝ブランズウィック（児童福祉研究所に所属）、彼らの学生で心理学者のダニエル・レヴィンソンといったこのプロジェクトの学者たちは、ときによって、エリクソンから歩いて数分しか離れていない場所で研究を進めていた。これらの人々は、パーソナリティと政治的な活動の間の収束を調べた戦前のハロルド・ラスウェルの業績を十分に研究していた。彼らは国民性に強い関心を抱いているという点でエリクソンと共通していたが、その研究の主眼は、すべての社会に見られるパーソナリティのタイプとして、冷酷な扇動者の不合理な操作を受けやすい硬直的パーソナリティを明確化することだった。「権威主義的人格」プロジェクトのメンバーの一部は、盲目的な憎しみ、固定観念に縛られた思考、中傷などで特徴づけられる、右翼全体主義の影響を受けやすい心理学的な硬直性を正確かつ量的に測定する作業を行なっていた。エリクソンは、このように手の込んだ組織的な企画が苦手だったが、権威主義的な特性の調査が「誤っている」、あるいは問題があると考えていたわけではなかった。ただ、それは、彼がドイツという背景のなかでアイデンティティの構成概念について考える行程とは一致しなかった。エリクソンは、このプロジェクトの研究者と関係をもっても目に見える直接的な利点はほとんどないと考えていたため、概念や情報に関して両者の境界を越える努力をしなかったのである。その結果、『子ども期と社会』は『権威主義的人格』と同じ年に出版されたにもかかわらず、エリクソンがこのプロジェクトに言及したのは、外部の敵への苦しい内的感情の投射について述べた脚注一つにとどまった[47]。

エリクソンは、権威主義的人格プロジェクトばかりでなく、ヒトラー体制などの近代の独裁体制に関して次々と登場した各種の文献とも関連づけを行なわなかった。たとえば、フランクフルト学派の亡命者、フランツ・ノイマンからほとんど影響を受けなかった。一九四二年に発表されたノイマンの『ビヒモス』は、第三帝国を、全体主義の国によって体制化された私有資本主義経済として描いていた。エリクソンは、広く知られたフリードリッヒ・ハイエクの『隷従への道』（一九四四年）――ナチスの支配に典型的に見られる私有経済活動の体制化が生活すべてにいかに強制的な影響をもたらすかということについて述べた書――を熟知していたようにも思われない。人間のパーソナリティを歪める全面戦争と全体主義の残虐性の影響についてドワイト・マクドナルドが鋭い目で評論した小雑誌、『ポリティクス』（一九四四‐四九年）も引用しなかった。マクドナルドが『ポリティクス』で扱ったアルベール・カミュ、ジョージ・オーウェル、シモーヌ・ヴェーユの力強い論文にも注意を払わなかった。エリクソンは、ハンナ・アーレントの初期の論文（ナチス体制とスターリン体制の歴史的な起源と基本的な要素に関する非凡な書、『全体主義の起源』（一九五〇年）のもととなったもの）について精通していたかもしれないが、それを示す記述はない。ブルーノ・ベッテルハイムの一九四三年の重要な論文「極限状況における個人と集団の行動」も引用しなかった。ベッテルハイムは、ブーヘンヴァルトとダッハウ〔訳注　どちらも強制収容所があった場所〕での観察にもとづき、いかにして一部の囚人が自分をゲシュタポと同一視するようになったかを説明した。心理学的にいえば、この現象は、エリクソンが考えを深めていたヒトラーとドイツの若者の間の結びつきと通ずるものがあった。エリクソンが練り上げつつあったアイデンティティの理論と近い考えをもっていたベッテルハイムは、ナチスの服従の圧力に対抗するには自律性のある強い自己をもつことが重要だと雄弁に説いている。

他人の著作を体系的に検討するよりも、用語や概念をたえず手直ししたがるエリクソンの性癖を考えると、『子ども期と社会』の出版にあたってその論文の題名に三回目の変更が加えられたのもうなずける。この論文は、「ナチスの精神構造」として生まれ、一九四二年に「ヒトラーのイメージとドイツの若者」となり、一九四八年から一九五〇年の間に「ヒトラーの子ども時代の伝説」となった。題名の変遷は、エリクソンの考えが心理伝記研究《サイコバイオグラフィー》の方向に発展していったことを反映している。一九四二年のバージョンで、エリクソンは、父親の権威に対するヒトラーの頑固な拒絶の感覚がどのように生まれたか、そしてドイツの若者に自分の父親を拒絶するよう訴えたときにその感覚がどのように広がっていったかについて記述した。

歴史のなかにはしばしば、極端な、例外的であるとさえいえる個人的な経験が、普遍的な潜在的葛藤にぴたりと一致したために、一つの危機が代表的な地位にのしあがることがある。それがヒトラーの（彼が提示しようと望んだ形での）子ども時代について読んだドイツ人に生じたに違いない奇異な現象の基盤だと私は思う[48]。

この論文を書き直すなかで、特に一九五〇年のバージョンにおいて、エリクソンは、自分の子ども時代の経験についてのヒトラーの説明（『わが闘争』において同胞に提示された「伝説」）がいかにドイツの人々を、そして「普遍的な潜在的葛藤」をさえ刺激したかに焦点を置いた。このように、指導者が自分の個人的問題に取り組むことによって、いかにしてより大きな社会のメンバーがそれぞれの問題を解決できるような道を見いだすかに的を絞るアプローチは、エリクソンのその後の研究の特徴となる。以後、彼は、このアプローチを用いて広範な歴史的変化を説明した。ルターとガンディーがなした歴史上の革新的業績を分析する上でも、中心的な方法となっている。ヒトラーに関する論文の発展は、エリクソン派の歴史的な心理伝記研究《サイコバイオグラフィー》の芽生えだった。

一九五〇年の『子ども期と社会』のヒトラー論におけるいくつかの語句の変更は、エリクソンの精神状態を反映している。つまり、四十代後半になってもまだ、テオドール・ホンブルガーの養子として悩み、葛藤を繰り返したカールスルーエ時代との格闘が続いていたことを示している。過去を振り返ったエリクソンは、「青年期の嵐のなかで……〔ドイツの〕少年のアイデンティティが父親像との関係を清算しなければならないときに」、父親の「真の内面的権威が本質的に欠けていたため」息子の反抗が複雑になったのだということに気づいた。ドイツの息子は、「むき出しの反抗と『秘められた罪』、冷笑的な非行と素直な服従」を示す。このような要素の混在は、「少年の精神を永遠に破壊しかねない」。エリクソンは、確かに非行少年ではなかったが、彼に「内面的権威」を行使することができなかった養父に対して、ときにあからさまに反抗し、ときに服従した。テオドール・ホンブルガーは、一九五〇年の論文に記された一般的なドイツの父親と同じく、「この反抗に対峙せず」、エリクの実の父親として振る舞い続け、妻カーラに実父のことをエリクに知らせるなと強要し続けたことで、「むしろ、無意識のうちにその反抗を育てた」。「ヒトラーの子ども時代の伝説」では、ドイツの母親は父親と息子のコミュニケーションを取り持つ「媒介者、仲介者」として描かれているが、カーラも、テオドールとエリクの「仲介者」だった。父と息子は、ときとして、互いに嫌悪の情が生まれるのをカーラのせいにした。幼稚園《フォルシューレ》やギムナジウムでの毎日は、こうした家族の難しい状況からほとんどエリクを救ってくれなかった。ヒトラー論の一九五〇年のバージョンで、エリクソンは、「ドイツにおける『人文主義的な』教育は、詩人たちのノスタルジックな奔放さを賛美しながら、一方では義務や規律の観念を育てるという厳然たる分裂に苦しんできた」と述べている。ギムナジウムで従順さが高く評価されながらも教科では平凡な成績しかおさめられなかったとき、あるいは失意の遍歴を始めたとき、そしてまた「ノスタルジックな奔放さ」を（ときに詩として）長い手記に書き連ねたとき、若きエリクはまさにそれを感じていたのだった[49]。

このような形でヒトラーの魅力に関する論文とエリクソンのカールスルーエ時代を関連づけるのは、明らかに、根拠が薄弱で厳密さに欠ける。しかし、ドイツの父親の「内的権威」の欠落を重視したことは、テオドールがエリクに対して「内的権威」をもっていなかったことと直接的に結びついているに違いない。エリクソンの次の著作である『青年ルター』になると、ドイツの父親と息子の「内的権威」の欠如という問題は、さらに決定的なものになる。エリクソンは、いまや自分をアメリカ人であり、デンマーク人の息子であると考えるようになっていたが、ドイツとの絆、そして子ども時代の父と息子のダイナミクスは依然として命脈を保っていたのだった。

アメリカ人のアイデンティティ

『子ども期と社会』のなかで国の文化に関するもっとも独創的でもっとも力強い論文は「ヒトラーの子ども時代の伝説」であるが、エリクソンは、この本のもっと多くのスペースをアメリカに関する考察に当てている。主にアメリカの白人に焦点を置いた「アメリカ人のアイデンティティについての省察」は、ドイツに関する論文に対応させるよう意図されたものである。本の前半には二つのアメリカ先住民の種族、スー族とユーロク族に関する章が含まれている。また、臨床例に関する議論もアメリカ人を対象にしたものである。このように、ヨーロッパから渡ってきた他の多くの知識人と異なり、エリクソンは新たな祖国に深い関心を向けていたのだった。

ヒトラーに関する章と同じく、アメリカの文化に関するこの論文は、第二次世界大戦という緊迫した情勢のなかから生まれた。戦略事務局（OSS）、国民士気委員会（CNM）、文化間関係会議（CIR）といった機関は、しきりに戦時の敵の価値観に関する報告書を求めた。何がそれぞれの国の文化を一体化させ、何がその分断化を促進するかを知りたかったのである。エリクソンはヒトラーのドイツについて早い時期に報告書と論文を提出した一人だったが、同時代のアメリカに関する考察を提示したのは遅かった。確かに、最初のアメリカ人たち、すなわち先住民の二つの部族について書いたのは一九三〇年代後半から一九四〇年代前半だった。だが、一九四八年七月に、『子ども期と社会』のアウトラインを書いたとき、まだ、「現代アメリカ」に関する章（「アメリカ人のアイデンティティについての省察」となる章）はできていなかった[50]。

エリクソンにとって、アメリカに関する考察が遅れたのは当然ともいえる。ヨーロッパから亡命してきた精神分析家やフランクフルト学派の学者をはじめ、右翼的な動きが増大した旧世界から逃れてきた人たちにとっては、暮らしはじめてまもないアメリカの状況よりも中央ヨーロッパの退廃のほうが、自信をもって論じることができた問題であった。また、エリクソンの親しい友人であったマーガレット・ミードがアメリカという国の文化について『火薬をしめらせるな』を発表したとき、エリクソンは非常に感銘を受け、自分が付け加えられることはほとんどないと感じた。日本による真珠湾攻撃の翌年の夏に書かれたミードのこの本は、現代アメリカ人を、博愛主義で思慮分別があるが、浅薄な唯物論と一途な経済競争のために心理的に衰弱していると特徴づけた。ミードにとって、核家族は特に問題をもたらす慣習だった。核家族の親たちは拡大家族から切り離され、その保護や指導を受けていないと感じる。子育てに自信をもつことができず、型にはまった測定可能な方法で成功するよう子どもたちに強いる。また、親の愛が富の獲得といった標準化された成功によって左右されたりする。エリクソンは、一九四〇年代初頭のルーズベルト時代のアメリカにもう少し寛大な気持ちを抱いていたが、ミードの解釈は冷静で妥当だと思った。特に、アメリカ人の「とらえにくさ」——どんなに統制されても「あまり早く」腰を落ち着けることを好まない性質——に関するミードの記述に説得力を感じた。エリクソンは、定期的なデート（「決まった人とつき合うこと」）と早婚が一般的になった一九五〇年代を含め、その後何年もミードのこの見方を賞賛した[51]。

ジェフリー・ゴーラーの『アメリカ人の性格』（一九四八年）もまた、アメリカ人の特性に関する研究のなかでエリクソンの心を捉えた。ミードの下で研究したイギリスの人類学者、ゴーラーも、アメリカの核家族に大きな関心をもっていた。彼は、イギリス国王ジョージを拒否して独立を宣言するというアメリカの決定を、親の権威のエディプス的拒否によって特徴づけられた伝統の一部と捉えた。この気質が、おしきせの政府への敵対心を煽ったのだ。家族のなかでは、この伝統によって、父親の力が息子の友達の地位にまで落とされ、母親の権威が高まった。「アメリカほど父親の役割が退化した社会は他にほとんどない」とゴーラーは書いている。アメリカの男性は、「自分のなかに、倫理的で、忠告やあら探しをしたがる母親を閉じ込めている」ことに気づくのだと彼は警告した。男たちは「マム（おかあさん）」の圧力により、「男らしい男」であることや何がなんでも自分を主張することを強いられるため、友情は長続きせず、人間よりも機械と関係をもつほうが容易になるというのだった[52]。

『子ども期と社会』には、当時増えつつあったアメリカ人の国民性に関する各種の研究に影響を受けたことが強調されている。移民であるエリクソンは、新しい国の不慣れな習慣を身につけなければならないと感じていた。そのため、ナチスドイツと全体主義に関する文献よりもはるかに多く、アメリカ研究の文献を調べた。一九四八年七月に書かれた「アメリカ人のアイデンティティについての省察」のアウトラインから、エリクソンが、アメリカの競争性、核家族、そして標準化され機械化された子育てに関するミードとゴーラーの結論を大きな拠り所にしていたことがうかがえる。しかし、このアウトラインは、アメリカ人のアイデンティティというもっと一般的なテーマに焦点を当てるものとなることも示していた。当時さまざまな形で多用されていた「アメリカ人の国民性」という概念に心を惹かれたエリクソンは、「出現してきたアメリカ人のアイデンティティの感覚」をただ記述するのでは動きを捉えられないと感じた。彼は、「筆者にとって、アメリカの偉大なる未来は、そのアイデンティティの発展が両極的な選択肢の共存と相互の拡充にもとづいているということである」と記している。アメリカ人のアイデンティティは、「共存、〔そして〕十分に折り合いをつけることのできる対立要素——一ヵ所に腰を落ち着ける生き方とあちこち移り歩く生き方、個人主義的な努力と厳格な標準化の必要性、競争と協力など」にもとづいており、アメリカ人は、「そうした選択肢のどちらをとるかという決定ではなく、それらの組み合わせを選ぶ（そしていつでも変更できる）権利と機会をもっているという確信から」アイデンティティを作り上げているというのである。続いて、エリクソンは、この章の論理の構成要素となるアイデンティティの問題を明らかにしようとした。そして、「自由に選択できるという感覚を失い、それとともにアイデンティティの感覚」も失ったアメリカの復員兵について書き、アフリカ系アメリカ人が「封建的な奴隷のアイデンティティ」にいかに苦しんでいるかを説明しようと構想した。若者が強い「マム」と影の薄い「ダッド（おとうさん）」のいる家族のなかでアイデンティティをいかに捜し求めるかを示し、こうした例によってアメリカ人全体のアイデンティティがどのように表わされるかも説明しようと考えた。そして、アメリカ人のアイデンティティは、アメリカ人が自分について「おそれを感じている」ときには、狭量で、頑迷で、独裁的で、軽率になるが、肯定的な個人のアイデンティティを十分に感じているときには、「友好的で、超国家的で、思慮分別のあるもの」になると描き出せるだろうと思ったのである[53]。

エリクソンがこの章に「アメリカ人のアイデンティティについての省察」という題を与えると決めたことは、これが一九四八年のアウトラインのテーマから大きく外れていないことを示している。実際、この章は、アメリカ人のアイデンティティは「自律的な選択を意図的に暫定的なものにしておける」よう一見両極的な選択を基礎としているという考えから始まっている。「どちらを選ぶかという決定の余地を残し」、自律の感覚を保つために、「アメリカ人は概して二組の『真理』とともに生きている」とエリクソンは言う。特に彼の心を捉えた両極性は、民主政治を重んずる文化が「(フランクリン・D・ルーズベルトによって実にみごとに統合された) 貴族政治と民衆政治」の両方を包含できるということだった[54]。

アウトライン作成時の構想から大きく膨らんだのは、つねに動き続けてめったに内省しない自分で自分を作る人間という神話と「アメリカ人のアイデンティティ」が結びつけられている点である。エリクソンは、ジョン・ヘンリーの伝説について論じるなかで、ジョンが「眼前に広がる広大な大陸と、彼に要求された仕事」を考えると成功のためにはすばやい行動が必要だと見抜き、「最初の食事をするよりも前にすでに立ち上がっていた」ことを強調した。ジョン・ヘンリーは、選択の余地とチャンスを強く求め、「誕生の烙印によってあらかじめ決定されたアイデンティティに身を任せようとはしない」。アメリカ大陸の広大さは、自分で自分を作る人間にとって物質的な成功か、さもなくば失敗の機会を提供する。アメリカの男たちは、「明確に定義されすぎた過去」を捨て去り、自律と進取の精神を頼りに成功を求め、「行きたい所へ行き、したいことをする」というアイデンティティを育てる。こうした特性は、西部開拓時代、「粗野なまでに男性的であり、荒々しいまでに活気にあふれており、女性がいなかったとしたら無政府状態だった」時代に、特に明白だった。エリクソンは、アメリカ人のアイデンティティにとって西へ向かうことによる成功の可能性がごく根源的なものであるため、アメリカでは老齢のために旅ができなくなることがひどく恐れられるのだと記している。今ではトレーラーハウスのおかげで、年老いたアメリカ人たちも「家ごと年中旅行することができ、旅に死すこともできる」とエリクソンは(かなり本気で)冗談を述べている[55]。

エリクソンは「アメリカ人のアイデンティティについての省察」のなかで、ジェフリー・ゴーラーが描いたアメリカの「マム」像を説明しているが、そこでは成功というテーマに基礎をおいてそれがうまく拡大されている。「ダッド」が物質的な成功を追求するために「自由の身に生まれた息子の役割」を育て、「家庭のなかでの支配的な地位を放棄した」とき、「マム」が父親や祖父の役割を引き継いだというのである。エリクソンはゴーラーの意見に同意し、この「誤った父子主義」の役割において、「マム」は家庭と地域社会のなかで「社会慣行や道徳上の問題の絶対的な権威者」になったと主張した。「マム」は「自分の要求の面では利己的で、情緒の面では子どもじみている」。彼女はけっして本当に「成熟した女性」にならない。しかし、そのすべてが彼女のせいだというわけではない。男性が成功を最大にするために足かせのない選択の余地や機会に固執する限り、「女たちはいくらかの秩序を要求するために、独裁的にならざるを得なかった」。彼女たちは、より自然な現象である「母親の愛情」を与えるようには奨励されない。それは過度に「保護的」だからである。成功した男というものは、「自分の足で立ち、自らを律していかなければならない」。エリクソンが描く「マム」、「ダッド」と子どもとの関係はゴーラーの描写に類似しているが、エリクソンはその関係の結果として生まれるパターンをさらに詳しく検討した。アメリカの家庭は、家族メンバーの役割を揺るがしたり、到来した機会を活かすのを妨げたりしないようにするため、愛情を育まず、家族一人ひとりの関心の歩み寄りさえも生み出さないと彼は主張した。アメリカの教会や政治に多々見られる妥協と自由奔放な行動は、この家族のダイナミクスを反映している。「マム」は「マム」であることができ、「ダッド」は「ダッド」であることができる。そして、家族、教会、国家という制度は、成功の自由な追求を妨げない[56]。

近代アメリカの特性に関するエリクソンの記述は、アメリカ研究の神話‐象徴アプローチ、および一九五〇年代の学界や一般書において（ほとんどオーソドックスと言っていいほど）流行となったアメリカ史観、すなわち合意《コンセンサス》という概念を中心に据えたアプローチと一致していた。実のところ、家族と社会の合意という特性が感情や知性にもたらす悪影響についての彼の見解は、ルイス・ハーツやリチャード・ホフスタッターといった歴史家の見解と類似していた。しかし、エリクソンの場合、これらの学者たちに比べ、アメリカ人の間での違いや葛藤にかける比重がやや大きかった。彼は、成功の論理が、「根なし草で、母親も女っ気もない男という人間像」を代表する、「拡大していく辺境《フロンティア》をさまよい歩いた男たち」のなかに深く植え付けられていることに気づいた。また、アフリカ系アメリカ人、特にその子どもに対する人種的な差別の影響についても論評した。アフリカ系アメリカ人のなかには、人種的な拒絶、「より白人的なアイデンティティ」、「アングロサクソンの理想」を抱いている人もいる。しかし、アフリカ系アメリカ人は、差別によって「アメリカ化の程度が低い」状態に置かれるため、清教徒的な「マム」にあまり縛られず、「しばしばもっと感覚的な幼児期を楽しむ特権を与えられている」。アフリカ系アメリカ人の生活を困難にした白人の子どもたちは「それほど寛容性がなかったわけではない」が、「視野の狭さ」ゆえに、白人以外の存在に「何となく居心地の悪さ」を感じるのである。そのため、白人と黒人の衝突は深刻であるが、けっして乗り越えられないものではない。また、彼は、移民の子どもたち、特に娘たちが、「幼い子どものころに学ばなかった〔アメリカの〕行動規範を見習おうと懸命に努力している」ことについても言及した。「〔彼女たちは〕家族のなかで最初の真のアメリカ人」として、「文化的な面で両親の親になっている」。ある意味で、自分の親たちにアメリカの習慣を教えたアメリカの子ども第一世代は、「自分自身の親であり教師」だった。ここで一九三八年のホンブルガー家の家族会議が思い起こされる。家族の伝承によると、このとき姓をエリクソンに変えようと提案したのは、カイであった[57]。

エリクソンは、現代アメリカの文化についてかなり肯定的な評価を下した。彼は新たな祖国に対する感動を失っていなかった。アメリカに暮らす一部のヨーロッパ知識人と異なり、アメリカという国をヨーロッパの用語ではなく独自の生き生きとした用語を使って理解しようとした。それゆえエリクソンは、人種差別、硬直した「マム」と「ダッド」の分離、内省よりもたえまない動きを重視する価値観、物質的な私利私欲の追求を批判したものの、社会の率直さと選択の余地、そしておそらくは家族生活、教会、政府の妥協の精神さえも受け入れた。『子ども期と社会』が世に出る直前、エリクソンはたまたま、自分が面接したカリフォルニア大学の最近の卒業生ケネスについてのサマリーを書いていたのだが、そのなかで、移民としての視点から、「本質的にアメリカの美徳」であるケネスの性質について次のように論評している。

彼の自己表現は控えめであるが、自分の言葉に誠実である。彼は力強く、基本的に攻撃的だが、公平で保護的である。考えや感情の面では独立的だが、注意深く、(全体として) 礼儀正しい……。自分に自信をもっているが、謙虚であり、自分をいっそう高めたいと強く願っている……。女性を信用していないが、女性をおそれてはいない[58]。

エリクソンが描き出したケネス、そして二十世紀半ばのアメリカ人のパーソナリティは、一世紀以上前にアレクシス・ド・トクヴィルが描いた姿と共通したところがある。一八三〇年代にアメリカで大いに引用された『アメリカの民主政治』に述べられているように、トクヴィルは、自治への共和主義的な参加だけではなく、率直さ、機会、多くの市民が享受できる選択の余地に感銘を受けた。トクヴィルは、エリクソン以上に、アメリカ人の物質主義的で私利私欲を追求する精神——社会的なかかわりを熱望しながらも、隣人より多くの富と地位を手に入れたいといかに強く望んでいるか——を強調した。また彼は、「マム」の道徳的実践に注目したが、エリクソンほどはっきりとそれを認識してはいなかった。しかし、「ダッド」、特に開拓者の「ダッド」の長く孤独な私利追求については、エリクソンに先駆けて懸念を示していた。

一九四〇年代、アメリカとヨーロッパの知識人は、『アメリカの民主政治』などトクヴィルの著作を再発見した。多くの人が自分の論評の有効性を試すある種の試金石として、このフランスの旅人の思想に言及したがった。彼らは、アメリカ人の個人主義と順応の圧力に対するトクヴィルの批判をよく引用したが、社会的な連携と参加型の自治に対する彼の賞賛は強調しなかった。エリクソンがいろいろな会議や討論のなかでこうしたトクヴィルの著作への言及に接触していたのはまず間違いないが、「アメリカ人のアイデンティティについての省察」を書き上げる前に『アメリカの民主政治』を部分的にせよ読んだという証拠はない。確かにエリクソンは、ヴァーノン・パリントンの古典的な『アメリカ思想主潮史』三部作を引用している。しかし、野心的な開拓者とアメリカの民主主義の特徴に関するトクヴィルの思想について、パリントンがたまに手短に言及しているのを読んだだけでは、『アメリカの民主政治』について深い見識を得られたかどうか疑わしい。

そのため、言い回しや意味の上で、アメリカ人の極端な個人主義的傾向に関するいくつかのエリクソンの記述がかなりトクヴィルの記述と一致しているのは奇妙に感じられる。(「エスカレーター」といった二十世紀の語も取り込んだ)アメリカ人の地位への希求に関するエリクソンの記述は、たえず隣人より少し上の社会的な地位を維持しようと懸命に走り続ける「神経質なアメリカ人」というトクヴィルの捉え方に似ている。「移動性の大きい社会では、地位はまた別種の相対性を表わす。それは、プラットホームというよりはエスカレーターに似て、目的地ではなく手段なのである」。トクヴィルは、必死に成功を求めるアメリカ人は表面上親しみ深く、連携に成功しているように見えるが、競争に有利な情報を明かすのをおそれるために、隣人とのコミュニケーションを抑制せざるを得ないでいると強調した。同様に、エリクソンも、「陽気な親しみやすさ」にもかかわらず、多くのアメリカ人が「ある種の自我の緊張や社交上のある種の相互《ミューチュアリティ》性を欠いているように思われる」と記している。トクヴィルは、自発的な連携によって促進されるアメリカ人の市民的な価値を賛美し、孤独な利益追求に対置するものとして連携に参加する傾向があると描いた。そして、自発的な連携は多様な利益集団を通して力が分散することを意味するため、アメリカ人は共和主義的な参加型の自治を強化しながら、独裁者や国家的な扇動者の危険性を抑制していると主張した。エリクソンもまた、「父親の職業上のグループ、母親のクラブ、青年の小集団」、農民、労働者、その他の有権者の同様の組織を含めた、アメリカの「利益集団」の多様性について書いている。こうした多様な連合体や利益集団に力が分散されることから、ときとして共和制の国においては「積極的な立法」が難しくなるとエリクソンは結論した。だが、それは「ある一つの団体が完全な支配権を握ることを阻むばかりでなく、各団体が他から完全に支配されることも防ぐ」[59]。

ジョージ・ウィルソン・ピアソン、クッシング・ストラウト、アーヴィング・ゼイトリンといったトクヴィル研究者は、『アメリカの民主政治』が、ヨーロッパ全体、特にトクヴィルの故郷フランスにおける大変動という観点からアメリカを観察したものであると論じている。具体的にいうと、トクヴィルは、一七八九年のフランス革命とその余波の結果、フランスの貴族主義の伝統が崩壊したことを憂慮していた。そこで彼は、ヨーロッパの暴徒に対するおそれと、ヨーロッパの共同社会の伝統に代わるバラバラの個人主義に対するおそれという視点から、アメリカの民主主義の実験を分析した。同様に、ドイツで生まれ育ったヨーロッパ人であるエリクソンも、部分的にヨーロッパの視点に立って、現代アメリカを論評した。疎外された若者の心を捉え、暴徒の支配を助長し、自分が育ってきたヨーロッパの礼儀と文化の伝統を揺るがすナチス体制への憂慮という視点から、アメリカを見つめたのである。エリクソンが観察しようとして成功した新たな祖国はトクヴィルの時代と異なっていたが、その視座は、驚くほどトクヴィルと似ていたのだった[60]。

ドイツの若者にとってのヒトラーの魅力について書き、それに何度も手を加えていったとき、エリクソンは、国の戦いに貢献できることに喜びを感じる一人のアメリカ市民だった。たとえば、一九四二年、CNMのためにヒトラーのある重要な演説を分析したが、そのなかで、アメリカのドイツ空襲計画には、「アメリカ人がもつ機械に関する天賦の才、勤勉の精神、伝統的なパーソナリティ特性（暴君への憎悪、開拓者精神、獲物を求める勢いなどに歴史的な根拠をもつもの）の包括的な統合」が本質的にかかわっていると主張した。そして、この空襲は、「ドイツ人の心を動かし」、電撃戦というヒトラーのイメージに対抗するものになるだろうと述べた。一九四八年に『子ども期と社会』のアウトラインを書いたとき、エリクソンは、「アメリカのアイデンティティを近代の歴史においてもっとも対極にある国と並置する」ために、アメリカに関する章とドイツに関する章を設けようと考えた。アメリカでは、「あらゆる国の息子や娘たちがアメリカ人になった」とき、「移民たちが持ち込んだすべてのアイデンティティから〔作り出された〕」これまでより包括的な「スーパー・アイデンティティ」のなかに、各自の旧世界の視点がおさめられている。それに対してナチスドイツのアイデンティティは、「無限の精神的生存圏《レーベンスラウム》における高揚された存在」を通して、独自性や差異を覆い隠しているというのがエリクソンの主張だった[61]。

アメリカに関するエリクソンとトクヴィルの評価が重なっている理由を、ヨーロッパで生まれ育ったという共通の経歴だけに求めるのは不十分である。なんといっても、フランス革命とその余波は、本質的な点（歴史における時期、背景となる環境、それを支えた文化など）でヒトラー率いるナチスの「革命」と著しく異なっている。しかし、一九三〇年代後半から一九四〇年代初めという時代を若い社会学者・歴史学者としてエリクソンと同じバークレーで過ごしたロバート・ニスベットは、独自の立場から当時を思い起こし、フランス革命でもナチスの「革命」でも、独裁政治——「中央集権的で全権を掌握した」専制的な「政治権力」——の台頭には大衆が共謀していると思われたと述べている。ニスベットは当時、『アメリカの民主政治』等の文献の考察を通して、同世代のヨーロッパとアメリカの知識人の多くが、「民主的な議会の奪取、大衆へのへつらい、そして軍隊が、政府の大規模な父性主義と融合しかねない」ことを鋭く看破するようになっていったことを憶えている。こうした動きはすべて、「ナチスの独裁政治」にも、ソビエトやイタリアのファシスト政治にも明白だった。そして、エリクソンは、この議論の流れのなかに身を置いていた。したがってエリクソンは、おそらく『アメリカの民主政治』を読んではいなかったと思われるものの、当時の危険な大衆運動についてトクヴィルと似通った説明に至る素地ができていたといえよう[62]。

一八三〇年代にトクヴィルを迎え入れたアメリカは紛れもない農村社会だったが、一九四〇年代の合衆国は、標準化された大量生産を行なう都市型工業社会だった。トクヴィルが憂慮したのは、主に、市民としての価値観を脅かす二つの要素、すなわち中央政府とその官僚主義がもたらす服従への圧力、ならびに個人の選択を制限する「多数派の暴政」だった。それに対してエリクソンは、産業機械の能率と画一性を模倣しなければならないというアメリカ人の重圧に懸念をおぼえた。

近代アメリカのこの問題点は、エリクソンの患者の祖父たち——鍛冶屋もいれば鉄道王もいただろう——が活躍した十九世紀末に発する。彼らは、「より大きくてよりすぐれた機械、作った人間の社会的価値に異議を唱えることなど予期されない巨大なおもちゃのような機械を発明した」。やがて、近代アメリカでは、標準化され、過剰に適合させられ、超越的な能率を備えた機械が支配力を振るうようになった。自分たち自身が「機械のように〔行動する〕」『ボス』という階級（拡大する国家的な企業経済の経営者たち）が生まれ、労働者にも機械のあり方を模倣するよう要求した。こうした「ボス」は、効率的かつ機械的に「『機能すること』そのものに何よりも高い価値」を置いた。それは、「国家の健全性にとっての脅威」だった。『摩擦なく機能する』という機械の理想が民主的な環境を侵略した」とエリクソンは記している。これは「マム」の子育てのなかに見ることができる。エリクソンは、「子どもが自分自身を制御する能力をもつようになる前に子どもを条件づけようとして考え出された排便のしつけやその他の訓練」は、機械の価値観を真似た問題の多い慣習だと批判した。それは「子どもを標準化し、過剰に適応させようとする」アメリカの母親たちの性癖の一つだった。このようなしつけは、個人主義の伝統を復活させず、「大量生産された個性の仮面」を生み出す。エリクソンは、標準化されたこうした価値観が打ち破られなければ、アメリカ人のもっとも魅力的な特質——寛容性、子どもとおとなの間の愛情、個人の選択の余地の大きさとチャンスの豊富さ——が消え去ってしまうだろうと警告したのだった[63]。

やがてエリクソンは、「ボス」と「機械」を近代アメリカ文化の大きな脅威であると考えるようになった。実際、正確性、持続性、生産性の高い効率的な新しい「機械社会」を論じた文章は、ナチズムの心理学的な基礎であると捉えた電撃戦のイメージ——兵士と機械の正確で効率的な同調——に関する記述を思い起こさせる。確かに、エーリッヒ・フロム、テオドール・アドルノ、ヘルベルト・マルクーゼ、マックス・ホルクハイマーといったフランクフルト学派の人々も、官僚主義的に管理され機械化されたテクノロジーが人間性を破壊すると論じたとき、広い視野に立って国家を比較しながら批判を行なった。それはエリクソンの見方と重なるものだった。しかし、彼らはエリクソンほどアメリカ文化の顕著な特性に慰めを見いださなかった。また、エリクソンほど生き生きとした言葉で表現することもなければ、子どもや青年の具体的な日常世界の比較を行なう能力ももたなかった。さらに、アメリカ人の「機械」好きの価値観を最初のアメリカ人の価値観とこれほど鮮やかに対抗させた人も、エリクソンをおいて他にいなかった。

スー族とユーロク族——最初のアメリカ人たち

『子ども期と社会』のアウトラインを書いたとき、エリクソンは、その本の前半だけではなく後半でも、現代アメリカ文化に関する章の序論としてアメリカ先住民（スー族とユーロク族）について論じようと計画していた。「悲しい部族」と題されたこの序章では、スー族に関して書くつもりの議論を少々繰り返す予定だった。その中心をなすのは、近代文化の価値観を代表する政府の役人が、いかに伝統的なスー族のアイデンティティの教育や価値観や儀式と相容れない教育をスー族の年長の子どもたちに押し付けているかということだった。スー族の子どもたちは、方向を見失い、無関心になったが、それは連邦の役人がスー族のアイデンティティを維持できない形で彼らを「予断した」ためだった。政府の役人たちは、長い歴史をもつスー族に十全性《ホールネス》と統合の感覚をもたらしていた価値観を学んでいれば、もっとスー族の人々の役に立つことができただろう。彼らがこの教訓を学び、かつてのアメリカに息づいていた習慣と価値観を正しく認識していたならば、混乱した現代のアメリカ社会に一つの重要なものの見方を提示することができたはずだ、とエリクソンは指摘した[64]。

アウトラインでは、『子ども期と社会』のスー族とユーロク族に関する部分は、すでに発表した少なくとも二つの非常に長い原稿を基にするつもりだと説明されている。そのうちの一つ、五十五ページに及ぶ「スー族の教育に関する考察」は、一九三九年の『心理学ジャーナル』に掲載された。一方、ちょっとした本くらいの長さをもつ「ユーロク族に関する考察——子ども時代と世界のイメージ」は、一九四三年に、カリフォルニア大学の権威ある論文集、『アメリカ考古学・民俗学雑誌』に発表された。その後、この二つの論文は簡約された形で別の出版物にも登場している。一九四五年には『子どもの精神分析学的研究』における三十一ページの論文となり、その三年後には、クライド・クラックホーンとヘンリー・マレーのアンソロジー『自然、社会、文化のなかのパーソナリティ』における短めの一章となった。そして、『子ども期と社会』として現われたときには、やや拡充された二つの章となった。しかし、『子ども期と社会』に含まれた最終的な論文には、裏付けとなる詳細が記されておらず、明快さや正確さに欠け、元の論文との直接的なつながりも示されていない。イェール大学のマーク・メイは、元の論文は雑誌論文としては長すぎ、書籍としては短すぎるために、人々に読んでもらえないおそれがあると忠告した。スー族とユーロク族に関するエリクソンの論文では、拡大されたバージョンでも簡約されたバージョンでも、「原始的な」人々に関するそれまでの研究を総括して、自分の研究がそうした過去の知見をどのように更新したかを明らかにするという作業が行なわれていない。エリクソンは、この論文をフィールドでの「臨床的な経験」の所産と位置づけていた。彼はアメリカの先住民がかつての自分たちの社会について語る言葉に耳を傾けたからである。それは、「われわれが時に羨望すら感じる等質性と簡素な統合性をもつ、成熟した人々の暮らし」だった。彼らの言葉は、「アメリカ人のアイデンティティについての省察」に分析された現代のアメリカ人に比べて簡素であるとともに、多くの点で健全なアメリカを描き出していた。そこでエリクソンは、スー族とユーロク族に関する論文を『子ども期と社会』の一つの部（第二部）とするのに加えて、別の部（第四部）の現代アメリカ人とドイツ人のアイデンティティに関する章にも含めることにした[65]。

多くのヨーロッパ人（特にドイツ人）と同じく、エリクソンは、以前から北米の先住民に強い関心を抱いていた。ウィーンのヒーツィング学校では、生徒たちにもアメリカ先住民について学ぶよう奨励した。一九二八年にルース・ベネディクトが発表した草分け的な論文「南西部の文化における心理学的なタイプ」（『文化の型』のもととなった論文）にも心を惹かれた。それは、日常生活のなかで先住民が構成する視覚的なコンフィギュレーションがいかに心理と文化の豊かな収束を暗示しているかを明らかにするものであった。ゆえに、エリクソンは、友人である人類学者のスカダー・メキールがパイン・リッジ特別保留地のオグララ・スー族社会への調査旅行に誘ってくれたとき、この機会に飛びついた。バークレーに居を移した後は、カリフォルニア大学の人類学者で、カリフォルニア北部クラマス川付近に暮らすユーロク族の専門家であるアルフレッド・クローバーと親しくなった。クローバーは、精神分析家として分析治療にあたった経歴をもち、フィールドワークに精神分析理論を応用していた（メキールよりは慎重な形であったが）。残念ながら、クローバーがエリクソンを伴って四週間のフィールドワークに出かけたとき、ユーロク族は土地をめぐる問題で連邦政府と争っており、村に自由に入ることが認められなかった。そのためエリクソンの活動は、クローバーの情報提供者である数人のユーロクの人々と話をすることに限られた[66]。

文化人類学者と共同研究を行なった精神分析学者はエリクソンが初めてではない。彼より前に、エイブラム・カーディナー、テオドール・ライク、ゲザ・ローハイムが同様の研究を行なっていたし、マーガレット・ミードはカレン・ホーナイやエーリッヒ・フロムらの新フロイト派の人々にアメリカ先住民の「気質」を調査するよう促していた。しかし、エリクソンの場合、スー族とユーロク族を探訪するという経験のおかげで、生涯、歴史にもとづく比較文化研究の徒となったという点に意義がある。エリクソンは、スー族が「平原を歩き回り、遠心的な移動性という空間的な概念を育んだ」の対し、ユーロク族は、「恣意的な境界のなかに自分たちを限定し」、意味の「極端な局地化」に執着しているということに気づいた。しかし、スー族とユーロク族の文化的な違いがいかに根源的であろうと、どちらも、文明化の進行のなかで自然資源のほとんどを自分のものとしてきたアメリカの白人と根本的に異なる価値観を代表していた。エリクソンは、交差文化に関する学識を深めるにつれて、産業化と近代の非宗教的な国民国家が発展するとともに文明が進歩するという仮定を支持できなくなっていった。アドルノ、アーレント、ニスベットなども同様の結論に達していたが、エリクソンは彼らの研究に精通しているわけではなかった。彼は、先住アメリカ人との違いを考察することにより、現代という時代の批評家――今ならばおそらく植民地独立後の批評家と呼ぶもの――になった。二十世紀半ばのアメリカ文化の中心にいる人々を先住アメリカ人と比べたとき、近代的な価値観も、ヨーロッパとアメリカの帝国主義国家の前進も、問題を抱えていることが明白になったのだった[67]。

スー族とユーロク族の文化は、「自己と肉体、自己と肉親」、身体的機能と空想を統一する「弾力性のある」包括的な伝統をもっていたために、それほど長く続いてきたのだとエリクソンは結論した。この「弾力性のある伝統」は、「厳しく制度化された方法で」、先住民の社会的なニーズを位置づけ、「危険な本能的性向を外敵へと向け、また、犯す可能性のある罪の発生源を超自然的現象に投影することをつねに人々に許している」のである。そこでは、自己と社会は互いに融和し、神と自然へと拡張されている。スー族とユーロク族が用いる道具は、子どもとおとなの文化、肉体と環境、その他すべてが一つの連続体をなす統合的な生活において、単なる「人間の体の拡張」である。そのため、スー族は自分たち自身、自分たちの暮らし、そして自分たちの文化を「バッファローと」同一視し、ユーロク族は「〔クラマス〕川、およびその川の「鮭と」同一視していた[68]。

エリクソンは、バッファローと川を中心とした弾力性のある統合的なアメリカ先住民の世界と対比させることで、産業機械とその分断性を模倣する現代の欧米人の生活に疑問を投げかけた。欧米人のそれぞれの自己と社会は、特殊化されたバラバラの要素で構成されており、存立し得る自然なアイデンティティとしてまとまらなくなった。エリクソンは、「機械は、体の拡張にとどまるという状況からかけ離れ、階級全体を機械の拡張にしたがる。魔術は副次的なものになる。……一部の階級では、子ども期がそれぞれの習俗から切り離された人生の部分になっている」と論じた。まさに、近代西洋の子育て法は概して、「いっそう機械のようになることによって機械を習得しようとする無意識の魔術的な試み」を潜ませているように思われた。それゆえ、「子どもを、飼い慣らすべき獣、または測定され不具合のないように保守されるべき機械とみなす科学的な意見」が生じるのである。スー族とユーロク族の親子の間、すべての世代の成員の間に見られる緊密な絆は、年齢区分にとって代わられ、そのため「われわれは」若者と高齢者に「孤立した場所を作り上げ」てしまった。「肉体と自己、自己と親の間に深い溝」ができ、それが「もっとも文明化され、もっとも神経症的な、白人の業績の多くを特徴づけている」。

機械、そしてそれを動かし、それを模倣する「ボス」は、ジェファーソンの「若いアメリカの民主主義」が生まれてからそれほど長い年月も経たないうちに、それを堕落させる「中央集権的な官僚主義の階層」を作り出した。それは、アメリカ先住民の「狩人仲間の民主主義の精神」とも相容れないものだった。「自由企業制度のもつ陽気な冷酷さ」に促進されて民主化の過程が歪められるなかで、「先住民の問題はそれまでの趣を失い、農村や都市における有色人種の少数民族の問題——多忙な民主化の過程によって解決される日を待っている問題——に仲間入りしたのだ」とエリクソンは論じた[69]。

スー族とユーロク族の「弾力性のある」統合された生活と、「機械」に駆り立てられて「十全性《ホールネス》を失い」バラバラになった近代西洋文化（特に現代のアメリカ）の対比は、新たな祖国に到着したときには見られなかったエリクソンのアメリカ批判の精神を示している。一九四〇年代までに、彼のアメリカ観には変化が生じていた。もはや、移民を歓迎し、ルーズベルト大統領の大胆なリーダーシップの下に結集して世界的な経済恐慌とナチスの脅威に対抗する陽気な社会とばかり捉えているわけではなかった。エリクソンは、自分が以前よりも洗練されたことを意識していた。機械のような「ボス」と道徳主義的な「マム」が幅をきかせる現代のアメリカは、「すべての人にとって未知の将来の標準のために」、統合的で肯定的なアイデンティティを促進する「部族的な統合の名残」を危険に陥れるように思われた。確かにエリクソンは、スー族が平原とバッファローの世界を強いものと特徴づけ、ユーロク族が川を中心とする世界を清潔なものと特徴づけるとき、どちらもある種の超越的な排他性（彼が後に擬似種化と呼んだもの）にかかわっていることを認識していた。また、依然として、自分を歓迎してくれたルーズベルトのアメリカの伝統を称賛していた。アメリカ人が受け継いできた伝統は、心理学的に包容力が大きく、さまざまな「地域、国、大陸、階級」からやってきた人々を「より包括的なアイデンティティ」の新しい統合のなかに取り込むものだった。しかし、二つの軍事超大国、すなわちアメリカとドイツに典型的に示される近代の「文明」は、普遍的なアイデンティティからほど遠いところに止まり、「部族を人種や階級に置き換え、普遍性を世界支配や世界革命に置き換えながら」、排他性と普遍性の中間点で、「人間が獲得したものを強化していく」とエリクソンは捉えていた。言うまでもなく、ヒトラーのドイツは、アメリカより危険な型の近代文明である。アメリカには、まだ、「民主主義的で愛国的な教育」の再生により「もっと普遍的な新しい文化の等質性」が導かれる可能性があった。実際エリクソンは、自分を養子にしてくれた国の価値観や習慣に対して信頼を失っていなかった。しかし、ドイツと戦っているアメリカは、古くから受け継がれてきたスー族やユーロク族の伝統に勝るとはいえないと感じていたのだった[70]。

ここで、一九四五年にアメリカが行なった広島への原爆投下について批判的な見解を表明していたならば、エリクソンは、進歩とは本当に望ましいものなのかというテーマをより説得力のある形で発展させられたことだろう。実のところ、『子ども期と社会』において、彼は、「理論的にも最高のレベルの、実用的にももっとも広範な意義をもつ仕事を完成させるために」連邦政府が物理学者を雇っているとほのめかしている。これらの物理学者たちは「信じがたい武器」を開発した。エリクソンが暗に述べているのは、「統合された迷信の体系のなか」に市民が生きている社会ではなく、「迷信が断片的で個人化された退行である」社会では、原爆の開発が予測できるものだったということである。その後、一九七二年、ハーバード大学のゴドキン講演シリーズの第一日目に、エリクソンは「アメリカの死の流儀、すなわち他の種の冷酷な過剰殺戮がいかにしてヒロシマで頂点に達したか」を公に語ることになる。エリクソンの初めての著作は、現代アメリカに関する評価をそうした方向へと移しつつあったのである。そして、彼をそのような方向に動かした根拠の一つは、交差文化《クロス・カルチャー》の視点だった[71]。

　この新しく生まれつつあった交差文化という視点にスー族とユーロク族が含まれていることから、『子ども期と社会』の「アメリカの同一性についての省察」が単なるアメリカとナチスドイツの比較にとどまらないものに発展していったことがうかがえる。ドイツに比較すると、アメリカは、たくさんの「両極性《ポーラリティ》」と選択の余地をもつ活気ある社会だった。しかし、「アメリカの二つの先住民部族」と比べると、産業機械とその標準化された部品の危険なほどに分断された寄せ集めでできているように見えてくる。エリクソンが各章をもっとわかりやすい形で組み立て、「ヒトラーの子ども時代の伝説」もスー族とユーロク族に関する章も、現代のアメリカを考察するための対比点として提示したならば、読者は、その考察の深さとアメリカの文化に関する真摯な評価の基礎をもっとはっきりとつかむことができただろう。ところが、残念なことに、スー族とユーロク族の章の後に、八十四ページに及ぶ別のテーマが置かれてから、現代のアメリカに関する章、そしてドイツに関する章が続いている。これは、『子ども期と社会』が概念的に構造化されていなかったことを物語っている。エリクソンの表現のあちこちには、きらめきが見られる。しかし彼は、アメリカで十五年を過ごし、そして筋の通った一冊の書物にしようと相当な努力をしたにもかかわらず、明確で論理的な形を作り上げることができなかったようである。生み出されたのは、核となるテーマに貫かれた書物ではなく、豊かな、しかしバラバラのモザイクであった。これは、のちにポストモダニズムと呼ばれるようになった表現の草分けだったのかもしれない。

　とはいえ、スー族とユーロク族に関する彼の論文は、軽んじられるべきではない。なかでも、ユーロク族の年老いたシャーマン、ファニイは注目に値する。エリクソンは、一九四三年に書いた長い論文、「ユーロク族に関する考察」の五分の一以上をファニイの記述に割いた。この事実と、クラマス川沿いのユーロク族居住地からエリクソンがアルフレッド・クローバー宛に書いた注目すべき手紙から、ファニイが彼に大きな影響を与えたことがわかる。ファニイは、十代のころに悲劇を経験していた。兄が父を殺し、その兄も部族の長老に殺されたため、彼女は「錯乱状態に陥り、共同体全体の一致した圧力によって、徐々に、青年期の少女に典型的なヒステリーが神がかりなものとなった」のだった。ファニイの母親は、この家族の悲劇に意味を見いだそうとし、ファニイに医者になるよう勧めた。おそらく、この経験からなんらかのプラスの面を救い出そうとしたのだろう。これは、実の父親が誰だかわからないために悩んでいた養子のエリクに、医学を志してほしいと望んだ養父テオドール・ホンブルガーと重なるといえるかもしれない。やがてファニイは、「他人から『痛み』を引き出して報酬を得る」身分の高いシャーマンになり、エリクソンは他人から悩みを「引き出して」報酬を得る精神分析家になった。ファニイの治療技術は、患者の病を吸って飲み込むことであったが、エリクソンは患者が自分の抱える問題を表現するのを手助けした。ファニイは、患者を衰弱させるようないろいろな要素のなかから、何を「吸い出し」何を押し出せばよいかを判断した。彼女はこのとき、「いろいろな罪のいわば明細目録」を取り出し、それを「特定の障害に対する一定数の説明」と結びつけた。これは現代の精神分析や心理分析とよく似ている。ファニイは、エリクソンと同様に、患者の告白が治癒のプロセスを促進することを知っていた。「告白することは、誰にとっても、内面の平和に役に立つ」。エリクソンとファニイは、すぐに「互いに仕事の同僚のように感じる」ようになった。「この感覚は、すべての心理療法が歴史的に関連しあっているという共通の意識にもとづいていた」のだった[72]。

二人の間に気持ちが通ったのは、生い立ちと治療方法に似たところがあるためだけではなかった。ファニイはカリスマ性をもっていた。「この非常に年老いた女性には、輝くような親しさと温かさ」、そして十全性《ホールネス》があったとエリクソンは記している。「このインディアンの老女とは話し合いやすかった。なぜなら、彼女は陽気で、まったく率直だった」からである。悲しい経験のために、「石に刻んだようなしわの陰に」笑顔が引っ込むことはあったが、これは短時間の前向きな引きこもりであり、「不動の悲しみ」ではなかった。彼が描いたファニイのスケッチは、「石に刻んだような」しわと悲しい記憶のなかで、力と十全性《ホールネス》、優しさと温かさが光を放っているように思われる。パイプは「男にしか使われないもの」だったが、ファニイは、「シャーマンの印であり、特権でもあるパイプ」を手放さないでいられるだけの力をもっていた。しかし彼女は、ユーロク族の文化にしっかりと根を下ろしていた。自分の消化管が、鮭でいっぱいのクラマス川――ユーロクの経済と信念体系を支える基礎――と離れがたく結びついているという感覚をもっていた。一方エリクソンは、自分の社会と文化にこのような結びつきを感じていなかった。そのため、ファニイとの間に仲間としての親密感が生まれはしても、「自分は彼女ほどの専門家とはいえない」と思った。それどころか、ファニイは若いころの危機を内面の強さの源に変えることに成功しているが、自分にはそれができていないと感じた。ある日、そんなエリクソンがクローバーの手引きなしで一人でファニイの面接を行なうのに不安をおぼえたとき、「彼女は陽気に笑って、『あんたも一人前になったのさ』と」指摘したのだった[73]。

エリクソンが自分を「一人前」であると感じられなかった理由の一つは、他の研究者たちから批判されたことである。ゲザ・ローハイム、エイブラム・カーディナーなど、精神分析に基礎をおく専門家たちは、アメリカ先住民の「特異性」を神経症の症状に等しいと見る傾向があった。なかには、スー族やユーロク族の親たちが自分の経験したものと同じトラウマを子どもに押し付けていることをエリクソンが認識していないと批判する者もあった。たとえば、ローハイムは、ファニイもユーロク族全般も、早すぎる離乳の口唇的な欲求不満に根ざす「肛門的性格」をもっていると主張した。ジーン・ウォーカー・マクファーレンは、エリクソンがスー族とユーロク族の強固な文化的背景を重視しすぎると感じた。ジョン・ダラードは、エリクソンの分析に「観念的な特性」があると批判した。人類学者のクライド・クラックホーンや精神分析家のオットー・フェニケルはそれよりエリクソンに好意的だったが、エリクソンは、同じ分野の専門家のほとんどがスー族とユーロク族に対する自分の評価を誤りとみなしていると受け止めた[74]。

基本的に、近代社会と比べて古い部族の生活には心理学的な統合があると考えるのは、ロマンチシズムにすぎないというのがエリクソンを批判した人々の論点だった。また、近代がアメリカ先住民の経済的・文化的な生活を破壊しても、ファニイの強固なアイデンティティの感覚は生き延びることができると彼が仮定したことも批判の的となった。同じような批判は、かつてマーガレット・ミードに対しても向けられた。彼女はサモアなどの研究をするなかで、「原始的な」社会が、人々を断片化する「進んだ文明」の神経症的な力に対抗しようと苦闘している姿を描き出したのだった。エリクソンの批評家たちに理解できなかったのは、彼が他の文化から切り離してスー族とユーロク族を分析していたわけではないということである。彼は、ヒトラーが率いるドイツ、現代のアメリカ、ゴーリキーの子ども時代のロシアについても考察していた。エリクソンは、この交差文化《クロス・カルチャー》のモザイクを発展させるなかで、アメリカ先住民と近代以前の心理学的な十全性《ホールネス》を結びつける見方を大きく前進させた。まさに、それがロマンチックなほど楽天的な彼の見方を導いたのかもしれない。この見方は、「原始的な」過去には、近代産業が発達した現代に勝る明白な利点があるという歴史観に立脚している。また、ファニイのような弾力的な人々に接することを通して、エリクソンは、情動的に健全な人々がアメリカの「機械」やドイツの電撃作戦のなかでもなんとか生き延びられるだろうという希望を抱いた。それどころか、そうした人々は、心理的、社会的に成り立ち得るアイデンティティのモデル――市民全般にとっての健全性と可能性の標準――になり得ると考えたのだった[75]。

だからこそエリクソンは、スー族とユーロク族に関する自分の見方を論考の重要な拠り所とした。二十世紀半ばのヨーロッパ植民地主義の崩壊と、第三世界における独立運動のうねりを受けて、西洋の帝国主義的な歴史観は四面楚歌になった。本国と植民地、中央と辺境、自己と他者といった二項対立は矢面に立たされた。こうした従来の帝国主義的な、あるいはヨーロッパ中心主義的なものの見方や世界の捉え方が再検討されはじめると、これまでとは方向の異なる遠心的な視点が注目されるようになった。こうした考え方は、それまで「植民地化」されていた人々に人格と肯定的なアイデンティティを与えるために用いられた。このような西洋思想の「脱植民地化」が知識界の力強く革命的な運動となったのは、少なくとも、アルジェリアで活動した精神科医フランツ・ファノン〔訳注　フランスの黒人精神科医・社会思想家、アルジェリア独立運動に参加〕が『地に呪われたる者』を発表した一九六一年より後のことである。しかし、ファノン以前にも、ジャン・ポール・サルトルやルイ・アルチュセールなどが重要な著作を発表していた。ある意味で、エリクソンの『子ども期と社会』は、こうした流れ――「発展の遅れた他者」に対する西洋の帝国主義的な関与に異議を唱え、それを覆した著作の流れ――に含まれるといえる。エリクソンは、ユーロク族のシャーマン、ファニイを、植民地化された、あるいは征服された「他者」を代表する者としてではなく、豊かで力強い「十全な《ホール》」自己をもつ者、「進んだ」西洋のセラピストやコミュニティの指導者に劣らず理に適った関心と感情をもつ者として描いたのだった。

若きゴーリキー

エリクソンの文化的モザイクを完成させるのは、『子ども期と社会』の結論部分を除く最後の章、「マキシム・ゴーリキーの子ども時代の伝説」である。この論文は、ハンナ・アーレントの『全体主義の起源』におけるロシアの扱い以上に、差し迫った問題に対する「付加的なまとめ」だった。エリクソンは、アメリカやドイツほどよく知っているわけではないロシアという場のなかで、それまでのテーマを改めて取り上げ、それをさらに拡大した。彼が論じたのは、基本的に、ゴーリキーが育った社会のような小さくてかなり未分化の社会がどのようにして近代社会にとって代わられたか、すなわち「標準化、中央集権化、機械化が、原始的、農業的、封建的、貴族的な文化のなかで培ったアイデンティティを脅かす」社会へといかに移っていったかということだった[76]。

ロシアとゴーリキーの研究にエリクソンを誘い込んだのは、マーガレット・ミードである。一九四八年初め、コロンビア大学をベースとするミードの現代文化研究プロジェクト（ＲＣＣ）は、ランド・コーポレーションから資金援助を受けて、規模を拡大することになった。アメリカとソ連の間に緊張が生まれ、冷戦の様相が強まってきたことから、この資金を使ってミードのプロジェクトに新たなテーマ、「ソビエト文化の研究」が加えられることになったのである。略して「ロシア・プロジェクト」と呼ばれたこの研究は、自然史博物館のミードのオフィスを拠点にして進められた。ミードが親しくしている精神分析家、マーサ・ウルフェンステインの夫で、ランド・コーポレーションの学術研究スタッフの一員であるネイサン・レイテスが日々の活動を運営し、ミードが全体的な方向を決定した。ミードは、非常勤スタッフとして、学者ではあるけれどもほとんどロシア研究の経験をもたない九人のプロジェクト実行メンバーと二人のコンサルタントを集めるよう、レイテスに指示した。このメンバーのうち、心理学的分析にもっとも抵抗したのは、ワルシャワで訓練を受け、考古学と歴史学に興味をもつ人類学者スーラ・ベネットだった。一方、精神分析の知識にもとづく国民性研究に深くかかわってきた人類学者のジェフリー・ゴーラーは、明らかにエリクソンと共通する考え方を発展させた[77]。

一九四八年三月、ミードとレイテスは、ロシア・プロジェクトの一環として、カリフォルニアのエリクソンをニューヨークに呼び、ソユチェット映画会社によって十年前にモスクワで公開されたソ連のプロパガンダ映画、『ゴーリキーの子ども時代』を見せた。著名な作家、ゴーリキーの子ども時代を描いたこの映画は、もともと、ソ連国民の誇りを高めるためにマーク・ドンスコイによって製作された。完成したのは、ゴーリキーが他界したすぐ後のことである。ニューヨーク近代美術館がこのフィルムを手に入れ、ロシア・プロジェクトに貸し出したのだが、この近代美術館版に挿入された英語字幕は読みにくかった。そこで、見る人たちが理解しやすいように、ロシア人の通訳が雇われた。エリクソンが映画やドキュメンタリーを好むことをミードは知っていた。それに、芸術の素養をもつエリクソンならば、この映画に明敏な分析を加えることができるだろう。はたして、エリクソンはこの映画に強く心を動かされた。「古いロシアの映画のイメージを中心として、私のわずかな知識が結晶化した」と記している。初めてこの映画を見たとき、彼はすっかりのめりこみ、ある部分で登場人物の身振りが通訳の言葉と矛盾していると指摘して譲らないくらいだった。彼が後に、自分だけで再度この映画を見たのは確かである。そして、すぐにこれに関する論文を書き始めた[78]。

一九四八年七月までに、エリクソンは、将来の『子ども期と社会』の一章としてその論文のアウトラインを書いた。六ヵ月後、ミードに宛てて、これが「今まででもっとも長い一章になるはずです」と書いている。彼は、このソ連のプロパガンダ映画を、ロシア人の子ども時代についての伝説として、また『わが闘争』に描き出された「ヒトラーの子ども時代のイメージに対応するもの」として位置づけた。一九四九年春には、その章の草案を自然史博物館でロシア・プロジェクトのメンバーに読んでもらい、サンフランシスコ精神分析研究所の同僚たちと議論した。この論文が具体化してくると、エリクソンは、ゴーリキーの自伝的三部作、それから一九四九年に『アメリカ・スラブ東欧レビュー』に掲載されたロシアの心理特性に関するゴーラーの論文、およびゴーラーとジョン・リックマンの共著『偉大なるロシアの人々』の草稿を読むことにより、映画の印象を補足した。また、ゴーリキーの『トルストイ回想記』や、有名なモスクワの粛正裁判記録に含まれるブハーリンの告白の数行もなんとか読んだ。だが、彼がこの論文のために検討した文献はこれだけだった[79]。

　エリクソンの叙述は、中央ロシア、ヴォルガ川沿いの辺鄙な貧しい町にある祖父母の家にアリョーシャ（幼いゴーリキー）がやってくるところから、文化人となるべく青年アリョーシャがこの地を去るところまで、映画に沿って進む。彼は、アリョーシャが徐々に大地や伝統的な農村社会に背を向け、変化や成功、体系的な思考へと進んでいく姿を追っていく。しかし、映画監督のマーク・ドンスコイが、農民の無知から都市化、産業化、ボルシェビキのプロレタリアート独裁主義へというロシアの輝かしい歴史的前進の始まりとしてこの過程を描いているのに対し、エリクソンの歴史的な解釈はもっと繊細なものであった。

　この映画は、父親のいない幼いアリョーシャが母親に連れられてやってくるところから始まる。アリョーシャは、母方の祖父母を中心とする大家族のカシーリン一家で育てられることになった。エリクソンは、この映画に登場する最初の強力なイメージはカシーリン家の祖母であると述べる。この大柄で力強い老女は、「人々の原始的な信頼と、生き残り、粘り抜く能力」、そして「耐える」力を「象徴していた」。また、彼女は、「〔中央ロシア〕の古い城柵のなかの村——大地に根を張って生きる術を見いだしていた原始的な農村共同体《ミール》——がもっていた心の平安」を代表していた。エリクソンは、古いロシアの習俗に従うこの祖母は、初期のアメリカ先住民に通ずると感じた。どちらも、「古来の道具の秩序、自然の力に対して呪術的な作用を及ぼす秩序」を忠実に守り、「邪悪な力」を静めるために「呪術」を用いる。幼いアリョーシャが祖母の大きなスカートの陰にいるときに安心感をおぼえたように、彼女は「失われた楽園」を象徴しているとエリクソンは記している。「彼女の力が及ぶ人々の仲間になる、またはその仲間であり続けることは、無時間性《タイムレスネス》に屈服し、原始経済の信仰に永遠に服従することを意味する」[80]。

　エリクソンは、『ゴーリキーの子ども時代』の第二の強力なイメージは太く燃えやすい木であると考えた。それはカシーリン家の住む中央ロシアの町の住居、エネルギー、そして人々の性格を特徴づけていた。「木材は、城塞の柵の材料であり、長い冬の間過熱される炉の燃料であった。また、木材は道具の基礎的な素材であった」。木は燃えやすく、村のすべてやまわりの森が燃えてなくなることもあった。特にエリクソンは、カシーリン一族をはじめとする村の男たちが「丸太のように頑丈で、がっしりしており、重く、不器用で、動きが鈍い。しかし、彼らは非常に興奮《燃え》しやすい」ことに着目した。移り気で、近視眼的で、木のような性質をもち、無感動と残酷なまでの荒々しい感情のほとばしりが交互に現われるのは、ロシアの農民文化全体を表わしており、それは説明を要する[81]。

エリクソンは、木のイメージを「布に巻かれた『丸太』」にまで拡大することによって、説明がつくことに気づいた。ロシアの乳児は、楽に連れて回ることができるように、小さな丸太さながらに布できつく巻き上げられる。ゴーラーは、スウォッドリング（乳児をくるむ）というこの習慣、すなわち動きを制限され、後に突然それが外されるということが、ロシア人の性格の中心的な要素になっていると主張していた。ロシア人はこの習慣のせいで、自分のなかのおそれや怒りの完全な抑制と、喜びや満足感や残忍さの野生的な噴出という完全な自由の間を行きつ戻りつする。しかしエリクソンは、この仮説は重要だが単純にすぎると考えた。

エリクソンは、ゴーラーの仮説を、「文化のコンフィギュレーションの全体」のなかに位置づけた。そして、ロシアの文化のコンフィギュレーションには、「布にきつくくるまれた長い時間と、それを解かれたときの喜ばしい愛情の豊かな交換の瞬間とが繰り返されること」が含まれると指摘した。この制約と解放は、ロシア中央平原の城柵に囲まれた辺鄙な村で厳しい自然とともに生きる「緊密な社会生活」と、「春の雪解けの後に訪れる周期的な解放」に対応している。また、布でくるむこととそれを外すことは、農民の生活の「木質の忍耐や無感動な農奴性」と、「ほとばしるような魂の露出によって達成される周期的な情動的浄化」にも対応している。それゆえ、カシーリン一家が暮らす村の農民たちは、「自分自身のなかに奇妙に閉じこもって」いながら、同時に「たえず他人の魂を求めている」。制約された自己と「布にくるまれた魂」の長い「幽閉」は、情動の蓄えであり、血族の「魂」の探求を動機づける。このことを端的に表わしているのは、映画の登場人物リエンカである。この子は足が不自由で、動くことができなかった。しかし、リエンカは「他のどの子どもよりも快活だった」。そして、「誰よりも強い感情をもちながら、誰よりも動きを損なわれた子どもであり、誰よりも生き生きとした想像力をもちながら、誰よりも他人に依存しなければならない子ども」であった。布に包まれて動きを制約された「丸太」のように、愛と憎しみの感情が周期的に「燃え上がった」[82]。

アリョーシャとその遊び仲間たちは、小さな金属の車輪がついた荷車を作って、リエンカに「移動の自由」を与えた。エリクソンは、このシーンが木のイメージの次の時代である「鉄と鋼」のイメージを描いていると指摘している。リエンカの荷車の車輪は、「手足の単なる延長や補充ではない。自分で動くということは、機械の概念の基礎である。機械とは人間が作り、人間が操作するものでありながら、一つの機構化された有機体としてある種の自律性を発達させる」。エリクソンは、機械がもつ鉄と鋼のイメージは木のイメージと大きく異なると主張する。木の時代は、引きこもりと燃焼のサイクルにおける人間の作用力と情動を内包している。しかし、ボルシェビキとともに登場した鉄と鋼の機械の時代は、この情動と人間の作用力を消し去った。鋼は火の中で鍛えられるが「燃えることはなく」、「鋼を支配することは、肉と魂の弱さ、木質の心の活気のなさと燃えやすさに打ち勝つことを意味する」。スターリン（英語のスティール＝鋼を意味する）やモロトフ（ハンマーを意味する）の率いるボルシェビキ体制は、「鋼のような決定の明快さと、機械のような行動の堅固さ」を要求する。この政治体制は、プロレタリアートの勝利のなかで、「個人的な感情にかかわりなく、目的が腐敗しないこと」を強く求める。ボルシェビキ体制は、アリョーシャ（ゴーリキー）のような西洋化されたロシアの知的エリートを、「計画的に注意深く訓練された政治的、産業的、軍事的技術者のエリート」に置きかえた。「彼らは自分たちが歴史の過程そのものにおける貴族であると信じている。彼らは今日、われわれの冷酷で危険な敵である」[83]。

祖母のもつ原始的な信頼感から、木の時代の抑制と燃焼へ、そして鉄と鋼のボルシェビキの時代へというエリクソンの語り口には説得力がある。これは、この映画を作ったドンスコイ監督の意図とはまったく異なる、厳しいロシア史の捉え方である。スー族とユーロク族の統合された十全性《ホールネス》から、「ボス」と産業機械の勝利へというアメリカの変化の捉え方よりも厳しいと言えるだろう。それでもなお、ボルシェビキ体制は「倒錯した退行的なナチズム」――家族も地域社会も完全に無視して、ヒトラーが率いる若者の徒党を中心に全体主義を押し進めた体制――ほどに恐ろしいものではなかった[84]。

エリクソンが『子ども期と社会』を書き上げたとき、世の中は「赤のファシズム」への対抗意識に満ちていた。全体主義政権であるスターリンのソ連は、本質的にヒトラーのドイツと変わらないと仮定されていたのである。大きな影響力をもつ多くの政治家や学者やジャーナリストたちが、アメリカはナチスを追い払ったように、ソ連、すなわち共産主義という名の全体主義を食い止めなければならないと主張していた。エリクソンの古い知人であり、戦後のアメリカの外交政策を築いたジョージ・ケナンも、この考え方に大きく寄与した。しかし、ロシア・プロジェクトのメンバーは、概してそれに反対していた。ナチスドイツとソ連のコミュニストを比較するのは誤りであり、ロシア史を歪曲することになると考えたからである（ケナンがこの立場をとるようになったのは一九五六年のことであった）。なかでも、エリクソンははっきりと反対の意を表明した。ここに、やがて公共的知識人《パブリック・インテレクチュアル》となるエリクソンの姿を垣間見ることができる。彼は、冷戦によって新たな祖国で優勢になりつつある反共産主義に反対した。同時に、ロシアには、ボルシェビキが消し去ることができなかった「東方のプロテスタンティズムが遅ればせに生まれた」のだと主張した。これは論拠の弱い見方であったが、彼は、この「プロテスタンティズム」こそ、ロシアとアメリカの間に、共存を促進し得る重要な文化の絆を与えてくれると言うのだった[85]。

エリクソンの目には、『ゴーリキーの子ども時代』の主人公であるアリョーシャは、「遅ればせに生まれた東方のプロテスタンティズム」を代表していると映った。マキシム・ペシコフの息子アリョーシャは、母親の家族のなかで、自分の居場所がないと感じながら育った。アリョーシャの思考や意識や経験は、カシーリン家の祖母の枠を超え、村の「木の」社会さえも超えた。彼の成長にはまさに、「出現してきた新しいロシア人の精神構造、すなわちロシアの個人主義がたどる途中駅」がはっきりと示されている。しかし、これは西洋の個人主義‐プロテスタントの伝統と同じではないとエリクソンは注意を促す。「彼〔アリョーシャ〕には、新しい精神の休息の場を示してくれるルターもカルヴァンもいなかった。内面的にも外部の現実としても農奴制に打ち勝つことができるような未踏の大陸を切り開いてくれる、〔アメリカの〕建国の父や開拓者もいなかった」。成長して、遠くの大きな都市へ行こうと考えたとき、アリョーシャは、こうした西洋の先例に頼ることなく、「自分一人で」進んでゆかなければならなかった。「彼は抗議することを学び、まさにその抗議のなかで、もっとも広い意味での『プロテスタントの』道徳性を築き上げなければならなかった」。東方のプロテスタントである「アリョーシャが背を向けた誘惑」は、「初期のプロテスタントがローマから発していると感じたもの……ミサへの神秘的な没入、子ども時代の魂の病としての『臨床的』な人生観、そして何よりも『他人の良心の背後に隠れてもよい』という許しといったものと似ていなくはない」ものだった。そして、ローマと訣別した西欧のプロテスタントと同じく、アリョーシャのようなロシアの新しいプロテスタントは、いまや、「統一とともに自律を、産業の成果とともにアイデンティティを」求めていた[86]。

エリクソンは、時間と場所の違いを越え、ロシア・プロテスタントのアリョーシャたちに自信を与えるために、「われわれの新しい輝ける商品〔自由という約束で魅力的に包装された品々〕」で彼らを誘惑しないようにとアメリカ人に求めた。彼らはボルシェビキの統治からの自由をアメリカ人にもらいたいとは望んでいない。彼らが望んでいるのは、アメリカ人と同じく、「対等の人間として自由をつかむ機会」であるとエリクソンは言う。そして「われわれ」アメリカ人は、「彼らのプロテスタンティズムはわれわれのものであり、われわれのプロテスタンティズムは彼らのものであることをアリョーシャたちに納得させることに成功しなければならない」と宣言した。このときエリクソンは、自分〔われわれ〕をアメリカ市民の一員と位置づけていた。ひどく不明確な言葉ながら、他のアメリカ人に対し、強まりつつある冷戦から手を引いて、両国に共通していると思われる個人主義と自立というプロテスタントの価値を土台に、ロシアとの間になんとか橋をかけようと呼びかけたのだった[87]。

『子ども期と社会』における文化のモザイクは、「マキシム・ゴーリキーの子ども時代の伝説」で完結する。この本で検討した三つの社会のうちの二つ、ドイツとアメリカには、エリクソン自身が直接にかかわっていた。しかし、ロシアを訪れたことはなく、ロシアに関する文献も十分には読んでいなかった。また、ゴーリキーに関するこの論文を書くためにそれほど知識を深めようともしなかった。彼のロシアへの関心は、主に、アリョーシャ――若きマキシム・ゴーリキー――が自分と重なって見えたところから発している。歴史学的に言うと、ルター派や西欧のプロテスタンティズムがロシアにしっかりと根を下ろしたことはなく、したがって「彼らのプロテスタンティズムはわれわれのものであり、われわれのプロテスタンティズムは彼らのものである」というエリクソンの主張は支持しがたい。この主張の背後でエリクソンが試みていたのは、この第一著作の締めくくりとして、アリョーシャと自分の個人的な関係を確立することだった。

少年期から青年期にかけて、アリョーシャとエリクソンには驚くほど共通点があり、エリクソンはそれを一つひとつ取り上げて論じている。まず、父の不在という決定的に重要な問題があった。アリョーシャの父のマキシム・ペシコフは、妻の実家であるカシーリン家を去り、「どこか遠いところで他界した」。エリクソンも、自分の父はコペンハーゲンを去って「どこか遠いところ」、おそらくはアメリカに移住したと思っていた。アリョーシャの母、ヴァルヴァラは、夫に捨てられ、エリクを宿したとき、同じ思いを味わった。ヴァルヴァラが「小役人と結婚することに逃げ場を見いだし、町に移り住んだ」ように、カーラ・アブラハムセンも、自分を町に引き取り息子を養子にしてくれる堅実な小児科医と結婚することに逃げ場を見いだした。エリクソンは、息子をカシーリン家に残して出ていくというヴァルヴァラの決定を「裏切り」と表現している。カーラはエリクを残して去りはしなかったが、彼女のテオドール・ホンブルガーとの結婚は、三歳になるまで母と息子の間に保たれていた特別な絆に対する「裏切り」だとエリクは思っていた。アリョーシャが「自分をカシーリン家のなかで居場所のないペシコフ家の人間だ」と感じていたのと同じく、エリクも、ホンブルガー家のなかで居場所がないと感じていた。特に異父妹たちが生まれてからはその思いが強まった。そのためアリョーシャは、「家族以外の人々」、たとえばジプシーやリエンカなどの村の少年たちのなかに「友達を見つけ」、エリクも、ペーター・ブロスやオスカー・ストノロフと友情を築いた。アリョーシャは、成人期にさしかかろうとするとき、刺激に満ちた遠くの大都市へと旅立っていった。そしてエリクも、遍歴の時代を経て、ウィーンへと向かった[88]。

二人の共通点はこれにとどまらない。子ども時代のアリョーシャは、「何かに参加することはほとんどなく、熱心に観察し、多くの場合、参加を控えることによって行動する」とエリクソンは書いている。実際、アリョーシャは他の人々を通して生き、成功した。彼は「家のない放浪者が人生から何をつかみ取ることができるかを知るために、文字どおり人々や状況の後を追いかけた」のである。若いエリクも、実の父親を追い求め続けた。エリクの木版画の多くには、人生への積極的な参加ではなく、他人に関する鋭い観察が彫り込まれている。彼が一九二三年から二四年にかけて書いた手記にも、人生の実行者としてではなく、観察者、批評者としての趣きがある。確かにウィーンでは、教師、児童分析家として成功し、夫になり、父親になった。しかし、アイデンティティの拠り所となるこうした新しい重要な役割を得ても、他の人々や状況を通して自分を見つけ出し、自分を「満たす」ために、「人々や状況の後を追いかける」ことはやめなかった。アリョーシャと同じく、エリクソンも放浪者として観察し続けた。長い遍歴の日々を終えると、ドイツからオーストリアへ、続いてデンマークへ、そしてアメリカへと移住した。アメリカに落ち着いてからも、ボストン、ニューヘヴン、バークレーと移動を繰り返し、『子ども期と社会』が出版された後にもさらに転々とした。最終的に作家ゴーリキーは、文学的な創造性を通して、つらい子ども時代と傍観者的な人生を克服した。著述によって発揮されたこの創造性は「われわれの議論にとってほとんど無関係である」とエリクソンは警告しているが、最初の本を書き上げたとき、ゴーリキーはまさしく創造性によって困難を乗り越えたのだった。アリョーシャは、作家という新しいアイデンティティの一部として、自分の名前を創作した。それは、失われた父のファーストネームであるマキシムと、「苦い」という意味のゴーリキーを組み合わせたものだった。同様に、エリク・サロモンセンもエリク・ホンブルガーになり、さらにエリク・エリクソンと改名した。これは、息子エリクが、自分自身の父親、自己制作の人間、そしてアメリカ市民となったことを意味する。これは、問題をはらんだ、おそらくは「苦く」さえある、出生をめぐる問題の解決だった[89]。

エリクソンが自分を幼いアリョーシャと作家ゴーリキーに重ね合わせたことは意味深い。アリョーシャは、ロシアの新たな「プロテスタンティズム」の希望、すなわちボルシェビキが率いる鋼鉄の機械社会を阻止し、選択の「両極性」によって活力を得ているアメリカのプロテスタンティズムと絆を作り上げる可能性を象徴している。しかしエリクソンには、創造的な「プロテスタントの」作家ゴーリキーも、ボルシェビキの社会にある程度感化されていると思われた。結局のところ、ゴーリキーもロシアの他の「西洋化された知的エリート」も、市民に対して、ボルシェビキの「訓練された政治的、産業的、軍事的な技術者エリート」――「鋼」の価値観を促進するために「歴史の過程そのもの」をもっともらしく説明しようとする人々――の本当の危険を警告しなかった。ゆえにエリクソンは読者に対し、「この映画はハッピーエンドではない。ラブストーリーでも立身出世の物語でもない」と注意を促している。ゴーリキーはボルシェビキに代わり得る有望な存在、すなわち「産業社会の未来を拓く」慈悲深い「建国の父」になるほどには、「神秘的で土くさい過去が生んだ息子」の価値観を抱いていなかった。自分の名をゴーリキー（苦い）にするという作家アリョーシャの決定は、この失敗の認識だったのである[90]。

エリクソンは、創造的なロシアの「プロテスタント」はゴーリキーの死後も存在すると考えていた。そして、いずれは彼らがボルシェビキに異議を唱えて立ち上がるだろうと思っていた。それは、現実的な期待というよりは、あまり根拠のない望みだった。だが、ロシアの「プロテスタント」たちが立ち上がってくれたならば、彼らは「〔プロテスタントの〕宗教改革、ルネサンス、国家主義、革命的な個人主義」の共同継承者として、アメリカの建国の父の「反抗的な息子たち」と共存できるだろうと考えたのだった[91]。

エリクソンの希望に満ちたこうした言葉は、アメリカとソ連の関係の可能性について論じるばかりでなく、プロテスタントの革命家、マルティン・ルターに関する次の著作の地歩を築くことになった。彼は、いかに空想的であろうと、人間らしい状況を維持するには希望が必要であると信じていた。そうでなければ、未来は暗澹《あんたん》たるものになってしまう。ロシアではボルシェビキの機械的価値観が続いていくかもしれない。アメリカでも、あまりにも深く根を下した「ボス」と産業機械を覆せないかもしれない。そして、この二つの超大国の冷戦——ヒトラードイツの過ちよりましとは言いがたい状況——は、長引くかもしれない。そうなれば、エリクソンの交差文化《クロス・カルチャー》のモザイクのなかで明るい前途と希望を表わしているのは、スー族とユーロク族だけとなってしまうだろう。

第５章

循環《サイクル》する生——『子ども期と社会』そのII

『子ども期と社会』には交差文化的《クロス・カルチュラル》論文が含まれているが、その本は、同時にエリク・エリクソンの臨床経験を記した書物だともいえる。児童福祉研究所でのジーン・ウォーカー・マクファーレンの長期追跡研究の被験者やマウント・シオン病院社会復帰クリニックの患者についての臨床記録のほか、エリクソンが私的に分析した患者の臨床記録も取り上げられている。また、『子ども期と社会』に収められた特別論文は、特に重要な三つの臨床経験にもとづいたもので、人間のライフサイクルと関連しており、本全体のなかでもっとも印象的な部分となっている。こうした臨床論文やライフサイクルの研究は、両者を概念的に関連づけるきっかけとなった個人的な危機とからみ、もつれながら織り上げられていったといえる。

精神分析の理論と臨床における活動

『子ども期と社会』で取り上げる臨床事例やライフサイクルに関するデータを準備するには、臨床的観察やその他の経験を、ウィーンで習得した理論的視点につなげる必要があるとエリクソンは思った。それは、彼自身の考えや観察と、ジグムント・フロイトのそれとを関連づけることであった。特にエリクソンが問題視したのは、アメリカで受け持った患者にはフロイトが強く主張した超自我の根本的な抑圧や制止が見いだされないという点である。超自我には文化の伝統が保持されるというフロイトの考え方には賛成だが、これらの伝統の精確な性質やそれらを結びつけている要素に力点をおく必要があるというのがエリクソンの主張だった。この考え方に沿って、焦点は水平的平面におかれるようになり、エリクソンは、患者の外的な文化的、歴史的、地理的地平を重視するようになっていった。一方、フロイトが創始した精神分析は、精神病理学を中心に置いて、患者の内的精神を防衛している幾重もの層の下を垂直に掘り下げることで根本にある病因を突き止めようとする。エリクソンは、彼自身の水平性とフロイトの垂直性の対比について完全に意識していたわけではなかったが、自分が受け持った患者の大部分はフロイトの患者と比べると「健常な」人たちであり、したがってフロイトの患者たちよりも強固な自我をもっていると指摘した。内的衝動と超自我による強制との間の矛盾対立は、エリクソンの受け持った患者の場合には、フロイトが診察した中欧諸国の患者よりも小さかった。したがって、エリクソンの臨床観察がフロイトの臨床観察と違ったものとなったのは必然だった[1]。

フロイトの臨床的パースペクティブとの違いが生じた理由として、エリクソンは歴史状況の違いが作用しているとも述べている。フロイトは衝動と超自我による強制との間の衝突に焦点を当てたが、そこには十九世紀の物理学、すなわちエネルギーの力学的変換の考え方が再現されているとエリクソンはとらえた。だが、二つの世界大戦と、大きな技術革新は、科学者、臨床家、そして患者のものの見方を、こうした十九世紀のものの考え方からは遠く隔ててしまった。端的に言えば、「今日の患者が抱える最大の問題は、自分が何を信じるべきか、あるいは本当の自分はいかなる存在か、またはいかなる存在になるかというものである。一方、初期の精神分析を受けた患者たちは、自分がこうだと思う存在になることを妨げる制止の下でもっとも苦しんでいた」のであった。言い換えれば、エリクソンの患者たちは、典型的に「自分にはどんな意味があるかわからないというアイデンティティの拡散」に苦しんでいたのであり、その基本にあるのは「私は誰か」という疑問だった。対照的に、フロイトの患者たちの場合は、(主として性的)衝動が抑圧されていることが原因での、超自我の強制に悩まされる部分が大だったのである[2]。

初の著作となったこの本がフロイトのパースペクティブに沿ったものであることを強調したいエリクソンは、友人でユング派のジョゼフ・ウィールライトを含めて非フロイト派による精神分析研究を引用するのを差し控えた。エーリッヒ・フロムから影響を受けたことも一切認めなかった。その著書『自由からの逃走』を通じてエリクソンに影響を及ぼしたフロムは、水平性、すなわち外的社会の力と人間のパーソナリティ発達の中核をなす文化に結びついた倫理的伝統という文脈のなかで、アイデンティティという語を用いていた。また、『子ども期と社会』のなかには、離乳期における母子の分離の重要性を強調して、乳児の不安感の出現における決定的な瞬間であると述べたくだりがあるが、ここには、対象関係理論を展開したメラニー・クラインやマイケル・バリントの影響が明白に認められる。しかし、あくまで精神分析の正統派に忠実であろうとしたのだろう、エリクソンは二人の影響を受けたことも記していない[3]。

もちろん、『子ども期と社会』にはそれ以上のものがある。この本に入れるさまざまな臨床論文の執筆を進めながら、彼は、子どもがどのように遊ぶかという問題に注目して掘り下げていくと従来にない視点にたどり着きそうだと感じていた。児童分析家にとって、遊びは子どもが言葉で自分を十分に表現することができないのを補うという以上のものだった。事実、「文化や年齢によって特有の遊びの言語」がある。遊びはある特別な「サイン・レベル」を表象するものであり、そこには、生きるということの本質を捉えるカギが含まれているのだ。遊びは、単に「生きるという差し迫ったことからの休息や休暇」ではない。「抑圧」という概念は遊びの世界の「準言語というべき経験」には妥当ではない。おとなの分析でよく用いられる概念知識やテクニックは子どもには不適当である。子どもに対しては「言語化され分類された世界に自身を適応させるよう」強制すべきではない。賢明な分析者は、「客として丁重な態度で子どもの世界に入り込み、子どものもっともまじめなつとめとしての遊びを調べるのである」[4]。

フロイトは、夢を研究することは「おとなの無意識へ至る王道である」と捉えた。エリクソンは、「幼児の自我」を理解するための最善の方法が遊びであると主張した。おとなの夢と同じように、子どもの遊びの配列には特別な「空間的な文法」や水平性があり、これらは「言葉よりも嘘をつくことが少ない」。それればかりでなく、おとなにも遊びはあるし、必要でもある。なぜなら、遊びは「身体のプロセスと、自分が当事者の一人となっている社会的なプロセスとを同調させ」、同時に自己という感覚を強化するものだからだ[5]。

遊び戯れる心は、エリクソンのパーソナリティの切り離せない一部分となっていった。ユーモアあふれる意見やおどけたジェスチャー、そして機知に富んだジョークは、中年期のエリクソンの大きな特徴である。エリクソンは、また、さかんにいたずら描きを楽しみ、カジュアルな服装を好むようになった。遊び心をもち形式張らないという習慣が大きくなるにつれて、彼は、おとなは人生を生きていくなかで遊び心を失わずに持ち続ける道を見いだす必要があるという点を強調するようになった。彼は「子どもの遊びは、モデル状況を作り出すことによって経験を処理し、実験し計画を立てることによって現実性《リアリティ》を身につけるという人間の能力の幼児期の形式であるという理論を私は提唱する」と記している。遊んでいる子どもと同じように、おとなも、「過去の経験を処理できそうな次元に投影」する、つまり自分の行動に影響を与える「モデル状況」を構築する必要がある。この考え方を提示するにあたって、エリクソンは、フロイトや他の精神分析家の研究の権威を引き合いに出さず、その代わりに詩人を引用した。たとえば、フリードリッヒ・シラーから、「人は遊ぶときにのみ完全な人間になる」、ウィリアム・ブレイクから、「子どもの玩具と老人の理性は二つの季節の果実である」を引いている。エリクソンによれば、ブレイクは、子どもの遊びの尊厳を認めようとしたにとどまらず「成熟したおとなの理性に潜む幼児性」の尊厳をも認めようとした。子どもの充実した遊びは、おとなにあって十全な理性となり、ともに、データを「取り扱えそうなサイズと秩序に」変換する役割を果たしている[6]。

エリクソンが子どもの遊びを真摯に捉えたことで、『子ども期と社会』は、厳格な精神分析の正統派の理論の束縛を離れて、概念的な柔軟性を備えたものとなった。また、エリクソンが臨床家として並はずれて有能になり得たのも、子どもの遊びに対する真摯な態度があったからだった。実際、この本のいくつかの論考には、エリクソンが理論知識と臨床の両面に秀でていたことが明白に表われている。

『子ども期と社会』の要点をまとめたアウトラインのなかで、エリクソンは、本に取り上げる臨床事例はすべて「三つの共存するプロセスの関係性」を踏まえて考察すると強調している。(1)生物学的プロセス(「有機体の組織化のプロセス」)、(2)心理学的プロセス(個人の自我統合能力)、(3)「地理・歴史的単位における自我をもつ有機体の社会的組織化」のプロセスである。この三つのプロセスを注視することで、臨床家エリクソンにとって「あらゆる事柄が研究対象」となったのだった。エリクソンの臨床アプローチは、広さと具体性と特殊性を土台にしたものである。『子ども期と社会』でエリクソンは、サムという五歳の男の子、若い海兵隊員(名前は挙げていない)、そして六歳の少女ジーンの三つの症例を取り上げた。彼はこれら三例の一つひとつを具体的で特別でユニークな症例として論じているのだが、同時に、これらは生物-心理-社会的な視点に立って精神分析理論を拡大し強化するために引用が欠かせない症例だともみなしている。三つの症例に出てくる子どもや青年についての描写は具体的で明確だが、エリクソンはこれらを、自分が作った発達ライフサイクル構造のなかでアイデンティティのモデルを築き上げるための踏切台として用いている。具体的な関係と観察が心理学の理論モデルの構築に貢献したのだった[7]。

エリクソンは、サムの症例を「人間の危機についての最初の『標本』」として提示した。彼は、一九三〇年代後半にキリスト教徒が大半を占めているカリフォルニア北部の町に両親に連れられて引っ越してきた幼いユダヤ人の男の子サムの家族のことを詳しく記している。サムの父方の祖母がサムの家に滞在中のある夜に亡くなった。初めのうち、サムの母親は祖母の死についてサムに嘘をつき、おばあちゃんはサムが眠っている間に急に出ていったのよ、と話していた。その数日後の早朝、サムの両親は異様な物音に驚いて目を覚ました。サムがてんかんの発作を起こしていたのだった。それから一月経って、サムが目にした棺桶にはおばあちゃんの本が入っていたのにサムは二回目の発作を起こした。三回目の発作はさらに二ヵ月後、手に持っていた蝶をうっかり握りつぶしてしまったときだった。軽いものも含めててんかんの発作が二年ほど続いたころ、エリクソンがサムの（三人目の）セラピストとなった[8]。

まもなく、エリクソンは前任者には見落とされていた点に気づいた。エリクソンとドミノ遊びを始めたサムはドミノのこまで長方形の箱を作ったが、こまはみな内側に向いていた。これについて、エリクソンは、こまの点をみるには、「お棺の中の死人のように」箱の内側にいなければならないと感想を述べた。少年は同意した。また、その少し前に少年がエリクソンを叩いたので、叩いたことでエリクソンが死んでしまうのでないかというおそれを感じていないかと少年に問うた。少年は、この不安も認めた。エリクソンは、少し叩かれたくらいで死にはしないと少年を安心させた。サムは、てんかん発作を起こすたびに自分が死んでしまうのではないかと恐れてもいた[9]。

やがてエリクソンは、サムのてんかん発作の背後にある根本的な要因を理解できたと感じた。このてんかん発作は、生物学的には「解剖学的構造、中毒、またはその他の原因に起因する」脳の興奮であると説明できる。そのために「外的危険に対する子どもの閾値が低下する」可能性があると認めつつも、しかしエリクソンは発作におけるその因果的役割を重視しなかった。「非常に多くの人たちが同じような大脳の病変をもちながら、一度もひきつけを起こすことなく生活している」。サムの発作の原因について、エリクソンは生物学的なものよりも心理的な要素に注意を向けた。サムは、自分が危険だと感じると暴力を振るい、その後で自分の暴力が人を不快にさせただろうかと質問した。エリクソンは、このような行動を「対向恐怖症的」防衛機制と呼んだ。サムの防衛は自我アイデンティティという感覚が脆弱な場合に特徴的なものであり、そのためにサムは「自分の資質と社会的機会を統合することによって……外の危険と同じく内の危険を予測」することが難しいのだ。だがエリクソンは、サムの自我アイデンティティに欠陥があることよりもサムの置かれた社会的状況、家庭や近所の人たちの間でサムが占めていた位置——サムの文化・地理的地平に注目した。こうした面を重視することは、フロイトのウィーンで力点がおかれていた垂直的「内的世界」からの明らかな離脱であった。しかし、サムの「外的世界」に注目したにもかかわらず、サムの母親の社会的状況に根ざしていた具体的な不安についてはざっと表面的に扱うにとどめている。サムの母親は自分の生まれたユダヤ人社会からは距離を置いており、このことで苦しんでいた。また、新しく引っ越してきた異教徒のコミュニティで受け入れられたいという望みが夫や義母との間に緊張を生み出していた。そうした母親の内的動揺は、母子間の信頼と相互性《ミューチュアリティ》の絆に非常に大きな影響を及ぼしていたに違いない[10]。

サムの社会的世界を重視したことを考えると、エリクソンがサムの母親の不安の根源に関心を向けなかったことは、奇妙に思われる。エリクソンは、サムのルーツを、ユダヤ人ゲットーやポグロムと呼ばれたヨーロッパのホロコーストにまで歴史をさかのぼって追跡した。キリスト教徒の敵意と暴力に直面したサムの祖先は「激越的な態度」による防衛を身につけ、身を守るために固まって暮らすようになった。こうした祖先の特質は、衝動的で喧嘩っ早い身の処し方としてサムに受け継がれたのだった。「同胞と離れてキリスト教徒の町に引っ越すことで、ユダヤ人の運命に果敢に挑戦しよう」としたサムの家族は、キリスト教徒の尊敬を得ようとして息子に「良い子」になりなさい、「からかったり、しつこく尋ねて」人につっかかる気性を抑えなさいと強いた。それで、この少年はどうにも身動きできない状況に置かれてしまった。サムの両親は、隣近所の異教徒の不興を買わないようにするために「ユダヤ人の子は人一倍いい子でなきゃいけない、そうでないとものすごく悪い子だと言われるんだよ」と言い聞かせたのだが、その隣人たちによれば、サムはユダヤ人だからいい子にはなれないのだった。おばあさんが死んだのは自分のいたずらのせいではないか、そして後には自分を治療してくれる人を傷つけてしまったのではないかという不安が、自分は「手のつけられない悪童だ」というサムの思いを強くしていた。こうした社会的な要素がサムの自我防衛を破壊し、サムは「一貫性のある個であるという感覚やアイデンティティ」をもてなくなってしまったのだ[11]。

エリクソンがサムの社会的世界を重視したことは理解できる。エリクソン自身も、青年期以来ずっとヨーロッパのユダヤ人という根っこを失った浮き草のような存在だった。キリスト教徒の世界でうまくやっていかねばという強迫感を理解できたし、サムの置かれた状況に自分の姿を重ねることができた。サムとの間に絆を打ち立てることができたのだった。エリクソンは、サムが自分の社会的および情緒的環境を理解するのを手助けし、また、発作が起こりそうになったらお母さんやお父さんに言いなさいと少年を励ました。そうすれば、小児科医が予防薬を処方できるからだ。こうした対応によって、その後大きなてんかん発作は起こらなくなった。エリクソンは、セラピストとしての洞察力への自信にみちて、サムの症例についての説明を締めくくっている[12]。

『子ども期と社会』の核心をなす三症例の二つ目は、三十代初めの海兵隊員のもので、固有名は与えられていない。「現われた兆候はこの場合も肉体的なもので、激しい慢性的な頭痛である」とエリクソンは記している。だが真の病気の始まりは「社会生活における窮境の一つ、すなわち戦場での戦闘にあった」。この症例は、一九四〇年代の半ば、エリクソンがサンフランシスコのマウント・シオン病院の復員兵社会復帰クリニックで治療にあたっていたときに出会い、強い印象を受けたものだった。この海兵隊員(非武装の衛生兵)は、一九四二年に太平洋のガダルカナルの上陸拠点にいた。彼の中隊は、アメリカ軍の大規模な軍事行動中に敵の激しい砲火にさらされた。誰かが彼の手に銃を押し付け、この海兵隊員は、銃を持った自分がどうしたか憶えていなかった。次の記憶は、高熱に侵されて身動きもままならず、敵の奇襲におびえながら急設された野戦病院に横たわっていたことだった。彼は後方に送られたが、前線を離れて最初の食事のときに食器のふれあう音を耐えがたいものに感じた。その後、この海兵隊員は激しい頭痛に悩まされるようになった。金属の擦れあうような音を聞くと必ず頭痛が起こるのだ。彼は、ガダルカナル戦で多数発生した精神的傷病者の一人であった[13]。

　エリクソンは、生物的要素を認めはしたものの役割は小さいと考えた。「発熱と中毒症状が最初の頭痛を引き起こしたと考えるのは妥当だ。だが、最初のときだけだ」。子ども時代について探りを入れていくと、海兵隊員は十四歳のときに起こったある事件を思い出した。それまで彼と母親との間になんとか保たれていた細い絆がついにとぎれることになった事件の記憶がよみがえったのだ。酒に酔った母親が銃口を彼に向けたため、彼は銃を奪い取ってたたき壊した。そして、この出来事の後に家を出て二度と戻らなかった。彼は、酒を飲むこと、悪い言葉を口にすること、銃を持つこと、セックスに身を持ち崩すことなど、一見関連がないように思われる一連の行為を慎むと誓った。彼はこの誓いを守った。非常にまじめで、遊びやドラッグの類には手を出さず、贅沢もしなかった。しかし、自己中心的な人間ではなく、国を守るという義務感に駆られて海兵隊に志願し、ガダルカナルの事件に遭遇するまではまあまあ問題なく勤務していた[14]。

　エリクソンは、この海兵隊員の審査体系《スクリーニング・システム》は、彼が自我統合の能力を失ってしまったガダルカナルの浜辺で壊れ、重要な刺激と些細な刺激とを区別できなくなった、あるいは、真実と虚偽を見分けられなくなったという結論に達した。つまり、自我アイデンティティという感覚、「自己を連続《コンティニュイティ》性と同一性《セイムネス》をもつものとして経験する能力、そして、その経験に従って行動する能力」を失ったのである。戦闘状態という特殊な状況がこの海兵隊員の自我の均衡を根底から覆したとき、「彼が厳しく律して縛ってきた幼児期の衝動」の艫《とも》綱がほどけてしまい、人生が完全な無秩序状態に陥ったと思えたのであった[15]。

　サムの場合と同じように、この海兵隊員の症例には特定の社会的状況が根本的に重要な役割を果たしたとエリクソンは示唆している。「戦争や戦闘という状況に遭わなかったとしたら」、彼の自我のバランスが崩れることはなかっただろう。海兵隊員の自我は、彼の直属の上官がパニックに陥ったことや集団パニックの発生、そして敵の砲火を浴びながら身動きできないという状況によって過重な負担にさらされなかったとしたら、崩壊することはなかっただろう。こうした社会的な力が高熱と組み合わさって、海兵隊員の自我の構造を浸食したのである。つまり、器質的な要因以上に社会的状況が急激なアイデンティティ喪失の原因となった。ここに、彼の生物‐心理‐社会的アプローチの鍵、すなわち生物学的な面を認めはするが力点を置くことはしないという取り組み方の核心がある[16]。

　サムの症例と、それに比べると簡単にだが海兵隊員の症例を取り上げるなかで、エリクソンは、彼がウィーンで修得した精神分析の考え方とは大きく異なる独自の臨床理論体系を前進させた（ウィーンでは、「内的生活《インナー・ライフ》」に力点が置かれていた）。隠された内的衝動への垂直的見方から離れて、彼が追求するユニークな自我心理学では、自我アイデンティティの形成の原動力となるもの、十全に機能するパーソナリティの中核となるものは、外的な社会‐地理な力という水平的要素だった。

次に取り上げられているジーンの症例は、エリクソンの三つの臨床的語りのうち、もっとも印象的なものである。六歳で母親に連れられてエリクソンの自宅にやってきたとき、ジーンは部屋を駆けめぐって興味を惹かれたものに次々と手を触れた。エリクソンは、一年以上にわたってジーンの家を訪問して家族と近づきになり、その後もしばらく状況を見守った。彼はこの少女をよく知るようになったが、彼女の状態の原因について述べることには慎重であった。前にジーンを受け持った臨床家の診断は統合失調症《スキゾフレニア》（精神分裂症）だったが、エリクソンは、彼女の病は「初期の自我の破滅」の一つの型であると説明するだけで、サムや海兵隊員の症例とは異なり、病の原因となった生物学的‐心理学的‐社会的な要因についてははっきり書き記そうとしていない。彼は、「不十分な自我」をもつ患者を研究することによって「健康な自我の機能」についての理解を深めることができると主張している。ジーンは、精神分析理論を構築する機会を提供したのだった。だが同時に、彼がそれまでかかわってきた子どもたちとは著しく異なる子どもとの間に密接な個人的つながり《ラポール》を作るチャンスともなった[17]。

『子ども期と社会』でエリクソンは、ジーンの症例報告の冒頭を読者への示唆に富む記述で始めている。「小児統合失調症」という不吉な運命を刻印する医学診断には満足せず、「『統合失調症の』子どもと顔をつきあわせて接することは、心理療法家にとってもっとも畏怖の念を呼び覚ます経験の一つである……こうした子どもたちは、目鼻立ちが整っていて感じがよいことが多く、その目は『感情を湛え』、子どもにはふさわしくない諦念と対になって深い絶望の経験を物語っているようだ」。こうした子どもに対して臨床家は、「適切な人間が正しい治療計画をもって担当すれば、この子どもを一貫性のある発達の道に引き戻すことができるであろう」と確信するようになる。だが、そのような確信は楽観的な早のみこみにすぎない。この病気に苦しむ子どもを担当することは、母と子と臨床家の間の「人間の信頼に関する未知の領域を開拓しようとすること」なのである。ジーンの症例は、エリクソンの初期の臨床経験のうちでもっとも難しいものであった[18]。

ジーンが初めて極度の認識の混乱を示したのは、彼女が生後九ヵ月で、母親が結核で病臥するようになったころだった。母と子は引き離され、ジーンは、ときたま病室の戸口から看護婦の腕に抱かれたまま母の顔を見ることしか許されなくなった。四ヵ月後に母の病室に立ち入ることを許されたが、ジーンは他人から触られるのを嫌がり、部屋のなかにあるさまざまなものを怖がった。ようするに、彼女は自分の身の回りの人間や物に対する不信に陥っていたのだった。「小児統合失調症の病歴にはすべて、こうした母親との疎隔が認められる可能性がある」とエリクソンは記していた。エリクソンにわからなかったのは、母親と離されたことがなんらかの形で子どもの障害の「原因となった」のか、それとも「内在的でおそらく体質的な理由が」引き金となったのかという点であった。また、こうした障害が、臨床指導を受けて「慎重に計画された母の愛情を特別に注いだ」ならば、はたして避けられたのであろうかという点も不明だった[19]。

　エリクソンはジーンの治療を引き受けることになった経緯については何も記していないが、難しい治療だったことは明らかだ。ジーンの「自我の欠陥」は相当に重度で、それは「審査体系《スクリーニング・システム》の欠陥」に現われていた。ジーンは「意識に侵入して不安をもたらす衝動や圧倒的な印象」を制御することができなかったし、それらに対する自分の視点を定めることもできなかった。時間と空間をうまく秩序立てる（自我の統合）能力が欠けており、もっと根本的なところで「対話に関する基本的な文法」が欠けていた。「作用する側とされる側を区別できず、『わたし』と『あなた』を区別できない」ために、審査《スクリーニング》、すなわち自我の統合が正しく機能しないのだ。母親とも他の誰とも、信頼し相互にかかわりあう能力が欠けていたジーンは、「とぎれのないアイデンティティ感覚」をもっていなかった。もう少し抽象的に表現すると、ジーンという子どもは、「あなた」との連続的で信頼できるかかわりあいを通じて「わたし」という感覚を経験することができないのだ。このように、エリクソンは受けとめた[20]。

　希望をもって取り組むし腕がよいと評判になっていたエリクソンは、ジーンの治療にとりかかった。彼は、ジーンを特別養護施設から家族のもとに戻し、ジーンの母親に対して、母と娘の間の心理的なコンタクトを回復することを狙いとした特別プログラムを指導した。相互のかかわりあい、つまり「対話の文法」を回復させようとしたのだ。ジーンの母親はのみこみが早く、そばにおいでと頻繁に呼びかけた。そして、ジーンが自分を表現しようと努力しているときには温かい態度で応じた。やがて「指遊び」をするようになると、大きな突破口が開けた。ふつうはこの指遊びをあまり用いなかったエリクソンだが、ジーンのときは、自分の指の一本ずつについてお話を作ってごらんと誘いかけた（この指は「買い物に行く」、こっちの指は「泣いている」といった具合だ）。この方法で「彼女は時間を統合すること、異なるときに異なることをしたさまざまな自己の連続性《コンティニュイティ》を確立することを学んだのであった」とエリクソンは説明している。だが、ジーンは「私がこれをした」とは言えなかった。ジーンの自我――彼女の連続的なアイデンティティ感覚そのもの――の欠陥は回復しておらず、前に学んだことを繰り返し試すことで再統合しなければならなかった。「ある出来事が起こったときのその出来事の信憑性の感覚」を再確認するために、自分の指を使って話を何度も繰り返す必要があった。ジーンが自分の指を巧みに使えるようになったこと、それに音に対する感覚が鋭いことから、エリクソンは、木琴を叩きながら歌を歌ってごらんとジーンを励ました。木琴に続いて、ジーンはエリクソンのお気に入りの楽器でもあるピアノに関心を向けた。天分に恵まれた音楽家のような才能のひらめきを見せて、ジーンはベートーベンの第一ソナタを弾けるようになった。だが、エリクソンが担当し著しい進歩を示した多くの患者と違って、ジーンの病状はぶり返した。彼女は「この〔音楽の〕才能に背を向けた」のだ。エリクソンは、ジーンのような統合失調症の子どもは「個々の能力が孤立して進歩していると考えるべきなのに、子どもの全体が発達したかのように信じ込ませる」と結論している。こうした子どもたちは、記憶力がずば抜けていたり、芸術や音楽に天才的な能力を示すこともあるが、「そのすべてを統合することができない、彼らの自我が無力なのである」[21]。

ジーンの症例は、子どもの治療家としてのエリクソンが失敗した数少ない報告の一つである。エリクソンの努力にもかかわらず、ジーンは適切な自我を発達させることができず、確固たるアイデンティティの感覚を身につけることができなかった。彼女はやがて同年齢の子どもたちとの仲間づきあいもできなくなった。特殊学校に委託せざるを得なくなり、母とエリクソンの努力によって身につけたものの大部分を失ってしまった。その後、優秀な小児精神医がジーンの治療を引き継いだが、結果ははっきりしない。この症例を考察するにあたって、エリクソンには相反する考えがあった。精神保健《メンタル・ヘルス》の専門家ならば、「慎重に計画された母親の愛情をたっぷりと注ぎ込むことで救えるかもしれないまだ幼い時期」に、子どもが問題を抱えていることを突き止め得たかもしれないと期待しながら、「『力を送り出すこと』の主な欠陥は、その子どものなかにあるのであって」、子どもの母親や母子が置かれた社会環境にあるのではないとも述べている。この症例では、何ものも、母子の相互性《ミューチュアリティ》と信頼の最終的な崩壊を阻止し得なかっただろうとエリクソンは感じた。このような不安定な自我と認知構造をもつ子どもの治療は、「人間の信頼に関するまだ未知の領域」に属する、並はずれて難しい仕事だったのだ[22]。

ジーンの治療に失敗して、希望にあふれた臨床家は失意に沈んだ。ジーンに比べると、サムと海兵隊員は安定したアイデンティティをもっていた。彼らは、時空のなかで自分がいる位置について認知していたし、情報をとりまとめる能力があった。アイデンティティは粉みじんになっていたが、それは主として特殊な社会的状況が原因であった。それゆえ、社会的状況を改善することがアイデンティティの回復に役立ったのだ。かたや、ジーンの場合、かりにジーンがかつてはアイデンティティをもっており自我が完全に機能していたとしても、それらは幼児期に失われてしまった。そして、一時的には行動《パフォーマンス》を向上させることができたが、彼女の自我は「無力《インポテント》」(エリクソンは、以前はこの文脈でこの語を使うことはなかった)のままで、根本的な問題は解決されなかったのだった。こうしてエリクソンは、ふつうの、心をひどく病んでいない子どもたちを相手にしたいと思うようになった。カリフォルニア大学の児童福祉研究所に移ることを決心した動機の一つが、この望みであった。また、そのころ、アメリカの精神保健《メンタル・ヘルス》の臨床家の間でも同じような考え方が強くなっていた。全体に、「狂気」

の患者ではなくもっと「健常」な患者を相手にする方向に動いていたのだった。ジーンの症例での不成功がきっかけとなって、エリクソンは、少なくともある程度は健全な自我が保たれている人たちに目を向けることが多くなった。ジーンの場合以外、『子ども期と社会』には肯定的な場合も否定的な場合も含めて、アイデンティティが確立されるに至らなかった人々についての一貫した記述はない。

このことは、エリクソンが、ジーンのような器質的に自我を修復することができない患者に興味をもたなかったということではない。それどころか、おそらく本のなかで取り上げられた他のどの患者にもまして、彼はこの少女に打ち込んだであろう。多少なりとも有効な向精神薬が精神病の治療に用いられるようになる前であった当時、ジーンを相手にすることは理解を超える未知のものとの戦いであり、「畏敬の念を呼び覚まされる経験」であった。精神病患者など治療家との間に転移関係を確立できない患者に対しては精神分析は為すすべをもたないであろうというフロイトの予言が、ジーンとの経験では身に沁みたのだった。エリクソンのコンフィギュレーション理論のアプローチと、病気の原因を生物学的‐心理学的‐社会的の三つの要素において捉えようとするチェックリストも、たいして功を奏さなかった。回復不能な自我の損傷を被ったこの印象的な患者の治療でほとんど成功しなかったことが大きな教訓となった。自我アイデンティティについての独自理論の構築に向けてもっと努力する必要がある、そして、そのためには、サムや海兵隊員のような、長期的には改善の可能性がある患者にもっと取り組む必要があると彼は思った。ジーンの症例での失敗は、自分の家族の一員、発達障害をもった三男のニールをめぐる試練での挫折に匹敵するものだった。

ニール・エリクソン

一九四四年のあの絶望の日まで、自分は模範的な母親だとジョアン・エリクソンは思っていた。一九三一年のある寒い冬の夜、ウィーンの丘を下って病院に駆け込み、まるまると太った健康な赤ん坊カイを出産した日のことを回想するジョアンの顔は、喜びにあふれていた。また、一九三八年にグレース‐ニューヘヴン病院で娘のスーを産んだときは、赤ん坊と別室に引き離されるのを断固として拒否したのだと誇らしげだった。このときのジョアンの拒絶がきっかけとなって母子同室の方針が確立され、母親は生まれたばかりの子どもと同じ病室で過ごすことができるようになったのだった。四度目のこのときも、ジョアンはとても健康だから医学的措置は不要だろうと医者は言い、ジョアンも自然出産を強く希望した。なぜなら、自然出産では、産み落とした赤ん坊と初めて顔を合わせる決定的な瞬間に、母親が強い主導権を握ることができ自尊心も満たされるからである。後に、母親の役割を大きくし「新生児の力」を助長する自然出産擁護論がジョアンとエリクの共同執筆で『マドモアゼル』誌に掲載されたが、その萌芽がここに見られる[23]。

その夜、出産が迫った四十一歳のジョアンをバークレーの病院に連れて行ったときには、エリクはまったく不安を感じていなかった。だが、ジョアンの産科医の到着が非常に遅れた。そこで、出産を遅らせるため、ジョアンはベッドに固定され薬を投与された。この産科医は数週間前ジョアンに、今回のお産が終わったら、過去の出産時の傷を治すためちょっとした外科手術をしたほうがいいと勧めていた。出産は長引き、難産で苦痛も激しかったが、産科医は予定どおり産後の手術に踏み切った。結果として、ジョアンは、出産後も再び大量の鎮静剤を打たれたのだった。目覚めたジョアンは、弱っていて、めまいや吐き気がしたが、生まれた赤ん坊はどうしているかと聞いた。病院のスタッフはジョアンの質問をはぐらかしていたが、ついに産科医が、赤ん坊は重大な医学的問題があるので特別施設で看護されているのだと告げた。ジョアンは恐ろしさに震え上がってしまった[24]。

実は、ジョアンが意識を失っている間に、担当の産科医と病院に勤める数人の医師がエリクを呼び出して事実を告げていた。生まれた子は「蒙古症の白痴」〔訳注　当時の用語で現在は使用されていない。ダウン症〕で、首の筋肉がないので首がすわることはないだろうし、生きられたとしてもせいぜい一年か二年だろうという話だった。病院のスタッフは、ニールをすぐにバークレーにある特別なフランス系の病院に収容したほうがいいと助言した。障害児の誕生に、エリクは自分に責任があると感じたのかもしれない。養子として育った人間は、「奇形」の子が生まれるかもしれないという不安をもつことが少なくない。エリクにはエルナという二歳で死んだ異父妹がいたが、この子も生まれたときから異常があったのかもしれなかった。エリクはマーガレット・ミードに電話をかけた。当時のエリクにとってミードはジョアンに続いて頼れる強い女性で、彼は仕事面だけでなく個人的な問題でも彼女を信頼し意見を聞くようになっていた。ニールにとって何がよいかという点で、彼女は露ほども疑いをもたなかった。病院の医者の言うとおりよ、とミードは答えた。ダウン症の赤ん坊を家で世話することは、ほかの子どもたちにとって良くないだろうし家庭の平安も乱れるだろう。ジョアンがニールに愛情を感じるようにならないうちに、すぐにニールを施設に入れたほうがいい。ミードは強く勧めた。ジョゼフ・ウィールライトも同意見だった。もしエリクが、たとえば小児科医のベンジャミン・スポックなどダウン症に関する最新の研究に詳しい別の友人に電話をかけていたとしたら、まったく違ったアドバイスを受けたかもしれなかった。だが、ミードとウィールライトの二人と相談した後でエリクは必要な同意書にサインし、ニールはそのフランス系病院に移された[25]。

エリクはずっと病院を離れず、ジョアンが意識を取り戻して赤ん坊が特別施設に移されたことを聞かされた後で、ようやく家に帰って子どもたちに話をした。このとき、子どもたちにはニールは死んだと教えたと、十九年後に友人のロバート・リフトンに語っている。ダウン症の弟という恐怖から三人の子を「守る」ために、父親のエリクは子どもたちに嘘をついた。それは、実の父親が誰かということについてエリクの母親が嘘をついたのと同じだった。カーラもまったく同じように、エリクが私生児であると知られないよう「守ろう」としたのだった。かつて母親の嘘によって深く悩み苦しんだエリクであったが、その経験は、自分の子どもに偽りの知識を与えることを思いとどまらせはしなかった。その後、いちばん上のカイには、ニールは実は生きていて施設にいるのだと真実を教えた。カイはニールの秘密を一人胸にしまっていたが、弟のジョンと妹のスーはなんだか居心地悪く感じていたという（ちょうど、母のカーラが父親のことでエリクに嘘を告げたときに、エリクがなにか変だと感じたのと同じだった）。このように、家族のダイナミクスは持続した。危機――まさに、狂気じみて非現実的な瞬間――のときに、一つのパターンを繰り返させる情動的圧力は強力である。一方、鋭敏で卓抜な児童分析家として培ってきた膨大な知識と経験は、ほとんど機能しなかったようだ。エリクは、自分の患者の親には、子どもに対して率直で正直になるように、子ども同士を対立に巻き込むことがないようにと、繰り返し助言した。しかし、エリクは、ジョンとスーに対して真実を隠し、長子のカイを嘘の共謀者に引き込んだのだった[26]。

ニールの死ないしは姿を消したという事実は、三人の子どもたち全員に影響を及ぼした。特に年下のジョンとスーの二人は、とまどいと不安を感じたことを憶えている。やがてジョアンが退院して家に戻ってきたが、彼女は、エリクが子どもたちにどんな話をしたのかと聞きただそうとはせず、むしろニールのことが話題に上るのを嫌がった。ジョアンは、まだ床を離れないうちから、ニールのいる病院に連れて行ってくれ、赤ん坊の顔が見たいと言い張って聞かなかった。ニールは大きな赤ん坊で、診断結果は明らかにダウン症であることを告げていた。ジョアンが病院に着いたとき、ニールは母の呼びかけにもまったく反応しなかった。ジョアンは叩きのめされた。医者と夫は反対するかもしれないが、自分はこの子を家に連れて帰るべきだ、自分で面倒を見るべきだ。直感は彼女にそう告げていた。だがもう一方では、医者と夫の考え方のほうが正しいと囁く声があった。それに、どんなにがんばっても夫と医者の反対を押し切ってニールを家に連れ帰るだけのエネルギーがなさそうだった。ダウン症の子どもを自宅で育てることは他の子どもたちに良くないという「専門家」の見方に、ジョアンは完全に賛成していたわけではなかったろう。だが、ニールが家にいることになると、エリク以上にジョアン自身が他人からそう見られたいと思っていたロマンチックなイメージ、つまり健康で魅力的で活力にあふれた若き児童分析家を主《あるじ》とする家族というイメージが、損なわれるだろうということもわかっていた。家族に対するジョアンの期待や野心にとって、傍目にどう映るかという外見はけっして小さな問題ではなかったのである。やがて少し回復して力を取り戻し、物事を自分で掌握できるようになったジョアンは、ニールを病院からダウン症の子どもたちを育てているバークレーの女性の家に移してもらった。しかし、この措置はうまくいかず、ジョアンは「とても大きな」赤ん坊のニールを抱いて、バークレーの高台にある別の女性――最初の女性よりももっとダウン症の子どもの扱いに熟達していた――の家に連れていったのであった。ジョアンは定期的にニールの顔を見に行った。たいがいは、エリクは同行せずジョアン一人だった。このニールをめぐる危機では、エリクはどちらかというと受け身の姿勢だった。その後、ニールが一歳になったころ、医者や専門家はもっと信用があって評判の高い施設環境のほうがよいと、バークレーの北にある特殊な公立病院に移すことを勧めた。心身ともにまだ完全に回復していなかったジョアンは、医者の薦めに特に疑問をもつこともなく従った。ニールは、それから二〇年間をその病院で送った。ジョアンもエリクも病院に行くたびに決まって苦悩の淵に沈み、訪問はしだいに間遠になっていった。エリクソン家ではニールが話題になることはほとんどなく、この黙して語らずというパターンは、ジョンとスーがついにニールについて真実を知った後も変わらず続いた。あたかも二つの別の家族が存在するようだった。一方の家族は、世間の目に映るとおりの健常な五人家族だが、もう一方は、外からは見えない機能不全の六人家族である。エリクとジョアンは、三人の健常な子どもたちについてはたくさんの写真を撮り、「世間に知られたエリクソン一家」五人がそろった家族写真を手元に置いていた。もしニールの写真を撮ったことがあったとしても、その写真は一枚もとっておかれなかった[27]。

ニールを家におかず施設に預けるという決心の裏には、もう一つ、ジョアンの妻としてのあり方という、表だっては口にされなかった要因が介在していた。ミードは、夫が専門職業人としての妻の成長を支えてくれている間は一緒にいたが、支えてくれなくなると離婚したのだった)。結婚以来、ジョアンは子どもの世話と家事のすべてを一人で背負い込んでいた。そのうえ、エリクが何を食べ何を着るかに目を配り、運動するよう励まし、人付き合いがうまくいくようにも気を遣った。エリクは、窓の開け閉めといったことにさえジョアンの同意を得なければならないようだった。ジョアンはエリクの執筆の仕事も手伝った。彼女は、自分で文章を書くよりも、エリクの文章（増大する一方だった）に手を入れて編集する手腕にきわだって秀でていた。このように、特に問題がない状態でもジョアンの毎日は仕事が山積みだったのに、今は肉体的なスタミナは枯渇し、心痛に生気を奪われていた。今の自分にはエリクとニールの両方の面倒を見るのは無理だ、と彼女は思った。見方によっては、エリクは四人目の子どものようなもので、ジョアンは、カイ、ジョン、スーの誰よりもエリクに時間とエネルギーを割いていたのである。だが、ニールを犠牲にしてエリクの世話を続けるというジョアンの決心の代価は大きく、夫婦の間には緊張が高まった。この一九四〇年代半ばの難しい時期、二人は何度か離婚も考えたのだった[28]。

ニールの誕生という危機に際してのエリクソン一家の対応は、当時のダウン症に関する知識に沿ったものだった。その当時、ダウン症についてはさまざまな見解が入り乱れていた。歴史研究家のエレイン・タイラー・メイが記すところによれば、一九四〇年代半ばから一九五〇年代にかけて、アメリカでは、ベビー・ブームにともなって理想主義的な考え方が広まった。特に、女性にとっては、子どもを立派に育て上げることがおとなとして成し遂げるべきつとめだとされ、五体満足で健康な子どもをたくさんもつことが賢母の象徴となった。一九五〇年代の半ば、地方、地域、国の各レベルで、知恵遅れの子どもをもつ両親に支援の手を差し伸べるボランティア団体が続々と誕生した。互助グループもあれば、知恵遅れを汚点《スティグマ》と見る考え方をなくそうとする啓蒙組織もあった。こうした団体の活動を通じて、子どもの精神遅滞は稀なことではないという考え方が明るみに出され、詳しい医学研究や支援サービスが必要であるという意見が浮上し、不利な立場にある子どもやその家族にとって希望がもたらされた。このように世間一般の受け止め方が変わっていくなかで、パール・バック、デール・エヴァンズ、ロイ・ロジャーズといった有名人が次々と、自分にも知恵遅れの子どもがいることを公表し、愛しくかけがえのない存在だと語った。一九五四年、アイゼンハワー大統領は、十一月の第二週を「全国知恵遅れの子ども週間」にすると発表した。ダウン症は、重度の精神遅滞児のなかで最大のグループの一つだった。(一九四九年までのアメリカではダウン症は新生児六六五〇人に十七人の割合で発生し、子どもの発達障害のなかでももっとも発生率が高かった。)[29]

ジョアンが健常な五人家族というイメージを維持するほうを選んだこと(エリクは喜んで決定に従った)は理解できる。ニールの誕生をめぐる危機が起こったころには、知恵遅れの子を支援する一種の十字軍運動はまだ始まっていなかった。そうした活動を公然と支持したからといって友人たちや同僚から物好きだと思われることはないだろうとわかっていても、一九四四年の時点では、この種の支援組織の活動は細々としていたし、支援を口にする知名人もほとんどいなかった。こうして、エリクソン夫妻も当時のダウン症の子を抱えた親一般にならったのであった。黙して語らず、恥辱の念に苦しみ、そして深い悲しみに沈んだのだ。そして、このパターンが定着した。一九五〇年代に入って世間一般の考え方は好意的なものに転じたが、エリクソン一家の対応パターンは変わらなかった。

ジョアンはニールの世話における自分の役割、つまり最終的にニールを自宅で育てるか、それとも施設に預けたままにするかという問題に心を奪われており、エリク以上に社会的な活動から遠ざかっていた。ダウン症の原因(つまり第二十一染色体の異常が原因。正常な染色体対よりも染色体数が増えることが多い)が明らかになり広く一般に知られるようになっている今日とは違って、ダウン症という病気について学術的な知識は限られ、さまざまな風評が飛び交っていた一九四〇年代半ばの当時、自宅で育てるか施設に任せるかの判断はずっと難しい問題だったのだ。ニールが生まれたころは、妊婦向けの遺伝カウンセリングもなかったし、妊娠期間中に胎児が健康かどうかを診断するテストも行なわれなかった。自宅でのダウン症の子どもの世話のしかたや、親の態度しだいで良くなることもあれば症状が悪化することもあることについて病院の指導もなかった。ダウン症の子どもに対する特別養子縁組み紹介サービスもなかった。ダウン症はその当時「蒙古症」と呼ばれており、医学専門家の間では原因は先天的な下垂体機能不全にあるという考えが主流を占めていた。脳下垂体に欠陥があるため、生産される刺激ホルモンの量が少なくなり、その結果として甲状腺機能不全や、代謝異常、発達遅延が生じると考えられていたのである。その他、それほど重きを置かれていなかったものの、羊膜が異常に小さいことや、梅毒、飲酒、避妊薬がダウン症と関連があるという考えも医学関係者の間にあった。親の「欠陥」や「不全」がダウン症に関係しているのではないかと疑う見方もあり、ダウン症の子どもをもつ親にとって、施設に預けるか自宅で育てるかの決断は複雑な難題だったのである[30]。

ジョアンの産科医や担当医のアドバイスは、医師という職業が広く一般の尊敬を集めていた時代の主流の医学見解から出たものだった。当時、ダウン症は重い病気だから、専門家の手に委ねるのが最善だと考えられていた。自宅に引き取って育てるとなると、その子の存在によって家族の生活がめちゃめちゃに破壊されてしまうだろう、ほかの子どもたちにも良くない影響を及ぼすだろうし、両親にとっては重荷となるであろう。施設収容を勧めるその同じ「ダウン症の権威」の幾人かに強く問いただしたならば、ダウン症の子どもはおおかたの予想よりもずっと長生きすることを認めたであろう。親の温かい愛情と手厚い世話を受け、自宅で刺激を受ければ、ダウン症の子どもたちは歩くことや話すことを覚えるし、簡単な身の回りのことならできるようになり、周囲からの刺激にもよく反応するようになる。ときには、気持ちが優しく人を疑う心をもたない、行儀のよい、そして非常に愛らしい子どもに育ちもするのだ。だが、ダウン症の子どもをもつほとんどの親と同じように、エリクとジョアンも別の考え方はないのかと医者や専門家に強く迫ることはしなかった。エリクについては、こうしておとなしく引き下がる態度に不思議はないだろう。だが、このときはジョアンも、彼女の性格からすると不似合いなくらいに医者の言いなりになっている。もっとも、ニール誕生の時代と当時の医学界の考え方からすると、ジョアンとエリクが専門家の楽観的な助言を求めたとしても希望のあるアドバイスが得られる保証はなかった[31]。

心痛にエネルギー源も涸れはて、感情すら失ったようになったジョアンは、そもそも、四十一にもなって子どもを産んではいけなかったのだと、ダウン症の子を産んだことで自分自身を責めていた。最新の知識にもとづいた医学書も、高齢出産ではニールのようなハンディキャップをもつ子どもが生まれるリスクが非常に大きくなると記していた。ジョアンが知らなかったのは、ダウン症には二つのタイプがあるということだった。一方のタイプは母親が比較的若い場合に多く見られるもので、第二十一染色体に異常があるが、染色体の総数は四十六個で正常だ。第二のタイプは産婦が高齢の場合に多く、生まれた子どもの染色体数は正常よりも一個多い四十七個である。だが、この第二のタイプも、そのうちの二十パーセントは父親の側に原因がある。このように、遺伝学の観点から見ると、エリクのほうに原因があったことも考えられるのだ（彼は、実父の血筋が不明だった）[32]。

自分自身と家族をニールの記憶から引き離そうとしたのだろう、ニールを施設に入れてまもなく、ジョアンはバークレーから近くのオリンダへの引っ越しを計画した。オリンダは郊外の小さな町で、カントリークラブやゴルフコースを取り囲んで、外界を閉め出すように林をめぐらした広大な家屋敷が散らばっていた。新しい家に移ったジョアンは、休む暇なく動き回ることで罪悪感と絶望を閉め出そうとした。丘の斜面いっぱいに健康によい果樹を植えようと何時間も精を出した。スーのために母屋から続く離れを建てたのもジョアンで、重労働の力仕事をほとんど一人でこなした。それから、スーに馬を買ってやり馬小屋を整えた。まわりに広いデッキのあるプールの手入れもした。また、ジョアンは手工芸にも抜群の才能を発揮した。美しい宝飾品を製作することを覚え、地区美術工芸センターを設立した。こうした自分を追い立てるような活動の合間合間に、ニールの存在が頭をもたげジョアンを脅かすのだったが、話題に上ることは絶えてなかった。一九五一年、再び病気の患者を相手にする仕事に戻ることになってもカリフォルニア大学を離れたいというエリクの希望に従って、大陸を横断しマサチューセッツ西部に移った。エリクは、オースティン・リッグズ・センターからの申し出を受けたのだった。ここで、ジョアンは患者のための活動プログラムの再生に力を注いだ。精神を病むリッグズ・センターの患者たちも、そしてジョアンもまた、仕事や活動を通じて人生と美を創造することで、自分の進むべき道を見いだそうとしていた。後年ジョアンは、このころのことについて、施設に預けたままの自分の息子にしてやれなかったことを、リッグズ・センターの問題を抱えた患者たちのためにしようとしたのだと語っている[33]。

オリンダで、バラバラの家族というエリクソン家のパターンが形成された背景にはニールがいた。一家は、お互いに距離をとることによって家内の緊張を和らげようとしたようだ。エリクは、母屋から離れたところにある書斎にしていたコテージで長い時間を過ごした。このコテージで、エリクは『子ども期と社会』の執筆に取り組み、患者の何人かと面接した。スーは、まだティーンエイジャーにもなっていなかったが手練れの馬乗りで、たいていは自分の部屋にいるか、そうでなければ馬にまたがっていた。青年後期に入ったカイとジョンは近所の友達づきあいに忙しかった。ジョアンは昔どおりに家事いっさいを引き受けたが、いつも陰気で大半の時間を書き物や手工芸に費やした[34]。

ニールの存在は、何年もエリクソン一家に痛ましい影響を及ぼした。北部カリフォルニアを後にするときになって、夫婦はついに、ジョンとスーには七歳になる弟がいること、この弟はカリフォルニアの病院に残るのだということを二人に告げたのであった。ニールは重度の奇形児だから病院に見舞いに行っても無駄だろう。ジョアンとエリクはそうほのめかした。ジョンは、この一度もあったことのない弟は人生で本来与えられるべきものを不当に奪われていると感じたという。スーは、自分もいつか家族から置き去りにされるのではないかという恐怖を忘れ去ることができなくなった、今までのように両親を信頼できなくなったと思い出を語っている[35]。

東部のストックブリッジに引っ越してから一年近く経ったとき、ジョアンはニールに会いに汽車でカリフォルニアに戻った。このときのニールは、以前に比べると表情はずっとふつうに近くなっていたが、活動過剰の緊張状態で足かせを付けられていた。彼はジョアンが誰かわからなかった。ニールがもっと幼いうちに別の方法を模索するべきだったのではなかろうか、ニールの将来を計画するにあたって自分はあまりにも人の言いなりだったのではないだろうか、ジョアンは自問し苦しんだ。だが、もう一度ニールの顔を見に来る苦痛は耐えがたいという思いのほうが強かった。ニールの存在は、それから数年後にひょっこり顔を出している。サンフランシスコ湾地区《ベイエリア》で親しくなった友人、マーサ、トーマス・プロクター夫妻の養女が妊娠したとき、未婚だからということで夫妻は中絶させようとした。ジョアンは基本的に妊娠中絶に反対ではなかったが、このときは、中絶はやめたほうがいいと強く意見した。プロクター夫妻はジョアンの勧めを退けた。彼らは、ジョアンにはニールは中絶したようなものだという気持ちが強く、その罪の埋め合わせをしたがっているのだろうと推測したのだった。さらに一九五九年、スーが二十一歳になったとき、再びニールが浮上した。ジョアンの母は、孫全員（ジョアンの姉モリーの子ども三人を含む）に遺産を残すという遺言を作成していた。この遺言には、いちばん年少の孫が法定の成年である二十一歳に達するまで遺産は据え置くと記されていた。一九五九年にスーが二十一歳になった時点で遺産の分配が行なわれなかったことは、いちばん年少の孫は当時十六歳のニールだという事実を明白に示すものだった。その六年後、エリクとジョアンはイタリアのペルージャにいた。エリクはサバティカル〔訳注　研究のための有給休暇〕で、そこで執筆に専念していた。エリクとジョアンがプロクター夫妻を夕食に招待して饗応していたとき、ジョージア州のカイから国際電話がかかってきた。ニールが死んだという連絡だった。サンフランシスコ湾地区《ベイエリア》の養護施設から知らせが届いたという。電話に出たのはエリクで、ジョアンにはエリクが伝えた。客には、ジョアンの意見でニールの死は予期されていたと話した。その夜遅くなってから、ジョアンとエリクはカリフォルニア北部に住んでいたジョンとスーに電話をかけ、ニールの火葬と葬式の手配を頼んだ（ユダヤ教は火葬を認めていない）。親として、この役目を子どもに負わせるのは辛かったろう。エリクとジョアンは、そのままペルージャにとどまり、ニールの埋葬式には立ち会わなかった。スーは、ニールは二十歳を超えていたけれども墓地の子どもを埋葬する区画に埋めてやってほしい、なぜなら、一度も顔を見ることさえなかったこの弟は最期まで子どものままだったからだと、関係者に頼んだ。スーとジョンは、ニールがエリクソン一家から追放の身だったことを悲しみ、悪夢に苦しむこともないぐらいに自分たちは血を分けた弟の亡骸《なきがら》に冷淡なのだと思った[36]。

フロイトは、夢には現実の生活で抑圧されたり忘れられているものが顔をのぞかせると考えた。めったに話題に上らず思い浮かべられることも稀だったニールは、ずっと、「公的《おもての》」エリクソン一家の影または夢のなかにとどまっていた。だが、ときおりニールの存在が水面に浮上して苦しみをもたらすのだった。ストックブリッジに移ってまもなく、ジョアンはオースティン・リッグズ・センターのスタッフの心理学者で友人でもあるマーガレット・ブレンマン＝ギブソンに、ニールのことを打ち明けた。数年後、マーガレットの夫ウィリアム・ギブソンが『蜘蛛の巣』という小説を発表した。小説の舞台は、その当時エリクとジョアンが働いていたリッグズ・センターにも、またメニンガー・クリニックにも非常によく似たネブラスカの精神病院で、登場人物の一人、精力的で切れ者の架空の活動療法家メグ・ラインハルトはジョアンがモデルだった。この小説には、臨床副部長がラインハルトの車の後部座席にドストエフスキーの『白痴』を見つけるシーンがある。そのくだりを読んだとき、ジョアンは非常に動揺し、大きな当惑を感じた。マーガレットはジョアンの打ち明け話を夫のウィリアムに漏らしたに違いない、自分にダウン症の子どもがいることがこれで隣近所にも世の中にも広まってしまったと邪推してしまったのだ[37]。

何千マイルも遠くに離れているとはいえ、ニールの存在は無視できるものではなかった。ニールは、エリクとジョアンの個人的な生に根底からかかわっていただけでなく、仕事にも、そしてライフサイクル理論の誕生にも深くかかわっていたのである。エリクがジョアンに助けられて進めていた「健常な《ノーマル》」ライフサイクルとは何かを明らかにする取り組みで、ニールは負の背景となったのだった。

ニールとライフサイクル・モデルの誕生

『子ども期と社会』の一つの章として登場した八段階のライフサイクルについての論文は、一九五〇年に半世紀の節目を記念してホワイトハウスが開いた幼児期・児童期に関する会議でのエリクの講演を短くまとめ直したものであった。このころには、ニールの誕生をめぐる危機は和らいでいた。エリクが著者で理論的制作者《アーキテクト》となっている論文や著作も、実際には夫婦二人の密接な協力活動の成果であったが、この八段階ライフサイクル理論のプロジェクトの二つのバージョン（ホワイトハウス講演バージョンと簡約バージョン）は、その代表的存在である。二人がこの問題に本格的に取り組みはじめたのは一九四〇年代半ば、ニールが生まれた一年後ほどの、二人の結婚生活がとりわけ緊張をはらんだ時期だった。ライフサイクルについての自分たちの見方をまとめるために、二人は一九三〇年代半ば以降のエリクの多方面の活動を検討したのだが、そうするうちにフロイトの乳幼児期を基盤とした心理・性的発達という図式では納まりきらなくなったのだった。二人はまた、エリクの症例記録も読み直して発達に関わることを選り出した。さらに、ジョアンのリードで自分たち家族の発達段階について熟考し、その結果とほかのデータとの統合を試みていた。

それからほぼ半世紀近く後のことだった。エリクはケープコッドの養護施設で死を間近にしていた。そこから数ブロック離れたところにある自宅でジョアンは一人の客と話していた。午前中いっぱい、ジョアンは自分の産んだダウン症児の悲劇の人生を綿々と語った。それは、ライフサイクル全体のモデルを定式化するというエリクとの共同作業に影響したのでしょうかという質問に、彼女は、一九五〇年のライフサイクルに関する二つの論文に影響したことは確かですと答え、その後に「でも、どのようにかはわかりませんけど」と付け加えた。人生で最大の心的外傷《トラウマ》となった経験を回顧したことで疲れ果てたのか、ジョアンは、説明をつけるのは自分の役割ではなかったのだとも話した。ティーカップの向こうで微笑むジョアンは、ニールのことを話し終わって重荷から解放されたように見えた。実際、新たなエネルギーを取り戻したかのように、彼女はケープの驚異に満ちた冬について語り、室内の鉢植えを愛でた。この朝のテープ記録から、ニールの悲劇はライフサイクル・モデルの誕生物語でもあったことがわかる。この二つの間にジョアンは必然のつながりを見つけたのだったが、当時はそのことをはっきり理解していなかったのだ。ジョアンの話は、おそらく、この二つの物語の結びつきをもっともよく説明するものだ。それによれば、次のようになる[38]。

一九四四年にニールが生まれるまで、エリクはライフサイクル理論についての昔の関心を失ってしまったようだった。四つの発達段階――乳幼児期（口唇期、肛門期、性器期）、潜在期、思春期、そして成人の異性への適応――の概略は、それより少し前の一九三〇年代の終わりごろに形を整えていた。これは、フロイトの乳幼児の性的発達の考え方に近いもので、エリクはこれに沿って人間の一生涯を通じた発達のプロセスをチャートにしようと考えていた。同時に、彼は前性器期初期の発達の図式も作成していた。この図式は、格子の上を左下角から右上角に向かう対角線に沿って並ぶ八個の四角形から構成されていた。四角形一つひとつは、性感帯を列記した垂直軸と、特定の性感帯を活性化する衝動《インパルス》を列記した水平軸との交点にあたる。エリクはもちろん空間的に考えており、以前から、格子の対角線上に並ぶ八個の四角形の図式――四角形一つひとつが人生の段階《ライフステージ》を表わす――を改良して、人生全体をカバーするものにしたいと考えていた。彼は、社会変化や文化の研究がこのチャートを完成させるために役立つかもしれないと考えていたが、いったいどのように役立つかははっきりとはわかっていなかった。

一九四〇年、エリクソンは、『医学百科事典』のために「乳児期と幼児期の諸問題」という論文を書いているが、これからは、ライフサイクルについての研究は頓挫したままであったことがうかがえる。だが、すでにこのころには、サムの症例を通じて、子どもが成長する社会環境が子どもの心理的発達に決定的に重要なことについて理解を深めていた。その後、スー族やユーロク族の調査を経験し、この認識はさらに高まっていった。部族の社会-文化のパターンは、アメリカ先住民の子どもたちの成熟準備が整う道すじと非常によく調和しているように思われた。だがこのときは、以前に考案した格子チャートを持ち出して社会の状況という光に照らして取り組み直すことはしていない。「個人は、自分の周囲で動いているものとの関係においてどのように変化するか」を概念化することができなかったようだ。発生学に強く惹きつけられていたエリクソンは、胎児の器官の一つひとつはエピジェネティックな発達をとげる——すなわち、発達ライフサイクルにある個々の器官は、適切な時期に、適切な身体部位に、かつほかのすべての器官との時間的協調関係のなかでのみ生じる——という考え方を記している。人間の健常な発達も同様に、各段階が所定の適切な時期に発達することでもたらされるのであり、幼児は、成熟していく過程の一つひとつの段階で「自分が生まれ落ちた物理的および文化的な現実《リアリティ》」を取り入れるというのだ。この発達を条件づける外的な現実《リアリティ》に注目すると、発達途上の子どもの家庭生活には親子関係の質と兄弟姉妹との関係という二つの状況要因があることが明らかになった。だが、ここまで来てエリクソンは行き詰まってしまった。フロイトの乳幼児の心理性的段階を土台に考案した格子図式を、子ども期だけでなくそれ以後の人生をも貫く心理社会的発達のチャートに書き換えることができなかったのだ。一九四〇年にバークレーでエリクの研究助手となったジェーン・レヴィンガーによれば、エリクソンはフロイトの発達初期の心理性的段階を、ライフサイクル全体をカバーする心理社会的段階に置き換える準備ができていなかった。もっと厳密に言うと、エリクソンは独自の発達論に向かって大きな一歩を踏み出したものの、誕生から死までの社会的現実との関連という視点から自我の漸成的発達を記述するための言葉をまだもっていなかったし、概念そのものも曖昧だった[39]。

ニールの誕生は確かに人間の発達の性質についてのエリクソンの考えに影響を及ぼした。だがそれは、取り組みの方向を変化させたというより、この問題に積極的に取り組み続ける気持ちをかき立てたという面が大きかった。ニールの危機は、エリクソンの結婚生活と家庭生活を混沌に陥れ、特に人間の発達についての考え方を大きく揺るがす情動的・本能的な反応を引き出した。エリクソンが、この危機を切り抜けるために意識的にジョアンを共同研究に引っ張り込んだという証拠はない。ジョアンの回想にもそのような話はまったく出てこなかった。だが、一緒に仕事をするようになってみると、知的な協力はすばらしい刺激剤であることがわかった。ジョアンは『子ども期と社会』の中心的論文で、単なる批評家以上の役割を果たしている。夫と一緒の作業が増えたジョアンは、重要な理論を組み立てる作業でも共同研究者といってもよいほどになった。危機の後の自然発生的な感情が重要だった状況で、妻の協力が得られたことはエリクにとって思いがけない喜びだった。このように、家庭内の大きな不幸は、エリクが以前に中途で投げ出していた取り組みを再開するエネルギー源となった。こうして二人は、きわめて洞察に富む包括的な発達チャートを作成するという最終段階に取り組んだのである。

共同作業の初っ端から、ジョアンは、エリクに自分たちの子どもとの関係へと目を向けさせた。二人は、年齢に開きのあるメンバーから構成される家族には世代間ダイナミクスがあると考え、子どもたち一人ひとりが幼いころにどのように振る舞ったか記憶をたどった。あれこれと議論しながら人間の発達についての理論を創り上げていったなかで、基本的な細かい点を掲げたのは、子どもたちを間近で見守っていたジョアンだった。エリクは、メニンガー・クリニックのスタッフの会合で「うちの子どもたちを観察したのは妻でした」と述べ、ジョアンの情報が二人の共同作業の基礎となったことを強調した。発達についての二人の話し合いでは、エリクの臨床事例も同じように非常に重要なデータとなったし、エリクが受けた精神分析訓練もそうだった。だが、精神分析を持ち出すとジョアンはどことなく鼻白むのが常で、発達の問題については、登場人物の（年齢）設定が幼児期の範囲をはるかに超えているシェイクスピア作品のほうがフロイトよりも含蓄豊かだと主張するのだった[40]。

エリクソン夫妻は、ずっと前から互いにシェイクスピアを朗読しあって楽しんでいた。シェイクスピアの『お気に召すまま』の一節、「この世界はすべてこれ一つの世界」で始まる人間の七つの年代についてのジャックの有名なせりふを、ジョアンとエリクは何度も読み返した。シェイクスピアは、赤ん坊から死までのエピジェネティックな発達を述べているだけでなく、人生の七つの段階を、性的な観点からではなく社会・倫理の観点から特徴づけているように思われた。ジャックのせりふを引きながら、エリクが昔まとめた発達段階に関するアウトラインや格子図式を作り直す作業は非常に興奮に満ちたものだったと、エリクソン夫妻は語ってくれた。カバーする年齢が広がったので、サム、ジーン、海兵隊員といった記念すべき臨床事例を組み込むことができたし、エリクソン一家の子どもたちも組み入れることができた。また、社会・倫理的な面に的を絞ったことで障壁が克服され、エリクがなんとか進もうとしていた方向に前進することができた。もっとも、ジャックのせりふでは、「赤ん坊、乳母に抱かれて泣いたりもどしたり」のすぐ次に「『泣き虫』生徒」が来ている。シェイクスピアには、乳児期と学童期（つまり仕事《つとめ》）の間の段階――自律性をえるために遊ぶ幼児の段階——が抜けているのだった[41]。

シェイクスピアについて詳しく検討した後で「私たちの人間の段階《ステージ》（年代《エージ》ではない）」モデルと呼ぶようになっていた考えに肉付けしていきながら、ジョアンとエリクはなにかしっくりしない感じを抱いていた。そんなある日のこと、ジョアンは、バークレー北部の高台にある自宅から南サンフランシスコ駅までエリクを車で送っていった（とても長いドライブになる）。車中、二人は、誕生しつつあったライフサイクル・モデルについて話し合った。何が抜け落ちているのか突き止めたかったのだ。突然、「わかったわよ。私たち、自分たちのことを入れていないじゃないの」とジョアンが大声を出した。二人は、自分たちをシェイクスピアの七つの年代のうち「愛しあう人たち」（親密さ）の段階に入れていたのだったが、よくよく考えてみると、すでに生成継承性《ジェネラティヴィティ》段階に移っていたのである。ジョアンとエリクは子どもを産み育てていた。ジョアンは子育てを通じて生成継承性《ジェネラティヴィティ》のプロセスを続けていたし、エリクも、幼い子どもを相手の仕事や処女作の執筆を通じて生成継承性《ジェネラティヴィティ》プロセスを続けていた。生成継承性《ジェネラティヴィティ》は、「愛しあう人たち」の段階における生殖を表わすだけでなく、おとなの生における第一のつとめ、すなわち世代を育み継承することも包含するのだ。駅に着くころには、エリクソン夫妻は、発達プロセスについて自分たちはフロイトもシェイクスピアも超えて前進していくのだという希望をもつようになっていた。ライフサイクルに関するエリクの初期の研究が、ここにきて新たな創造的次元を備えはじめたのであった[42]。

エリクは、「私のライフサイクル理論」は「本当のところ私たち二人の理論だ」と語ったが、この表現に誇張はほとんどないといってよい。そして、情動が強く作用する夫婦の作業にはニールもまた重要だった。ニールは、健常な発達モデル作成のきっかけとなっただけではなかった。エリクソン夫妻にとって、ニールの誕生に根ざす家族の機能不全という危機から抜け出すための道が、この共同作業だったのである。ジョアンによれば、ダウン症をもって生まれた赤ん坊は「未完成」で「不完全」な存在、身体と精神の発達遅滞の犠牲のように見えた。ほかの三人の子どもとは非常に違っていた。母であるジョアンとの絆が希薄で、父エリクや兄弟を慕うこともなく、情動が表に現われることもほとんどなく、そして遊び方も単純だった。また、カイやジョンやスーの新生児のころと比べると、ニールの気質や人格は、おとなしく、深みに欠け、反応が乏しく、情動、認知、身体のいずれの面でも発達が妨害されているように見えた。ジョアンはニールを愛していたし、エリクもたぶんそうだったろう。だが、ニールに腹を立てる気持ちも二人にはあったに違いない。ニールはただ生命を維持するだけでも、ジョアンをはじめ周囲の注意と支援をたいへん必要とした。この子は生まれなかったほうがよかったかもしれないという思いは執拗につきまとい、この子が今後どのように成長するだろうと思いやるとき、わき起こる悲観的な気持ちを投げ捨てるのはとても難しかったと、ジョアンは語った。そして、ジョアンとエリクが創り上げつつあった発達モデルにニールの場所がないことは明らかだった[43]。

　自分たちが作ろうとしていたのは健康で健常な人間のための発達の枠組みだったとエリクソン夫妻は認めた。自分たちと子どもたちのためのモデルを作ろうとしているということも、二人はある程度わかっていた。というのは、自分たちの生き方についての観察が一部なりとも土台になったからだ。このモデルは、もっとも個人的なレベルで、健常であるとはどういうことかを位置づけ、そこにエリクソン家の五人のメンバーを置くための地図であった。こうすることで、ニールは別にして、他の五人は健康な発達段階をたどっていると確信するのに役立った。ニールを家族から離れた場所に残したのと同じように、地図の片隅に置いたことには、じっさいエリクとジョアンの情動が作用していた。

　この地図作りではジョアンが重要な役割を果たし、またそのことをよく憶えていた。ジョアンはずっと以前から、健常な子ども相手の仕事をするようエリクに勧めていたのだったが、ニールの誕生後は彼もその気持ちが強くなった。「健常な」人間の発達についてのライフサイクルの枠組みは、「健常な」五人家族のエリクソン一家の生活と一致するもので、ニールは消えねばならなかった——少なくとも物理的に、そしておそらくは記憶からも同様に。

　エリクが以前に人間の発達という問題に取り組んでいなかったとしたら、この地図作りは違った方向に進んでいたかもしれない。一九四〇年の論文「乳児期と幼児期の諸問題」のなかで、エリクは重要な見解を押し進めた。「さまざまな身体器官がサイズと機能という点で適正な関係にあることは、健常な発達の結果である」と述べ、「『適正な速度』や『正常な順序』が乱れると、その結果として、過剰奇形や過少奇形となる可能性がある」と記している。この論文から四年後に誕生したニールは、「適正な速度」も「正常な順序」も乱れていたことが疑いようもなかった。奇形が過剰か不足かはともかく、生まれた子が健康でなかったことに自分もエリクもぼうぜんとし、信じられない思いだったと、ジョアンは回想した。その後、ニールの精神遅滞はダウン症による障害のなかでも重いほうだということが明らかになると、二人は悲しみ、失望、そして喪失感さえ感じた。新生児のニールは並はずれてひ弱そうで、首をもたげることさえできなかったと、ジョアンの愛と痛みの混じった思い出話は続いた。後にエリクともども蒙古症についての傑出した医学の権威の著作を読んだとき、彼女は、自分たちが適正な速度と正常な順序による器官の発達からの逸脱を強調していたことを思い出した。このような否定的な特徴づけは、悲しみに沈むエリクソン夫妻をますます、健常な人々の発達モデルとして自分たちが創り上げた「人間《マン》の八つの段階」に執着させたように思われる[44]。

　『子ども期と社会』にはダウン症のことはどこにも出てこない。だが、もっとも基礎的な段階である「信頼と基本的不信」の第一段階はかなり詳しく論じられている。乳児は、自分の視野から母親が消えてもむやみに心配せずにいられるようになったときに、母親の存在と支えがあるという「内的な確実性」と「外部の予測可能性」に対する信頼を確立したことになる。母親は不変であり支えてくれるものだと信頼するようになったのである。この「経験の一貫性《コンシステンシイ》、連続性《コンティニュイティ》、同一性《セイムネス》」から、乳児は「未熟ではあるが自我アイデンティティの感覚」を形作るのだ。ジーンの症例で、小児統合失調症は基本的信頼の欠如であるとエリクは考えた。したがって、治療の核となるのは基本的信頼を再確立すること、つまりサムの場合に可能であったような母と子の間の相互《ミューチュアリティ》性についての新たな感覚を確立することであった。『子ども期と社会』の最終章で、エリクは、出産時の医学的介入を最小限に抑える自然出産のすばらしさを讃え、自然出産は、早期の母と新生児の信頼を打ち立てるための重要な促進要因であると述べている。自然出産では、母も子も「薬で意識がぼやけておらず、ともに目をあけていやすい状態で」ふれあうようになる。母と子が目を見交わしお互いの存在を認めあうことで、出産を適正に「女性の労働にして達成」たらしめる信頼しあう相互《ミューチュアリティ》性が形作られる。ジョアンの場合も初産は自然で、長子のカイとの間には信頼しあう相互的な結びつきが築かれた。しかし、末子のニールの出産のときは医学的介入が強く、大量の鎮静剤を打たれた。薬で眠らされていたジョアンが目を覚ましたときには、ニールはすでに別の病院に移された後で、目を見交わすこと、母子の関係を出発することができなかった。さらに、自分はニールを愛したし、ニールを「白痴」と呼ぶ人々が心底嫌いだったとジョアンは強調したが、彼女とニールの間には相互《ミューチュアリティ》性や信頼がほとんどない状態がその後何ヵ月も続いたのだった。また、三人のうち二人に何年も偽りを教えていた父親エリクに対する子どもたちの信頼が低下したことも、この信頼しあう相互《ミューチュアリティ》性という文脈から見るとはっきりしてくるのである[45]。

ライフサイクル——十全《ホリスティック》な提示

こうしてみると、ニール・エリクソンの誕生は親子関係にかなり根元的で破壊的な力として作用したといえる。だが同時に、エリクとジョアンを近づけ、そして創造的な新しい発達モデルの構築というエリクの以前の取り組みを根づかせるきっかけとなり、モデルを完成させるエネルギーを与えもしたのだった。ニールの誕生に続く年月、その存在と重度の異常は、このモデルの背景をなす関連要因の一つとして影響を及ぼした。このことは、理論の構築過程において家族のダイナミクスが関与したことを示している。

ライフサイクル・モデルを創り上げる上でジョアンがきわめて重要な役割を果たしたことは紛れもないが、著者は、一九三〇年半ばからこのモデルに取り組み、また少なくとも最初の十年間についての主要な提唱者であるエリクであった。編集に関するジョアンの膨大な助力によって書き上がったモデルの完全バージョンを、エリクは二十世紀の前半終了を記念したホワイトハウス会議で発表し、その後『子ども期と社会』の核とするための縮約バージョンを作成した。一九五〇年にこの二通りのバージョンが発表されて以来、学者や映画プロデューサーや人気作家がこの八つの発達段階の一つひとつにまるで教科書のように取り組み、各人各様に手短にまとめ直した。エリクは、このように注目されて光栄だと思うことも多かったが、自分の著作を段階ごとに取り出して要約されることは不快だった。それには二つの理由があった。まず第一に、エリクは彼の考えを一般に広めてくれた人たちは、シェイクスピアの『お気に召すまま』における人生の七つの年代についての観察や、アンソニー・ヴァン・ダイクの絵画作品『人間の四つの年代』、サンドール・フェレンツィの論文「現実感覚の発達段階」、そしてエリクのバークレー時代の同僚エルゼ・フレンケル＝ブランズウィックの論文「人間のライフ・コース」など、多数の先人たちの業績を軽視しているように感じられたのだ。ジグムント・フロイトやカール・アブラハムの発達図式が無視されていることも不満だった。というのも、フロイトの段階理論がなかったらライフサイクルに関する研究が生まれることなどなかった、自分の理論の原点はフロイトにあるとエリクは思っていたからだ。さらに、アンナ・フロイトも見過ごされていた。エリクは、一九二二年の論文「空想と白昼夢の打破」に始まって、彼女が発達理論に大きな貢献をしたことを認めていた。また、A・フロイトは一九四五年には「発達の健全性」（自我成熟のプロセス）が精神分析の本質的な焦点だと特徴づけていた。彼自身、自分でもそれと知らずに他の人たちのアイディアを自分の考えのなかに取り込むことがしばしばだったが、一般受けするように書き直された要約にはエリクのモデルが人間学や科学のディスコースの長い伝統の一部だという視点が欠落しており、そのことに困惑したのだった[46]。

それよりもっと重要だったのは、エリクの発達モデルを構成する八つの段階の一つひとつについての一般向け要約は、エリクの考えを根本的に誤解していると感じられたことだった。エリクは、各発達段階を縦ではなく対角線上に並べることによって、対立する二者の葛藤の記録である各段階が「人生の出発点において存在し、ずっと存続する」ことを示そうとした。重要なのは時間的な順序ではなく、道徳的な徳の進歩に従って段階が進むこと（ベンジャミン・フランクリンの十三の徳のリストにも示されているように、「道徳的完成」の実現のためには徳は徐々に獲得されるべきだという議論的伝統）ではないことである。そうではなく、一つひとつの段階が他の段階とどのような類似点をもち、どのように重なりあうかということが重要だというのがエリクの考えだった。つまり、すべての「後に続く段階が、先行する段階のなかに存在して」おり、そして相互性《ミューチュアリティ》という同じ基本的問題がすべての段階にかかわる——自分自身を超えて他者とかかわりをもとうとする努力が各段階に伴う——のだ。さらに、要約された文章や表現が全般に厳密で限定されたものとなっていたことも、大きな不満の一つだった。なぜなら、段階から段階へと機械論的に記述して「測定可能な定義を探求する」方法では、八つの段階すべてを貫ぬく不断の流れという感覚が排除されてしまうからだ。この「段階《ステージ》」という言葉を、「方向（trends）」や「分節（segments）」あるいは「傾向（tendencies）」など一定した動きや不可分性のニュアンスが強い用語に置きかえていたとしたら、流れや連関性の感覚がより鮮明に伝えられたかもしれない。何よりも、自分は人間のライフサイクルがきわめて複雑だという感じをやっとつかみはじめたにすぎないと彼は感じていた。それゆえ、この複雑なものをあまりにも限定した型にはめてしまう一般向け要約に、いらだちを感じたのである[47]。

　この大衆化でエリクがもっとも問題視したと思われる点は、一つの家族を構成する多様な世代の相互関係が見過ごされていたことであった。ジョアンの強い影響があったため、エリクのライフサイクル・モデルでは、個人の心理学的な成長よりも子どもと両親の関係が大きく取り上げられていた。だいたいにおいて、ライフサイクルについてのエリクソン派の考え方は、青年期のアイデンティティ（第五段階）と老年期の統合（第八段階）を促進する親子間の信頼と共有の絆を重視している。ところが、正式な精神分析理論もライフサイクル・モデルの作成について丹念に説明した評論も、こうした人と人の絆には直接言及していないか、言及はあっても不十分なレベルにとどまっている。

　エリクが書き上げたライフサイクルの説明は、最初に「信頼対不信」を取り上げ、続いて「自律対恥、疑惑」に移る。これらは、自己性《セルフフッド》よりも、むしろ自己という感覚の出現の合図である。自己の感覚は、他者による認知と不可分で、ジャック・ラカンの「鏡像段階」と驚くほど似ている。自己性という意識は、赤ん坊と他者（ふつうは母もしくは父）がお互いを認めて微笑みを交わすときに始まる。この瞬間に「乳児は、自分がある重要な人にとっての何かであることを認識する」。したがって、この最初の「対象関係」（人間の発達の開始）である乳幼児と親とのつながりは、世代間のつながりである。母親が「赤ちゃんが何を欲しているかを敏感に察してケアし、一方で自分自身は、コミュニティで信頼《トラスト》されているライフスタイルの枠組みのなかで一個人として信頼されているという確信を抱いている」とき、母親はわが子に、子どもを取り巻く環境のなかでの信頼と確信――その後のこの子どもの「アイデンティティ感覚」の土台となるもの――を伝えるのだ。自分に自信をもつようになった子どもは、自分の身の回りの環境の確実な所有《ポゼション》、すなわち知識を得ようとする。前性器期に、信頼とその後の自律を促進するものとなる両親との確たる愛着があることで、その子どもは「伝統の担い手、親になること《ビカミング・ペアレント》のゆっくりと進むプロセス」を開始するのだ。このプロセスのどこかで、「その子どものなかでの成人《おとな》期の始まりが見分けられる。それは、道徳による自己規制の引き継ぎが起こるときである」。「あたかも自分はもうおとなだというように年下の子どもたちを相手にする

A 段階	B 健康なパーソナリティの基準								C 社会半径
Ⅰ「口唇的」 「感覚的」	信　頼 対 不　信								「存在」 母親
Ⅱ「筋肉的」 「肛門的」		自　律 対 恥・疑惑							母親 父親 など
Ⅲ「運動的」 「幼児生殖器的」			率　先 対 罪						両親 兄弟姉妹 遊び場など
Ⅳ「潜在期」				勤　勉 対 劣等感					クラスメート 教師 など
Ⅴ「思春期」 「青年期」					アイデンティティ 対 拡　散				遊び集団 社会的プロトタイプ 2つの性など
Ⅵ「成人前期」						親　密 対 孤　独			
Ⅶ「成人期」							生成継承性 対 自己没頭		
Ⅷ「成熟期」								統　合 対 嫌悪・絶望	

幼児期・児童期に関する半世紀記念ホワイトハウス会議のためものもの（1950）

口唇感覚的	信頼 対 不信							
筋肉－肛門的		自律 対 恥・疑惑						
運動－性器的			率先 対 罪					
潜在期				勤勉 対 劣等感				
思春期と青年期					アイデンティティ 対 役割混乱			
成人前期						親密 対 孤独		
成人期							生成継承性 対 停滞	
成熟期								統合 対 嫌悪・絶望

『子ども期と社会』における「人間の8段階」(1950)

ときに、その子どもの超自我が発達していく」ようすを観察できるのだ。このように、幼児期は、両親の応答（それは、子どものなかに模倣という性質を呼び起こす）を通じた子どもの信頼と自律の形成が中心となっている。こうして、子どもは親になることを学ぶのであった[48]。

　エリクソンのライフサイクルの初めのほうの段階《ステージ》は子育てがおおもとにあるが、第七段階つまり人の一生でもっとも長い成人期は、子どものケアという特質が土台になっている。人生の早期段階についてはフロイト派の段階理論が不変のガイドとなっているが、成人期については、フロイトが簡単な説明ですませた成人の性器性は最重要項目とはみなされていない。エリクとジョアンは、親としての自分たちの生き方（良い面も悪い面もあろう）という観点から成人期という第七段階のもつ意味を定式化しようと模索していたとき、この段階の特徴を「生産性《プロダクティヴィティ》」や「創造性《クリエティヴィティ》」とみなす視点を拒絶した。というのも、「生成的《ジェネレイティヴ》な傾向性、そしてさらに生み出されたものをケアする傾向性」を捉えたいと思ったからだ。二人は、この第七段階には、単に子どもを産んで育てること以上のもの、「人間が生産または創造したもの」がかかわってくる。この段階の焦点は、「次の世代を指導すること」、そして社会全般に対する「親の責任という種類の責任」を引き受けることにある。この生成継承性《ジェネラティヴィティ》が欠けていると、おとなどうしの「擬似的な親密さ」にしがみつくことになり、「停滞と対人関係の貧困」を感じることになる。このような状態にある親は、まるで「自分はまだ人生に何か貸しがあるのだ、その何かをまず自分が人生から取り立てない限り、自分の子どもに与えることはできない」と思っているかのように行動する。このようなおとなは、「人生のこの段階で享受することができる喜びは、受け取ることではなくて、与えることだ」ということがわからない。成人期の第一のつとめは、子どもを、子ども時代の信頼と自律が育まれるように育てることだ。これはエリクにとって、「個々人の人生段階は『相互に生きていて《インターリビング》』、他者の段階と歯車のように嚙みあっており、他者の段階に動かされつつ自分もそれによって動かされていく」ことを意味していた。彼の考えでは、この相互世代的《インタージェネレーショナル》つながりこそ、正統フロイト派の「乳児期に開始するものの再構築」と、彼のモデルとが一線を画す要素であった。カイ、ジョン、スーの三人の子どもを育て上げた親としての誇りを抱き、同時にニールを育てられなかったという無力感に押しひしがれて、エリクはジョアンに助けられながら親と子のつながりについて書き記した。養父テオドール・ホンブルガーに育てられたというあまり思い出したくない記憶しかなく、自分自身の息子になったエリク・エリクソンは、自分は「自分自身のものであり、子どもでしかない」という視点にしがみつくことのないよう最善を尽くしていた[49]。

　ライフサイクルの要である第五段階の「アイデンティティ」は、ライフサイクルの前半にある子どもと、生成継承性《ジェネラティヴィティ》段階にある親との世代間相互性《ミューチュアリティ》から生まれる。エリクソンがこのアイデンティティという用語を初めて用いたのは、『子ども期と社会』に登場する海兵隊員や同じような問題を抱えた兵士たちの治療にあたったときであった。エリクソンは『子ども期と社会』の執筆やホワイトハウスでの講演にあたってこの用語を練り上げたのだが、この時点では試案という色合いが明白だった。そして、その後何年も、エリクソンは世代間関係の中心的成果としてのアイデンティティという概念に没頭した。アンナ・フロイトは著作『自我と防衛』（一九三六年）のなかで、青年期とは、対立する衝動の妥協をしばしば拒み、親の理想とは対極にある新しい理想を追い求めようとする独特の時期であると記述しているが、エリクはこの説明を思い出した。さらに、自己と他者の間の「自我の境界」に関するポール・フェダーンの主張も記憶によみがえった。だが、二人とも、アイデンティティという問題を相互世代的ダイナミクスの産物という観点から論じたのではなかった。この観点は自分独自のものだと、エリクソンは思った[50]。

エリクソンは、アイデンティティを固定され限定された実在ないしは性質として記述することを拒絶した。この点は、アイデンティティという概念を一般に広めた人たちとの大きな違いである。「アイデンティティ」はものではなくプロセスであり、人をある方向に向かうよう動機づける。両親の生成的な行動に応答するとき、子どもは「断片的なアイデンティティ」を形成する。これらの「断片的」あるいは「暫定的」アイデンティティは、「自分はかくあるとその人が感じるもの」と、その人の属する特定の文化がその人に期待するものとの合体である。この二つが収斂し、子どもからおとなへの移行プロセスの一部として、全《トータル》アイデンティティへと統合される。このとき、人は自分自身の人生において「内的同一性《セイムネス》と連続性《コンティニュイティ》」の確固たる感覚を得、そして「他者にとっての自分の意味（たとえば『経歴《キャリア》』など具体的な裏付けとして現われる）において同一性と連続性」の「自信を深める」のだ。また、逆の性向である「アイデンティティの拡散」は、「連続性や同一性が存在するという感覚や、自分の人生史《ライフヒストリー》にとって意味があるという感覚が砕け散ってしまった」ことを表わす（ガダルカナルの戦場で海兵隊員に起こった状況がこれであった）。伝統的な精神分析用語に置き換えると、アイデンティティは、成熟した自我が「幼児期の自我の各段階を統合し、幼児期の超自我の独裁を中和する」青年期の終わりに確立される。この統合が行なわれないと、超自我は「潜在的な幼児期の怒りの残滓」を永久に引きずったままになる。エリクソンによれば、アイデンティティとアイデンティティ拡散の間での若者の苦闘は、二つの兆候としてしばしば出現する。そして彼のアイデンティティ構造には、西洋的視点が強く現われている。というのは、地球上には、若者にこうした兆候が見られない国もあるからだ。一つ目の兆候は、若者が職に就くにあたって強いアンビヴァレンスを感じるときに現われる。もう一つは、恋に落ちる過程で若者が相手に自己イメージを投影するときである。愛する相手のなかに映し出される自己イメージは、ときとして鮮明なものに変容するとエリクソンは感じた。確たるアイデンティティ感覚を強化しようとする苦闘は、しばしば激しく長く続くので、失敗すなわち「一過性のアイデンティティ拡散」の瞬間も存在する。エリクソンのアイデンティティ構造には上昇志向という明らかにアメリカ風に染まった側面があったが、彼は、若者がこうした失敗の時期にいるときには深い病因を読みとろうとしてはならないと、臨床家に注意を促している[51]。

アイデンティティを一つの発達段階と記述したことから、エリクソンの意図に反して、さまざまな問題が持ち上がった。ライフサイクル全体が、非常に順序だったまとまりのあるものだという見方を伝えることになったのである。結局のところ、この段階より前の四段階はアイデンティティに向かって進んでいくことが明白に思われたし、後に続く三つの段階はアイデンティティの強化が支配しているように見える。この直線的な進歩というすっきりした捉え方が問題であった。エリクソンが主張しているのは、アイデンティティは人が文化のなかで占める位置や歴史的な瞬間に占めていた場所とかかわりをもつもので、したがって一生涯たえず作り直されるものだということなのだ。変化する時間と場所において連続《コンティニュイティ》性と同一《セイムネス》性の感覚を追求することは、一定せず終わりのない試みとなるのである。エリクソンによれば、この感覚の追求はアメリカなど特定の国家的文化で強い。アメリカのような社会では、幸福は、たえず変化するペースにあわせて調整し、つねに調整し直すことと切り離せない。完全に落ち着いたという感覚をもてなかった移民のエリクソンには、このことがよくわかった。人は「変化そのものから、変化を人生の基本的な要素と定める能力から、アイデンティティの感覚を引き出さねばならない」のだ。こうした社会では、人生において人は常に「多くのチャンスをつかめるよう準備していなければならない。にわか景気と大不況、戦争と平和、移住と定着生活といった変化に応じて、自分を適合させる用意をしておかねばならない」。アメリカのような文化では、「進歩という理念が支配的で、変化は人の文化的アイデンティティの一部分となっている」。アイデンティティは、一つの独立した段階であると同時にライフサイクル全体なのである。アメリカでは、アイデンティティには、明らかに変幻自在な性質が求められた[52]。

一般に広まっていく中で、八段階のライフサイクル・モデルが固定したものに変化したことは重大問題だった。だが、その原因はエリクソン自身にあったかもしれない。というのも、道徳や倫理の考え方に沿った自然な生物学的発達を強調した彼の努力と関連があるように見えるからだ。

この側面は、老年期についてのエリクソンの捉え方に顕著に現われている。人生の最後の段階である老年期には、統合感、つまり「自分個人のライフサイクルを、自分が生きてきた歴史の一部のなかで意味のあるものとして受け入れる個人の能力」が重要な特質となる。人生の早い時期に信頼と相互《ミューチュアリティ》性の感覚を育み、活力あるアイデンティティを培い、そして自分よりも年若い世代との間に生成継承的関係《ジェネレイティヴ》を築き上げ、そして、こうしたプロセスがすべて、その人が属するコミュニティの「道徳的、美学的実現と調和する」方法で進められたならば、人は老境に入って確信のもてる「統合の様式《スタイル》」に達する。自分の属するコミュニティや文化が守り伝え、価値を置いてきたライフサイクルに沿って進むことによって、その人は「自分自身の道徳の起源の徽章《しるし》」を感じ、「死は、その鋭い棘を失う」。彼のいう統合は、パーソナリティの「統合という言葉でユングが意味したもの」に近いものだった。それは、「依存という感覚、それから不信という感覚をも克服し、いわば自分自身の親になった状態」である。生成継承性《ジェネラティヴィティ》の段階を順調に通り抜けてこの統合感に向かって進んできた人は、死への不安やおそれを抱くことなしに、自分の子どものなかに信頼感を育む手段を身につけており、そして「両親が、死を恐怖としないだけの十分な統合を身につけているならば、子どもたちは、生をおそれはしないだろう」。このように、統合を、死という終局に対して非常に多くの人々が抱くたえまない現実的な不安よりも高く位置づけているというのは、ちょっと表面的かもしれない。老年期の統合（倫理的に善なるもの）の対極にある状態について、エリクソンは次のように想定している。ある人のライフサイクルが失調的——アイデンティティよりもアイデンティティの混乱、生成継承性《ジェネラティヴィティ》よりも自己没入、そして統合よりも絶望と嫌悪に傾いた状態——である場合、その人の昔の幼児期のおそれ（倫理的な堕落）が呼び覚まされ、自分の子どもにそのおそれの感覚を伝えることになる。こうしたおそれにはその人の「自分自身を軽蔑する感情」が強く表われるが、それは他者に対する不快感や軽蔑の衣をまとっていることが少なくない。年齢を重ねていくなかで絶望のほうに偏っていく場合、この成人とかかわりをもつ年下の人間は、信頼・相互性《ミューチュアリティ》・アイデンティティという倫理的に有用な性質を身につけることを妨害されてしまう[53]。

　生物学的な発達の考え方を倫理的な発達に翻案したとはいえ、エリクソンは、一九五〇年に発表したライフサイクルを、一方向に直線的に進歩するものとしてではなく円環を描くものとして解釈してもらいたいと思った。公式のライフサイクル図式に対する挑戦だともいえ、エリクソンは、人生の諸段階はそれ自身に再帰する円環であり、おとなは発達において自分の内なる子どもへとつながっていくと述べた。サムやジーンといった鍵となった患者への対応で特に重きを置いた側面を振り返り、エリクソンは、個人の発達には社会や文化という背景が重要な役割を果たしている点も強調している。実際、ホワイトハウス会議の資料として準備した図式には、各発達段階の「社会的半径」の欄が設けられている。このように水平方向（すなわち、自己を取り巻く広義の環境）を重視することで、エリクソンは、垂直方向すなわち「深さ」を重視するフロイトの心理性的発達図式における考え方（すなわち、自己を何重もの層で貫くこと）から大きく離れたのだった。エリクソンによれば、人生最初の段階の社会的半径には母と新生児が含まれる。その後に続くいくつかの段階で「社会的半径」は広がって、父親やその他の重要な個人、遊び仲間、学校の先生たち、それから排他的な小集団である徒党が含まれるようになる。『子ども期と社会』のなかで、エリクソンは、（整然としすぎているきらいもあり、かなり恣意的なやり方だが）各段階はその人が生きた歴史的な時期の社会制度と一体となっていると示唆する。たとえば、乳児の信頼は「宗教制度と結びついており、自律という問題は基本的な政治状況に反映され、自主性は経済秩序に現われる」と述べている。続いて、「勤勉は技術と関連があり、アイデンティティは社会の階層化と、親密感は関係の型と、生成継承性《ジェネラティヴィティ》は教育・芸術・科学と、そして統合は哲学とかかわりがある」と記している。やがてエリクソンは、八つの発達段階のすべてを「人間の人生のみが制度化するような一連の出会いとして」作り直したいと考えるようになった。一つひとつの段階は、ある特定の歴史的瞬間における社会における「特定の教育手段との集中的な出会い」を代表するものとなる。子どもの行動の社会的意味あいのなかで「親は、どのようにしたら、子どもに対して深い、ほとんど身体的と言ってもよい確信の念を表明することができるか」について、子どもをもつ親にもっと的確にアドバイスできるようにしたい。そうした彼の希望に根ざして発達段階が作り直された。親から子に「社会構造の意味」を提示することは、神経症を寄せつけず、健全な発達を助長するための最上の方法であるとエリクソンは考えていた[54]。

エリクソンは、すべての人間のパースペクティブは、その人の生きた特定の歴史的な瞬間《とき》と彼らの置かれた社会状況を基準として相対的なものだという視点を強調した。その背後には、おそらく、自分のライフサイクル・モデルに本質的に付随する堅固な倫理的進歩という考え方を少々突き崩したい思いと、フロイトのウィーンつまり精神分析の創始期に確立されたジェンダーについての考え方から逸れる余裕が欲しかったことがあるだろう。だが、『子ども期と社会』でもホワイトハウス会議の資料でも、エリクソンの発達についての考察には、彼の早期の著作に提示されていた相当にフロイト正統派寄りのジェンダーに関する視点が随所に出ている。ホワイトハウスの集まりでは、ボストン精神分析協会当時の同僚アイヴズ・ヘンドリックが、エリクソンのライフサイクル・チャートは「発達における男女の違いを区別していない」と批判した。彼は、エリクソンもフロイトと同じように男性の発達が規範的だと暗黙のうちに主張しているというのだった。このヘンドリックの批判は完全には正しくない。というのは、エリクソンは一九五〇年時点のチャートに関する注釈のなかで、男性の発達と女性の発達には質的な違いがあると述べているからだ。だが、エリクソンは基本的にフロイトの考え方を踏襲しており、女性には男性とは違う、男性よりも劣る性質があるとみなしていた。たとえば、子どもの自主性対罪悪感によって特徴づけられる発達の第三段階についての説明で、エリクソンは女児の移動的・精神的・社会的発達が男児と同じであったとしても、「男児にあって女児にはないものが一つある、それはペニスだ。男児は、この目に見え、勃起し、そしてわかりやすい身体器官をもっており、この身体器官に、大きなおとなについての夢を結びつけることができる。だが、女児の陰核《クリトリス》は、ペニスと同じ──つまり性的平等──という夢を託すにはあまりに不十分だ」と記している。したがって、男児は「正面攻撃によって『うまくやる《メイキング》』ことを追求するが、……女児は……遅かれ早かれ、自分自身を魅力的で人から愛される存在とすることによって『うまくやる《メイキング》』ように変化する」女児は内側にくぼんだ凹状の性器をもつので、「他人の注意を『捉えよう』とする様態、ときには『ひったくり』、ときには『底意地の悪い』所有様態になりがち」である。この女性の発達についての説明は、エリクソンが意図した以上に負の要素が強い。エリクソンの姿勢は、いくつかの点で、その後まもなくベティ・フリーダンが〔『新しい女性の創造』のなかで〕「男によって作られた女のイメージ」だと嘲笑することになるものと近かった。ある面では、エリクソンは正統フロイト派のジェンダー観に近い考え方をもっていたが、このことは、女性の内的宇宙は人間のつながりにとって決定的に重要なものであるという非常に簡潔な描写と矛盾する。ヨーロッパやアメリカでフェミニズムが勢いを増すと、女性蔑視の性差別主義者で、西洋文化の家父長的視点を支持しているとして、エリクソンは公に攻撃されることになる[55]。

『子ども期と社会』の完成

ダウン症の子どもの誕生は、エリクソンに、人間の発達についての以前の取り組みを再開し、ついにはフロイトの心理性的モデルを超えていく理論を生み出すエネルギーを与えた。だが一九四八年七月に『子ども期と社会』のアウトラインを作成した時点では、ライフサイクルに関する考察にページを割く予定はなかった。ライフサイクルについて書きためてきたノートや話し合ってきたことをきちんとした論文にまとめ直すきっかけとなったのは、一九五〇年のホワイトハウスの子どもに関する会議への招待状だった。この会議は、セオドア・ルーズベルト政権時代に、国家が若者を大事にしていることを示す目的で始められ、十年に一度開催されるなかば儀式となっている行事だった。エリクソンは、この会議用に仕上げた論文に手を入れて短くまとめ直し、『子ども期と社会』の一つの章とした。これは、本全体でもっとも革新的な章となり、この著作が長らく重要作とみなされる上で大きく貢献することとなった。

一九四六年から、エリクソンの専門的な執筆のパターンに変化が現われた。以後四年間に公になった文章は、わずか一編の論文（「自我の発達と歴史的変化」）と短いルース・ベネディクト追悼文だけである。このころ、教育分析も含めて精神分析の仕事に専念するかたわらカリフォルニア大学でも定期的に教鞭を執っていたエリクには、執筆に費やす時間はほとんど残らなかったのである。ライフサイクルについての考えを膨らませること以上に、アメリカに移ってから書きためたごく短いレポートや小論を、一つのテーマに貫かれた一巻の書にまとめ直すための時間が必要だと彼は感じていた[56]。

このころは、おそらく、自分の書いたものに一貫したテーマを見いだしたいという思いに生涯でもっとも強く駆られた時期だったろう。エリクソンは、「いまだにタイプライターもうまく扱えない」ので高い金を払って速記者を雇わなければならないことにハンディを感じていた。それ以上に、発表ずみの七編の論文の書き直しに行き詰まっていた。一九四八年には、未発表の論文六編も入れることにしていた。問題は、「書きたいことは多すぎるほどなのに時間がほとんどない」ことだった。一九四八年七月の時点で、エリクソンはまだ十三編の論文の輪郭を作り直し再構成する作業にかかりきりで、実際に書き直しにかかったものは一編もなかった。このころの手紙には、「今、書き始めようとしているところです」とある。彼は、「一ヵ月か二ヵ月でいいから」訓練分析家としての義務から解放してもらえるなら、秋までには十三編の論文を全部書き直せるだろうと見通していた。ようやく、一九四九年の六月には草稿がだいたい完成し、エリクソンは七月の夏休み中には全編の書き直しを完了したいと思った。ちょうどバークレーで講師から正規の教授に昇格したばかりのエリクソンは、教授たるもの本を出す義務があると感じていたのだった[57]。

プレッシャーを感じて、エリクソンはかつてないほどきっちりとした時間割を作り上げた。そのころには家にピアノもあったのだが、エリクソンにはピアノに向かう余裕は寸刻もなかった。週の一日は、空き家になっていた友人のビーチ・ハウスに引きこもって誰にも邪魔されずに執筆に専念した。また、毎日、精神分析の仕事の前と後の数時間、自宅の庭のコテージで机に向かった。天気がよいときは、木立や灌木の茂みに囲まれたピクニック・テーブルを書き物机にした。一週間に一度、ジョゼフ・ウィーライトとレストランで落ち合った。地元の精神分析関係者が同席することもあったが、それにはエリクが草稿の一部を読み上げるのに耳を傾けることが条件だった。数時間の余裕ができて浜に降りていくときにも、仕事を進められるようにと草稿を携えるのが常だった。完全に仕事から離れることも必要だというジョアンの強い意見で、火曜日は家族と隣人と友人たちのための一日にとっておいた。このレクリエーションの一日、エリクソン家のプールを囲む広いデッキに皆が集い、エリク特製のおいしいアイス・ティーと日を追って在庫が増える彼のジョークが興を添えた[58]。

一九四八年の半ばには、詳細なアウトラインを手に出版社探しを始めた。だが、エリクソンは商業出版のことは何も知らなかった。「出版社は、前金を出してくれるものだろうか」と、彼は社会学者のデイヴィッド・リースマンに聞いてみた。前金が出るなら、臨床の仕事を減らして「本だけに集中できる」だろうと考えたのだ。法律家の経歴をもち、最高裁判事ルイス・ブランダイスの下で調査官を務めた経験もあるリースマンは、このころにはシカゴ大学の社会学者として第二のキャリアをスタートしており、戦後の偉大な社会科学者として、また知識人としても頭角を現わしつつあった。この少し後の一九五〇年、リースマンは、社会的な同調行動についての記念碑的研究『孤独な群衆』を上梓する。エリクソンとリースマンの娘の分析がうまくいったことが縁になって、エリクソンとリースマンは親しい友人となっていた。そして『子ども期と社会』を皮切りにそれから何年も、リースマンはエリクソンの仕事や著作に関する決断によき導き手となってくれたのだった。エリクソンはリースマンに、前金を出す出さないの前に、出版社は契約にきわめて消極的だったと打ち明けた。有名出版社は、ハーパーもクノッフも、エリクソンの提案をはなから退けた。エリクソンが準備していた論文はまとまった書物にはなりにくいというのが、その理由だった。そんな折、ハーバードの精神科医カール・ビンガーと政治スキャンダル専門のジャーナリスト、ケアリー・マックウィリアムズが、エリクソンの論文のもつ革新的な性質に強い印象を受け、W・W・ノートン社に話を持ち込んでくれた。ビンガーやマックウィリアムズの薦めに、フロイトの『続精神分析入門』、フランツ・アレクサンダーの『精神分析の医学的価値』など不朽の名著の版権を手に入れたことを誇りとするノートンは食指を動かした。ビンガーの推奨があったことは幸運だった。というのも、ビンガーはノートンの社長ストーラー・ラントの友人だったのだ[59]。

エリクソンのアウトラインと第一稿に目を通したラントは、ハーパーやクノッフなどの同業者と同じ躊躇を感じた。論文をまとめた本の場合、大きな売れ行きは期待できないのである。だが、ビンガーが高く買っていることを重く見たラントは、編集者のキャサリン・バーナードに相談した。ノートン社の心理学分野を充実させる責任者であったバーナードは、スミス・カレッジの卒業生で、結婚生活に入るよりもプロフェッショナルとしてキャリアを積むほうに熱心だった。彼女は、洗練された優雅な物腰の機知にあふれた女性で、従来のニューイングランド地方の独身女性につきまとっていた謹厳なイメージとはかけ離れていた。バーナードは、エリクソンの著作の奥の深さに引き込まれ、ラントに根気強く働きかけて、第二稿にもとづいてエリクソンと契約を交わすよう説得した。バーナードもラントも、販売部数はせいぜい数千部だろうと予想していた。赤字の危険を最小限にしたいノートン社は、経費節減のために二万語近くを削るよう求めてきた。また、ライフサイクルや子どもの遊びの構成など、エリクソンが読者にいいいいと見てもらいたいと用意していた美しい多色刷りのチャートやスケッチも、ラントは、カラー挿絵は費用がかかりすぎるからモノクロにし、また、破線など印刷しやすい形式を用いたものに差し替えるようにと要求した。なんとしても本の出版契約をとりつけたかったエリクソンは、こうした変更要求をのんだのであった。ラントは、標準の印税率を提示した。最初の五千部については、頒価四・七五ドルの一〇パーセント、五千部を超えて一万部までは一二・五パーセント、そして一万部以上については十五パーセントという取り決めだった。最初は前金は出さないことになっていたが、一九五〇年の五月、エリクソンはラントに一通の手紙を書き、「金が必要です。一年のうちに、一冊の本を書き上げ、教授になり、過去の（もう遣ってしまった）所得に課される税金を払うのは、容易なことではないのです」と訴えた。ラントは、五〇〇ドルを送った。これが、最終的にはノートン社の出版の歴史のなかで最重要作の一つとなった本にラントが出した前金の額だった[60]。

『子ども期と社会』の草稿を読み進むうちに、ラントもバーナードも、英語を母語として育ったのではないエリクソンの魅力あるカラフルな文体に感銘を受けた。エリクソンは、幼いころに覚えたデンマーク語を忘れてしまっていて、（ドイツ語は堪能だったが）「自分は、本当の母語というものをもったことがない」と感じていた。バーナードは、「ときたま、語の選び方が正しくないことがあり……一文全体の言い回しが適切でないところもあります」と指摘した。ラントは、五十の坂を間近に控えたヨーロッパ移民のエリクソンがこのような「すばらしい」英語を操る技をもっていることに心を動かされた。もちろん、ラントは草稿全部を一文ずつ注意深く読んで、ときおり出てくる脈絡を欠いた表現やわかりにくい言い回しを訂正したいと思った。「この作業は、エリクソン夫人にお任せしてよろしいでしょうか、それとも当方で引き受けたほうがよい作業でしょうか」と、ラントはエリクに尋ねた。「文体の細かいことについては、草稿が完成したと考える前に、妻に手を入れてもらおうと思います」と、エリクはためらうことなく返事した。というのも、これまでにエリクが書いた論文はすべてジョアンが校閲してくれていたからだ。ジョアンは、エリクの文章の独特の癖や、文体の背後にある独自の語り口が活きるように慎重に気を配ってくれた。とりわけ、エリクが言いたいことや、ときには長いとりとめのない説明——自分の言いたいことを表現するためにどうしても必要だとエリクが思っている部分——をそのまま残すことに心を砕いたのだった。そんなジョアンが『子ども期と社会』の主任編集者になってくれればどんなにすばらしいだろう。エリクの頭には、かつて『アメリカのジレンマ』を執筆する夫のグンナーと向かい合って妻アルヴァ・ミュルダールが机につき、夫の文体を整え、主張をはっきりさせようと協力したエピソードが浮かんでいたのだった。ジョアンなら、彼のなかの自由闊達な芸術家の側面を理解しているから、最初の著作にその特徴が活かされるように手伝ってくれるだろう。ジョアンの手助けとは、「芸術家の想像力《イマジネーション》を文章表現に移し換えること」だった。執筆の合間に、二人は連れだって長い散歩に出かけ、サンフランシスコ湾を見晴らしながらオリンダの町をぶらついた。こうした楽しい散策も、芸術家の想像力を文章に移し換えるのに一役買ったようだ。やがてジョアンは、自分のつとめはピエトロの果たした役割だと考えるようになる。プロメテウスやオルフェウスやソクラテスのメッセージを内容豊かな力強いものにしたギリシアの説得の女神の役割を、自分のつとめと同一視するようになっていくのだった[61]。

夫の主任編集者としてのジョアンの仕事は、文体を整えたり、わかりにくい部分をはっきりと意味が通るようにすることにとどまらなかった。エリクソンの著作が読者を見いだしたのは、彼女のおかげといえる。ジョアンは、ずっと以前から精神分析の専門用語が好きになれなかったし、フロイトの追従者たちの派閥争いや野心にも関心がなかった。そして、エリクに「精神分析家だけでなく」、一般の読者の心に届くものを書いてほしいと願っていた。もっとも、エリクの見るところでは、フロイトその人は、専門用語を排した自由闊達な文章によってジョアンの目指す域に達していた。幅広い一般読者にとって魅力のある本にしたいという姿勢は、一九四八年のアウトラインでは収録予定だったある論文を最終的には削除した決定に象徴されている。この論文は、フロイトの最高傑作『夢判断』のなかの「イルマの夢」の考察――フロイトが自分の見た夢を自ら検討している――を新たな切り口から見直す試みだった。予定されていた論文は、この夢を解釈し直すことで、フロイトの無意識の欲動だけでなく、当時の社会と文化を総合ないしは取り込もうとする自我の努力を明らかにすることになるはずだった。ジョアンは、このテーマは精神分析家以外は興味が薄いだろうから削除したほうがよいと強く主張した。実は、ジョアンの心のなかには、この論文はエリクとフロイトの相違点を強調してしまい、そのためエリクのキャリアに影が差すのではないかという懸念もあったのだ。デイヴィッド・リースマンの意見は違っていた。エリクソンの論文は、フロイトの夢の分析にはフロイト自身の生や社会が反映されていることを実証し、フロイトの精神分析のパースペクティブは文化と結びついていることを明らかにするものとなろうと、彼は思っていた。エリクは彼の助言についてもじっくり考えたが、結局はジョアンの意見に従うことにし、この論文は精神分析の専門誌に発表することにした。ほぼ同じころ、エリクソン夫妻は、ホワイトハウス会議のために用意したライフサイクルについての資料の縮約版を、『子ども期と社会』の第七章とすることにした（「人間の八つの発達段階」）。第七章は、言うまでもなく、フロイトの『夢判断』を筋の通った著作、不朽の古典たらしめることになった章だった。フロイトの名著と同じ位置に自著の中核となる論文を配置することで偉大な師と競おうとしたとエリクソンがほのめかしたことは一度もない。おそらくこの配置は、フロイトを出し抜こうという計算からというより、美的感覚や全体の調和をはかった結果というのが真実だろう[62]。

精神分析の専門家ではない人たちにも読まれる本にしよう――そう心に決めたエリクソンの頭に浮かんでいたのは、（一般読者というにはそれでも限られるきらいはあったが）精神科医、心理学者、ソーシャル・ワーカー、医師などさまざまな分野の教養人であった。彼はまた、読者は主にアメリカ人だろうとも考えていた。自分の本が、ついにはアメリカ国内だけでなく、多数の言語に翻訳されて世界中の人たちに読まれるようになり、大学や大学院で課題に取り上げられるようになろうなどとは夢想だにしていなかった。読者対象に加えて、本全体を貫く統一的なテーマも思案すべき重要問題だった。エリクソンは、雑多な論文の寄せ集めに終わらせたくないという気持ちを持ち続けていた。最初は異質な論文をまとめることに躊躇したストーラー・ラントも、第二草稿に目を通した時点では、「構成がちょっと散漫な感もあるが、全体としてはしっくりとまとまってきた」と思った。だが、この本を構成する論文を統べるテーマは何かとなると、ラントも口ごもるのだった[63]。

本のテーマという点では、エリクソンはラント以上に厳しい姿勢を固持した。たとえば、本のカバーにアメリカ先住民の赤ん坊の写真を使おうというノートンの担当者に対して、「あまりにも一部分だけを強調しすぎる」と反対し、この本はアメリカ先住民だけを取り上げたものではないし、彼らに限らず子どもだけについて書いたものでもないのだと話した。だが、こうした広がりのある全体構成をいったいどのようなテーマで掬い上げることができるだろうか。ぴったりするものを求めて、エリクソンはテーマをとっかえひっかえしてみた。一九四八年のアウトラインでは、テーマは「生きている歴史の理念の創造と継承は、おとなからおとなにとぎれなく受け伝えられる言葉や理念よりも……むしろ、子ども期の前言語的で情緒的な条件づけが中心的役割を果たす」となっている。やがて完成を間近に控えたころには、この重要なテーマも草稿の一部しかカバーできないと悟り、さらに広げることにした。エリクソンが本のために用意した宣伝文には、『子ども期と社会』は「子ども期の訓練と文化的な達成の関係性、そして子ども期の恐怖と社会不安の関係性」についての本だと記されていた。だが、これではあまりにも漠然としている。そう感じたエリクソンは、最終草稿で、「中心となる章」は「幼い子どものなかにある不安、アメリカ先住民の無感動、復員兵士に見られる内面の混乱、年若いナチス党員の傲慢」を理解し救済しようとした努力について述べたものだと記した。しかし、この説明でもライフサイクル、アメリカ人の国民性、ゴーリキーの子ども時代、あるいは臨床事例の分析がはみ出してしまうのを感じたためだろう、エリクソンは本を四部構成——第一部　精神分析理論の生物学的基礎、第二部　重要な社会問題、第三部　自我の問題、第四部　青年期——としたいと主張した。さらに出版後も何年にもわたって、統一テーマについて何度も説明し直している。たとえば、アイデンティティの制作者《アーキテクト》としての評判を意識するようになると、「論文を一つにまとめているのはアイデンティティだ」と述べたこともあった[64]。

『子ども期と社会』に収められた論文は、特定の人々や特定の問題について論じたものもあれば、広義の観点からの主張が中心で具体的なデータは乏しい論文もあった。一つにはこのために、がっちりと厳密なテーマ説明をしてみたり、曖昧で広がりをもつ説明に変えてみたりと揺れ動いたのかもしれない。たとえば、スー族やユーロク族についての論文は非常に具体的で克明なフィールド観察を踏まえたものだし、個々の患者について取り上げた論文は膨大な臨床ノートがもとになっていた。一方、国民性について述べた章やライフサイクルに関する論文では、確固たる具体的なデータが欠けていた。こうして、ついには『子ども期と社会』は自分のきわめて多様な経験や読書を土台にした「主体的な書、概念による旅の日記」だと認めている[65]。

『子ども期と社会』初版で、エリクソンはかなり全般的なテーマ説明をいろいろ試みている。たとえば、「自我と社会の関係についての精神分析書」あるいは「社会組織における自我のルーツ」——自我は、本能や理想といった人間の内的世界の要素と、人を取り巻く社会のなかにある外的条件とを統合しようとする——といった表現が出てくる。ある意味で、エリクソンは、内的主体と外的な客体研究という古いデカルト的二元論を包含し、橋を掛け渡す道を提示したのであった。刊行から二年後、彼は、あるセミナーでの講義のためにこのパースペクティブを膨らませたノートを準備した。このノートでは、『子ども期と社会』での考察が、わずか一段落のなかに、しかも前にも後にもないほど明瞭にして内容の濃い表現で次のように言い表わされている。

> うまく機能する社会は、伝統（家族、学校）という働きを通じて個人を信頼で包み込み、そして姿を表わす断片的欲動や成長する能力に（子どもの育て方を通じて）首尾一貫した意味を付与しようとする。個人と環境が、所定の目的の相互《ミューチュアリティ》性や、成長と発達における同一《セイムネス》性および連続《コンティニュイティ》性を確立することができた場合には、社会と個人の双方を豊かなものとする一連の肯定的な基本的姿勢が育まれる。

このような自己《セルフ》や社会に対する自我《エゴ》の関係についての記述は、書物に一つの統一テーマを与えるための試みではなかった。エリクソンのもっとも重要な観察や考察には、この関係とはほとんどつながりがないものも多い。だが、『子ども期と社会』のもっとも全般的で永続性のある要素は何かと問うてみるならば、おそらくこの自我と自己・社会との関係だといえるだろう[66]。

『子ども期と社会』の終わり近く、エリクソンは「私が提供できるのは、一つのものの見方だけだ」と記している。ここでいう「見方」とは、この初めての本を貫く明白なコンフィギュレーションの視点である。エリクソンは、具体的な物の配列に、内的情動と外的社会状況がその人の人生でどのように収斂しているかを見てとろうとした。ジャッジ・ベーカー・クリニック、イェール、そしてバークレーの児童福祉研究所では、子どもを相手にする研究でしばしばこのアプローチを使って遊びの配列を調べてきた。相手がおとなの場合、たとえば復員兵クリニックで海兵隊員を受け持ったときは、この「ものの見方」を広げて、夢に現われた物の形状や型、さらに言葉や文章に潜む形状も扱ったのだった[67]。

一九四八年に『子ども期と社会』のアウトラインを作成したころになると、エリクソンは「心理学の仕事に就く前にかかわった仕事、つまり芸術《アート》の名残」を呼び出して、多くの論文をまとめ上げたいと望むようになっていた。「読者に、考えると同時に目で見てもらえるようにしたいのです」。本を完成して彼が感じたのは、分析の「コンフィギュレーション・レベル」が出現し、人の具体的な表現の「目に見える顕在的行動と、隠れた潜在的意味」――つまり外的社会と内的情動の世界――に橋を掛け渡すことができた、ということだった。この本に充ちているコンフィギュレーション的なものの見方は、エリクソンの臨床家としての側面と芸術家としての側面に「ある種の調和」をもたらしたのである。自我による内的世界と外的社会組織の統合を示すことによって精神分析や臨床の仕事と視覚的‐芸術的な関心を一致させたのが、このコンフィギュレーション・アプローチであった。『子ども期と社会』に収めた論文の一つひとつで次々とこうした「ものの見方」を提示したエリクソンは、単に『子ども期と社会』を本にまとめるだけではなく、有能で将来性のある著作家であることをも示したいと思ったのだ[68]。

自己と社会の結びつきを強調するコンフィギュレーション・アプローチが中心を占めていることには、移民エリクソンがアメリカ人の著作家となったことが垣間見える。スザンヌ・キルシュナーは精神分析的心理学における国家的文化表現についての有名な論文のなかで、この内的自己（怪しげな漠然とした構成概念）と外側の社会とを結びつけるのは、ほとんどアメリカ人だけの特徴であることを説得力のある証拠によって示している。確かに、この内と外の結びつけは日本にはほとんど見られない。また、フランスなどラテン系の文化圏では、人の内的自己は生まれつき定まっていると考えられており、社会にある外的自己とは結びついていない。さらに、イギリスの急進的なプロテスタンティズムの強い伝統が大西洋を超えてアメリカに渡ったのだが、本国のイギリスでは日常的な社会生活で内的自己性《セルフフッド》を表現するのは、アメリカほど良く思われてはいない。ルパート・ウィルキンソンも、一九四〇年代以降のアメリカ人の国民性についての決定版ともいえる著作で、キルシュナーに近い視点にたどり着いている。アメリカに特有の個人とコミュニティの間の複雑な結びつきは、長い間、アメリカ人の国民性を研究する学生にとって中心的なテーマとなっていた。たとえば、エリクソンと同時代に生き、また研究仲間でもあったマーガレット・ミードやジェフリー・ゴーラーなど傑出した人物も、このテーマに取り組んでいる[69]。

このように、『子ども期と社会』の完成はエリクソンにとって、職業と国籍という点で自分自身を定義し、芸術の才能と臨床家としての才能を独特なコンフィギュレーションという「ものの見方」を通じて融合させるのに役立った。実際、精神分析という動きの定まった場所での仕事と、人類学のフィールドワークという動きのある仕事が、ものを書くという仕事を通じて合体したようだった。

また、セラピストの内省と社会科学者の文化的な要素への関心が執筆を通じてつながったようにも思われる。執筆の仕事は、ニールの誕生に続く危機のさなかに妻との関係に新たな生気を吹き込むことにもなった。ジョアンの力強い大きな手助けを得て、エリクソンは、「自分が生まれ育った国の言葉ではないものの、言葉を使ってものを書く精神分析家」になり、「フロイト父娘に対しても、独自の方法で恩を返し」始めていると感じるようになった[70]。

本の執筆を通じてさまざまな仕事や関心が調和・統合し、将来の仕事についての方針も固まってきた。この本によって、「一人の人間の仕事の旅日記の第一章」に終止符が打たれたのであった。『子ども期と社会』の論文の大半は子ども期を取り上げている。デイヴィッド・リースマンに宛てた手紙でエリクソンは、子ども時代についての自分の考えはかなり十分に表現できたので、今後は「子どもを離れて、あなたのように「もう少しおとな」についての研究に取り組む人たちの仲間入りをする」用意ができたと記している。つまり、ライフサイクルを先に進んで青年期と成人期に取り組むことができるようになったのだ。彼はまた、一つの統合された全体性としてのライフサイクルという問題にも意欲を燃やしており、そのうちにとりかかれるだろうと感じていたし、『子ども期と社会』の完成によって、宗教的な経験について研究したいという気持ちもかき立てられていた。人間の発達における基本的信頼についての考察を深めていくにつれて、エリクソンのうちに宗教的なものの感じ方や信念に関する一つの視点が生まれていたのであった。この視点は、マルティン・ルターを取り上げる次作につながっていく。エリクソンの変容はそれだけではなかった。彼は、「自分の初めての本は、ルーズベルトの時代、国内外でアメリカ人の進取の気性に富んだ活動のすべて」が「反全体主義や反民族主義の方向性」を約束してくれるように思われた時代に書かれたものだと感じていた。だが今は、この希望に満ちた時代は過ぎ去りつつあるようだった。アメリカ人の国民性についての章のなかで、エリクソンは、自分を新たに受け入れてくれた国についてすでに強い躊躇の気持ちを口にし始めている。この躊躇感はその後の年月の間に増殖し、最終的に、エリクソンの目は、進歩主義的変化のモデルを、第三世界の南アジアのスポークスマンに求めるようになるのだった[71]。

『子ども期と社会』がいよいよ出版される直前、エリクソンは、出版元ノートン社のキャサリン・バーナードに宛てて、「一人のさすらい人の求めをご親切にかなえてくださって、ありがとうございました」と手紙を書いている。一冊の本を仕上げるプロセスを通じて、エリクソンの「さすらい人」の部分が小さくなり、彼はふるさとから遠く離れてテーマやパーソナリティの探求に踏み出したのであった。この後数十年にわたって、エリクソンは、執筆に安らぎと進むべき針路を見いだすのである。アイデンティティの制作者《アーキテクト》エリク・エリクソンに至るプロセスに、ペンはなくてはならない重要なものだった[72]。

エリクソンの読者

本文を大幅に削りカラー挿絵を外すことをエリクソンが承諾したので、ノートン社では、『子ども期と社会』を一部五ドルを切った値段に抑えることができた。初年度売り上げは、布装版で一五〇〇部とまあふつうだった。ノートンでは、アメリカ精神分析学会、アメリカ矯正精神医学会、児童発達学会、アメリカ心理学会、応用人類学会など、エリクソンも会員となっているさまざまな団体や機関のメンバー宛に宣伝パンフレットを発送した。最初の反響は、政治学、社会学、人類学の関係者から出てきた。精神分析の専門家の間で大々的に読まれはじめたのは刊行から数年が経った後であった。心理学研究者よりもソーシャル・ワーカーの間で大きく注目され、精神科医や、神学・歴史の研究者はほとんど関心を示さなかった。一九五五年一月までの売り上げは一万六〇〇〇部を超えた。その約三分の一は、ハーバード、ミシガン、インディアナ、ジョンズ・ホプキンズ、バークレーなど、研究主体の大学を中心としたアメリカの大学や短大で教材として使われたもので、売れ行きはノートンの期待以上だった。国外でも数ヵ国語に翻訳され出版された。一九六一年十一月の時点でハードカバー版は合計五万部に達したが、それはまだ序の口だった。一九六三年、教材に採用されるメリットを重視したノートンがペーパーバック版を三ドル四五セントという大学教科書価格で発売するや、販売部数は躍進した[73]。

最初のうち、エリクソンは初めての本が売れるだろうか、広く受け入れられるだろうかと不安だった。ノートン社のラント社長に、「私の本がどのくらいの部数印刷されたのか、どのくらい売れているのか、私には全然わからないので」説明してほしいと求めた。また、バーナードには「これから先、どうなっていくかわからないのです」と手紙を書き、「あの本を読むのは時間がかかるようですし、読者から読後感が寄せられるようになるまでにはもっと時間がかかります」とも記している。エリクソンは、税金の支払いや、国外で開かれるセミナーに出席するための飛行機代やその他の支出に当てるために、しばしば印税の前払いを求めた。この前払い要求の頻度や使途から想像するに、臨床収入は相当額だったが、それだけでは家計を賄えなかったようだ。ニールの看護費がかさむことも赤字の原因の一つだった。エリクソンは、『子ども期と社会』が出版されれば収入が飛躍的に伸びるだろうと期待を抱いていたので、最初の数年間の販売部数には深く失望させられたのである。『ニューヨークタイムズ』が書評で取り上げたのは発刊からわりに日が経った一九五一年の春だった。ついに同紙の書評が出たとき、「同時に載った他の書評と比べて、実に質が劣ります」とエリクソンはいたたまれない思いをバーナードに告げている。精神分析分野の専門誌には、エリクソンの本はフロイトのパースペクティブから「逸脱した」ものだと明言する書評が掲載されたが、この評価は彼をさらに苦しめた。この点についてエリクソンは、精神分析の創始者から「学び取ったことを、自分自身の言葉で表現しただけなのです」と語っている[74]。

　しかし、初期の書評や読後感を伝える友人の手紙の大半から察すると、エリクソンの不安はそれほど大きくなかったとも考えられる。エリクソンが非常に重要な本を著わしたということは、広く認められていたのである。たとえば、リースマンは、「君のフロイトに対する関係には、生成継承性《ジェネラティヴィティ》と親密感があると思う。そして、君の英語は、ジョゼフ・コンラッドをすら彷彿とさせる」と請け合って、エリクソンを力づけた。リースマンは、エリクソンが「生物学的な面、社会的な面、そして歴史の面を、今まで誰もなし得なかった方法でまとめることに成功した」とも付け加えた。社会批評家としてリースマンは、アメリカ人の同調を求める圧力に対するエリクソンの懸念を評価した。それは、『孤独な群衆』のなかにはっきりと記されているリースマン自身の懸念と同じものだった。こうしたアメリカ人の圧力に対する自分の防御手段、つまり個々人の自立と、エリクソンの防御手段である強固なアイデンティティ感覚との間に、リースマンは驚くほどの類似性を認めたのである。別の友人でハンガリーから移民した心理学者デイヴィッド・ラパポートは、非常に聡明な目標の高い学究肌の人物で、また精神分析の理論家でもあったが、ライフサイクルについての章では、具体的な事例による例証やモデル構築に寄与した具体的な経験の記述がない点を批判した。だが、この本は「美しい一冊」、未踏の地に足を踏み入れた果敢な試みであると評した。ラパポートの同僚で前途を嘱望されていた若手心理学者のロバート・ホルトは、エリクソンは「『正統派』の精神分析が、人間についての科学が提供すべき最良のものを内に取り込めること、また、学問的統合性を維持するためにポスト・フロイト派という分派を作る必要はないことを実証した」と感じた。ユング派に属するジョゼフ・ウィールライトは、『子ども期と社会』は自分の理論的視点と完全に合致すると感じ、この本は「真の傑作、重要な一冊だ」と褒め称えた。ドイツ移民の精神分析家マルティン・グロートヤーンは、精神分析を職業とする者で「この本をじっくり読むことを怠る者は、この分野における進歩につねに気を配るという義務を怠ったに等しい」と言い切った。もちろん、社会に目を向け改革に積極的な戦後の精神医学振興会議（GAP）の理念に賛同する精神科医は、エリクソンが社会的な側面を重視した点を高く評価した。GAPの指導者であったロバート・ナイトは、エリクソンは「診療室から出て、人々が生を営み形作られる社会構造の母体に分け入っていくための、独自の道を切り開いた」と賞賛したし、メンディキノ州立病院のウォルター・ブロンバーグ院長は、この本は「われわれの心理学の世紀において、社会学や政治学を臨床心理学と収束させる」重要な転換点であると評している[75]。

　エリクソンは、『子ども期と社会』が知識として吸収されるだけではなく、読者に感動や共感を呼び起こすものとなってほしいと考えていた。この本は「現に主体的な書であり、そうなるべきもの」だからだ。心理学者のロバート・W・ホワイトは、この本はその目的を達成したと書評で感想を述べ、体系的な論文ではないし全面的に新しい理論でさえないが、この本には「読者のなかに自我の発達を促すある種の力《パワー》があり」、それはエリクソンが「偉大なる智恵の……人だからだ」と記している。パーソナリティに関する研究を専門とするホワイトにとって、エリクソンの文章は紛れもなく臨床現場からの声であり、自分自身の内的統合を探し求めるよう読者を励ますものであった。ロチェスター大学のロシア文学教授のガーン・カーンも、自分はこれまでの人生をずっと、ドイツ人の父親とアメリカ人の母親からどのように個人の人生《パーソナル・ライフ》が形作られたかを理解しようと模索してきたのだが、エリクソンの国民性に関する章を読んでついに「この組み合わせの作用」を理解し、自分というものを改めて把握できる思いだったと記している。ハーバード心理クリニックでエリクソンの上司だったヘンリー・マレーは、自分をはじめハーバードの社会関係学部の教師たちの何人かが『子ども期と社会』を課題図書に指定したこと、この本は学生たちが個人の人生《パーソナル・ライフ》における重要問題を啓発的で洞察に満ちた方法で探求するきっかけとなったことを伝えてきた。また、カール・メニンガーも、自分が教えるメニンガー精神医科大学の実習生の間に同じような傾向を見てとった[76]。

もちろん、読者や評論家がこぞって賞賛したわけではなかった。アンナ・フロイトには気に入られなかったようで、そのことを知ったエリクソンは傷ついたが、まったく予想外ではなかった。一九三三年にエリクソンがウィーンを離れた後、二人は疎遠になっていた。当時、エリクソンは内的精神面だけを注視し社会状況を軽視する正統派の精神分析のあり方に疑問を感じるようになっており、もっと自由に思考できる環境を欲していた。アンナ・フロイトも、エリクソンがウィーンを去ったときの心痛を忘れられなかった。彼女は、『子ども期と社会』について、精神分析の本ではなくて「社会学」の書物にすぎないと友人に漏らしている。ウィーン時代のエリクソンを指導してくれたもう一人の教師エルンスト・クリスは、『子ども期と社会』をエーリッヒ・フロムの著作とひとからげにし、精神分析の考え方の真髄とは遠くかけ離れた論争狙いのものだとみなした。精神分析家で人類学者のゲザ・ローハイムの批判、フロイトの重要な用語を軟弱にし社会の要求に対する個々人の順応を奨励するものだという指摘は、エリクソンには不愉快だった。アンナ・フロイトもクリスもローハイムも、エリクソンがフロイトの理論から逸脱した点を批判したが、メイブル・ブレーク・コーエンは逆の視点から、エリクソンの社会分析は「子どもの発達に関する精神分析理論に重きがおかれすぎている」と述べた。政治・社会理論の精鋭バーリントン・ムーアは、エリクソンは「現代社会の大規模な構造的変化」に十分に注意を払っていないと指摘した。ブランダイス大学の社会学者ベアトリス・ホワイティングは、文化とパーソナリティの研究者としても有名な人物だが、エリクソンは調査対象とする特定の文化を恣意的に決めており、おとなのパーソナリティについては一面しか見ていない、エリクソンは社会学のサンプリング方法をマスターしていないと批判した[77]。

好意的にせよ批判的にせよ、出版後の数年間は、本質的な面についての書評や意見は多くなかった。たとえば、本の中心となる章のために抽象的で道徳的な発達を暗示するライフサイクル・モデルが本当に必要だったのかという点については、誰一人疑問を呈さなかった。この点に注目したラパポートも、公の場で問題にすることはなかった。エリクソンの道徳的な発達モデルについて、最高位の道徳性は発達という意味で自然的なものと対立するのではないかというカント派の視点からの声は上がらなかった。また、『子ども期と社会』を明白な社会批判の伝統の枠内で位置づけた批評家は皆無だった。マックス・ウェーバーの『プロテスタンティズムの倫理と資本主義の精神』(一九〇五年に完成)に始まるこの社会批判の伝統は、エーリッヒ・フロムの『自由からの逃走』(一九四一年)では非常に鮮明に表われていた。ウェーバーやフロム、さらに友人であるリースマンとも同じように、エリクソンも、産業化、官僚主義化、そして高度技術を基盤とする現代社会が個人の自己の感覚をむしばむことを刺激的で奥深い方法で探求したのだった。そのほか、エリクソンの著作とほぼ時を同じくして上梓された記念碑的作品である複数著者の手になる『権威主義的人格』(一九五〇年)やハンナ・アーレントの『全体主義の起源』(一九五一年)と結びつける書評を書いた者は誰もいなかった。『子ども期と社会』が出版されたとき、世界は、ナチスの死の収容所やスターリンの粛清、さらにアメリカ軍の原爆投下による広島や長崎の壊滅といったまだ記憶に新しい影に覆われていた。同世代人の多くの著作と同様に、エリクソンの本も、こうした「先進」工業国の、官僚主義がはびこる社会の悲劇についての知識を踏まえていた。だが、批評家たちは、このきわめて重要な知の文脈のなかにエリクソンの本を位置づけることができなかったのである。

また、最初のうちは、この本の方法論的な貢献を評価したコメントもなかった。自我のルーツが社会組織のなかにあることを強調していると看破した書評もあったが、この精神分析の視点がエリクソンのコンフィギュレーション・アプローチを通じて浮かび上がったという事実と正面から取り組んだものではなかった。ある人のアイデンティティに探りを入れるためにその人の内的情動が外的社会とどのように収斂しているかを検討するとき、エリクソンは具体的な物やテクストを調べるという手法を用いた。この手法によって、彼は、証拠を集め解釈するための新鮮で柔軟なプロセスを進化させたのであった。また、コンフィギュレーション・アプローチによって個人と社会の結びつき方を探求するなかで、デカルトの主観-客観の二元論を包含し、そして同時に超越しようと模索した。しかし、一九五〇年代半ばまでは、こうした個人と社会の結びつきが『子ども期と社会』の論文の大部分で基礎となっていることを指摘した評者は、一人としていなかった。

この革新的な要素について的確に指摘されるようになるのは、デイヴィッド・エルキンドやロバート・ルーベンスタインの好意的な批評や、それに比べると厳しいエイブラム・カーディナーの批判など、かなり後になってからのこととなる[78]。

　発刊直後は革新的な貢献が評価されなかったように、エリクソンが有名文化人の一人に数えられるようになったのもかなり後になってからであった。『子ども期と社会』は、エリクソンの全著作のなかでもっとも深遠で傑出した作品であるが、大学や専門分野の関係者の間で広く読まれ論じられる一冊となったのは刊行からしばらく経ってからだった。確かに、一九五〇年代には、日本、スウェーデン、ドイツ、エジプト、スペイン、フランスの各国で翻訳され、ロンドンのイマーゴ・パブリッシング社は特別イギリス版を発行した。また、出版から十年の間に、アメリカの精神分析実習プログラムの必読文献リストに載ることも増えていった。だが、販売部数が急進したのは、一九六三年にノートンが改訂ペーパーバック版を大学教科書割引価格で出した後だった。アメリカ国内の非常に多くの大学で、この本を社会学、社会福祉学、心理学コースの課題図書に指定し、歴史学、哲学、神学、人類学のクラスでも採用された。売り上げは三倍になった。ノーマン・ロックウェル〔訳注　市民生活をユーモラスかつリアルに描いたイラストレーター〕が予想したとおりの爆発的人気だった。彼は以前に、アメリカの学生の間で人気が出るだろうと見抜き、トム・ソーヤーが『子ども期と社会』に読み耽る滑稽なスケッチを描いていた。一九五〇年代、学生たちがこの本に深い個人的な意味を見いだしたことを告げる大学教職者からの手紙がエリクソンのもとに数多く寄せられた。一九六〇年代後半から一九七〇年代初めには、こうした読後感を伝える手紙は目に見えて増え、歩調を合わせるようにエリクソンは多数の大学で学生活動家たちのヒーローと目されるようになっていった。このころ、ロバート・コールズは、学生活動家全般、特に公民権運動にかかわっている活動家は、内省的な教授たちよりもエリクソンのテーマをはるかに直感的に深く理解するようだと記している。一九六〇年代の学生たちによってさまざまに理想化されたマーガレット・ミードも、ハーバードの雑誌『アメリカン・スカラー』で、『子ども期と社会』は過去四半世紀のもっとも重要な一冊だと述べた。このように、一九六〇年代に入って遅ればせながらもついに大きな反響が巻き起こった点は、リースマンの『孤独な群衆』、ロバート・ニスベットの『共同体の探究』、ラルフ・エリソンの『見えない男』、そして一九五〇年代初めに著わされた何冊かの本――いずれも敵対的な文化のなかでの活力ある自己性《セルフフッド》の維持を扱った著作――も同じだった。改訂ペーパーバック版が発行されて後、「エリクソニアン〔エリクソン信奉者〕」は多くの大学で、ほぼ日常語といってよいほどになった[79]。

　この十年間、すなわち一九五〇年の『子ども期と社会』発刊から文化的ヒーローとして登場するまでの年月は、エリクソンにとって苦闘の日々であった。自分自身の声《ヴォイス》を見いだし、マッカーシズムの吹き荒れるアメリカにおいて「公に発言する」とはいかなることかを明確にするために骨身を削った十年だったのである。この身を焦がすような経験は、エリクソンの語り口《ヴォイス》と文章表現《テクスト》の共鳴を培った重要な文脈となり、ある意味で「一九六〇年代の種子」となったのであった。

新曜社の関連書

エリクソンは語る
アイデンティティの心理学
リチャード・I・エヴァンズ
岡堂哲雄・中園正身 訳
四六判208頁
本体1700円
エヴァンズの巧みな質問にエリクソン自らが答えながら、理論と背景を親しみやすく読者に語りかける不朽のエリクソン入門。

エーリッヒ・フロム
希望なき時代の希望
出口剛司
A5判336頁
本体3800円
マルクス、フロイトに学んで「臨床の知」としての社会学に至るフロムの厳しい思索の全道程を、思想史の深みにとらえる。

こころの秘密
フロイトの夢と悲しみ
佐々木承玄
四六判286頁
本体2800円
「人間フロイト」の生の歩みを活写し、無意識を扱うあらゆる精神療法における種々の根幹テーマを掘り下げてゆく。

ユングという名の〈神〉
秘められた生と教義
リチャード・ノル
老松克博 訳
四六判576頁
本体4800円
ドイツ民族主義・神秘主義の申し子として自らを救世主と信じたユング。未公開だった資料を博捜してその生涯と教義を脱構築。

ポール・ド・マンの思想
マーティン・マックィラン
土田知則 訳
四六判270頁
本体3200円
読むことの問題を鮮やかに転回させたド・マンの超難解な思想を、誤読、脱構築、アレゴリー等のキー概念を手がかりに読解。

文化心理学
発達・認知・活動への文化-歴史的アプローチ
マイケル・コール
天野 清 訳
四六判640頁
本体5500円
ヴィゴツキーからルリアに至る歴史的-文化的心理学を、豊富な人類学的資料によって批判的に深化拡充した重厚な研究。

質的心理学研究（年刊）
無藤隆・やまだようこ
麻生隆・南博文・サトウタツヤ 編集
B5判平均200頁
本体2800円
質的研究から生み出された「知」を、「共同の知」として次世代に伝えるために、発表や議論の場を提供する新しい研鑽の場。

＊表示価格は消費税を含みません。

新曜社
エリクソンの人生 上
アイデンティティの探求者

初版第1刷発行 2003年6月25日©

著　者 ローレンス・J・フリードマン
監訳者 やまだようこ・西平　直
訳　者 鈴木眞理子・三宅真季子
発行者 堀江　洪
発行所 株式会社 新曜社
〒101-0051 東京都千代田区神田神保町 2-10
電話(03) 3264-4973・FAX (03) 3239-2958
e-mail info@shin-yo-sha.co.jp
URL http://www.shin-yo-sha.co.jp/
印刷 亜細亜印刷 Printed in Japan
製本 イマキ製本所
ISBN 4-7885-0857-5 C1023

監訳者・訳者紹介

やまだ　ようこ（山田洋子）
京都大学大学院教育学研究科教授。おもな研究領域は，人生心理学（生涯発達心理学）のモデル構成・描画や映像イメージに基づく文化表象心理学・ライフストーリーと語り・質的心理学とフィールド心理学の方法論。
著書：『ことばの前のことば』新曜社，1987/『私をつつむ母なるもの――イメージ画にみる日本文化の心理』有斐閣，1988/『生涯発達心理学とは何か――理論と方法』（共編）金子書房，1995/『現場心理学の発想』（編）　新曜社，1997/『人生を物語る――生成のライフストーリー』ミネルヴァ書房，2000 など。

西平 直（にしひら　ただし）
東京大学教育学研究科助教授。専攻は教育人間学，宗教心理学。「心の思想」を手がかりに，人間形成（ライフヒストリー），宗教性（スピリチュアリティ），相互性（ケア・ジェネラティヴィティ）の問題群を探究。
著訳書：『エリクソンの人間学』東京大学出版会，1993/『魂のライフサイクル――ユング・ウォルバー・シュタイナー』東京大学出版会，1997/『魂のアイデンティティー――心をめぐるある遍歴』金子書房，1998/『シュタイナー入門』講談社現代新書，1999/『宗教心理学の探究』（共編著）東京大学出版会，2001/『人間ルター』（訳，E. H. エリクソン著）みすず書房，2002-3 など。

鈴木眞理子（すずき　まりこ）
ドイツ語・英語・オランダ語翻訳家。科学技術や環境分野の翻訳に長くかかわる。
著訳書：『翻訳ソフト ATLAS で世界をまわろう！』富士通経営研修所，1996/『みる・わかる・はやい Windows 95』（訳，S. サグマン著），富士通経営研修所，1996/『女の能力，男の能力――性差について科学者が答える』（共訳，D. キムラ著）新曜社，2001 など。

三宅真季子（みやけ　まきこ）
フリー翻訳家。国際イベントの企画書，国連広報資料など，多様な分野の翻訳に取り組んでいる。
訳書：『恐竜骨格図集』（G. ポール著）学習研究社，1996/『愛とは物語である』（共訳，R. J. スターンバーグ著）新曜社，1999/『女の能力，男の能力――性差について科学者が答える』（共訳，D. キムラ著）新曜社，2001 など。

注

原注で用いた略語

［資料および所蔵機関］

AP-SFH	ジグムント・フロイト記念館アイヒホルン関係文書（ウィーン）
AHAP-Akron	アクロン大学アメリカ心理学史資料館
DRP	ハーバード大学資料館デイヴィッド・リースマン関係文書
E-H	ヒュートン図書館エリク H. & ジョアン・エリクソン関係文書
KAM	メニンガー財団資料館カール A. メニンガー関係文書
LC	議会図書館手稿部門
NLM	国立医学図書館
RJL-NYPL	ニューヨーク公立図書館ロバート J. リフトン関係文書
YIHR	イェール人間関係研究所

［インタビュー］

［面］	直接インタビュー
［電］	電話インタビュー
［録］	テープ録音によるインタビュー
［手］	手紙

［氏名の略号］

EHE	エリク H. エリクソン
JE	ジョアン・エリクソン
LJF	ローレンス J. フリードマン

＊訳注　［番号］は，邦訳書のある文献。各章ごとに注末に示した。

第1章　新しい始まりに向けて――子ども時代と青春の日々

1　Robert Abzug, [面] by LJF, Nashville, July 19, 1996.

2　*Boston Globe*, November 6, 1980,「愛情からでた欺き」// Betty J. Lifton, *Journey of the Adopted Self: A Quest for Wholeness* (New York, 1994), 66, ブロスを引用。// EHE, "Autobiographic Notes on the Identity Crisis," *Daedalus* 99 (Fall 1970): 744; EHE, "Erik Homburger Erikson," February 2, 1976 (revised June 22, 1977), E-H,「人とは違った背景」,「人生の事実」,「子ども時代の環境〜」

3　アブラハムセン家については，一族の歴史に詳しいフィンとマーサの両名が，詳細な家系図をはじめ多数の貴重な情報を提供してくれた。コペンハーゲン訪問（1993年5月8〜9日），およびその後の度重なる通信。情報源としては他に Ruth Hirsch and Ellen Katz, [録] by LJF, NYC, August 16, 1991.

4　Finn and Martha Abrahamsen, [録] by LJF, Copenhagen, May 8, 1993; Ruth Hirsch, [録] by LJF, NYC, November 12, 1992; *Kracks Bla Bog* (Copenhagen, 1931), 30.

5　Finn and Martha Abrahamsen, [録] May 8, 1993; [手] from F. Abrahamsen to LJF, March 4, 1993; Ruth Hirsch, [録] by LJF, NYC, June 28, 1993.

6　Joseph Fischer, *Slaegten Salomonsen* (Nyborg) (Copenhagen, 1927), 63-64, サロモンセン家の歴史。// EHE, "Notes on My Parentage," (n.d. [1978]), E-H; Finn and Martha Abrahamsen, [録] May 8, 1993; Hirsch, [録] June 28, 1993; Agnete Kalckar, [面] by LJF, Cambridge, June 13, 1993; JE, [録] by LJF, Cambridge, June 12, 1993. // フランクフルト戸籍局交付のエリクの出生証明書（No.3235, 1902年6月21日付）.

7　[手] from Ellen Katz to LJF, July 5, 1993; Hirsch, June 28, および [録] by LJF, NYC, November 8, 1993; Finn and Martha Abrahamsen, [録] May 8, 1993; JE, [録] by LJF, Harwich, January 14 and October 20, 1994.

8　[手] from EHE to Robert J. Lifton, June 1976, RJL-NYPL, カーラが「〜問題もすっきりと解きほぐし」てくれたこと。// Hirsch, [録] November 8, 1993, ユダヤ病院のカーラの友人について。// Helene Abrahamsen, [録] by Martha Abrahamsen, Copenhagen (n.d. [1982 or 1983]), 母子二人の生活や看護婦教育について。// EHE, "Autobiographic Notes," *Daedalus*, 742-43,「おとなの男性についての」// JE, [録] January 14, 1994, 母子が似ていないことがビュールの町で評判になったこと。

9　[手] from Erik Homburger to August Aichhorn, September 7, 1993, AP-SFH,「私のいちばん古い記憶」// EHE, *Life History and the Historical Moment* (New York, 1975), 31, カーラが「悲しみのなかに」ありながら「私に大きな希望を託していたこと」// アイデンティティが母の微笑とともに始まることについては，EHE, [録] by Robert Stewart, Cambridge, January 11, 1968. // EHE, "Autobiographic Notes," *Daedalus*, 745,「読むことに没頭」するカーラについて。// デンマーク語での会話については，[手] from EHE to William Gibson (n.d. [June 27, 1963?]), E-H. // 情報源としては他に，Betty J. Lifton, *Journey*, 102, 206, 母との生活について取り上げた1969年12月15日のエリクソンの講演（Janice Abarbanel lecture notes, Social Sciences 133, 1969-70, E-H）。

10 EHE, "Autobiographic Notes," *Daedalus*, 742-43,「闖入者」// Hirsch, [録] November 12, 1992, and November 8, 1993; Helene Abrahamsen, [録] by Martha Abrahamsen (n.d. [1982 or 1983]). Finn and Martha Abrahamsen, [録] May 8, 1993; JE, [録] January 14, 1994; [手] from Fred R. Homburger to editor, *New York Times Book Review*, May 7, 1975 (未公刊), Marshall Berman private papers. テオドールの「闖入」をめぐるエリクソンの母への不満を記したものとして, Donald Capps, *Men, Religion, and Melancholia: James, Otto, Jung, and Erikson* (New Haven, 1997), とくに 186, 202-204.

11 JE, [録] June 12, 1993, and January 14, 1994; Abarbanel Notes, December 15, 1969, lecture, E-H; Betty J. Lifton, *Journey*, 205; Robert J. Lifton, "Talks (Dinner & Breakfast) with Erik Erikson on May 4-5-6, 1980, in Tiburon," RJL-NYPL.

12 Esther Ramon, *The Homburger Family from Karlsruhe: A Family Study, 1674-1990* (Jerusalem, 1992), とくに 9, 18-20, 54-55, 75,149. 同書は, 娘エレンによるテオドールとカーラについての章もあり, 一家の歴史についての最上の情報源である。参考資料としては他に, Bernhard Schmitt, "Between Assimilation, Anti-Semitism, and Zionism, 1890-1918," in *Juden in Karlsruhe*, edited by Heinz Schmitt (Karlsruhe, 1988), 121-54; Joseph Werner, *Swastika and Yellow Star: The Fate of Karlsruhe Jews in the Third Reich* (Karlsruhe, 1988), 15, 28; Hirsch and Katz, [録] August 16, 1991; Hirsch, [録] November 8, 1993; Theodor Homburger, *Die Natürlich Beleuchtung in den Schulen* (Karlsruhe, 1895).

13 Ramon, *Homburger Family*, 75, 他にアブラハムセン家家系図およびフィン・アブラハムセン所蔵資料。

14 EHE, "Further Autobiographic Remarks: For Friends and Relations Only" (August 1977), 4, E-H,「過去を白紙に」// EHE in *Boston Globe Magazine*, March 22, 1987, 34,「愛情から出た欺き」// EHE, "Notes for Christian Gauss Seminar at Princeton," 1969, 8, E-H; EHE in Harvard Senior Seminar, "Perspectives on the Life Cycle," October 23, 1985, ハリエット・ハーヴェイのビデオ,「子ども時代を通じてずっと」// EHE, autobiographic remarks, June 22, 1977, E-H,「心ひそかに確信」,「手がかり」// うわさ話に始終耳をそばだてたことについては, JE, [録] October 20, 1994.

15 養父についてのエリクの言葉は, Betty J. Lifton, *Journey*, 205. テオドールがエリクの実父に対して不安を抱いていたことについては, JE, [録] October 20, 1994.

16 カーラとテオドールの結婚証明書 (1905 年 6 月付) はカールスルーエ戸籍局にて入手。1909 年 7 月のドイツ国籍取得関連書類 (番号 No.4836) はエレン・カッツより。1902 年の出生証明書 (1911 年の補記付き) はフランクフルト戸籍局にて入手。カールスルーエ地方裁判所記録 (*Abteilung* III, No.3922, 1909; *Abteilung* V, No.17351, 1911) はカールスルーエ総合公文書館所収。ホンブルガーへの改名が 1908 年という記述は, "Curriculum Vitae, Erik Homburger Erikson" (n.d. [1959]), Erikson Faculty Personnel File, Harvard University Archives.

17 *Begl. Abschrift. Übersetzung aus dem Hebraischen Testaments-Urkunde* (Haifa, 1942), the Karlsruhe General Archive 所蔵。

18 アクセル・アブラハムセンの家に滞在したこと, エリクがユダヤ教徒と認められて

いたこと,「何度もコペンハーゲンに行った」ことについては, EHE, "Themes from Kierkegaard's Early Life" (n.d. [1977]), E-H. // Finn and Martha Abrahamsen, [録] May 8, 1993. // デンマーク国王の臨席については, Betty J. Lifton, [電] by LJF, March 30, 1994. // ローゼルンドの別荘については, [手] from Finn Abrahamsen to LJF, Copenhagen, February 24, 1994. EHE, "Reflections on Dr. Borg's Life Cycle," *Daedalus* (Spring 1976), 4, エーレスンドや「もっとも光あふれる夏」の思い出。// [手] from EHE to Leunart Joelberg, March 29, 1979, E-H,「海峡の向こうを眺め」た。// 異父妹たちよりも頻繁にコペンハーゲンに出かけたことについては, JE, [録] June 12, 1993.

19 アブラハムセンとホンブルガーの親戚づきあい, 特に第一次世界大戦中に食べ物を送ったことについては, JE, [録] June 12, 1993. // この点については, 他に [手] from Ellen R. Katz to LJF, July 5 and August 12, 1993. フィン・アブラハムセンより, 1914年にヘンリエッタに贈ったスケッチの写しを入手。ブロスが前日にエリクから聞いたことについては, Betty J. Lifton, [電] by LJF, NYC, January 24, 1993. // ハーヴェイのビデオ,「デンマークからやってくる親類たち」について想像したこと。

20 EHE, *Life History*, 27.

21 Ramon, *Homburger Family* 75, on Elna. テオドールと娘たちとの仲については, [手] from Katz to LJF, August 12, 1993; Hirsch and Katz, [録] August 16, 1991; Hirsch, [録] November 12, 1992, and November 8, 1993. カーラが息子の独立心を奨励したことについては, EHE, "Notes on My Parentage" (n.d. [1978]), E-H. フィン・アブラハムセンの厚意により, エリクの初期のスケッチ数葉を入手した。

22 [手] from Ellen Katz to LJF, August 12, 1993; Hirsch, [録] November 12, 1992, and November 8, 1993; Ruth Hirsch, [電] by LJF, September 4, 1994; Theodor Homburger, "Die Schulkinder während des Kriegsernährung, 1916-17," *Der Schularzt* 15, no. 8-9 (1917): 441-84.

23 [手] from Ellen Katz to LJF, July 5, 1993; Hirsch and Katz, [録] August 16, 1991; Hirsch, [録] November 12, 1992, and November 8, 1993; Ruth Hirsch, [電] by LJF, NYC, June 9, 1991. // Ramon, *Homburger Family* 76; [手] from EHE to William Gibson (n.d. [June 27, 1963?]), E-H,「ドイツの継子」となったためにデンマーク語を「忘れてしまった」こと。

24 Ramon, *Homburger Family*, 38, 75; Werner, *Swastika and Star*, 82, 98-99; Hirsch, [録] June 28, 1993; JE, [録] June 12, 1993; [手] from Fred R. Homburger to editor, *New York Times Book Review*, May 7, 1975 (未公刊); [手] from Hugo M. Schiff to Marshall Berman, March 30, 1974, Berman private papers.

25 EHE, "Autobiographic Notes," *Daedalus*, 743,「異教徒」とあだ名を付けられたこと。// 実父が非ユダヤ教徒だと思っていたことについては, ハーヴェイのビデオ。// EHE, *Life History*, 27, 養父から「同じ医者になる」よう求められたことや養父の「小さなユダヤ人社会の中産階級」という意識について。// EHE, "Gauss Seminar," 8, E-H,「距離を保とうとした」こと。// EHE, "Further Autobiographic Remarks: For Friends and Relations Only," 5, E-H,「小児科医であった養父は」// 情報源としては他に, Uwe Henrik Peters, *Anna Freud: A Life, Dedicated to Children* (New York, 1985), 86; [手] from EHE to Hirsch, December 20, 1975, and February 20, 1981,

E-H.

26 ［手］from Hugo B. Schiff to Marshall Berman, March 30, 1974,「超然と」// EHE, *Life History*, 27-28,「当時の私は」,「自宅《うち》」// EHE, "Autobiographic Statement to Freshman Seminar" (n.d. [early 1960s]), E-H.

27 カーラと彼女の兄弟はエリクの実父が誰かを知っていたとしても，その秘密は彼らの子どもの世代には伝わらなかったことについては, Finn and Martha Abrahamsen, ［録］May 8, 1993; Hirsch, ［録］November 8, 1993, および［電］June 28, 1993.

28 EHE, "Autobiographic Statement to Freshman Seminar, " E-H,「母が欺いた」。［手］from EHE to Kurt von Fritz, December 20, 1976, E-H,「つじつまの合わない手がかり」

29 食卓の下で盗み聞きしたことについては, Beulah Parker, ［録］by LJF, Point Richmond, Calif., October 18, 1994. // 農婦との出会い, 母の反応, 青年期に実父はデンマーク貴族だと漏れ聞いたことについて，エリクソンは1981年に打ち明けている。Betty J. Lifton, *Journey*, 205. // このエピソードについては, その他, Betty J. Lifton, ［面］by LJF, Wellfleet, November 1, 1992. // 確認資料として,［手］from Ruth Hirsch to LJF, December 17, 1993. // サロモンセンが実父という話についてのエリクの半信半疑の心情については, Abarbanel Notes, December 15, 1969, lecture, E-H, および J. M. Turner and B. Inhelder, eds., *Discussions in Child Development*, vol. 3 (Geneva, 1955), 16. ［手］from EHE to Mrs. George (Hope) Curfman, Jr., December 30, 1976, E-H,「徐々に気づく」// EHE, "Notes on My Parentage" (n.d. [1978]), 6, E-H,「いとこたちの話」// 実父の身元追求をしなかったことについては, EHE, "Further Autobiographic Remarks"; および EHE, "Autobiographic Note" (n.d. [c. 1977]), E-H. Betty J. Lifton, *Journey*, 206, に言及がある。

30 EHE, "Gauss Seminar," 8, E-H.

31 EHE, *Life History*, 27, ユダヤ教徒でもキリスト教徒でもあることについて。// Ilse Feiger, ［電］by LJF, Berkeley, January 4, 1993, E. ゴールドシュミットに対するエリクの感情。//［手］from EHE to Edward Tolman, April, 27, 1939, J. W. Macfarlane Docs., AHAP-Akron,「ドイツの子どもたちの軽蔑」,「愛国者の傾向を発達させた」// Robert Coles, *Erik H. Erikson: The Growth of His Work*[1] (Boston, 1970), 180,「シュレスヴィヒ－ホルシュタインを盗み取ろうと」// EHE, "Autobiographic Statement to Freshman Seminar," E-H,「ユダヤ人の家庭で成長したドイツ人」

32 ホンブルガー家での食事の戒律や使用言語については, Ruth Hirsch, ［電］by LJF, July 6, 1993, および［録］November 8, 1993. // ユダヤ教会《シナゴーグ》の儀式への嫌悪感やラビに手紙を書いたことについては,［手］from EHE to Mrs. George (Hope) Curfman, Jr., December 30, 1976, および EHE to... (手紙の一部分) ("Is Erikson a Christian?") (December 1976), E-H. // EHE, "Autobiographic Notes on the Identity Crisis," *The Twentieth-Century Sciences*, edited by Gerald Holton (New York, 1972), 16,「中産階級《ブルジョワジー》の見え透いた形式主義」// バルミツヴァを終了しなかったことについては,［手］from Hugo Schiff to Marshall Berman, March 30, 1974. //［手］from EHE to Curfman, December 30, 1976,「静かに身を退いた」

33 EHE, "Autobiographic Notes," *Twentieth-Century Sciences*, 16,「福音というキリスト教的精神」// EHE to... (手紙の一部分) ("Is Erikson a Christian?") (December

1976),「幼いころに見た母の姿から」// ［手］from EHE to Mrs. George (Hope) Curfman, Jr., December 30, 1976,「核心的価値観」// EHE,［録］by Margaret Brenman-Gibson, Tiburon, April 1, 1983 (transcript),「どんな辻からも十字架が見える」//［手］from EHE to Eugene B. Borowitz, April 8, 1976, E-H,「キリスト教的精神に」向かって。// EHE, *Young Man Luther: A Study in Psychoanalysis and History*[2] (New York, 1958), 10,「『意識して』聞いたことは一度も」// ユダヤ人がドイツのルター主義に同化したことについては, Bernhard Schmitt in *Juden in Karlsruhe*, 121-54. // ドイツのユダヤ人の間でのプロテスタントの勢力や「主の祈り」を聞く意味については, Robert J. Lifton,［録］November 1, 1992, および Robert J. Lifton, "Talks with Erik Erikson on May 4-5-6, 1980, in Tiburon," 7, RJL-NYPL.

34 EHE, "Themes from Kierkegaard's Early Life" (n.d.［1977］E-H, "introduction to Christianity" and "intensively Danish." EHE, "Autobiographic Notes," *Twentieth-Century Sciences*, 16,「自分の家族がユダヤ教徒であることに」// EHE to... (手紙の一部分) ("Is Erikson a Christian?") (December 1976),「実存主義的要素への崇敬の念」// Coles, *Erikson*[1], 180, アブラハムセンの家系からはラビも教会史家も出ているというカーラの説明について。

35 EHE, "Generativity and the Future," Chautauqua［N.Y.］Institution Lecture (August 3, 1978), Chautauqua Library, 7.

36 ドイツの小学校の義務教育化や識字率についての資料としては, Gordon A. Craig, *Germany 1866-1945* (New York, 1978), 186-87. // Hirsch,［電］June 9, 1991, および Coles, *Erikson*[1], 14, エリクの小学校時代について。

37 ドイツのギムナジウムに関する参考資料として, Craig, *Germany* 190, および Richard F. Sterba, *Reminiscences of a Vienna Psychoanalyst* (Detroit, 1982), 13-18. // エリクのギムナジウム時代については, Peter Conzen, *Erik H. Erikson und die Psychoanalyse: Systematische Gesamtdarstellung seines theoretischen und klinischen Positionen* (Heidelberg, 1990), 16, および Coles, *Erikson*[1], 14.

38 エリクと同級生の成績や卒業試験については, "Gymnasium Karlsruhe Studien Allgemeines... 1914-1927," 1919-20 school year, Karlsruhe General Archives. // 同じくカールスルーエ総合公文書館所収の "Gymnasium Karlsruhe Jahresbericht für das Schuljar 1918-1919" (1919), および "Abiturienten Zeugnis, Erik Homburger" (1920).

39 同上。カーラの指導にもかかわらず, ギリシア語講読以外の勉強を嫌ったことについては, Hirsch,［録］November 12, 1992, および JE,［録］January 14, 1994. // ギムナジウム時代のエリクの外見については, 卒業写真 "Arbiturfoto 1920" (Erik Homburger Erikson House, Karlsruhe) から推測した。

40 ［手］from Peter Blos to LJF, June 13, 1991; JE,［録］January 14, 1994; EHE, "Peter Blos: Reminiscences (Introducing the First Peter Blos Biennial Lecture)," *Psychosocial Process* 3 (Fall 1974): 5,「非常に特別な関係」// 情報源としては他に, Stephen Schlein, ed., *A Way of Looking at Things: Selected Papers from 1930-1980. Erik H. Erikson* (New York, 1987), 710.

41 EHE, "Introductory Remarks: First Peter Blos Biennial Lecture," NYC, December 7, 1971, 1, E-H,「私もペーターも」// Peter Blos,［録］by Robert Stewart, NYC,

May 22, 1966; Betty J. Lifton, ［電］ January 24, 1993（最前のブロスとの会話からの言及）.

42 EHE, "Autobiographic Notes," *Daedalus*, 744,「彼自身の父親のことを打ち明けてくれた」// Schlein, *Way*, 709-10,エドウィン・ブロスの髭, 興味の対象, 精神性, ゲーテへの関心, ドイツ「精神」についてのエリクの言葉。// EHE, *Life History*, 9, および "Lecture by Erik Erikson," Santa Barbara, January 19, 1972, 3, E-H, on Gandhi. // ［手］ from Peter Blos to EHE, January 5, 1978, E-H, 両極性についてのエリクとE. ブロスの会話。// エリクとエドウィン・ブロスの関係については, その他, ［手］ from Peter Blos to LJF, September 18, 1992; Peter Blos, ［電］ by LJF, NYC, May 8, 1991; ［手］ from Victor Ross to LJF, August 25, 1992; JE, ［録］ January 14, 1994; ［手］ from Ellen Katz to LJF, July 5, 1993.

43 Betty Stonorov, ［電］ by LJF, Phoenixville, Pa., December 12, 1992; Hirsch, ［電］ June 9, 1991; Hirsch and Katz, ［録］ August 16, 1991, ストノロフの影響でピアノに興味を持ったことについて。

44 JE, ［録］ June 12, 1993, and January 14, 1994; Hirsch and Katz, ［録］ August 16, 1991; Hirsch, ［電］ June 28, 1993.

45 Gustav Wolf, *Das Zeichen-Büchlein* (Karlsruhe, 1921), 8.

46 Ibid., 11-13.

47 Ibid., 15, 19, 22, 23.

48 ミュンヘン時代の概要については, Coles, *Erikson*[1], 15, および Conzen, *Erikson*, 17. // EHE, "Autobiographic Notes," *Daedalus*, 743, 素描が「よい練習に」なり,「大きな木版画の制作」を楽しんだこと。// Erikson discussion with Mark Gerzon and Michael Lerner, ［録］ Stockbridge, May 22, 1971, Reel 1, Tape B, Side B, E-H,「印象主義」,「自然だけを伴侶とする」,「色で描き出すことを習得できなかった」,「壁が立ちふさがった」// ［手］ from EHE to Guillermo Delahanty, January 26, 1981, E-H,「白黒の線画」

49 EHE, *Life History*, 28,「しばらくすると, 必ずまた」// EHE, *Childhood and Society*[3] (New York, 1985 edition), 8,「ドイツの文化的儀式化」,「多かれ少なかれ」// ドイツの遍歴《ヴァンデルシャフト》や, 放浪の旅が流行した当時の状況についての資料として, John Gillis, *Youth and History: Tradition and Change in European Age Relations, 1770-Present*[4] (New York, 1974), 150-51; John Neubauer, *The* Fin-de-Siecle *Culture of Adolescence* (New Haven, 1992), 175, 193; Sterling Fishman, "Suicide, Sex, and the Discovery of the German Adolescent," *History of Education Quarterly* 10 (1970): 186.

50 ［手］ from Peter Blos to LJF (n.d. [June 13, 1991]), エリクの遍歴《ヴァンデルシャフト》時代の詳細。// EHE to Kenneth Keniston, April, 24, 1961, E-H,「山頂に座して」// Conzen, *Erikson*, 17, 遍歴の旅のルートについて。// フィレンツェで過ごした日々については, Jon Erikson, ［面］ by LJF, Harwich, June 14, 1994, および Stonorov, December 12, 1992. // EHE, "Reminiscences," Psychosocial Process 3 (Fall 1974): 5,「出会える日を待っていた」,「芸術の形」,「ファシズムなど」

51 EHE, "Autobiographic Notes," *Daedalus*, 745,「見守ってくれた」// ［手］ from EHE to H. H. Thomas, October 28, 1977, E-H,「一風変わったところのある」// テオドー

ルに内緒でカーラがエリクに金銭その他を援助したことについては, Hirsch, ［録］ November 8, 1993, および［電］June 9, 1991; Hirsch and Katz,［録］August 16, 1991. // EHE, "Hitler's Imagery and German Youth," *Psychiatry* 5 (November 1942): 479,「母親は」,「父親は」

52 EHE, "Autobiographic Statement to Freshman Seminar," E-H,「ほとんど『失敗者』」,「母は, 昔と変わらず信じてくれていた」// "Conversations with Erik H. Erikson and Huey P. Newton" in *In Search of Common Ground*[5], edited by Kai T. Erikson (New York, 1971), 98,「落ちこぼれ」// EHE, "Autobiographic Notes," *Twentieth-Century Sciences* (1975), 16,「小市民的」// Coles, *Erikson*[1], 180,「こうした日々は」// Gerzon and Lerner,［録］May 22, 1971, Reel 2, Tape A, Side A,「やりたくないもの」,「何になるのかというイメージ」// 自身が精神病の境界例だったことについては, EHE, "Autobiographic Notes," *Daedalus*, 742; EHE, *Life History* (1975), 26; Margaret Brenman-Gibson, "Erik Erikson and the 'Ethics of Survival,'" *Harvard Magazine* 87 (1984): 61; Gerzon and Lerner,［録］May 22, 1971, Reel 2, Tape A, Side A. // 専門用語を避けてわかりやすく説明した資料として, ハーバード学部講義 (1969年12月15日), Abarbanel Notes, E-H.

53 クールベの絵と青年時代にそれに心惹かれたことについては, EHE, "Gregory Kepes" (n.d. [1970]), E-H. // EHE, *Insight and Responsibility: Lectures on the Ethical Foundation of Psychoanalytic Insight*[6] (New York, 1964), 20,「どこにも行く場所がなく」

54 著者の調査中, エリクの手記 (1923〜24年) については所有者ジョアン・エリクソンの複写許可を得られなかった。手記の草稿にはページ打ちがなく, ページ番号は手記の出版準備中にジョアンや助手が追加したものだが, 一貫したものではない。したがって, ページ番号を掲げることは無意味と思われ, 原注では省略する。

55 フロイトの思想を不合理と感じたことについては, EHE,［録］January 11, 1968. // フロイトとニーチェの概念的相同性について分析した秀逸の資料として, Michael J. Scavio et al., "Freud's Devaluation of Nietzsche," *Psychohistory Review* 21 (Spring 1993): 295-300.

56 ローマで初めてミケランジェロの作品を見たときの回想については, Ernest R. Hilgard, *Psychology in America: A Historical Survey* (New York, 1987), 561. //Lerner and Gerzon,［録］May 22, 1971, Reel 1, Tape B, Side B,「さまざまな意味で」,「活動障害」,「まったく仕事ができず」,「何もしたくない」//「活動障害」については他に, EHE, *Life History*, 26.

57 1925年にカールスルーエに戻ったことについては, JE,［録］May 6, 1991; Hirsch and Katz,［録］August 16, 1991; Coles, *Erikson*[1], 16. エリクの情緒不安定状態についてのブロスの回想は, EHE, "Psa & Ongoing," *American Journal of Psychiatry* (September 1965): 247, および Schlein, *Way* 272,「かつてニーチェは」// Betty J. Lifton,［面］by LJF, Wellfleet, October 23, 1994.

58 ウィーンでのブロスの初期の活動については, D. Joyce Jackson, "Contributing to the History of Psychology: XXXV. Dorothy Burlingham," *Psychological Reports* 54 (1984): 857, および Blos,［録］May 22, 1966. // A. フロイトとの話し合いについては, Michael J. Burlingham, *The Last Tiffany: A Biography of Dorothy Tiffany*

Burlingham (New York, 1989), 183-84, および Blos, *Anna Freud Remembered: Recollections of Her Friends and Colleagues* (Chicago, 1983), 13-14.

59 Burlingham, *Tiffany*, 184,「ブロス先生のお友達」についてのロバート・バーリンガムの日記。// EHE, [録] January 11, 1968, A. フロイトの面接を受けた時点では「S. フロイトがどのような人かについてほとんど知らないまま」で「自分が何をしたいかわかっていなかった」こと。// EHE, "Autobiographic Notes," *Daedalus*, 744,「正規の」仕事。// 面接を受けて雇用されたことについては, EHE and JE, [面] by Michael J. Burlingham, Stockbridge, July 31, 1983, transcript 1-2; および Burlingham, *Tiffany* 184. // ブロスの責任でエリクを雇用する許可を A. フロイトが与えたことについては, Blos, [録] May 22, 1966.

60 EHE, *Life History*, 22,「私のキャリアの真の始まり」

[1] Coles, R., *Erik H. Erikson: The Growth of His Work* (Boston, 1970) (R. コールズ／鑪幹八郎監訳『エリク・H・エリクソンの研究』上下, ぺりかん社, 1980.)

[2] Erikson, E. H., *Young Man Luther: A Study in Psychoanalysis and History* (New York, 1958) (E. H. エリクソン／西平直訳『青年ルター』1,2, みすず書房, 2002-3.)

[3] Erikson, E. H., *Childhood and Society* (New York, 1985 edition) (E. H. エリクソン／仁科弥生訳『幼児期と社会』1,2, みすず書房, 1977-1980, 原著 1963 年版の訳.)

[4] Gillis, J., *Youth and History: Tradition and Change in European Age Relations, 1770-Present* (New York, 1974) (J. R. ギリス／北本正章訳『「若者」の社会史—ヨーロッパにおける家族と年齢集団の変貌』新曜社, 1985.)

[5] Erikson, K. T. ed., *In Search of Common Ground*, (New York, 1971) (K. エリクソン／近藤邦夫訳『エリクソン vs.ニュートン—アイデンティティーと革命をめぐる討論』みすず書房, 1975.)

[6] Erikson, E. H., *Insight and Responsibility: Lectures on the Ethical Foundation of Psychoanalytic Insight* (New York, 1964) (E. H. エリクソン／鑪幹八郎訳『洞察と責任—精神分析の臨床と倫理』誠信書房, 1971.)

第 2 章　ウィーン時代——天職としての精神分析（1927-33 年）

1 EHE, *Life History and the Historical Movement* (New York, 1975), 37; [手] from Raymond Dyer to EHE, July 3, 1977, E-H. "Erik Homburger," c.v. (April 1, 1936), Yale Archives (Institute for Human Relations); JE, [録] by LJF, Cambridge, October 28, 1992; Raymond Dyer, *Anna Freud Remembered: Recollections from Her Friends and Collegues* (Chicago, 1983), 10.

2 Robert Coles, *Erik H. Erikson: The Growth of His Work*[1] (Boston, 1970), 21-22; Peter Gay, *Freud: A Life for Our Time*[2] (New York, 1988), とくに 571-73, 593-96; EHE, [録] by Robert Stewart, Cambridge, January 11, 1968; EHE, [録] by Nathan Hale, Tiburon, April 29, 1976.

3 [手] from EHE to Jerome Bruner, n.d. (1973), E-H (EHE への 1973 年 9 月 17 日付のブルーナーの手紙について),「アンナ・フロイトや」// EHE, [録] April 29, 1976,「ジグムント・フロイト父娘と」,「ありのままの雰囲気」,「使徒パウロとその弟子たち

の時代」// EHE, “Peter Blos: Reminiscences,” *Psychosocial Process* 3 (Fall 1974): 6, 「真の職業」

4 EHE, “Autobiographic Statement to Freshman Seminar” (n.d. [early 1960s]), E-H, フロイトの「形の重視」について。// EHE, *The Life Cycle Completed: A Review*[3] (New York, 1982), 22, および EHE lecture of December 15, 1969, in Abarbanel Notes, E-H, コンフィギュレーション・アプローチによる「臨床芸術家」について。

5 Dorothy Burlingham, [録] by Peter Heller, London, June 17, 1975; および Peter Heller, [面] by LJF, Copenhagen, May 8, 1993, エリクが気を張りつめ自分の過去を語らなかったこと。// EHE, “Memorandum for the Freud Archives” (March 1977), E-H, フロイトの「禁欲的な姿」// EHE, *Insight and Responsibility: Lectures on the Ethical Implications of Psychoanalytic Insight*[4] (New York, 1964), 19, 家庭教師として最初の数ヶ月のこと。// Howard B. Levine, “An Interview with Professor Erik Erikson,” November 13, 1984 (Boston Psychoanalytic Society 所蔵の記録), 10, 「子どもを教えるための訓練は何も受けていなかった」というエリクの言葉を引用。// 同じく, EHE, [録] April 29, 1976.

6 「赤いウィーン」時代の改革運動については, Helmut Gruber, *Red Vienna: Experiment in Working-Class Culture, 1919-1934* (New York, 1991), 43, 65-66, 75-76, 92-94; Mitchell G. Ash and William P. Woodward, *Psychology in Twentieth-Century Thought and Society* (Cambridge, 1987), 147, 150; Sheldon Gardner and Gwendolyn Stevens, *Red Vienna and the Golden Age of Psychology, 1918-1938* (New York, 1992), 98-99; Richard F. Sterba, *Reminiscences of a Vienna Psychoanalyst* (Detroit, 1982), 81. // ベルンフェルトやフェダーンなどウィーンの社会改革運動家に感銘を受けたことについては, EHE, [録] April 29, 1976. // ホンブルガーの政治への無関心やポール・フェダーンとのつながりについては, Ernst Federn, [面] by LJF, Vienna, May 12, 1993.

7 オーストリアの右傾化とウィーンの状況の変化については, Myron Sharaf, *Fury on Earth: A Biography of Wilhelm Reich*[5] (New York, 1983), 123-26; Gay; *Freud*[2] 591; Esther Menaker, *Appointment in Vienna* (New York, 1989), 10-11, 45-46, 68; Ivar Oxaal, Michael Pollar, and Gerhard Botz, eds., *Jews, Anti-Semitism and Culture in Vienna* (London, 1987), 166-67, 183; “Noted Scientist Tells of Serious Austrian Problems,” *San Francisco Chronicle*, February 10, 1929 (a lecture by Alfred Adler); Paul Hoffman, *The Viennese: Splendor, Twilight, and Exile* (New York, 1989), 209-10.

8 Peter Heller, ed., *Anna Freud's Letters to Eva Rosenfeld* (Madison, Conn., 1992), 16, ローゼンフェルトの「子どもたちと一緒にいることに〜」という回想を引用,同じく情報源として, Eva Rosenfeld, *Recollected in Tranquility* (n.p., n.d. [c. late 1970s]), 203-4,209-10.

9 Anna Freud, *Introduction to Psychoanalysis: Lectures for Child Analysts and Teachers, 1922-1935*[6] (New York, 1974), 47, 「精神分析の理論に沿って〜」, 情報源としては他に Elisabeth Young-Bruehl, *Anna Freud: A Biography* (New York, 1988), 178. // バーリンガムの動機については, “Memorial Meeting for Dorothy Burlingham, 6th February 1980,” 3, E-H; Burlingham, [録] June 17, 1975. // ホン

ブルガーとブロスが建物を設計したことについては, Heller, *Freud-Rosenfeld*, 32, および Rosenfeld, *Recollected*, 203-4.

10 Peter Heller, *A Child Analysis with Anna Freud* (Madison, 1990), ヒーツィング学校と生徒に関する最高の情報源となった。同じく, Heller, "Recollections of the Burlingham-Rosenfeld School" (n.d.), E-H. // 情報源としては他に, Peter Heller, [面] by LJF, Washington, D.C., May 2, 1992; Rosenfeld, *Recollected*, 20; Michael J. Burlingham, *The Last Tiffany: A Biography of Dorothy Tiffany Burlingham* (New York, 1989), 185; Heller, *Freud-Rosenfeld*, 87.

11 Heller, *Child Analysis*, xxxii; Heller, "Recollections," 3,「ずっと過酷な社会の現実」// 情報源としては他に, Rosenfeld, Recollected, 206; Peter Heller, [録] by LJF, Buffalo, July 31, 1991; Peter Heller, [面] by LJF, Copenhagen, May 10, 1993.

12 校長としてのブロスについては, Heller, "Recollections," 1, および Heller, *Child Analysis*, xxviii-xxix; [手] from Victor Ross to LJF, July 25, 1992; EHE, "Introductory Remarks: First Peter Blos Biennial Lecture," NYC, December 7, 1971, E-H,「勤務時間を守るように」と注意したこと。// Peter Blos, "The Dolphin Keeper: Recollections," March 1980, 1, E-H, バーリンガム家の長男ボブに特に心を砕いたこと。// M. Burlingham, *Tiffany*, 186, 教師陣の担当分野について。// デューイ主義の教育法の使用については, Heller, *Freud-Rosenfeld*, 7; Rosenfeld, *Recollected*, 205; EHE, [録] April 29, 1976; Heller, *Child Analysis*, xxxi-xxxii.

13 EHE (Wattmanngasse) (n.d. [ca. 1980]), E-H; JE, [録] by LJF, Cambridge, May 6, 1991. // Peter Heller の提供によるヒーツィング学校の卒業記念アルバム (1928／1929 年)。

14 エリクの態度,特にしょっちゅう鏡を見て確認したことについては, [手] from Victor Ross to LJF, July 25, 1992, および Heller, *Child Analysis*, xxix. // M. Burlingham, *Tiffany*, 195; Heller, "Recollections," 1; [手] from Victor Ross to LJF, July 25, 1992, 生徒との絆について。

15 生徒の信頼を勝ち得たことについては, [手] from EHE to Dorothy Burlingham, October 14, 1974, E-H; M. Burlingham, *Tiffany*, 187; Heller, [録] July 31, 1991; および Heller, [面] May 10, 1993. // EHE, [録] January 11, 1968,「すぐに, その仕事に没頭した」// JE, [録] by LJF, Harwich, January 14, 1994, A. フロイトがエリクの子ども扱いの才能に目を見張ったこと。

16 A.フロイトの意見 (「あの二人にとっては〜」など) を記したものとして, Heller, *Freud-Rosenfeld*, 112, 125, および Heller, [録] July 31, 1991. // ローゼンフェルトの見方については, Heller, *Freud-Rosenfeld*, 82, 112, および Heller, "Drei Briefe von Anna Freud und Eva Rosenfeld," *Psyche* (May 1991): 444. // バーリンガムの考えは, M. Burlingham, *Tiffany* 230; Heller, [面] May 2, 1992; Paul Roazen, *Meeting Freud's Family* (Amherst, Mass., 1993), 81.

17 Blos, "Intimate History of the School in the Wattmanngasse, Vienna" は 1974 年ごろに書かれた。調査目的の資料開示請求を拒否すること, およびその理由については [手] from Blos to LJF, December 14, 1991 (「私の行動について釈明する必要はないし,するつもりもない」)。

18 エリクソンのヒーツィング学校に関する回想は, EHE, [録] April 29, 1976; Stephen

Schlein, ed., *A Way of Looking at Things: Selected Papers from 1930 to 1980. Erik H. Erikson* (New York, 1987), 4-5; および EHE, [録] by Mark Gerzon and Michael Lerner, [録] Stockbridge, May 22, 1971, Reel 2, Tape A, Side A. "Minutes of Closed School" (October 29, 1980), 7, Elisabeth Young-Bruehl private papers, 「フロイトのいわゆる光り輝く知性」についてのエリクの考えについて。

19 Heller, *Freud-Rosenfeld*, 10-11.

20 Heller, *Freud-Rosenfeld* には, パトロンであった3人の女性, 特に A. フロイトとローゼンフェルトの関係を示す手紙が多数含まれている。// 他に優れた情報源として, Young-Bruehl, *Anna Freud*, 135-37 (136,「私はあなたであり〜」). // バーリンガムと A. フロイトの関係については, Lisa Appignanesi and John Forrester, *Freud's Women* (New York, 1992), 282; *The Diary of Sigmund Freud, 1929-1939* (New York, 1992), 67; W. Ernest Freud, "Die Freuds und die Burlinghams in der Berggasse," *Sigmund Freud House Bulletin* 11, no.1 (Summer 1987): 17-18.

21 [手] from Peter Heller to EHE, June 27, 1980, E-H,A. フロイトの「精神は, きわだって高く〜」// Peter Heller, "Reflections on a Child Analysis with Anna Freud and an Adult Analysis with Ernst Kris," *Journal of the American Academy of Psychoanalysis* 20 (1992): 64,「善意の独裁体制」// Heller, *Freud-Rosenfeld*, 12,代用家族について。

22 Heller, "Reflections on a Child Analysis," 66,「敵意の気配」// EHE, [録] January 11, 1968,「その雰囲気」。ジェンダーという観点からの女性パトロンと男性教師の関係についても有用な洞察が含まれている。情報源としては他に, JE, [面] by LJF, Harwich, October 22, 1994. // 学校の閉鎖については, Rosenfeld, *Memoirs*, 213, および Peter Blos, [録] by Robert Stewart, NYC, May 22, 1966.

23 Harold and Brigette Eichelberger, "Montessori Pedagogy in Vienna," in *Kindersein in Wien: Zur Sozial eschichte der Kindes von der Aufklärung bis in 20 Jahrhundert* (Catalog of Exhibit of Vienna State Historical Museum, 1993), 84-86. Young-Bruehl, *Anna Freud*, 219-20; Raymond Dyer, *Her Father's Daughter: The Work of Anna Freud* (New York, 1983), 22; EHE comments at symposium, "Dynamic Psychology and Education," April 20, 1976, American Education Association, San Francisco, 2, E-H. Thomas Aichhorn, [面] by LJF, Vienna, May 12, 1993; Dyer, *Anna Freud*, 10.

24 EHE, "Autobiographic Notes on the Identity Crisis," *Daedalus* 99, no.4 (Fall 1970): 734,「モンテッソーリの教師免状を授与された男性はごく少人数」// EHE in *Children's House Magazine* 6, no.4 (1973): 4,「子ども時代の経験の深く象徴的な意味」

25 EHE in *Children's House Magazine*, 4,「意味のある活動」// ホンブルガーが子どもの遊びを重視したことについては, Coles, *Erikson*[1], 23. // 空想が無視されているモンテッソーリの教育法に違和感を持っていたことについては, Hilde Federn, [面] by LJF, Vienna, May 12, 1993.

26 Esther Menaker, "On Anna Freud," *Journal of the American Academy of Psychoanalysis* 19, no.4 (1991): 608, A. フロイトの学歴について。// Menaker, *Appointment in Vienna* (New York, 1989), 45-46, 当時のウィーン大学における反

ユダヤ主義の空気が生き生きと描かれている。

27 ウィーン大学資料課にあるエリクの成績証明書（1929-33年）。同資料課長による分析は，［手］from Karl Muehlberger to LJF, Vienna, February 17, 1993。ハーバード心理学部長による同成績の分析は，［手］from Edwin Boring to Erik Homburger, June 16, 1935, Edwin G. Boring Papers, Harvard University Archives.

28 ウィーン大学でのビューラーの研究や学生については，Menaker, *Appointment in Vienna*, 151-52; Ash and Woodward, *Psychology in Twentieth-Century Thought and Society* 150-51; Marie Jahoda, "The Migration of Psychoanalysis: Its Impact on American Psychology," in *Intellectual Migration: Europe and America, 1930-1960*, edited by Donald Fleming and Bernard Bailyn (Cambridge, 1969), 422-23.

29 Coles, *Anna Freud*, 13-14, エリクの「いったい何を意味するのか定かではなかった」という言葉やA. フロイトの「精神分析と結合させることができる」という意見を引用。// Erik Homburger to August Aichhorn, September 7, 1933, AP-SFH, 母や伯母たちと暮らした幼い頃との類似性について。// EHE, *Life History*, 30,「自分の分析家の発言を引用することは」,「あなたなら子どもたちに見ることを」(A. フロイトから受けた助言について言及した部分）。伝記映画作家ハリエット・ハーヴェイが撮影したエリクソンのハーバード・セミナー "Perspectives on the Life Cycle," (October 23, 1985) のなかで，エリクソンは，「子どもたちに見ることを手伝える」ことについてA. フロイトが「父の発言だ」と述べたと指摘し，「自分のアイデンティティを見つけるときには〜」と回想している。

30 たとえば，EHE, "Autobiographic Notes," Daedalus, 735; ハーヴェイのビデオ; Daniel Schwartz. 参照。［面］by LJF, Stockbridge, March 25, 1993.

31 Schlein, *Way*, 56, 68.（エッセイ "Fate of Drives in School Compositions" 完全版より。）

32 クリスらウィーンの分析家が芸術の背景を持つことについては，Richard I. Evans, ed., *Dialogue with Erik Erikson*[7] (New York, 1967), 82. // EHE, *Life History* 30,「フロイトの著作に」// EHE, Chautauqua talk (1978), 2,「視覚的印象を」// フロイトの待合室についてのハーヴェイのビデオ。// Howard Levine, "An Interview with Professor Erik Erikson," November 13, 1984,（記録, Boston Psychoanalytic Society), 5, および EHE, *Insight and Responsibility*[4], 20, フロイトの診察室のこと。

33 EHE, Chautauqua talk (1978), 2,「芸術の世界から〜絶対に成し遂げられなかっただろう」// EHE, *Life History*, 30,「患者の記憶と夢に関する記述からは」// EHE, *Life Cycle Completed*[3], 21-22,『夢の解釈』のこと，ならびに「形と意味の豊かな相互作用」や「顕在表現の芸術的要素」について。

34 子どもの遊びの形態についての分析や子どもの精神分析に関する最初期の論文は夢の分析が基盤となったことについては，EHE, *Life Cycle Completed*[3], 21-22. // この点について掘り下げたものとして，*Chautauqua Daily*, August 4, 1978; EHE,［録］January 11, 1968; および EHE, "Epilogue [for Mt. Zion book]" (n.d. [early 1980s]), 4, E-H. // 1920年代末期〜1930年代初期には，A. フロイトは児童分析に遊戯療法を使用していなかったことについては，Heller, "Reflections on a Child Analysis," 49. // A. フロイトが白昼夢や絵について分析したことについては，M. Burlingham, *Tiffany* 163.

35 “Remarks by Professor Erikson,” Wright Institute, Berkeley, 1979, 2, E-H.「フロイトが偉大な視覚的才能の持ち主であったこと」// EHE, *Insight and Responsibility*[4], 20,「なにがしかの〔芸術の〕才能をもつものの」

36 EHE, “The First Psychoanalyst,” *Yale Review* 46 (1956): 40. // 家族のパーティーやキノコ狩りについては, the *New York Times*, May 13, 1994. のエリクソンの死亡記事。// 自動車旅行については,［手］from EHE to (nameless) (n.d. [early 1970s]), E-H. // ミンナ・ベルナイスとの会話については,［手］from EHE to David Riesman, November 19, 1957, DRP. // EHE, “Autobiographic Notes,” *Daedalus*, 736, エリクとフロイトの関係は言葉よりも視覚的要素が中心だったこと。

37 EHE, “Freud's ‘The Origins of Psychoanalysis,’” *International Journal of Psycho-Analysis* 36 (1955): 10,「フロイトも27歳になるまで」// EHE, *Insight and Responsibility*[4], 187, フロイトには「ドイツ国粋主義者の面があった」こと。// ユダヤ人としての自分とフロイトの類似性については, EHE, “Notes for Christian Gauss Seminar at Princeton,” 1969, E-H. //［手］from EHE to Riesman, November 19, 1957, DRP, フロイトの家庭や「男性的な知性を備えた女性」について。// ホンブルガーは, フロイトの『素人による精神分析の問題』は出版直後に読んでいた。子どもの活動についてのフロイトの指摘「子どもの精神世界に至る〜」という部分は同書のなかにある。// (*Standard Edition of the Complete Psychological Works of Sigmund Freud*, translated by James Strachey [London, 1955] xx, 249. 参照。)

38 EHE, “Autobiographic Notes,” *Daedalus*, 744,「私のなかで」,「一種の厚遇された義理の息子のアイデンティティ」// EHE, “Gauss Seminar,” 4, E-H,「母親的な要素が多すぎ」,「父親を必要として」// ハーヴェイのビデオで, エリクはウィーンのフロイトのサークルでの経験を, 継子としてのホンブルガー家と直結して語っている。// EHE, “Autobiographic Notes,” *Daedalus*, 744,「医学部を出ていないものが」// EHE and JE, “On Generativity and Identity: From a Conversation with the Editors,” *Harvard Education Review* 51, no.2 (May 1981): 260, フロイトは「私の養父と同じように」医師であり,「芸術に対する深い関心」をもち,「もっとも創造的な人物で」あったと述べている。

39 EHE, “Gauss Seminar,” 8,「偉大なユダヤ人〜彼らの愛情であった。」

40 EHE, *Life History* 37, and Dyer, *Anna Freud*, 82.

41 A. フロイトが中心人物となっていった過程については, Dyer, *Anna Freud*, とくに59-60, 93; Appignanesi and Forrester, *Freud's Women*, 281,287; Young-Bruehl, *Anna Freud*, Chapters 4-5. // EHE, “Studies in the Interpretation of Play,” *Genetic Psychology Monographs* 22, no.4 (November 1940): 569,「唯一の頼れる確かな専門書」// 情報源としては他に, EHE, “Anna Freud—Reflections,” *Bulletin of the Hampstead Clinic* 6 (1983): 53.

42 教育学セミナーについては, Young-Bruehl, *Anna Freud*, 175; Daniel Benveniste, “Siegfried Bernfeld in San Francisco,” *American Psychoanalyst* 26, no.1 (1992): 12; JE,［録］October 28, 1992. // 発達論の考え方と一般的な児童分析／教育をつなげていったというエリクの回想は, Schlein, *Way* 72-73.

43 Sterba, *Reminiscences*, 42-43, and Young-Bruehl, *Anna Freud*, 157-59, 児童セミナーと児童分析セミナーの違いについて。情報源としては他に, Anna Freud, *Intro-*

duction to Psychoanalysis[6], vii; Menaker, *Appointment in Vienna*, 143, 147-48, 150. エリクソンは両セミナーをたびたび混同している。// EHE, [録] by Burlingham, July 31, 1983, transcript 4, A. フロイトのセミナーをまとめ盛り上げる手腕について。// EHE, "Epilogue" (for Mt. Zion book) (n.d. [early 1980s]), 5, E-H,「私たちの実験的な活動の～」// EHE, "Anna Freud—Reflections," 52,「そのセミナーの～」

44 Coles, *Anna Freud*, 72. // 情報源としては他に, Anna Freud, "Normality and Pathology in Childhood," *Writings of Anna Freud* (London, 1965), vol.6, 168.

45 Young-Bruehl, *Anna Freud*, 176-77; Menaker, *Appointment in Vienna*, 97, 148-49; Dyer, *Anna Freud*, 64; Anna Freud, *Introduction to Psychoanalysis*[6], 54.

46 A. フロイトが子どもの社会環境改善に熱意を傾けたことについては, Young-Bruehl, *Anna Freud*, 177; Anna Freud, *Introduction to Psychoanalysis*[6], 175. EHE, "Reflections on Historical Change" (n.d. [c. 1978-82]), E-H, recording her advocacy of children's programs. // [手] from EHE to Nathan Hale, November 12, 1975, E-H, A. フロイトが子どもに食べ物を与えて「経費がかかるもの」と述べたという回想。

47 参考資料としては, Anna Freud, *Introduction to Psychoanalysis*[6], vii; "Panel Report: The Ego and the Mechanisms of Defense," *Journal of the Philadelphia Association of Psychoanalysis*, 1 (1974): 37-39; Young-Bruehl, *Anna Freud*, 182, 187-88; Eugene Pumpian-Mindlin, "Anna Freud and Erik Erikson," *Psychoanalytic Pioneers*, edited by Franz Alexander (New York, 1966), 520; EHE, "Anna Freud—Reflections," 53,「形と存在」

48 Coles, *Anna Freud*, 13, ホンブルガーの言葉 (「アンナ・フロイトが私に勧めてくれた」) を引用。// [手] from Erik Homburger to August Aichhorn, September 7, 1933, AP-SFH,「私がアンナ・フロイトに～」,「母と二人だけで過ごした子ども時代」// Peter Blos, [面] by Betty J. Lifton, NYC, January 22 and 23, 1993 (notes supplied to LJF), エリクがチャンスに飛びついたに違いないこと。// Esther Menaker, [電] by LJF, February 12, 1995, エリクの野心についてのブロス見解を支持。

49 Heller, *Freud-Rosenfeld*, 105,「私は今～」// EHE, "Gauss Seminar," E-H,「父親が必要～」

50 EHE, "Incomplete Vitae," July 2, 1938, J. W. Macfarlane Documents, Archives of History of American Psychology, University of Akron, 6 年間の教育分析のリスト, ただしウィーン精神分析研究所の名簿に載っているのは 1929～1933 年。エリクソンは, 個人分析は 3 年にわたって続いたと主張するのが常であった。かなり正確とみてよい参考資料としては, *New York Times*, May 13, 1994. もっとも, 未来の妻ジョアンと出会った時点 (1929 年) で分析を止めたと回想したこともあるが (EHE, [録] May 22, 1971, Reel 2, Tape A, Side A), 間違いである。分析は A. フロイト側から一時的に中断しただけだったというホンブルガーの回想は, Beatriz Foster, [電] by LJF, January 23, 1996. A. フロイトが父フロイトのベルリン旅行に付き添うため分析が頻繁に取りやめになったことについての回想は, Gerzon-Lerner interview (May 22, 1971). A. フロイトからの分析キャンセルについてはその他, JE, [録] October 28, 1992, and January 14, 1994. この 2 回のインタビューでジョアンは, エリクは分析を受けることに興味をなくしており, キャンセルになったときは嬉しそうだったと強調

した。この意見については，ジョアンがA. フロイトを嫌っていたことを考慮する必要がある。

51 Menaker, *Appointment in Vienna*, 147, 待合室のようす。// Schlein, *Way* 71,「年老いた『教授』を～」// EHE, "Autobiographic Notes," *Daedalus*, 735,「複雑に入りまじった感情」// EHE,［録］January 11, 1968, 羨望感を抱いたことや自分またはA. フロイトが二級だと感じたこと。// EHE, "Gauss Seminar," 4, E-H,「自分の立場の複雑さ」// ハーヴェイのビデオ,「自分が分析してもらうのが～」// Gerald Holton,［録］by LJF, Cambridge, February 15, 1991, および David Wilcox, PI by LJF, Cambridge, March 31, 1991, 待合室で抱いた複雑な感情についての回想。

52 Heller, *Child Analysis*, 72, A. フロイトは，ホンブルガーと生徒数人を毎日分析したこと。// Heller, *Freud-Rosenfeld*, 136,「リジーとエリクと小さなピーター」; 141-42,「私には，エリクと～」// Heller,［電］May 2, 1994, および Heller,［録］July 31, 1991.

53 EHE to Alden Whitman, July 14, 1974, E-H,「公私が分かちがたく～」// EHE to Anna Freud, March 1949, Anna Freud Papers, LC,「固い凝縮」// EHE,［録］by Howard B. Levine and Daniel Jacobs, November 13, 1984, transcript 4-5,「私とアンナの交友は～」

54 Coles, *Anna Freud*, 14, EHE の「てきぱきと手際よく」という回想を引用。// EHE remarks for Erikson Institute, October 1983, E-H,「優しく耳を傾け」//［手］from EHE to Alden Whitman, July 14, 1974, E-H,「ある種の遊び心」,「穏やかな落ち着きと純真さ」// EHE, "Play, Vision, and Deception," Second Godkin Lecture, April 12, 1972, transcript 2 (Margaret Brenman-Gibson private papers).

55 セーターのエピソードについては，EHE, "Anna Freud—Reflections," 52, および Heller, *Freud-Rosenfeld*, 10; Arthur S. Couch, "Anna Freud's Adult Psychoanalytic Technique: A Defense of Classical Analysis," *International Journal of Psycho-Analysis* 76, Part I (February 1995) 169 も参照。// Paul Roazen, "Erik Erikson as a Teacher," *Michigan Quarterly Review* (Winter 1992): 31, S. フロイトが娘アンナを分析していたことについて，1960年代にローゼンに対してエリクソンが「近親相姦かもしれない～」と回想したこと。

56［手］from EHE to Anna Freud, March 1949, Anna Freud Papers, LC,「疲れている」,「病気」,「ジョアンと結婚するように～」// Foster,［電］January 23, 1996, ジョアンとの交際にA. フロイトが悩んでいたというエリクの回想について。

57 父親不在が子どもに与える影響についてA. フロイトが注目していたことについては，Dyer, *Anna Freud*, 22-23. // Esther Menaker,［電］by LJF, February 5, 1995, 船上のシーンの木版画，および父親問題を昇華させるようにというA. フロイトの助言について。// JE,［電］by LJF, March 11, 1995, 木版画についてのメナカーの解釈を裏付け。// Robert J. Lifton, "Talks (Dinner & Breakfast) with Erik Erikson on May 4-5-6, 1980, in Tiburon," RJL-NYPL, A. フロイトに木版画を贈ったこと。// Betty J. Lifton,［電］by LJF, May 5, 1993, A. フロイトやH. ドイッチュの世代は家族のスキャンダルを明るみに出すことをきらって養子にされた子どもの実親探しを奨励しなかったという調査結果を記している。//［手］from Erik Homburger to August Aichhorn, September 7, 1933, AP-SFH, 彼の「裏切られた父親」について。いくつかのバリエーションはあるが，エリクソンは，実父についての知識をA. フロイ

トから空想だと一蹴されたことを親しい友人に繰り返し語っている。例として, JE, ［録］January 14, 1994, および JE, ［電］by LJF, December 13, 1993; Sue Bloland, ［録］by LJF, NYC, November 8, 1993; Betty J. Lifton, ［面］by LJF, Wellfleet, October 30, 1992. // Margaret Brenman-Gibson, ［録］by LJF, Stockbridge, March 31, 1991, および Margaret Brenman-Gibson, ［面］by LJF, Stockbridge, May 29, 1991, March 20, 1992, and April 10, 1993, (実父のものという) 写真をめぐるエピソードについてエリクソンが回想したこと。

58 EHE to Anna Freud, March 1949, Anna Freud Papers, LC,「分析が終わっていたからこそ」（強調を付加）,「アメリカでの『成功』は～」// ［手］from EHE to Jon, Kai, and Sue (n.d. ［1960s］), ジョン・エリクソン所蔵,「分析を受けた部屋」// ［手］from EHE to Robert Wallerstein (titled "Homestead"), September 20, 1974, E-H,「相当に優れた個人分析」// *New York Times*, May 13, 1994, エリクソンの「束縛を解き放つ～」という言葉を引用。// ［手］from Lois Murphy to EHE, June 17, 1977 (unsent), E-H. Sue Bloland, ［録］November 8, 1993.

59 EHE, ［録］May 22, 1971, Reel 2, Tape A, Side B.

60 JE, ［録］May 6, 1991, および Harwich, October 24, 1994, and June 10, 1995. Sue Bloland, ［録］November 8, 1993, and July 9, 1994. // 著者は 1995 年 6 月 10 日にジョアンを訪問した折にたまたまサーソン一家の写真を目にした。ジョアンの反応は,「あら, 知られちゃったわね」であった。

61 JE, ［録］May 6, 1991; Coles, *Erikson*[1], 24-25. Mary Catherine Bateson, *Composing a Life*[8] (New York, 1990), 50.

62 JE, ［録］January 14, 1994; JE および EHE, ［面］by M. Burlingham, Stockbridge, July 31, 1983, transcript 2-3; Christina Robb, "Partners for Life," *Boston Globe Magazine*, March 22, 1987, 19; M. Burlingham, *Tiffany*; 206; Heller, "Recollections of the Burlingham-Rosenfeld School,"2.

63 JE, ［録］January 14, 1994, and June 9, 1995; EHE, ［録］by Benjamin White, Cotuit, July 22, 1978 (ハーバード大医学部カウントウェイ図書館所蔵オーディオテープ) ; Sue Bloland, ［録］July 9, 1994. // Menaker, ［電］February 5 and 12, 1995, マルゴ・ゴールドシュミットをはじめとする友人たちが, ジョアンと結婚するようエリクを説得し, 難産のジョアンを病院に見舞うようにと諭したこと。

64 ［手］from EHE to Jon, Kai, and Sue Erikson (n.d. ［1960s］), ジョン・エリクソン所蔵, 聖公会の結婚式（公的記録は残っていない）の思い出。1930 年 9 月 27 日に行なわれた民事婚の式の記録は, MA61-*Altmatrikenstelle* (#2492) in the *Rathaus*. JE, ［録］June 9, 1995, および by LJF, Harwich, July 5, 1996, 聖公会の式と民事婚の式について。ユダヤ教の結婚式の公式記録（聖公会の式と民事婚の式に関する付記がある）は, *Literal Excerpt from the Marriage Record Book of the Registrar of the Jewish Community of Vienna*, running document no.427 (1930), Institut für Wissenschaft und Kunst, Vienna. ユダヤ教の式に関する詳細は, Rosenfeld, *Recollections*, 211; EHE and JE, ［録］by M. Burlingham, July 31, 1983, transcript 3; JE, ［録］January 14, 1994; ［手］from Finn Abrahamsen to LJF, Copenhagen, August 15, 1993.

65 Ruth Hirsch and Ellen Katz, ［録］by LJF, NYC, August 16, 1991; Ruth Hirsch,

［電］by LJF, June 9, 1991; Hirsch,［録］October 8, 1993.

66 JE,［録］Cambridge, June 12, 1993, および Harwich, October 20, 1994; Hirsch and Katz,［録］August 16, 1991; Hirsch,［電］June 9, 1991; Helene Abrahamsen,［録］by Martha Abrahamsen, Copenhagen（n.d.［1982 or 1983］）; Sue Bloland,［録］November 8, 1993; Menaker,［電］February 12, 1995.

67 JE,［録］January 14 および by LJF, Harwich, January 15, 1994, and June 9, 1995; EHE（Wattmanngasse）（n.d.［c.1980］）, E-H; Bateson, *Composing a Life*[8], 83, 215; Rosenfeld, *Recollections*, 210-11; Joanne and Kai Erikson,［録］by LJF, Hamden, November 7, 1993; Robb, "Partners for Life," 26; Menaker,［電］February 5, 1995.

68 Henry A. Murray,［録］by James W. Anderson, Cambridge, July 18, 1975, 情熱的な夫婦というより忠誠心と信頼にもとづく人間関係だったこと。ジョアンがエリクとの結婚で得られたと感じたことについては, JE,［録］January 14, 1994; Sue Bloland,［録］October 8, 1993, and July 9, 1994. // EHE, "Introductory Remarks: First Peter Blos Biennial Lecture," NYC, December 7, 1971, 4, E-H, ジョアンは「強すぎる知的情熱」の緩和剤となったこと。ジョアンがエリクの生活に大きな影響を与えたことについては, Hirsch and Katz,［録］August, 16, 1991; Hirsch,［電］June 9, 1991; Sue Bloland,［録］October 8, 1993; Nina Holton,［録］by LJF, Lexington, Mass., April 30, 1991. // Margaret Brenman-Gibson,［録］by LJF, Stockbridge, March 23, 1991, エレン・カッツの見方をエリクが全面的に支持したこと。

69 Phyllis Rose, *Parallel Lives*（New York, 1984）, 7.

70 イェーケルスの背景については, Elke Muhlteitner, *Biographisches Lexikon der Psychoanalyse*（Tübingen, 1992）, 170-71. // イェーケルスから受けた分析についてのジョアンの回想は, JE,［録］October 28, 1992, and January 14, 1994. // キルトの事件についての回想は,［録］January 14, 1994. // Menaker,［電］February 5, 1995, キャンセルしたセッションに対してもイェーケルスが料金を請求したことについてのジョアンの不満。参考資料としては他に, Coles, *Erikson*[1], 25, および John Thornton,［面］by LJF, Bloomington, August 18, 1994, 自分の分析についてのジョアンの回想。

71 JE,［録］June 9, 1995, フロイトに声をかけられたこと。// Roazen, "Erik Erikson as a Teacher," 31, ハルトマンから非難されたことについてのジョアンの回想。// Peter Heller,［電］by LJF, February 5, 1994, 精神分析界の動きについてのジョアンとエリクの関心の差について。A. フロイト（特にエリクへの影響）や精神分析界の動きについての懸念を表明したものとして, JE,［録］by LJF, Cambridge, December 17, 1990, および［録］January 14, 1994, and June 9, 1995. //［手］from EHE to Anna Freud, March 1949, Anna Freud Papers, LC,「危険が存在する」という A. フロイトの警告について。参考資料としては他に, Brenman-Gibson,［録］March 23, 1991, および by LJF, Stockbridge, March 27, 1993; および Sue Bloland,［録］November 8, 1993, and May 9, 1995.

72 EHE,［録］November 13, 1984, transcript 3,「全部が関連している」// EHE, Chautauqua（1978）, 1,「創始者」// EHE,［録］January 11, 1968,「個人的」で「いっそう信頼できる」

73 EHE, "Autobiographic Notes," *Daedalus*, 740,「十九世紀の物理主義」,「内的構造

を生き生きとさせる衝動」,「言語的であると同時に視覚的」,「はっきりと示唆」,「無意識そのものの創造力」。参考資料としては他に, EHE, *Life Cycle Completed*[3], 16,「衝動」について。// Schlein, *Way*, 39-69 (“The Fate of Drives in School Compositions”)。EHE, [録] by Margaret Brenman-Gibson, Tiburon, April 1, 1983, Tape 2, 11, 機械論的で物理主義的なフロイト派の用語を用いながらその限界を感じていたことを回想している。Levine, “Interview with Erikson,” 12; [手] from EHE to Robert R. Holt, December 31, 1979, E-H.

74 EHE, [録] April 1, 1983, Tape 1, 30,「内的世界」と「外的世界」, 両者のつながりを「完全に無視している」こと。// EHE, *Life Cycle Completed*[3], 19-20,「患者が〜」// ハーヴェイのビデオでは「精神分析の外側」についてエリクと話し合ったことについてジョアンが回想している。ジョアンの主張にもかかわらずエリクは, S. フロイトが社会を重視していたと考えていた。その他, EHE, [録] January 11, 1968; EHE, [録] April 29, 1976, EHE, “Autobiographic Notes,” *Daedalus*, 741,「フロイト自身の著作では」

75 “*Vereinigung*,” December 16, 1931, comment by Edith Jackson, Jackson Papers, Schlesinger Library, Radcliffe,「質疑応答は不活発で」// EHE, [録] April 1, 1983, Tape 1, 26; Stephen Schlein, [面] by LJF, Lexington, Mass., April 4, 1991; EHE, [録] May 22, 1971, Reel 1, Tape B, Side A,「本当に言いたいことを」

76 Young-Bruehl, *Anna Freud*, 166-68, クラインとA. フロイトの論争について。// EHE, [録] January 11, 1968, ウィーン時代のクラインとA. フロイトの論争についての回想。// Paul Roazen, “Transmission: Tausk, Erikson and Helene Deutsch,” *Le Cadre de L'Analyse* (Paris, 1994), 19; Roazen, “Psychology and Politics: The Case of Erik H. Erikson,” *The Human Context* 8 (1975): 580; および Roazen, *Erik H. Erikson: The Power and Limits of a Vision*[9] (New York, 1976), 6-7, クライン派と非難されて心を痛めたこと。

77 Schlein, *Way*, 27,「生徒たちは〜」; 54, 母親を破壊したいという女児のエディプス・コンプレックス; 37,「子どもの良心の力を〜」

78 [手] from EHE to Dorothy Burlingham, October 14, 1974, E-H,マビーとミッキーに関する報告について。// Schlein, *Way*, 68, バーリンガムは「チャンス」を与え「信頼感を抱ける」教師だったことについて; 56,「うつろな目をした」; 38,「子どもに対して」,「関係は〜」; xxii-xxiii,ホンブルガーのウィーン時代の論文は, 子どもの作品のなかの現実性についてのメッセージをおとなが認めることが重要である点が強調されていることについて。特に, 1931年の論文2編 “Children's Picture Books” および “The Fate of Drives in School Compositions.” ではこの点が強調されている。

79 EHE review of *Psychoanalysis for Teachers and Parents* in *Psychoanalytic Quarterly* 5 (1936): 292-93, A. フロイトが「子どもの自我を〜可能性があるもの」や「自我を照らし出」すものについて言及したこと。// EHE, [録] January 11, 1968, 1936年に発表したA. フロイト批判はセミナー出席中の経験をもとにしたものであること。// EHE, “Autobiographic Notes,” *Daedalus*, 739, 自我適応に関するハルトマンの論に感銘したことについて。

80 *Daedalus*, 739, および EHE, *Life History*, 37,「有名ではないが魅力ある教師」だっ

たフェダーンが，彼の「自我の境界」という構想を練るなかでアイデンティティという用語を使った可能性があること。// EHE, *Identity: Youth and Crisis*[10] (New York, 1968), 9,「自我の境界」に取り組む「創意に富んだ」人物としてのフェダーンの思い出。// EHE, "Autobiographic Notes", 同じく Dyer, *Anna Freud*, 107, および Sterba, *Reminiscences*, 127. // タウスクとフェダーンのつながりについては，Paul Roazen, *Le Cadre de L'Analyse*, 14, および Roazen, *Freud and His Followers*[11] (New York, 1976), 515.

81 Hetty Zock, *A Psychology of Ultimate Concern: Erik H. Erikson's Contribution to the Psychology of Religion* (Amsterdam, 1990), 56-57, ホンブルガーがクリスから受けた影響について論じた秀逸な資料である。// EHE,［録］by Nathan Hale, April 26 and 29, 1976, ライヒの影響について。参考資料としては他に，EHE,［録］January 11, 1968.

82 EHE, *Identity*[10], 20, フロイトが1926年に「内的アイデンティティ」と表現したこと。// EHE,［録］January 11, 1968,「自我」と「アイデンティティ」が公私両面で重要問題であったという後年の述懐。

83［手］from EHE to Alden Whitman, July 14, 1974, E-H,「『内輪サークル』のメンバー」// EHE,［録］January 11, 1968, および EHE,［録］April 1, 1983, transcript 23, 大きな可能性をもつ正会員に認められた投票の思い出。// Coles, *Erikson*[1], 30, ウィーン精神分析協会の手続きについて。

84 EHE, "Anna Freud—Reflections," 53-54,「人類の内的力動」// EHE,［録］July 22, 1978, Countway Library; EHE,［録］April 1, 1983, transcript 29; および EHE,［録］January 11, 1968, 当時のオーストリア情勢や精神分析界におけるドイツ侵攻の受け止め方について。参考資料として，フロイトの反応を詳しく記した Gay, *Freud*[2], 593. // JE,［録］January 14, 1994, ウィーン脱出を決めたのは政治への不安，特にジョアン自身の政治意識や不安が強かったという回想。［手］from EHE to Robert J. Lifton, June 1976, RJL-NYPL, ドイツのオーストリア侵略について，エリクはジョアンほど懸念していなかったこと。

85 EHE,［録］January 11, 1968, および EHE,［録］April 1, 1983, transcript 29, ヒトラーの台頭がなくてもウィーンを離れたであろうこと。// EHE, "Autobiographic Notes," *Daedalus*, 740,「強くなる一方の保守主義」// EHE,［録］by Forrest Robinson, Cambridge, August 12, 1970, transcript 2,「信者集団」// 同じ見解を述べたものとして，EHE,［録］May 22, 1971, Reel 1, Tape B, Side A (Lerner and Gerzon interview)。このインタビューで，エリクソンは「過度に母性的な」分析家や「若い男性は〜」とも述べている。

86 EHE, ハーヴェイのビデオ,「一家全員で」というジョアンの決意について。ジョアンの見方については，JE,［録］January 14, 1994, and June 9, 1995, および EHE and JE,［面］July 31, 1983, 5. // ウィーン市にはエリクソン夫妻がオーストリア市民権を申請したという記録はない。

87 EHE,［録］January, 11, 1968,「私は非常に強い〜」// EHE,［録］May 22, 1971, Reel 2, Tape A, Side B,「精神分析は〜」,「違った方法で」はなく「私自身のやり方で」進めるということ。// Gifford, "EHE-84," Side 2, 24-25,「解放される」,「実証しなければならなくなった」// EHE,［録］January 11, 1968,「実父は異教徒」// EHE,

“Autobiographic Notes,” *Daedalus*, 744,「精神分析を通じて得たアイデンティティ」

88 A. フロイトにウィーンを去ると告げたときのことについては, EHE, [録] January 11, 1968. 同じく, [手] from EHE to Anna Freud, March 1949, Anna Freud Papers, LC,「集中する必要がある」// Coles, *Anna Freud*, 15, A. フロイトが「肩をすくめて〜」というエリクの回想を引用。// Stephen Schlein, [面] by LJF, Washington, D. C., May 1, 1992,「反対側」に移らないようにと A. フロイトが忠告したこと。// Helmut Wohl, [録] by LJF, Boston, April 24, 1991, 駅に見送りに来たフロイトの別れの言葉についてのエリクの回想。ホールはストックブリッジの隣人で親友であった。

89 アイヒホルンの背景および活動についての情報源としては, Achim Perner, “Der Ort der Verwahrlosung in der Psychoanalytischen Theorie bei August Aichhorn” (n. d.), および Harold Leupold-Lowenthal, *Handbuch der Psychoanalyse* (Vienna, 1986), 49-50. // Gardner and Stevens, *Red Vienna*, 101, A. フロイトがアイヒホルンを高く評価していたこと。// Blos, [録] May 22, 1966, 非行少年の分析におけるアイヒホルンの視点について。

90 Transcript of conversation between Erik Homburger, August Aichhorn, et al., March 12, 1933, AP-SFH, ホンブルガーの受け持った 17 歳の患者のことや, アイヒホルンとホンブルガーの関係について。// David W. Wilcox, “Reflections on a Supervision,” Cambridge Hospital Symposium, October 29, 1994, 5, ホンブルガーはアイヒホルンのスーパービジョンや教えを重視していたこと。// Schlein, *Way* 711,「若者の問題に」。アイヒホルンは, マーガレット・マーラーやハインツ・コフートにも強い影響を与えた。

91 [手] from Erik Homburger to August Aichhorn, September 7, 1933, AP-SFH. // Blos, [録] May 22, 1966, および Achim Perner, “Ein Interview mit Peter Blos über August Aichhorn,” *Kinderpsychoanalyse* (June 1993), ブロスのウィーンでの経歴やアイヒホルンとの接触について。// Ingrid Scholz-Strasser, [面] by LJF, Vienna, May 11, 1993, ウィーン時代のブロスとホンブルガーの間の緊張に A. フロイトが重要な役割を演じたこと。

92 [手] from Homburger to Aichhorn, AP-SFH, September 7, 1933.

93 同上。

94 同上。父親の裏切りについてのエリクの話がエディプス・コンプレックス理論からの翻案か否かについては疑問が残る。実際, エリクの話は実父のことを知ろうとした活動に反するように思われる。

95 [手] from Aichhorn to Homburger, September 17, 1933, AP-SFH.

96 [手] from Homburger to Aichhorn, September 29, 1933, AP-SFH.

97 Coles, *Erikson*[1], 180,「内面がたくましくなった」

98 [手] from Aichhorn to Homburger, September 17, 1933, AP-SFH, 人生の一つの章を終えたこと。// [手] from Aichhorn to Blos, March 16, 1946, Thomas Aichhorn private papers,「私についての思い出は」,「うまくいっているでしょうか」

[1] Coles, R., *Erik H. Erikson: The Growth of His Work* (Boston, 1970) (R. コールズ/鑪幹八郎監訳『エリク・H・エリクソンの研究』上下, ぺりかん社, 1980.)

[2] Gay, P., *Freud: A Life for Our Time* (New York, 1988) (P. ゲイ/鈴木晶訳『フ

ロイト』みすず書房, 1997.)

[3] Erikson, E. H., *The Life Cycle Completed: A Review* (New York, 1982) (E. H. エリクソン・J. M. エリクソン/村瀬孝雄・近藤邦夫訳『ライフサイクル、その完結』増補版, みすず書房, 2001.)

[4] Erikson, E. H., *Insight and Responsibility: Lectures on the Ethical Foundation of Psychoanalytic Insight* (New York, 1964) (E. H. エリクソン/鑪幹八郎訳『洞察と責任―精神分析の臨床と倫理』誠信書房, 1971.)

[5] Sharaf, M., *Fury on Earth: A Biography of Wilhelm Reich* (New York, 1983) (M. シャラフ/村本詔司・国永史子訳『ウィルヘルム・ライヒ―生涯と業績』上下, 新水社, 1996-1996.)

[6] Freud, A., *Introduction to Psychoanalysis: Lectures for Child Analysts and Teachers, 1922-1935* (New York, 1974) (A. フロイト/岩村由美子・中沢たえ子訳『児童分析入門―児童分析家と教師のための講義』岩崎学術出版社, 1981.)

[7] Evans, R. I. ed., *Dialogue with Erik Erikson* (New York, 1967) (R. I. エヴァンズ/岡堂哲雄・中園正身訳『エリクソンは語る―アイデンティティの心理学』新曜社, 1981.)

[8] Bateson, M. C., *Composing a Life* (New York, 1990) (M. C. ベイトソン/桜内篤子訳『女性として, 人間として―五つの創造的人生から学ぶ』ティビーエス・ブリタニカ, 1991.)

[9] Roazen, P., *Erik H. Erikson: The Power and Limits of a Vision* (New York, 1976) (P. ローゼン/福島章他訳『アイデンティティ論を超えて』誠信書房, 1984.)

[10] Erikson, E. H., *Identity: Youth and Crisis* (New York, 1968) (E. H. エリクソン/岩瀬庸理訳『アイデンティティ―青年と危機』金沢文庫, 1982.)

[11] Roazen, P., *Freud and His Followers* (New York, 1976) (P. ローゼン/岸田秀他訳『フロイトと後継者たち』上下, 誠信書房, 1987-1988.)

第3章 「アメリカ人の制作」――ホンブルガーからエリクソンへ (1933-39年)

1 EHE, *Insight and Responsibility: Lectures on the Ethical Implications of Psychoanalytic Insight*[1] (New York, 1964), 84,「アメリカ移住者としての自分の立場」// EHE, "Autobiographic Statement to Freshman Seminar" (n.d. [early 1960s]), E-H. // EHE, *Life History and the Historical Moment* (New York, 1975), 43,「自然に根ざし」たものとしての「アイデンティティ」

2 EHE, *Childhood and Society*[2] (New York, 1963 ed.), 283,「いつも, 到着や出立, ～どのように感じられるものかについて書いた」// Richard I. Evans, ed., *Dialogue with Erik Erikson*[3] (New York, 1967), 41,「非常に重要な再定義の一つ」,「知覚的, 感覚的な印象」,「概念的なイメージ」

3 EHE, *Identity: Youth and Crisis*[4] (New York, 1968), 227,「私の人生史《ライフヒストリー》」,「移民のイデオロギーに安らぎをおぼえる下地」

4 EHE, [録] by Michael Lerner and Mark Gerzon, May 22, 1971, Reel 2, Tape A, Side B, E-H. // JE, [録] by LJF, Cambridge, October 28, 1992. // EHE, "*Lehrausschussitzung*," Vienna, May 19, 1933, Freud Museum, London, 最終分析訓練を終え

る前にウィーンを離れたこと。

5 EHE, [録] by Robert Stewart, Cambridge, January 11, 1968,「デンマーク人として生まれた」// Ruth Hirsch, [電] by LJF, June 28, 1993, デンマークで父親についてもっとよく知りたいと望んでいたとエリクが語ったことを回想した。// EHE, "Memorandum to Freud Archives" (n.d. [March 1977]), 3, E-H, マリー・ボナパルトを助けたこと。情報源としては他に Celia Bertin, *Marie Bonaparte: A Life* (New York, 1982), 189. // JE, [録] by LJF, Cambridge, December 17, 1990, October 28, 1992, and June 12, 1993, および Harwich, January 14, 1994.

6 JE, [録] by LJF, Cambridge, May 6, 1991, and June 12, 1993, and January 14, 1994, and July 5, 1996.

7 JE, [録] June 12, 1993, and January 14 and October 20, 1994; Agnete Kalckar. // [面] by LJF, Cambridge, June 13, 1993. // ジョアンの母親による 300 クローネの仕送りについては, [手] from C. B. Henriques to Ministry of Justice, June 10, 1933, Central Aliens Police File UDL, Case No.35713, Danish National Archives.

8 Hirsch, [電] June 28, 1993; JE, [録] June 12, 1993, および Harwich, June 9, 1996; Finn and Martha Abrahamsen, [録] by LJF, Copenhagen, May 8, 1993.

9 Reimer Jensen and Henning Paikin, "On Psychoanalysis in Denmark," *Scandinavian Psychoanalytic Review* (1980): 109, ネスガードについて; 104,「紛れもない偏執症」であるハーニク,およびマリー・ボナパルトについてはフロイトを引用。// Jensen and Paikin, 105, および Asger Frost, "The Reception of Psychoanalysis in Denmark" (n.p. [1992]), 5-6, ハーニクのエピソード。// Myron Sharaf, *Fury on Earth: A Biography of Wilhelm Reich*[5] (New York, 1983), 184-85, 1933 年のデンマークにおけるライヒの問題。情報源としては他に Benjamin Harris and Adrian Brock, "Freudian Psychopolitics: The Rivalry of Wilhelm Reich and Otto Fenichel, 1930-35," *Bulletin of the History of Medicine* 60 (Winter 1992): 593-94. // Evans, *Dialogue with Erik Erikson*[3], 85, Erikson, ライヒの「同じ青っぽい光」。情報源としては他に Bertin, *Marie Bonaparte*, 188.

10 Jensen and Paikin, "On Psychoanalysis in Denmark," 105, デンマーク政府がナチスの脅威を理解できなかったこと。// エリク・ホンブルガーが司法省に提出した上訴状とそれに伴う文書については, Central Aliens Police File UDL, Case No.35713, Danish National Archives.

11 [手] from C. B. Henriques to Ministry of Justice, May 15, 1993, Central Aliens Police File UDL, Case No.35713, Danish National Archives, ホンブルガー一家の上訴に関するアブラハムセン家としての説明。

12 [手] from Marc Kalckar, Lauritz Grun, Hugo Grun, Viggo Sheitel, Central Aliens Police File UDL, Case No.35713, Danish National Archives, エリク・ホンブルガーを弁護。マリー・ボナパルトの手紙 (May 1, 1933) も同じファイルに収められている。// アイナー・アブラハムセンの保証状が含まれているのは, [手] from H. Wiene to Visa Section, State Police, Copenhagen, June 1, 1933, Case No.35713, Danish National Archives.

13 National Board of Health to Ministry of Justice, June 8, 1933; [手] from Ministry of Justice to C. B. Henriques, July 11, 1933, "E. B." による注記付き, ホンブルガー

のドイツ市民権とコペンハーゲン大学での教職について。どちらも Central Aliens Police File UDL, Case No.35713, Danish National Archives.

14 ［手］from EHE to Saul Rosenzweig, December 15, 1975, E-H,「デンマークの市民権を取り戻すことができなかったために」// ホンブルガーの苦境に関する同時代の報告については，［手］from H. Wiene to Visa Section, State Police, Copenhagen, July 19 and 21, 1933, Central Alien Police File UDL, Case No.35713, Danish National Archives. // Finn Abrahamsen,［録］May 8, 1993, 司法省の決定にエリクがいかにショックを受けたかを父親のスヴェンドといとこのヘニーが語っていたことを回想した。

15 EHE,［録］January 11, 1968, および EHE,［録］by Benjamin White, Cotuit, July 22, 1978（Countway Library, Harvard Medical School 所蔵録音テープ），エリクとジョアンがウィーンに戻らなかった理由。//［手］from EHE to August Aichhorn, September 7, 1933, AP-SFH. // JE,［録］December 17, 1990, ザックスがボストンを勧めたこと。

16 EHE,［録］by Margaret Brenman-Gibson, Tiburon, April 1, 1983, Tape 1, transcript, 21; EHE,［録］May 22, 1971, Reel 2, Tape A, Side B. //［手］from EHE to Bernd Arenz, January 3, 1977, E-H; JE,［録］May 6, 1991, October 28, 1992, and June 12, 1993, and January 14, 1994. // EHE, Harvard Senior Seminar, "Perspectives on the Life Cycle," October 23, 1985, ハリエット・ハーヴェイのビデオ，ジョアンが「自分たちをアメリカに連れて行く決心をした」こと。

17 JE,［録］January 14 and October 20, 1994, ビザの取得におけるジョアンの母の役割，およびアメリカ移民局の手違いによりエリクが病気であるとみなされたこと。// Ruth Hirsch and Ellen Katz,［録］by LJF, NYC, August 16, 1991, エレンのコペンハーゲン訪問。// コペンハーゲン発アメリカ行き汽船「スカンメイル号」の外国人乗客名簿（1933 年 9 月 30 日）U.S. National Archives（vol.11638, p.41, line 10）.

18 EHE, "Written for Per Bloland," 1977, E-H. // Jon Erikson,［面］by LJF, Harwich, June 14, 1994, 嵐と船酔い。

19 EHE, "Written for Per Bloland."

20 EHE,［録］April 1, 1983, Tape 1, transcript, 8, ケナンはエリクが「出会った初めてのアメリカ人」だったこと，およびケナンが「翻訳すべきです」と言ったこと。//［手］from George Kennan to EHE, November 7, 1950, E-H,「文章がすばらしく」,「この新しい環境を理解する〜」// スカンメイル号の船上でケナンと交わしたその他の会話については，EHE and JE,［面］by Michael J. Burlingham, Stockbridge, July 31, 1983, transcript, 5; JE,［録］January 14 and October 20, 1994; Robert Coles, *Erik H. Erikson: The Growth of His Work*[6]（Boston, 1970）, 84.

21 Kai Erikson, ed., *In Search of Common Ground: Conversations with Erik H. Erikson and Huey P. Newton*[7]（New York, 1973）, 67,「私たちの船が〜」,「はじめは視野を狭めさせ」// JE,［録］by LJF, Cambridge, March 12, 1991, and January 14 and October 20, 1994, ストノロフが一家を出迎えてくれたこと。// Betty, J. Lifton,［電］by LJF, January 24, 1993, ブロスが木版画を持ってきてくれたこと。// K. Erikson, ed., *Common Ground*[7], 124,「移民として歓迎されているさなかには」

22 Daniel Benveniste, "Siegfried Bernfeld in San Francisco," *The American Psychoanalyst* 26（1992）: 13, アメリカを批判しなかったフェニケル，ベルンフェルト，フロ

ム。// EHE, [録] by Nathan Hale, Tiburon, April 29, 1976. // EHE, "Written for Per Bloland," ルーズベルト，および「再び幸せな日々がやってきた」こと。// EHE, [録] May 22, 1971, Reel 2, Tape B, Side A, 遊び心が顔を出す「とても陽気な」ルーズベルト大統領。// EHE, *Dimensions of a New Identity*[8] (New York, 1974), 97-98, ルーズベルト大統領が「いつもぴんと背筋を伸ばし」人々の心を高揚させたこと。// EHE, "Autobiographic Notes on the Identity Crisis," *Daedalus* 94, no.4 (Fall 1970): 746, ニューディール時代のアメリカの陶酔にも似た幸福感。

23 EHE, [録] by Forrest Robinson, August 12, 1970, transcript, 1,「最後の時期」,「アメリカはまだ自由や夢を意味していた」// EHE, [録] April 1, 1983, Tape 1, transcript, 28-29,「ようこそ」と言ってくれた移民局の係員の言葉とその意味。// 情報源としては他に Brenman-Gibson, "Erik Erikson and the Ethics of Survival," *Harvard Magazine* 87 (1984): 60.

24 EHE, "Autobiographic Statement to Freshman Seminar," E-H, 特に言葉の面での「断絶」// EHE, in Abarbanel Notes, October 20, 1969, E-H, 友達に会えないこと。// [手] from EHE to August Aichhorn, October 7, 1933, AP-SFH,「まったく期待がもてない」// EHE, [録] April 29, 1976, ブリルのもとを訪ね，セントルイス行きを勧められたこと。// [手] from A. A. Brill to Ernest Jones, November 17, 1933, Archives of the British Psycho-Analytical Society.

25 EHE, [録] April 29, 1976, ブリルの冷たいあしらいを「深刻には受け止めなかった」// Evans, *Dialogue with Erik Erikson*[3], 29,「それまでの国のアイデンティティを手放す」移民。// K. Erikson, ed., *In Search of Common Ground*[7], 129, および EHE, "Insert p.921," 1980, E-H, 自分自身の「アイデンティティの危機」とアメリカという国の「アイデンティティの危機」の共鳴。

26 EHE, [録] January 11, 1968; JE, [録] January 14, 1994; および EHE, [録] July 22, 1978, ザックスが約束を果たしてはくれなかったが，ホンブルガー一家を食事に招待したこと。// EHE, [録] August 12, 1970,「ゼロから出発しなければならなかった」// [手] from EHE to Sanford Gifford, February 12, 1982, E-H,「自分のことにかかりきりだった」// EHE, [録] July 22, 1978, コブが夕食に招いてくれたこととパットナムの重要な役割。// 情報源としては他に Benjamin White, *Stanley Cobb: A Builder of the Modern Neurosciences* (Boston, 1984), 207, および Sanford Gifford, "Interview with Prof. Erikson and His Wife Joan," November 3, 1984, transcript in Boston Psychoanalytic Society, Side 2, 12. // [手] from David Shakow to Erik Homburger, January 18, 1935, Shakow Papers, Archives for the History of American Psychology, (Akron), ウースター州立病院に講演に来るようホンブルガーに依頼したこと。

27 Jon Erikson, [電] by LJF, August 31, 1996; JE, [録] by LJF, Cambridge, April 12 and May 6, 1991, and January 14, 1994; EHE, [録] July 22, 1978; [手] from EHE to Jon Erikson, October 31, 1966, E-H; Jon Erikson, [電] August 31, 1996. // Kai Erikson, [録] by LJF, Hamden, November 7, 1993, エリクが家事や日常の些事に無頓着だったこと。ジョンとカイはまだ幼かったため，家族の食事や買い物の習慣について直接の記憶はない。彼らはこうしたことについて家庭内の語り草となっていたことを話してくれた。// Henry A. Murray, [録] by James W. Anderson, Cambridge,

July 18, 1975, レストランでジョアンがエリクの分まで注文していたことを回想した。

28 ホンブルガーの初期の診察室については，Gifford, "Interview," 1984, Side 1, 4; Brenman-Gibson, "Erikson and Ethics of Survival," 61-62. // ホンブルガーが正統的な精神分析の方法に従わず，子どもやその家族と会っていたことについては，EHE, ［録］April 29, 1976; Richard Stevens, *Erik Erikson: An Introduction* (New York, 1983), 110; David Elkind in *New York Times Magazine* (April 5, 1970), 26; Florence Clothier at April 14, 1973, meeting of Boston Psychoanalytic Society, Archives of Boston Psychoanalytic Society. // ［手］from Hanns Sachs to Mark A. May, March 9, 1936, Yale Institute for Human Relations Records (YIHR), Box 9, Folder 67,「ここボストンで～」// Paul Roazen, *Helene Deutsch: A Psychoanalyst's Life* (New York, 1985), 280, ホンブルガーに関するフェリクス・ドイッチュの言葉を引用。

29 *Boston Globe*, March 31, 1992 (Taylor obituary); ［手］from Otto Rank to John Taylor, October 6 and December 5, 1930, Boston Psychoanalytic Society; Martha Taylor, ［録］by LJF, Cambridge, March 6, 1991.

30 Martha Taylor, ［録］March 6, 1991. 1991 年のこのインタビューで，テイラーは，エリク・ホンブルガーとの分析治療の経験について公表することを望んでいると述べた。

31 George E. Gifford, ed., *Psychoanalysis, Psychotherapy, and the New England Medical Scene, 1894-1944* (New York, 1978), 334-35, ボストン精神分析協会の 1930 年の組織再編と，同協会の会員になるための要件; 390, ホンブルガーが同協会で初めての児童分析の課程を担当したこと。// ホンブルガーは，ウィーン精神分析協会との関係，国際精神分析学会への入会許可，およびアメリカの精神分析学会について，次の資料の中で回想している。EHE, "Autobiographic Notes," *Daedalus*, 746, および EHE, ［録］by Levine and Jacobs, November 13, 1984, transcript, 7. // Ives Hendrick, ed., *The Birth of an Institute* (Freeport, 1961), 55, 49, 症例の発表におけるホンブルガーの「並はずれた創造性」，ボストン精神分析協会で初めての児童分析の課程を受け持ったこと，および他の児童分析家の訓練を監督する指導員になったこと。// Gifford, "Interview with Prof. Erikson," Side 2, 20, ヘンドリックがホンブルガーに患者を紹介したこと。// George Gifford, ［電］by LJF, Boston, March 3, 1991, ヘンドリックとホンブルガーの全般的な関係。// ［手］from EHE to Saul Rosenzweig, December 15, 1975, E-H, ボストン精神分析協会における自分の正確な立場について説明。

32 ［手］from Anna Freud to Ernest Jones, November 29, 1934, Archives of the British Psycho-Analytic Society,「ボストンでのグッドニュース」// EHE, ［録］April 29, 1976,「ウィーンでは，精神分析は～」，分析家は「誰しも，医学の専門分野としての～」// "Erik H. Erikson: A Biography" (n.d. [1948]), in EHE Academic Personnel File, University of California, Berkeley, Archives, アメリカ精神分析学会の児童・青年精神分析委員長に任命されたこと。// Coles, *Erikson*[6], 180,「いかなる種類の大学教育も修了していない」，「もっぱら支援を受けた」// ［手］from EHE to Henry A. Murray, May 23, 1957, E-H,「ノックアウトされた」

33 ［手］from William Healy to Mark May, February 29, 1936, YIHR, Box 9, Folder 67,「特別な天分」,「精神分析の理論をきわめてよく知っていた」// "Symposium on the

History of Early Psa. in Boston, April 1973," Florence Clothier Papers, Schlesinger Library, Radcliffe, ホンブルガーが子どもの予防的な診断をするよう主張したこと。// B. White, *Cobb*, 291, ジャッジ・ベーカーの症例検討会におけるホンブルガーの様子について。

34 EHE, "Studies in the Interpretation of Play," *Genetic Psychology Monographs* 22 (November 1940): この非常に長い論文（サブタイトルは "A Six-Year-Old Boy's Secret-John"）の 589-97 は，ジャッジ・ベーカーでのこの症例について論じている。ホンブルガーはこの症例についてときどき講義を行なった。Abarbanel Notes, November 3, 1969 を参照。

35 EHE, "Studies in the Interpretation of Play," 663-69, ジョンと他の子どもの遊びのコンフィギュレーションを結びつけ，遊びのコンフィギュレーションの全般的な意味を解き明かしている。

36 ジョンの症例での成功によりホンブルガーがボストン地域でどのように受け止められたかについて感触を得るには，次を参照。JE, [録] April 12 および by LJF, Cambridege, November 21, 1991, and January 14, 1994; Gordon Harper, [電] by LJF, April 14, 1991.

37 マレー，コブ，グレッグの関係とその重要性について著者に初めて指摘してくれたのは，ハーバード大学カウントウェイ図書館の優れた研究者ユージン・テイラーだった。このことは以下の文献からも窺うことができる。Rodney Triplet, "Henry A. Murray and the Harvard Psychological Clinic, 1916-1938: A Struggle to Expand the Disciplinary Boundaries of Academic Psychology" (Ph.D. diss., University of New Hampshire, 1983), および Caroline Nina Murray, [面] by LJF, Cambridge, March 11, 1991. この点についてはもっと詳しい研究が必要である。

38 Triplet, "Henry A. Murray," 240-41, および EHE, [録] July 22, 1978. どちらもコブとその視点について説明している。// [手] from Stanley Cobb to Mark A. May, March 12, 1936, YIHR, Box 9, Folder 67,「いくぶん思弁的」であるが，楽しくつきあえる人物であり，「非常に難しい患者を治療できる」分析家のホンブルガー。// [手] from Cobb to EHE, December 8, 1964, Cobb Papers, Countway Library, ホンブルガーが精神分析を哲学と位置づけたこと。

39 マサチューセッツ総合病院でのホンブルガーの仕事と活動については，EHE, "Words in Memory of Frank Fremont-Smith" (n.d. [1974]), E-H,「公認されたキャリアの始まり」,「ある意味でわが家に帰ったようなものであった」，および B. White, *Cobb*, 207-208; EHE, [録] July 22, 1978. // EHE child analysis seminar announcement (n.d. [March 1935]), in David Shakow Papers, Archives of the History of American Psychology (Akron). // EHE, [録] April 29, 1976,「キャリアの始まり」,「ある意味でわが家に帰ったような」

40 "Remarks by Professor Erikson," 1979, Wright Institute, Berkeley, transcript, 1, E-H,「文化の学際的な出会い」// EHE, [録] April 1, 1983, Tape 1, transcript, 26,「学際的な場」

41 ハーバード心理クリニックを率いたマレーの志向と方向性について，心理学部との関連で記された文献としては，以下のようなものがある。M. Brewster Smith and James W. Anderson, "Henry A. Murray (1893-1988)," *American Psychologist* 44

(August 1989): 1153; Triplet, "Henry A. Murray," 11-12, 188-90, 276; Anne Bernays, "A Free-Wheeling Morning with Harry Murray," *Harvard Magazine* 83 (March-April, 1980): 70.

42 ［手］from EHE to Henry A. Murray, May 23, 1957, E-H,「知的な寝台」があるこのクリニックが「もっとも家庭に近い場所」と感じられたこと，およびクリニックがジェームズを重視したこと。// EHE,［録］August 12, 1970, transcript, 1, フロイト, ユング, ジェームズについて; 9-10, クリスティアーナ・モーガンについて; 12,「移民, ユダヤ人」; 13, アメリカの「スポーツイベント」; 12,「社会的,文化的に彼らと同じ背景をもっていない者」

43 Henry A. Murray, *Explorations in Personality: A Clinical and Experimental Study of Fifty Men of College Age*[9] (New York, 1938), x-xi, 16-31; Triplet, "Henry A. Murray," 212; Stephen Schlein, ed., *A Way of Looking at Things: Selected Papers from 1930-1980. Erik H. Erikson* (New York, 1987), 137-38 *n*.15.

44 EHE, "Studies in the Interpretation of Play," 668 *n*.16, 劇的制作検査が実際は臨床的な探求と感じられたこと。// Steven Weiland, "Psychoanalysis Without Words: Erik H. Erikson's American Apprenticeship," *Michigan Quarterly Review* (Winter 1992): 4,「言葉を用いない精神分析」に関してホンブルガーを引用。// Murray, *Explorations*[9], 569, ホンブルガーが遊びの配置を通して検査を行なったこと; 552, 遊びの構成は精神病者には有効かもしれないと示唆。// "Remarks by Professor Erikson," Wright Institute, 1979, E-H, transcript, 2,「私はやはり〜何かを見ることができました」

45 ホンブルガーの章については, Lewin, "Maturation and Disease as Reported in Configurations," Lewin Group, Smith College, December 29, 1940-January 2, 1941, Jean Walker Macfarlane Docs., AHAP-Akron. // Nevitt Sanford, *Learning after College* (Orinda, Calif., 1980), 110. // Murray,［録］by Anderson, August 18, 1975, ホンブルガーの数値的評価がずれており，アプローチが他の研究者と違っていたこと。//［手］from Murray to Mark A. May, March 6, 1936, YIHR, Box 9, Folder 67, ホンブルガーは「科学的な精神に欠け」, チームプレーヤーとして理論を検証することに興味をもたなかったこと。

46 EHE,［録］August 12, 1970; "Remarks by Professor Erikson," 1979, Wright Institute.

47 発生学に基礎を置くマレーの発達論にホンブルガーが注目したことについては, Margaret Brenman-Gibson,［録］by LJF, Stockbridge, March 23, 1991; Bernays, "A Free-Wheeling Morning," 69. // EHE, "Growth and Crisis of the Healthy Personality," *Psychological Issues*, Monograph I, vol.1, no.1 (1959): 52,「成長するものはすべて一つの基本設計《グランドプラン》をもち」// Forrest G. Robinson, *Love's Story Told: A Life of Henry A. Murray* (Cambridge, 1992), マレーが正常な発達に重点を置いていたことを繰り返し強調している。

48 EHE,［録］August 12, 1970.

49 EHE,［録］August 12, 1970,「誰もが,この国では学位がないと〜」// 卒業単位と博士号候補者のステータスに関するホンブルガーとボーリングの話し合いについては,［手］from Erik Homburger to Edwin Boring, January 13, 1933 (正しくは 1934 年),

および n.d. (1934 or 1935); [手] from Boring to Homburger, May 14, 1934, and June 19, 1935. いずれも Boring Papers, Harvard University Archives. // [手] from Boring to Homburger, May 14, 1934, 彼が「心理学 22B」に落第したこと。// EHE, "Autobiographic Notes," *Daedalus*, 734, 大学院のコースで「落後した」// Donald Brown, [録] by LJF, Ann Arbor, November 16, 1992, ボーリングがそばにいるとエマーソン・ホールの階段でつまづいたとホンブルガーが語ったことを回想。

50 JE, [録] Harwich, October 22, 1994, エリクがボストン＝ケンブリッジ地域に落ち着けなかったこと，および引っ越したくないというジョアンの気持ち。// JE, [録] December 17, 1990, 研究と執筆のためエリクにはもっと時間が必要だったこと。// [手] from EHE to Sanford Gifford, February 13, 1982, E-H,「個人的なニーズにとらわれて」いて「大局的に見る」ことができなかったことを回想。// 情報源としては他に "Memo re: Alan Gregg's Interview at Institute of Human Relations, November 16-19, 1936," Record Group 1.1, 200 Series, Rockefeller Archives.

51 William Graebner, "The Unstable World of Benjamin Spock: Social Engineering in a Democratic Culture, 1917-1950," *Journal of American History* 67 (December 1980): 615, 児童発達運動におけるフランクの全般的な重要性。// Milton J. E. Senn, *Insights on the Child Development Movement in the United States*, monographs of the Society for Research in Child Development, Serial No.161, vol.40, nos.3-4 (August 1975): 2,「触媒」としてのフランク。// [手] from Margaret Mead to Frank Falkner, June 11, 1963, Mead Papers, LC, 児童発達学の父としてのフランク。// Margaret Mead, "Letter for Larry's Seventy-fifth Birthday," November 9, 1965, Mead Papers, LC, フランクの「生きたネットワーク」

52 EHE, [録] April 29, 1976, ニューヨークではじめてフランクに会ったとき「もっとも母性的な男」だと感じたこと，およびその後フランクの夏の別荘で会ったこと。// JE, [録] May 6, 1991, and October 22, 1994 も参照。

53 [手] from Marian C. Putnam to Mark May, February 6, 1936, YIHR, Box 6, Folder 67,「彼は自由に，しかし批判的に」// [手] from Mark May to Herbert W. Shenton, February 1, 1936, YIHR, Box 14, Folder 140,「一流の児童分析家」// ホンブルガーが「医学教育もその他の科学教育も受けていない」と述べたメイの言葉は，次に引用されている。Arnold Gesell, "Memorandum re: Mr. Homburger," April 8, 1936, Gesell Papers, LC. // May, "Notes on Interview with Dr. Adolf Meyer, October 19, 1935," 1 YIHR, シカゴとボストンの精神分析熱。

54 [手] from Erik Homburger to Stanhope Bayne-Jones, October 16, 1937, Series I, Subseries III, General Education Board, Rockefeller Archives,「共同研究」のチャンスがあるイェールの申し出を受け入れた理由。// [手] from Herbert N. Shenton to Mark May, May 7, 1936, Lawrence Frank Papers, National Library of Medicine, メイシー財団がホンブルガーに提供した 3 年間の給与。// 情報源としては他に [手] from Mark A. May to Lawrence Frank, April 10, 1935, Frank Papers, および May to Erik Homburger, April 8, 1936, and May, "To Whom It May Concern" (n.d.), 共に, YIHR, Box 9, Folder 67. // Don A. Oren, *Joining the Club: A History of Jews at Yale* (New Haven, 1985), 特に 124-25,ユダヤ人や外国人に不利な雇用方針。// EHE, [録] August 12, 1970,イェールの申し出を受けるようにマレーが勧めたこと。

55 Esther Thelen and Karen Adolph, “Arnold L. Gesell: The Paradox of Nature and Nurture,” *Developmental Psychology* 28 (1992): 368-69, 373, 379; Senn, *Insights on the Child Development*, 34; Ernest R. Hilgard, *Psychology in America: A Historical Survey* (New York, 1977), 554.

56 EHE, “Studies in the Interpretation of Play,” 559 *n*.1; JE, [電] by LJF, March 25, 1991; [手] from Stanhope Bayne-Jones to Alan Gregg, October 6, 1938, Series I, Subseries III, General Education Board, Rockefeller Archives; “Erikson” (n.d.), YIHR, Box 9, Folder 67.

57 この研究グループのプロジェクトについては以下の文献に詳しく記されている。Mark May, “Yale University-Institute of Human Relations: Annual Report for 1936-37,” 2-3, 19, Record Group 1.1, 200 Series, Rockefeller Archives; Milton J. E. Senn Oral History Collection in Child Development, 1967-75, National Library of Medicine (Edith Jackson interview, May 8, 1970). // Louise Bates Ames, *Arnold Gesell: Themes of His Work* (New York, 1969), 235, 遊びの構成に同性のおとなの行為が再現されているとホンブルガーが気づいたことについて論評。// Schlein, *Way* 103-4 (“Configurations in Play” における性差の問題について例証). // 積み木で作られる形が男児と女児でどのように違うかをホンブルガーが細かい統計数値として示した表は, 1938 年の論文集 “E.H. Erikson Research-Pre School Play-Yale,” E-H.

58 [手] from Jean W. Macfarlane to Robert J. Havighurst, May 24, 1938, Macfarlane Docs., AHAP-Akron, ウォッシュバーンが去ったことと, それがホンブルガーに与えた影響。// Ames, *Gesell*, 235, ホンブルガーが性的な要素を強調するように見えることにゲゼルが不満を抱いたこと。// EHE, [録] April 29, 1976, および Senn, *Insights on Child Development*, 30-31, ゲゼルが臨床記録の閲覧を拒否することになった出来事。// [手] from Arnold Gesell to Erik Homburger, October 20, 1937, General Education Board, Box 376, Folder 3925, Rockefeller Archives, および Arnold Gesell, “Memorandum re: Erik Homburger,” October 15, 1937, Gesell Papers, LC, この論争と記録の閲覧禁止に関するゲゼルの視点。

59 EHE, [録] April 29, 1976, ゲゼルがはっきりと敵意を見せ, ホンブルガーがそばにいるのをいやがったこと。// “Interview of Alan Gregg with Prof. Arnold Gesell at New Haven,” October 20, 1938, General Education Board, Box 376, Folder 3925, Rockefeller Archives, ゲゼルが「制約のない同僚」としてホンブルガーを受け入れられなかったこと。// Alan Gregg diary, June 13, 1938, Rockefeller Archives, 医学部の学部長に訴えたこと。// [手] from Homburger to Stanhope Bayne-Jones, October 16, 1937, General Education Board, Box 376, Folder 3925, Rockefeller Archives,「状況を繕う」ことを拒否し, 研究の発表を保証するよう求めている。// [手] from Stanhope Bayne-Jones to Alan Gregg, June 11, 1938, Record Group 1.1, Series 200, Rockefeller Archives, ホンブルガーのイェールでの将来に関する「不確実性」

60 EHE, [録] April 29, 1976, 精神分析学に関心をもつイェールで唯一の組織としての人間関係研究所。// Mark A. May, *Toward a Science of Human Behavior: A Survey of the Work of the Institute of Human Relations through Two Decades, 1929-1949* (New Haven, 1950), 65; [手] from Erik Homburger to Mark May, April 25,

1936, YIHR; および J. R. Morawski, "Organizing Knowledge and Behavior at Yale's Institute of Human Relations," *ISIS 77* (June 1986): 237, この研究所でのツィン, ダラード, パットナムおよび精神分析の役割。// EHE, "Autobiographic Notes," *Daedalus*, 747, ダラードの「特筆に価する学際的な刺激」// John W. Whiting, ［録］by LJF, Cambridge, March 28, 1991, ホンブルガーによるダラードの娘の治療と, それが二人の友情を促したこと。

61 John Dollard, *Criteria for the Life History* (New Haven, 1935), 3, 「新しい人間が〜」, および 8, 24-25. // May, *Toward a Science of Human Behavior*, 67-68.

62 EHE, "Notes on Freudian Theory" (n.d. [late 1930s]), 3, YIHR, Box 9, Folder 67, 同研究所で彼が提示した 4 つの段階が記されている。

63 Schlein, *Way*, 77-138 には 1937 年の "Configurations in Play" が再録されている。および 105-14 は, この碁盤目状の図を提示し, それについて論評している。// 同書 107, 「連続的に変化する各段階における身体器官」; 112, 「何かを行ないたいという全般的な衝動」

64 Milton J. E. Senn, ed., *Symposium on the Healthy Personality: Transactions of Special Meetings of Conference on Infancy and Childhood, June 8-9 and July 3-4, 1950, New York, NY* (New York, 1950), 45, 研究所の同僚たちに対してホンブルガーが自分のアウトラインとチャートについて論じたのをヘンドリックが覚えていること, およびこれは完全なライフサイクル・モデルの初期のバージョンであるとヘンドリックが主張したこと。// ミードは同じものが次の文献にも掲載されていたのを目にしたと回想した。J. M. Tanner and Barbel Inhelder, eds., *Discussions in Child Development*, Proceedings of Meeting of World Health Organization Study Group, IV (Geneva, 1956), 141. ミードの反応は次の資料にも述べられている。［手］from Mead to Erik Homburger, January 10, 1936, Mead Papers, LC, B4, 「行動の法則」; Mary Catherine Bateson, *With a Daughter's Eye: A Memoir of Margaret Mead and Gregory Bateson*[10] (New York, 1984), 207, および Jane Howard, *Margaret Mead: A Life* (New York, 1984), 176. 情報源としては他に［手］from Erik Homburger to Mark May, February 24, 1936, YIHR, Box 9, Folder 67. これによると, 彼は子どもの遊びの構成を発達段階に結びつける研究をしようとしていた。この手紙は, ホンブルガーが取り組んでいたことに関するヘンドリックとミードの考えを強く支持している。

65 ハルのプロジェクトについては以下の文献に記されている。Morawski, "Organizing Knowledge," 234-37; May, *Toward a Science of Human Behavior*, 20, 65-66; Marie Jahoda in *The Intellectual Migration: Europe and America, 1930-1960*, edited by Donald Feming and Bernard Bailyn (Cambridge, Mass., 1969), 426-27; Robert Levine, ［面］by LJF, Cambridge, March 29, 1991; Regna Darnell, *Edward Sapir: Linguist, Anthropologist, Humanist* (Berkeley, 1990), 389-90.

66 ［手］from Erik Homburger to Mark May, April 25, 1936, YIHR, Box 9, Folder 67, 「要旨を書き直し」たこと, およびハルが彼の言葉を広く伝えようとしたことに対する困惑。// EHE, ［録］April 29, 1976, および Darnell, *Sapir*, 389, 検証方法を探るハルの研究にホンブルガーがなじめなかったこと。

67 "Memo re: Alan Gregg's Interviews at the Institute of Human Relations, Novem-

ber 16-19, 1936, " Record Group 1.1, 200 Series, Rockefeller Archives, ホンブルガーが「苦労している」// [手] from EHE to Mark May (n.d. [1939]), YIHR, Box 9, Folder 67,「その一員になれない」// [手] from Erik Homburger to Mark May, April 25, 1936, YIHR, Box 9, Folder 67,「静かに考えたい」

68 サピアおよびその関心とアプローチについては, Darnell, *Sapir*, とくに 146, 150, 384, 391-94, および Stephen Weiland, *Intellectual Craftsmen: Ways and Works in American Scholarship, 1935-1990* (New Brunswick, N.J., 1991), 24-25. // Robert Levine, [面] March 29, 1991, サピアが研究所に漂う反ユダヤ主義を感じていたこと。// 1960 年代にホンブルガー＝エリクソンといっしょにハーバードで教鞭を執ったジョージ・ゴーザルズは, イェールでのサピアとのつながりについて調べている。Goethals, [面] by LJF, Cambridge, March 27, 1991, および Cambridge Hospital Symposium on Erik Erikson, October 29, 1994 (tape) でのゴーザルズの発表。// John W. M. Whiting, [録] by LJF, Cambridge, March 8, 1991, イェールでのホンブルガーとサピアの関係について回想。

69 David Elkin, "Erik Erikson's Eight Ages of Man," *New York Times Magazine* (April 5, 1970): 27,「スー族というのが〜」// Evans, *Dialogue with Erik Erikson*[3], 61,「白人がやってくる前に」// Senn Oral History Collection, National Library of Medicine (Mead interview), エリクソンとメキールの接触。

70 EHE, "Observations on Sioux Education," *Journal of Psychology 7* (1939): 101-56.

71 EHE, [録] April 29, 1976, ミードやレヴィンのような人々に紹介してくれた促進者としてのフランク;「私がウィーンで学んだものと連続する」;「『子ども期と社会』の基本概念」。情報源としては他に EHE, "Autobiographic Notes," *Daedalus*, 746.

72 Graebner, "Unstable World of Benjamin Spock," 625, ザカリーの研究会とその重要性。// Lois B. Murphy, *Gardner Murphy: Integrating, Expanding and Humanizing Psychology* (Jefferson, N.C., 1990), 168-69, ザカリーの研究会がホンブルガーの発表によってどれほど刺激を受けたか, また彼がいかに「私のその後の仕事に刺激を与えたか」を思い起こしている。// Lois Murphy, [電] by LJF, June 10, 1991, 祖母の死に苦しむ子どもについての発表を回想。

73 カーディナーの研究会と考え方については, 以下の文献に詳しい。Jerome Rabow, "Psychoanalysis and Social Science: A Review," *Psychoanalytic Review* 12 (Fall 1983): 34-35; Joan Te Paske Mark, "The Impact of Freud on American Cultural Anthropology, 1909-1945" (Ph.D. diss., Harvard University, 1968), 171, 176, 181; Darnell, *Sapir*, 356; Diana W. Warshay and Leon H. Warshay, "Situational Interpretation of Gender Relations," *International Social Science Review* 66 (Summer 1991): 113.

74 Robert Levine, [面] March 29, 1991; Abram Kardiner, [録] by Bluma Swerdloff, 1963, transcript, Columbia Oral History Research Office; W. H. Kracke, "A Psychoanalyst in the Field: Erikson's Contributions to Anthropology," in *Childhood and Selfhood: Essays on Tradition, Religion, and Modernity in the Psychology of Erik H. Erikson*, edited by Peter Homans (Lewisburg, Pa., 1978), 149-50; EHE, [録] April 29, 1976.

75 Helen Carr, "Coming of Age in America: Margaret Mead and Karen Horney," *American Cultural Critics*, edited by David Murray (Exeter, Pa., 1995), 141-56, 若いころのミードとその姿勢や性格について力強い分析を行なっている。

76 Howard, *Margaret Mead*, 329, シンシナチでのミードとホンブルガーの最初の出会い。// Senn, Oral History, NLM, ホンブルガーの身体部位の捉え方をバリ族に拡大したとミードが回想したこと。情報源としては他に Mead, *Male and Female*[11] (New York, 1955), 289-90, および［手］from Mead to Homburger, January 10, 1936, Mead Papers, LC, B4. //［手］from Mead to EHE, June 23, 1939, Mead Papers, LC, B4,「私はますますあなたの考え方を〜」,「どうか，あなたの書いたものを〜」

77 EHE, "World Views" (n.d.), E-H,「精神分析的な身体イメージは開口部だけであって」,「バランスを崩したり〜」//［手］from Homburger to Mead, January 7, 1936, Mead Papers, LC, B4,「これまでのあなたとの話のおかげで」//［手］from EHE to Mead, June 6, 1939, Mead Papers, LC, B4, 彼の著作を後押ししたこと。// EHE, "Further Autobiographic Remarks: For Friends and Relations Only: August 1977," E-H, ミードが講演のしかたを指導したこと。//［手］from Mead to Homburger, January 10, 1936, Mead Papers, LC, B4, ホンブルガーをベネディクトに引き合わせたこと。

78 Ruth Benedict, "Configurations of Culture in North America," *American Anthropologist* 34 (1932): 2,「内的必要性」; 23,「パーソナリティの類型《タイプ》が〜」; 4, 26 も参照。情報源としては他に Mark, "Impact of Freud on American Cultural Anthropology," 112-14, 123, 126.

79 J. M. Tanner and Barbel Inhelder, eds., *Discussions in Child Development*, vol.3, Proceedings of Meeting of the World Health Organization Study Group on the Psychobiological Development of the Child (Geneva, 1955), 17,「一つのよく似た言語を話している〜」。情報源としては他に EHE,［録］April 1, 1983, Tape 1, 27-28.

80 Schlein, *Way* ("Configurations in Play"), 77-138; 78, 精神分析家が子どもの「空間的なコンフィギュレーション」を見逃しがちだと批判したこと。

81 "EHE's Conceptual Structure" (n.d.), 2. YIHR, Box 9, Folder 67,「自制や自信等々の人類がもつ最大の力は」

82 EHE,［録］May 22, 1971, Reel 2, Tape B, Side A,「全面的に理解してもらえると信じていた」// EHE, *Identity*[4], 227,「ある種のモラトリアムを与え」,「救いようもないほど英語がわからないことに」//［手］from Tracy J. Putnam to Mark A. May, March 3, 1936, YIHR, Box 9, Folder 67. // Henry A. Murray,［録］by J. W. Anderson, Cambridge, May 12, 1981,「洗練された言語力」// JE,［面］by LJF, Cambridge, April 23, 1991, および JE,［録］by LJF, Harwich, January 15, 1994, 彼女の個人的な役割と編集上の役割について。// EHE, *Childhood and Society*[2] (New York, 1985 ed.), 8,「文章を導いた」

83 ［手］from EHE to Jean W. Macfarlane, October 21, 1938, J. W. Macfarlane Docs., AHAP-Akron,「コネティカット・ヤンキーの家政婦」,「古いニューイングランド」の家具。// JE,［電］by LJF, September 14, 1996, および Jon Erikson,［電］August 31, 1996, ピアノについて。// JE,［録］May 6, 1991, カイとジョンを私立学校に通わせた

こと。

84 Mary Catherine Bateson, *Composing a Life*[12] (New York, 1990), 215-16 の中で, ジョアンは水疱瘡と猩紅熱, それにジョンの乳様突起炎について詳しく述べている。ジョアンの乳様突起炎をめぐる騒ぎは Jon Erikson, [面] June 14, 1994 でも述べられた。// [手] from EHE to Wendell Johnson, March 30, 1956, E-H,「妻が三人目の妊娠のために〜」および EHE to Charles Van Riper, March 30, 1956, E-H.

85 ミードとジョアン・ホンブルガーが先駆者となった「母子同室」の歴史的な背景については, Raymond Dyer, *Anna Freud Remembered: Recollections from Her Friends and Colleagues* (Chicago, 1983), 162, および Bateson, *Composing a Life*[12], 216-17. // 情報源としては他に Robert Rubenstein, "Erik Erikson" (n.d. [late 1980s]), 5, San Francisco Psychoanalytic Institute. エディス・ジャクソンの注釈が記されたものとしては, Senn, Oral History, National Library of Medicine.

86 エレン・カッツ, 続いて両親がカールスルーエからハイファへ移住した事情を詳しく説明しているのは, Hirsch and Katz, [録] August 16, 1991; Hirsch, [録] June 9, 1991: Esther Ramon, *The Homburger Family from Karlsruhe* (Jerusalem, 1992), 76-77. // カールスルーエにとどまったホンブルガー家の親戚の行く末については, Ramon, *Homburger Family* 23, 39; Ramon, "Die Familie Homburger aus Karlsruhe," in *Juden in Karlsruhe*, edited by Heinz Schmitt (Karlsruhe, 1988), 467-68; Hirsch and Katz, [録] August 16, 1991. // EHE, *Young Man Luther: A Study in Psychoanalysis and History*[13] (New York, 1958), 10,「ヨーロッパにいる私の仲間たちの白骨」

87 ハイファに移ったホンブルガー家の経済的な窮状とエリクが毎月百ドルの仕送りをしたことは, Hirsch, November 12, 1992, and June 28 and November 8, 1993; Hirsch and Katz, [録] August 16, 1991; Ramon, *Homburger Family* 77-78. // [手] from Erik Homburger to Mark May, May 16, 1936,「両親も養う責任を引き受けました」

88 Hirsch, [録] November 12, 1992, and November 8, 1993, および [電] June 9, 1991; Katz and Hirsch, [録] August 16, 1991.

89 テオドール・ホンブルガーの遺書, Haifa, 1942 (General-landesarchiv Karlsruhe 所蔵文書).

90 アメリカ合衆国帰化申請書 (1938 年 11 月 30 日付)。アメリカ合衆国帰化意思宣言書, (1938 年 11 月 28 日付) も参照。この両文書は, アメリカ合衆国入国帰化局のエリク・ホンブルガー・エリクソン・ファイルに含まれている。// [手] from EHE to Kai T. Erikson (n.d. [1960s]), エリクとジョアンの帰化手続きの詳細について。// 1938 年に撮影されたホンブルガーの写真, および *Daily Californian*, January 23, 1939 の写真は, 帰化申請のときに着ていた服と当時の彼の外観を示している。

91 EHE, "Further Autobiographic Remarks," E-H,「すべての新しいアメリカ人は」,「スカンジナビア人にとってごくありふれたものだ」, および自分の新しいミドルネームとカイのミドルネームによってテオドール・ホンブルガーとのつながりを保ったこと。// Coles, *Erikson*[6], 181,「ミドルネームとして養父の名前を残し」// [手] from EHE to the editor, *New York Times Book Review* (n.d. [1975]; unsent), E-H,「エリクソンという名は〜」// 情報源としては他に EHE, "Memorandum," June 1975, Anna Freud Papers, LC, 96; EHE, "Notes on My Parentage" (n.d. [1978]), E-H.

92 Robert K. Merton, *A Life of Learning* (New York, 1994), ACLS Occasional Paper No.25, 9, ヨーロッパから移住したユダヤ人の改名の例を列挙。// Moses Rischin *The Promised City: New York Jews, 1870-1914* (Cambridge, 1977), 144, ローワー・イースト・サイドでの改名について。// Darnell, *Sapir*, 400, ウィンテルニッツについて。// 心理学者の間での反ユダヤ主義と改名に関する議論は, Andrew S. Winston, "'As His Name Indicates': R. S. Woodworth's Letters of Reference and Employment for Jewish Psychologists in the 1930s," *Journal of the History of the Behavioral Sciences* 32 (January 1996): 30-43. // [手] from Jean Walker Macfarlane to EHE, October 10, 1938, および from EHE to Macfarlane, August 30, 1938, J. W. Macfarlane Docs., AHAP-Akron.

93 JE, [録] June 12, 1993, および Harwich, October 20, 1994; EHE and JE, ハーヴェイのビデオ中; [手] from EHE to Avner Falk, November 12, 1963, and January 8, 1973, E-H; Sue Bloland, [録] November 8, 1993; Jon Erikson, [面] June 14, 1994; [手] from EHE to editor, *New York Times Book Review* (n.d. [1975]), E-H; Kai Erikson comment at "Erik Erikson's America" session, Wellfleet, October 31, 1992; Kai Erikson, [録] November 7, 1993. // [手] from Kai Erikson to LJF, January 17, 1998 の中で, カイは改名における自分の役割について, 家族の説明は疑わしいと述べた。

94 ハーヴェイのビデオ, 「私たちが決定した」後, 「ジョアンが決定した」// このビデオの中で, ジョアンは家族の話し合いとその中での自分の役割について, 自分の見方を詳しく説明している。// [手] from Erik Homburger to Jean W. Macfarlane, September 20, 1938 (ジョアンが「エリクソン夫人」とよばれたがっていること) および October 21, 1938 (ジョンとカイが名前の変更を大喜びしていること)。どちらの手紙も J. W. Macfarlane Docs., AHAP-Akron 蔵。情報源としては他に Kai Erikson, [録] November 7, 1993, および JE, [録] October 20, 1994.

95 バイキング・エリクソン一族の物語が詳しく述べられているのは, Ronald Takaki, *A Different Mirror: A History of Multicultural America*[14] (Boston, 1993), 21-22. //[手] from Erik Homburger to August Aichhorn, September 7, 1933, AP-SFH, 自分の実父はアメリカに渡ったと主張。

96 K. Erikson, *In Search of Common Ground*[7], 122, 129.

97 EHE, *Gandhi's Truth: On the Origins of Militant Nonviolence*[15] (New York, 1969), 102, 「子どもは人の父である」// Betty J. Lifton, *Journey of the Adopted Self: A Quest for Wholeness* (New York, 1994), 206, 「私は自分自身をエリクの息子にしました」というエリクソンの言葉を引用。// ハーヴェイのビデオ, 「アメリカの自由」// 理解できることだが, 公式の見解としては, エリクソンは新しい名が「自分自身の父親であることを象徴する」という見方を否定した。たとえば, EHE, "Further Autobiographic Remarks, August 1977," 3, E-H.

98 Leon Edel, *Writing Lives: Principia Biographia* (New York, 1984), 170, エリソンやキングなどの場合, 名前は目的と責任の特別な感覚を生み出すのに役立っていると述べられている。// Caroline Nina Murray, [面] March 11, 1991, ホンブルガーとしてアメリカで暮らし続けるのは不可能だったこと。

[1] Erikson, E. H., *Insight and Responsibility: Lectures on the Ethical Foundation of Psychoanalytic Insight* (New York, 1964) (E. H. エリクソン／鑪幹八郎訳『洞察と責任―精神分析の臨床と倫理』誠信書房, 1971.)

[2] Erikson, E. H., *Childhood and Society* (New York, 1985 edition) (E. H. エリクソン／仁科弥生訳『幼児期と社会』1,2, みすず書房, 1977-1980, 原著1963年版の訳.)

[3] Evans, R. I. ed., *Dialogue with Erik Erikson* (New York, 1967) (R. I. エヴァンズ／岡堂哲雄・中園正身訳『エリクソンは語る―アイデンティティの心理学』新曜社, 1981.)

[4] Erikson, E. H., *Identity: Youth and Crisis* (New York, 1968) (E. H. エリクソン／岩瀬庸理訳『アイデンティティ―青年と危機』金沢文庫, 1982.)

[5] Sharaf, M., *Fury on Earth: A Biography of Wilhelm Reich* (New York, 1983) (M. シャラフ／村本詔司・国永史子訳『ウィルヘルム・ライヒ―生涯と業績』上下, 新水社, 1996-1996.)

[6] Coles, R., *Erik H. Erikson: The Growth of His Work* (Boston, 1970) (R. コールズ／鑪幹八郎監訳『エリク・H・エリクソンの研究』上下, ぺりかん社, 1980.)

[7] Erikson, K. T. ed., *In Search of Common Ground*, (New York, 1971) (K. エリクソン／近藤邦夫訳『エリクソン vs.ニュートン―アイデンティティーと革命をめぐる討論』みすず書房, 1975.)

[8] Erikson, E. H., *Dimensions of a New Identity* (New York, 1974) (E. H. エリク・エリクソン／五十嵐武士訳『歴史のなかのアイデンティティ―ジェファソンと現代』みすず書房, 1979.)

[9] Murray, H. A., *Explorations in Personality: A Clinical and Experimental Study of Fifty Men of College Age* (New York, 1938) (H. A. マァレー編／外林大作訳編『パーソナリティ』1,2, 誠信書房, 1961-1962.)

[10] Bateson, M. C., *With a Daughter's Eye: A Memoir of Margaret Mead and Gregory Bateson* (New York, 1984) (M. C. ベイトソン／佐藤良明・保坂嘉恵美訳『娘の眼から―マーガレット・ミードとグレゴリー・ベイトソンの私的メモワール』国文社, 1993.)

[11] Mead, M., *Male and Female* (New York, 1955) (M. ミード／田中寿美子・加藤秀俊訳『男性と女性―移りゆく世界における両性の研究』上下, 東京創元社, 1961-1961.)

[12] Bateson, M. C., *Composing a Life* (New York, 1990) (M. C. ベイトソン／桜内篤子訳『女性として, 人間として―五つの創造的人生から学ぶ』ティビーエス・ブリタニカ, 1991.)

[13] Erikson, E. H., *Young Man Luther: A Study in Psychoanalysis and History* (New York, 1958) (E. H. エリクソン／西平直訳『青年ルター』1,2, みすず書房, 2002-3.)

[14] Takaki, R., *A Different Mirror: A History of Multicultural America* (Boston, 1993) (R. タカキ／富田虎男監訳『多文化社会アメリカの歴史―別の鏡に映して』明石書店, 1995.)

[15] Erikson, E. H., *Gandhi's Truth: On the Origins of Militant Nonviolence* (New York, 1969) (E. H. エリクソン／星野美賀子訳『ガンディーの真理――戦闘的非暴力の起原』1,2, みすず書房, 1973-1974.)

第4章　交差文化《クロス・カルチュラル》のモザイク――『子ども期と社会』

1　［手］from EHE to Jean Walker Macfarlane, May 11, 1938, J. W. Macfarlane Docs., AHAP-Akron, ニューヘヴンでは研究をすることが少なく，臨床的な仕事が多くなっていたこと。

2　［手］from Robert J. Havighurst to J. W. Macfarlane, April 4, 1938; Macfarlane to Molly Putnam, April 29, 1938; Putnam to Macfarlane, May 4, 1938; Macfarlane to Erik Homburger, May 14, 1938（「お望みの額」）; Erik Homburger to Macfarlane, May 11, 1938. ロックフェラーの申し出およびホンブルガー＝エリクソンとの交渉について記されたこれらの手紙はすべて J. W. Macfarlane Docs., AHAP-Akron 所蔵。// 情報源としては他に Lawrence Frank to Macfarlane, November 6, 1938, Lawrence Frank Papers, National Library of Medicine (Container 9).

3　Teresa R. Richardson, *The Century of the Child: The Mental Hygiene Movement and Social Policy in the United States and Canada* (Albany, 1989), 138-45; Ernest R. Hilgard, *Psychology in America: A Historical Survey* (New York, 1987), 543; Jean Loevinger, ［録］by LJF, St. Louis, January 12, 1993; Hamilton Cravens, *Before Head Start: The Iowa Station & America's Children* (Chapel Hill, 1993), 197-98, 219-20.

4　JE, ［録］by LJF, Cambridge, December 17, 1990, および Harwich, January 15, 1994, カリフォルニアおよびバークレーの公立学校の魅力。// ［手］from Erik Homburger to J. W. Macfarlane, August 30, 1938, および Macfarlane to Homburger, September 6, 1938, J. W. Macfarlane Docs., AHAP-Akron, 亡命分析家を雇ったこと。// ［手］from Macfarlane to EHE, October 17, 1938, J. W. Macfarlane Docs., AHAP-Akron,「ニューイングランドの知的環境との離別」// 健常な子どもたちを対象にし，自我の力に焦点を置くことができるという魅力については，［手］from Erik Homburger to Macfarlane, May 11, 1938, J. W. Macfarlane Docs., AHAP-Akron; JE, ［録］December 17, 1990, March 12, 1991, and May 6, 1991.

5　*Daily Californian* (Berkeley), January 25, 1939, 大学評議会によるホンブルガー＝エリクソンの任命を発表。// Jon Erikson, ［面］by LJF, Harwich, June 14, 1994, 大陸を横断しての一家の引っ越し。// Martha Proctor, ［録］by LJF, Tiburon, September 13, 1995, ボールドウィン夫妻について。// バークレーのキャンパスと町のようすについては，Robert Nisbet, *Teachers and Scholars: A Memoir of Berkeley in Depression and War* (New Brunswick, N.J., 1992), とくに 23-27, 106, 201-206; C. Michael Otten, *University Authority and the Student: The Berkeley Experience* (Berkeley, 1970), 115-16, 126-27, 129 *n*.44; Irvine Stone, ed., *There Was Light: Autobiography of a University. Berkeley: 1868-1968* (New York, 1970), 225, 239-40, 305-8. // Marilynn S. Johnson, "War as Watershed: The East Bay and World War II," *Pacific Historical Review* 63 (1994): 315-31, 大学以外のコミュニティおよびこの地域への人口移動。

6　バークレー時代初期のエリクソン一家の経済難と新たな出費については，［手］from Gregory Bateson to George Fielding Eliot, August 11, 1942, Margaret Mead Papers, LC, M32（自家用車を売らなければならなかったことを含む）; Mary C.

Bateson, *Composing a Life*[1] (New York, 1990), 217; および Sue Bloland, [録] November 8, 1993.

7 Bateson, *Composing a Life*[1], 218; JE, [面] by LJF, Cambridge, May 5, 1991; Jon Erikson, [面] by LJF, May 14, 1994, および [電] by LJF, August 31, 1996. // Sue Bloland, [録] by LJF, NYC, November 8, 1993, July 9, 1994 (メアリー・サーソンの死について), and November 13, 1996.

8 [手] from EHE to Mark May (n.d. [spring 1939]), Yale IHR, Box 9, Folder 67,「ちょっとばかり学生の指導をする」// [手] from EHE to Walter Marseille, June 3, 1940, J. W. Macfarlane Docs., AHAP-Akron, カイの言葉を引用 (「お父さんはそんなによくしゃべるから〜」)。// Jane Loevinger, [録] by LJF, St. Louis, January 12, 1993; [手] from Donald T. Campbell to LJF, July 13, 1993; Daniel Levenson, [録] by William Jacobks, New Haven, February 5, 1991.

9 [手] from J. W. Macfarlane to Robert Havighurst, November 18, 1939, J. W. Macfarlane Docs., AHAP-Akron,「それに引けをとらないドラマチックな可能性」// [手] from Macfarlane to Alan Gregg, November 18, 1941, J. W. Macfarlane Docs., AHAP-Akron; Macfarlane to Lawrence Frank, March 21, 1939, Lawrence Frank Papers, National Library of Medicine (Container 9). // R. J. Havighurst interview, "Erik Homburger Erikson Guidance Study," December 20, 1940, General Education Board, Box 375, Folder 3913, Rockefeller Archives; JE, [録] October 28, 1992.

10 EHE, "Studies in the Interpretation of Play," *Genetic Psychology Monographs* 22, no.4 (November 1940): 668 *n*.16,「任意抽出された 200 人の〜」// Loevinger, [録] January 12, 1993, 子ども一人ひとりについてのエリクソンの物語。// [手] from Loevinger to Donald T. Campbell, July 29, 1993 (copy), エリクソンがプロジェクトの手法に部分的に適応したこと。// 情報源としては他に Richardson, *The Century*, 145-46.

11 EHE in "Maturation and Disease as Reported in Play Configurations," Lewin Group, Smith College, December 29, 1940-January 2, 1941, J. W. Macfarlane Docs., AHAP-Akron,「子どもの人生史における〜」// EHE, "Play Metaphors of Pre-Adolescent Boys and Girls" (n.d.), 1, E-H; [手] from Jane Loevinger to Donald T. Campbell, August 9, 1993 (copy); EHE, "Once More the Inner Space: Letter to a Former Student" (1974) in *Women and Analysis: Dialogues on Psychoanalytic Views of Femininity*, edited by Jean Strouse (Boston, 1985), 324; EHE, *Identity: Youth and Crisis*[2] (New York, 1968), 325 *n*.3 (アイデンティティの概念の先駆けとしての「自我の強さ」); M. Blackman, "Inner Space Revisited and Outer Space Reconsidered in the Preadolescent" (n.d. [early 1980s]), 1-3, E-H.

12 [手] from Macfarlane to Robert J. Havighurst, November 12, 1940, J. W. Macfarlane Docs., AHAP-Akron, エリクソンが「役割を果たして」くれず, 被験者の報告書もわずかしか提出しなかったこと。// [手] from Macfarlane to Alan Gregg, November 18, 1941, J. W. Macfarlane Docs., AHAP-Akron,「基本的に『一匹狼』で」,「つねに特別扱いをしなければ, 機嫌を損ね」,「身勝手で〜」// 情報源としては他に Havinghurst interview, "Erik Homburger Erikson Guidance Study," December

20, 1940, General Education Board, Box 375, Folder 3913.

13 ［手］from EHE to Macfarlane, July 31, 1953, E-H, 同研究所での研究への不満と「もはやそのままでは受け入れることができなくなっていた」ことを回想。//［手］from EHE to Maxwell Hahn, January 31, 1955, E-H,「重要な傾向を説明」,「ひどく曖昧な成果」//［手］from Macfarlane to Alan Gregg, November 18, 1941, J. W. Macfarlane Docs., AHAP-Akron, エリクソンが非常勤にしてほしいと申し出たこと, および「密かに深い安堵のためいき」をついたこと。//［手］from Gregg to Macfarlane, November 21, 1941, J. W. Macfarlane Docs., AHAP-Akron,「エリクソンに対する自分の評価は間違っていた」

14 ［手］from EHE to Ruth Benedict, March 23, 1944, Ruth Benedict Papers, Box 90, Folder 131, Vassar. // 当時の精神分析家の全国的な報酬額については, Nathan G. Hale, Jr., *The Rise and Crisis of Psychoanalysis in the United States: Freud and the Americans, 1917-1985* (New York, 1995), 248. // Martha Proctor,［録］by LJF, Tiburon, September 13, 1995, 流行の服を買ったこと; Proctor,［電］by LJF, August 25, 1996, 1940年代半ばのオリンダ。

15 メニンガーからエリクソンへの申し出は,［手］from Jeanette Lyle to Karl A. Menninger (n.d.), and Karl Menninger to EHE, July 16, 1945, どちらもKAM. // 情報源としては他にJE,［録］December 17, 1990; Margeret Brenman-Gibson,［録］by LJF, Stockbridge, March 23, 1991; William Gibson,［面］by LJF, Stockbridge, December 16, 1992; *TPR* 6, no.22 (November 2, 1945): 5, and 7, no.4 (February 15, 1946): 9 (*TPR* was the Menninger staff newsletter).

16 Daniel Benveniste, "Erik H. Erikson in San Francisco" (未公刊原稿, 1994), 6-7, 11, サンフランシスコ精神分析協会での地位が上がったこと。// 情報源としては他にEHE, "Preliminary Abstract: *Childhood and Society*" (Orinda, July 1948), W. W. Norton Papers, Columbia; EHE, "Autobiographic Notes on the Identity Crisis," *Daedalus* 99, no.4 (Fall 1970): 746;［手］from Jane Loevinger to Donald T. Campbell, July 27, 1993 (copy);［手］from EHE to Anna Freud, March 1949, Anna Freud Papers, LC,「夢に関する専門家」

17 ［手］from EHE to Anna Freud, March 1949, Anna Freud Papers, LC.

18 EHE,［録］by Lerner and Gerzon, May 22, 1971, Reel 1, Tape B, Side A, E-H, 1940年代, カリフォルニアの同僚たちがフロイト主義に「とらわれていないと公言」していながら, そうではなかったこと。// Beulah Parker,［録］by LJF, Point Richmond, October 18, 1994, 直接的な経験からエリクソンの正統派ではない手法について詳しく述べ, ウィンドホルツなどの人々がそれをいかに非難したかを説明した。//［手］from Donald T. Campbell to LJF, July 13, 1993, エリクソンが大学院生向けゼミにメラニー・クラインの著書を取り入れたこと。// 興味深いことに, エリクソンが社会という側面を強調したことを特に酷評しているのは, *Rundbriefe* 105 (February 15, 1944): 5, 9; 108 (June 18, 1944): 13-14; 117 (April 20, 1945): 10-12. // 情報源としては他に［手］from Otto Fenichel to Normal Reider, June 26, 1944, Otto Fenichel Papers, LC.

19 EHE, "Ego Development and Historical Change: Clinical Notes," *Psychoanalytic Study of the Child* 2 (1946): 363,「本能的なエネルギー」; 364「エートスと自我〜」;

395 *n*.15, フロイトも「つねづね, 自分の存在の〜」; 360,「社会組織が子どもに望む事柄」,「人を生き生きとさせ」,「人の不合理な行動の〜」,「社会組織がどのようにして〜」; 380,「精神分析は, 集団ではなく個人を重視し〜」,「物語の半分にしか」

20 同上, 390,「われわれは自我の性質を扱っているのではなく」,「子どもを訓練する習慣」// 情報源としては他に Raymond Dyer, *Her Father's Daughter: The Work of Anna Freud* (New York, London, 1983), 117-18, および EHE, *Identity*[2], 229-30.

21 EHE, "Ego Development and Historical Change: Clinical Notes," 363,「自我の統合方法には〜」; 371-72,「単純な二者択一のなかで〜」

22 ［手］from J. A. Kasanin to EHE, April 28, 1943, E-H (hiring Erikson); Sanford Gifford, ［面］by LJF, Cambridge, March 24, 1991; Daniel Benveniste, "Siegfried Bernfeld in San Francisco," *American Psychoanalyst* 26 (1992): 13; Stephen Schlein, ed., *A Way of Looking at Things: Selected Papers from 1930-1980. Erik H. Erikson* (New York, 1987), 613; JE, ［録］by LJF, January 15, 1994.

23 "Dialogue between Erik Erikson and Joseph Wheelwright," San Francisco Psychoanalyric Society, 1974 (録音は San Francisco Psychoanalytic Society で聞くことが可能), エリクソンが「〔ふつうの〕英語で語らなければならないと思う」と答えた症例検討会を回想。// EHE, *Identity*[2], 17,「個人的同一《セイムネス》性と〜」// EHE, *Childhood and Society*[3] (New York, 1950), 37-38,「自分の人生がバラバラになってしまった」// Milton J. E. Senn, ed., *Symposium on the Healthy Personality* Supplement II (New York, 1950), 16,「自分とは何か〜」という感覚。

24 EHE, *Identity*[2], 67,「必然的, 直接的に明白なものに」,「同一性と連続性の感覚」//［手］from EHE to Andrew J. Weigert, March 27, 1981, E-H,「忽然とそこに現われ」// Senn, *Symposium on the Healthy Personality*, 70,「一定の親密さ」// Schlein, *Way*, 614-17, 妻たちやコミュニティ・リーダーが「精神神経症」といった診断名を使うのをやめるよう促したこと。

25 エリクソンの1945年の報告書「Plans for the Returning Veteran with Symptoms of Instability」が最初に発表されたのは, Louis Wirth et al. (eds.), *Community Planning for Peacetime Living* (Stanford, 1945), 116-21。これは Schlein, *Way* 613-17 に再録されている。// EHE; ［録］by Stewart, January 11, 1968,「それをある程度〜結びつけた」

26 Daniel Burston, *The Legacy of Erich Fromm*[4] (Cambridge, 1991), 4-22 は, フロムの経歴について有益な情報を提供している。// Erich Fromm, *Escape from Freedom*[5] (New York, 1941), 206, 254-55,「アイデンティティ」について。// "List of the Scientific Papers Read before the San Francisco Psychoanalytic Society from the Time of Its Foundation in March, 1942, through October, 1943." the Society Archives によると, エリクソンは, 1943年3月1日, 公式の会合で『自由からの逃走』について話した。

27 "Dialogue between Erikson and Wheelwright," San Francisco Psychoanalytic Society (tape), 1974; "The Freud-Jung Correspondence: Selected Remarks," San Francisco Psychoanalytic Society (c. 1978), transcript, 39-40; ［手］from Joseph Wheelwright to EHE, December 21, 1950, E-H. // Benveniste, "Erik Erikson," 9. // JE, ［録］December 17, 1990. // EHE, "Ego Development," 372 *n*.7, エリクソ

ンが多くの場合にユングを用いたことを実証。// 情報源としては他に EHE, "Preface" (未公刊原稿), June 17, 1977, E-H; [手] from J. B. Wheelwright to LJF, May 21, 1992 (dictated to Jane Wheelwright); および Joseph B. Wheelwright, *St. George and the Dandelion: 40 Years of Practice as a Jungian Analyst* (San Francisco, 1982), 7-9, 37-38.

28 ウィールライトに関してエリクソンが1982年に書いた短い評論 "My Jungian Friend" (Schlein, *Way* 713-15) には, 彼らの関係においてフロイト派とユング派が互いを充実させ合ったことが記されている。// 情報源としては他に Beulah Parker, [録] by LJF, Point Richmond, October 18, 1994, および JE, [録] January 14, 1994.

29 Ellen Herman, *The Romance of American Psychology: Political Culture in the Age of Experts* (Berkeley, 1995), および Carlton Mabee, "Margaret Mead and the Behavioral Scientists in World War II: Problems in Responsibility, Truth, and Effectiveness," *Journal of the History of the Behavioral Sciences* 23 (January 1987): 3-13, 戦争中の CNM, CIR, OSS に関する優れた背景情報を提供している。これらの機関の間で行われた学者間の学際的な交流について最も優れた情報源となっているのは, おそらく議会図書館蔵の The Margaret Mead Papers であろう。

30 Mabee, "Margaret Mead and Behavioral Scientists," 3-13, それに, Steven Weiland, "Erikson on America: *Childhood and Society*, and National Identity," *American Studies* 23 (Fall 1982): 17; Jerome Bruner, *In Search of Mind: Essays in Autobiography*[6] (New York, 1984), 63; および [手] from Karl A. Menninger to EHE, July 16, 1945, KAM.

31 [手] from J. W. Macfarlane to Alan Gregg, November 18, 1941, J. W. Macfarlane Docs., AHAP-Akron, and Alan Gregg to Macfarlane, November 21, 1941, General Education Board, Box 375, Folder 3914, Rockefeller Archives, ポープからエリクソンへの申し出について。// [手] from Ruth Benedict to EHE, March 7, 1944, Ruth Benedict Papers, Box 90, Folder 1131, Vassar. // [手] from Margaret Mead to EHE, January 17, 1943, November 10, 1944, and May 4, 1945, Mead Papers, LC, B4, 彼を関与させようとするミードの働きかけを例証。

32 [手] from EHE to Margaret Mead and Gregory Bateson (n.d. [March 27, 1942]), Mead Papers, LC, M32,「意義ある仕事のために」// [手] from EHE to Ruth Benedict, March 23, 1944, Benedict Papers, Vassar,「かねがねあなたと一緒に」// EHE, "Letter from California" (n.d. [1945]), Mead Papers, LC, M32,「将来の戦争を防ぐために」// [手] from EHE to David Lipset, April 16, 1976, 自分をベイトソンと比較。これは次に引用されている。Lipset, *Gregory Bateson: The Legacy of a Scientist* (Englewood Cliffs, N.J., 1980), 172*n*.; [手] from EHE to Margaret Mead and Gregory Bateson, (n.d. [late 1942]), Mead Papers, LC, M32,「重症の冷足神経症」

33 [手] from EHE to Edward Tolman, April 27, 1939, J. W. Macfarlane Docs., AHAP-Akron,「外国生まれの子どもに対する〜」,「遊び友達に自分の忠誠心をはっきりとわかってもらうために……ドイツ愛国主義的な傾向を発展させた」// Richard Evans, ed., *Dialogue with Erik Erikson*[7] (New York, 1967), 65,「ナチスに転向」,「私のユダヤ人の友達を攻撃するようになった」,「単にこの現象を自分に説明するために」, および手記をもとに論考をまとめたこと。ウィーンで書き始め, ドイツ時代を反

映しているエリクソンのその他の論文の記憶については，Margaret Brenman-Gibson, “Erik Erikson and the ‘Ethics of Survival,’” *Harvard Magazine* 87, *n*.2 (November-December 1984): 60, および［手］from EHE to Ruth Benedict, March 23, 1994, Benedict Papers, Box 90, Folder 1131, Vassar.

34 Louise Hoffman, “Psychoanalytic Interpretations of Adolf Hitler and Nazism, 1933-1945: A Prelude to Psychohistory,” *Psychohistory Review* 11 (Fall 1982): 68-74, および Hoffman, “From Instinct to Identity: Implications of Changing Psychoanalytic Concepts of Social Life from Freud to Erikson,” *Journal of History of Behavioral Sciences* 18 (1982): 138-39, この初期の歴史的視点について優れた考察をしている。// とくに，Harold D. Laswell, “The Psychology of Hitlerism,” *Political Quarterly* 4 (1933): 373-75, および Fromm, *Escape from Freedom*[5].

35 Committee for National Morale, “Morale in Germany” and “Note on Psychological Offensive against Hitler Personally.” これは以下に引用されている。Louise Hoffman, “Erikson on Hitler: The Origins of Hitler's Imagery and German Youth,” *Psychohistory Review* 22 (Fall 1993): 74. ホフマンは1942年をエリクソンの絶頂期と捉え，ヒトラーに関してエリクソンが1942年に書いた三つの論文について論じている。

36 Schlein, *Way*, 341-45,「カナダ・プロジェクト」に関してCNMに提出したエリクソンの最初の報告書を再録。同書342-43, 345, 彼のテーマを強調。これを補足するのは，Erikson, “Notes on the ‘Canadian Project’” (n.d. [early 1942]), Mead Papers, LC, M32 および［手］from EHE to Council on Intercultural Relations, February 1943, Mead Papers, LC, M32.

37 Hoffman, “Erikson on Hitler,” 77-82, エリクソンの「ヒトラーのイメージ」に関し，発表されなかった二つのバージョンと発表された一つのバージョンの情報源と改訂について説得力にとんだ分析をしている。一方，筆者は，1942年の発表バージョンと，1948年のバージョン，および『子ども期と社会』の1950年版と1963年版に収められたバージョンを一段落ごとに比較した。関心のある読者にはこの比較を提供することができる。

38 EHE, “Hitler's Imagery and German Youth,” *Psychiatry* 5 (November 1942): 483,「準言語的な魔法のデザイン」; 476,「調べ」; 480-81,「いかなる意味でも父親になることを望みさえしない青年」,「徒党の指導者」としてのヒトラー; 486, ヒトラーと信奉者がいかに「それまでの自己を手放し」, 共有する信条を賛美したかについて。

39 ［手］from Gregory Bateson to Robert C. Tryon, April 15, 1942, Mead Papers, LC, M32. // EHE, “Hitler's Imagery and German Youth,” 478, 父親に「真の内面的権威」が欠けていること，および同書482, ドイツの母親について。

40 Fenichel in *Rundbriefe* 89 (May 15, 1942): 19-20, and 98 (May 7, 1943): 25. // 階級という視点からの分析に異を唱えた研究については，次のような文献がある。William S. Allen, *The Nazi Seizure of Power*[8] (revised ed., New York, 1984), および Richard F. Hamilton, *Who Voted for Hitler?* (Princeton, 1982).

41 EHE, “Hitler's Imagery and German Youth,” 482-85, 生存圏の背後にある心理学的要因について。この論文は，ドイツの「静的な忍耐」に関する考察と，生存圏という背景での電撃作戦に関する考察が表面的に組み合わせられているにすぎない (489-90

なども参照)。この点が詳しく論じられているのは, EHE, “Comments on Hitler's Speech of September 30, 1942,” 16, Mead Papers, LC, M32. とくに, *Rundbriefe* 98 (May 7, 1943): 24-25 に含まれる部分。

42 EHE, “Hitler's Imagery and German Youth,” 487-88, ユダヤ人について。// EHE, *Childhood and Society*[3], especially 312-14, ユダヤ人の移動性, アイデンティティ, 英知の問題を掘り下げている。エリクソン以外の移民の精神分析学者で, ナチスの反ユダヤ主義を論じる際にエリクソンと同じくユダヤ人について相反する感情をもっていた人々については, David J. Fisher, “Toward a Psychoanalytic Understanding of Fascism and Anti-Semitism,” *International History of Psychoanalysis* 5 (1992): 221-41.

43 EHE, “Letter from California” (n.d. [1945]), Mead Papers, LC, M32, 3, ドイツの「アイデンティティ」の危機とドイツ人の引き裂かれた精神; 4, 元ナチス党員を無条件に政治参加から締め出すべきではないという主張。// EHE, “Comment on Anti-Nazi Propaganda for Council on Intercultural Relations” (n.d. [1945]), Mead Papers, LC, M32, 1,「文明化された価値観に感受性を保っている可能性のある」ドイツ人と,「措置の対象から除外され」るべき人々。

44 EHE, “Comments on Anti-Nazi Propaganda,” 3, 「ヒトラーのイメージのまさに対極に位置するのは〜」// Schlein, *Way* 371,「私が理解し得る限り,〔ドイツの〕未来は」; 373, 「女性以上に」, 「再教育の問題は」

45 Schlein, *Way*, 366,「ドイツ本国には足を踏み入れていなかった」// Hirsch and Katz, [録] August 16, 1991, エリクソンが 1946 年にハイファを訪れ, 建国されようとしていたイスラエルに心惹かれたこと。情報源としては他に JE, [録] December 17, 1990.

46 EHE “Hitler's Imagery and German Youth, ” 480 および *Childhood and Society*[3], 294, どちらにも「総統と同一視」という表現が使われている。とくに, 後者に繰り返し現れる。

47 [手] from EHE to Guillermo Delahanty, January 26, 1981, E-H, フランクフルト学派の人々と「たまに接触をもつ」だけであり,「体系立った」議論はしなかったこと。// EHE, *Childhood and Society*[3], 372 *n*.2, 『権威主義的人格』について。// プロジェクトの方法論について論じているのは, Stephen J. Whitfield, *Into the Dark: Hannah Arendt and Totalitarianism* (Philadelphia, 1980), 210. // Herman, *Romance*, 58-60 は, 権威主義的人格プロジェクトの背景に関して優れた考察を行っている。

48 EHE, “Hitler's Imagery and German Youth,” 480, 「歴史のなかにはしばしば〜」－強調は原著者。

49 EHE, *Childhood and Society*[3], 290-93, ドイツの父親と息子の関係; 297, 「媒介者, 仲介者」としての母親; 295, 「ドイツにおける『人文主義的な』教育」

50 EHE, “Preliminary Abstract: *Childhood and Society*.”

51 Margaret Mead, *And Keep Your Powder Dry: An Anthropologist Looks at America*[9] (New York, 1942); EHE, “Childhood and Tradition in Two American Indian Tribes,” *Psychoanalytic Study of the Child* 1 (1945): 348, とくに *n*.6, ミードの描写について。// Rupert Wilkinson, *The Pursuit of American Character* (New York, 1988), 13-14, 初期の国民性研究という背景のなかでミードの著書について的を射た意見を述べている。

52 Geoffrey Gorer, *The American People: A Study in National Character* (London, 1948), 54,「アメリカほど父親の役割が〜」; 56,「自分のなかに〜母親を閉じ込めている」

53 EHE, "Preliminary Abstract: *Childhood and Society*," 27-30.

54 EHE, *Childhood and Society*[3], 245,「自律的な選択を意図的に暫定的なものにしておける」,「決定の余地を残し」; 246,「貴族政治と民衆政治」

55 同上, 257, 265, ジョン・ヘンリーについて; 263-64,「明確に定義されすぎた過去」,「行きたい所へ行き, したいことをする」; 355,「粗野なまでに男性的であり」; 252-53, 老齢のために旅ができなくなることとトレーラーハウス。

56 同上, 248-50, 254, 265,「マミズム」とその根源; 276-78, 家族の歩み寄り, および教会と政治の妥協の伝統。

57 同上, 258,「辺境《フロンティア》をさまよい歩いた男たち」; 214, 216-17, アフリカ系アメリカ人について; 274, 白人の子どもたちは「それほど寛容性がなかったわけではない」; 253, 移民の子どもたちについて。

58 パーソナリティ評価研究所のためにエリクソンが書いたケネスの精神分析的サマリー, n.d. (1950), 1, E-H.

59 EHE, *Childhood and Society*[3], 246,「移動性の大きい社会では〜」; 247,「陽気な親しみやすさ」,「ある種の自我の緊張〜」; 275, アメリカの「利益集団」とその結果。

60 George Wilson Pierson, *Tocqueville in America* (Garden City, N.Y., 1959), 468; Cushing Strout, "Tocqueville's Duality: Describing America and Thinking of Europe," *American Quarterly* 21 (Spring 1969): 87-99; Irving M. Zeitlin, *Liberty, Equality, and Revolution in Alexis de Tocqueville* (Boston, 1971), 57-62.

61 Schlein, *Way*, 361,「アメリカ人がもつ〜包括的な統合」// EHE, "Preliminary Abstract: *Childhood and Society*," 31. // EHE, *Childhood and Society*[3], 304, 308,「あらゆる国の息子や娘たち」; 242, アメリカ人の包括性。

62 Robert Nisbet, "Many Tocquevilles," *American Scholar* 46 (Winter 1976-77): 66-67.

63 EHE, *Childhood and Society*[3], 273 *n*.13,「より大きくてよりすぐれた機械」; 281,「ボス」とその影響; 270,「『摩擦なく機能する』という機械の理想」,「排便のしつけやその他の訓練」; 254,「子どもを標準化し, 過剰に適応させようとする」,「大量生産された個性の仮面」; 242, 373-74, アメリカの魅力的な特質を消し去ってしまう機械社会の価値観。

64 EHE, "Preliminary Abstract: *Childhood and Society*," 25-27.

65 ［手］from Mark A. May to Lawrence K. Frank, March 29, 1939, Lawrence Frank Papers, Container 9, National Library of Medicine, Columbia, 初期の2つの論文について。// EHE, *Childhood and Society*[3], 96,「われわれが時に羨望すら感じる〜」

66 Mary Catherine Bateson, ［面］by LJF, Wellfleet, October 22, 1994, ベネディクトの1928年の論文を初めて読んだときの興奮をエリクソンが語ったこと。// エリクソンとクローバーの関係およびユーロク族への旅については, Theodora Kroeber, *Alfred Kroeber: A Personal Configuration* (Berkeley, 1970), 115-16; Ward H. Kracke, "A Psychoanalyst in the Field," in *Childhood and Selfhood: Essays on Tradition, Religion, and Modernity in the Psychology of Erik H. Erikson*, edited by Peter

Homans (Lewisburg, Pa., 1978), 153; [手] from J. W. Macfarlane to Alan Gregg, November 18, 1941, J. W. Macfarlane Docs., AHAP-Akron.

67 Kracke, "A Psychologist in the Field," 149-50, および Regna Darnell, *Edward Sapir: Linguist, Anthropologist, Humanist* (Berkeley, 1990), 395, 精神分析学と人類学の間で行なわれた初期の共同研究について。// EHE, "Childhood and Tradition in Two American Indian Tribes," *Psychoanalytic Study of the Child* 1 (1945), 331, スー族は「平原を歩き回り」, ユーロク族は「境界のなかに自分たちを限定し」ていること。// EHE, "Observations on the Yurok: Childhood and World Image," *University of California Publications in American Archaeology and Ethnology* 35 (1943): 273, 「極端な局地化」

68 EHE, *Childhood and Society*[3], 138, 「厳しく制度化された方法で」, 「弾力性のある伝統」, 「危険な本能的性向を外敵へと向け」// EHE, "Ego Development and Historical Change: Clinical Notes," 362, 「人間の体の拡張」// EHE, "Childhood and Tradition in Two American Indian Tribes," 345, スー族が自分たちをバッファローと同一視し, ユーロク族が川および鮭と同一視していること。

69 EHE, "Childhood and Tradition in Two American Indian Tribes," 345, 「機械は, 体の拡張にとどまるという状況からかけ離れ」, 「いっそう機械のように～無意識の魔術的な試み」// EHE, "Observations on the Yurok," 283, 「子どもを～科学的な意見」; 299, 「孤立した場所を作り上げ」; iv, 「肉体と自己, 自己と親の間に深い溝」// EHE, "Observations on Sioux Education," *Journal of Psychology* 7 (1939): 123-24, 「中央集権的な官僚主義の階層」, 「若いアメリカの民主主義」, 「狩人仲間の民主主義の精神」// EHE, *Childhood and Society*[3], 104, 「自由企業制度のもつ陽気な冷酷さ」, 「先住民の問題はそれまでの趣を失い」

70 Kai Erikson, ed., *In Search of Common Ground: Conversations with Erik H. Erikson and Huey P. Newton*[10] (New York, 1973), 54, 現代アメリカに対する見方が洗練されてきたこと。// EHE, "Observations on the Yurok," 299-300 *n*.12, 「部族的な統合の名残」, 「すべての人にとって未知の将来の標準のために」, 「部族を人種や階級に置き換え」, 「民主主義的で愛国的な教育」, 「もっと普遍的な新しい文化の等質性」// EHE, *Childhood and Society*[3], 209, 「地域, 国, 大陸, 階級」, 「より包括的なアイデンティティ」// EHE, "Environmental Virtues," in *Arts of the Environment*, edited by Gyorgy Kepes (New York, 1972), 73, スー族とユーロク族の自己イメージを擬似種化と呼んだ。

71 EHE, *Childhood and Society*[3], 370-73. // EHE, "Play, Vision, and Deception," First Godkin Lecture, April 11-12, 1972, 39. (「この講演の第一草稿ができたのはマーガレット・ブレナム＝ギブソンのおかげである」と書かれている。)

72 [手] from EHE to Alfred Kroeber (n.d. [May 18, 1940]), Anthropology Department Papers (Erikson File), University of California, Berkeley, Archives, ファニイの生い立ちについて詳しく記されている。// EHE, "Observations on the Yurok," 260-62, EHE, *Childhood and Society*[3], 149-50, および EHE, *Insight and Responsibility: Lectures on the Ethical Implication of Psychoanalytic Insight*[11] (New York, 1964), 55, ファニイの医学的な治療技術と, 彼がそこに自分の技術と共通するものを感じたこと。情報源としては他に Kracke, "A Psychologist in the Field," 163-67.

73 EHE, "Observations on the Yurok," 260,「輝くような親しさと温かさ」; 267, ファニイのパイプとその重要性。// EHE, *Childhood and Society*[3], 146-47,「自分は彼女ほどの専門家とはいえない」,「〜『あんたも一人前になったのさ』と」

74 [手] from EHE to Mark A. May (n.d. [1938]), Box 9, Folder 67, YIHR, マクファーレン, ダラード, その他の人々がエリクソンの仕事を批判したことを振り返り, それらは概して否定的だったと述べている。*In Search of Common Ground*[10], 56, エリクソンは自分の寄与の特性と,「特異性」のために寄与できなかったことを回想している。情報源としては他に Géza Róheim, *Psychoanalysis and Anthropology: Culture, Personality, and the Unconscious*[12] (New York, 1950), 270-72, 286-87, および Kracke, "A Psychologist in the Field," 155-56, エリクソンの描写がいかにカーディナーやローハイムの描写と一致しなかったかについて。// Fenichel in *Rundbriefe* 59 (July 15, 1939): 16-18, および [手] from Clyde Kluckhohn to EHE, March 26, 1944, October 2, 1947, Kluckhohn Papers, Harvard Archives.

75 In "The Unstable World of Benjamin Spock: Social Engineering in a Democratic Culture, 1917-1950," *Journal of American History* 67, no.3 (December 1980): 特に 617-18, 歴史家のウィリアム・グレブナーは, エリクソンの視点がベンジャミン・スポックや他の同世代の思想家と同じだと指摘している。

76 EHE, *Childhood and Society*[3], 368.

77 同上, 316 *n*.1; Jane Howard, *Margaret Mead: A Life* (New York, 1984), 278-79; Robert Coles, *Erik H. Erikson: The Growth of His Work*[13] (Boston, 1970), 144; [手] from Carleton Mabee to LJF, February 7, 1992, ベネットとゴーラーの衝突を略述し, ベネットとの面談から引用。

78 EHE, *Childhood and Society*[3], 316「私のわずかな知識は」; 316 *n*.1, この映画の細部の製作について; 340-41, 通訳とエリクソンの議論。

79 EHE, "Preliminary Abstract: *Childhood and Society*," 33-35. // Benveniste, "Erik Erikson in San Francisco," 6-7, サンフランシスコ精神分析研究所での発表について。// [手] from EHE to Margaret Mead, February 1 and 8, 1949, および Mead to EHE, August 19, 1949, Mead Papers, LC, B4, この章の進展とロシア・プロジェクトのメンバーの前でそれを読み上げたこと。筆者はインディアナ大学ロシア・東欧研究所で, ビデオ録画されたこの映画の 1938 年ノーカット版を見ることができた。エリクソンが話し合った相手はこの章の脚注に記されている。

80 EHE, *Childhood and Society*[3], 324, 祖母は「人々の原始的な信頼と〜象徴していた」,「古い城柵のなかの村〜心の平安」; 352-53,「古来の道具の秩序」,「失われた楽園」

81 同上, 353,「木材は, 城塞の柵の材料であり〜」, 男たちが「丸太のように頑丈で〜」// EHE, "Preliminary Abstract: *Childhood and Society*," 33.

82 EHE, *Childhood and Society*[3] 345-46,「文化のコンフィギュレーションの全体」を通して, 乳児をくるむことに関するゴーラーの仮説を拡大し, 掘り下げた。// 同書, 344 and 347, リエンカについて。

83 同上, 353, 機械に不可欠の要素である車輪が鉄と鋼のイメージを象徴していること; 354, ボルシェビキが率いる鉄と鋼の機械の時代について。「燃えることはなく」,「鋼を支配することは〜打ち勝つことを意味する」,「鋼のような決定の明快さ」; 341,「目的が腐敗しないこと」; 354,「計画的に注意深く訓練された〜エリート」

84 EHE, "Preliminary Abstract: *Childhood and Society*," 33-35.

85 Les K. Adler and Thomas G. Paterson, "Red Fascism: The Merger of Nazi Germany and Soviet Russia in the American Image of Totalitarianism, 1930s-1950s," *American Historical Review* 75 (April 1970): 1046-64, with 1057-60, ケナンについて。// Ralph Fisher, Jr., [電] by LJF, April 1, 1995, ロシア・プロジェクトのメンバーが「赤のファシズム」という概念に反対したこと。// EHE, *Childhood and Society*[3], 355.

86 EHE, *Childhood and Society*[3], 322-23,「どこか新しいロシア人の〜」,「ルターもカルヴァンもいなかった」,「彼は抗議することを学び」; 355,「アリョーシャが背を向けた誘惑」; 357-58,「統一とともに自律を」

87 同上, 357-58. // アメリカとロシアの共存を訴えるエリクソンの政治的な含意については, Weiland, "Erikson on America," 15.

88 EHE, *Childhood and Society*[3], 321,「どこか遠いところで他界した」アリョーシャの父; 321-23, ヴァルヴァラとその結婚, および「居場所のないペシコフ家の人間」であり「家族以外の人々」のなかに「友達を見つけ」たアリョーシャ。

89 同上, 322,「何かに参加することはほとんどなく」; 350,「文字どおり人々や状況の後を追いかけた」; 352, 著述を通して発揮された創造性と「われわれの議論にとってほとんど無関係である」こと; 320, 343, アリョーシャが自分をマキシム・ゴーリキーと名乗ったこと。

90 同上, 354,「訓練された政治的〜エリート」; 320,「この映画はハッピーエンドではない」; 355,「神秘的で土くさい過去が生んだ息子」

91 同上, 355.

[1] Bateson, M. C., *Composing a Life* (New York, 1990) (M. C. ベイトソン／桜内篤子訳『女性として, 人間として―五つの創造的人生から学ぶ』ティビーエス・ブリタニカ, 1991.)

[2] Erikson, E. H., *Identity: Youth and Crisis* (New York, 1968) (E. H. エリクソン／岩瀬庸理訳『アイデンティティ―青年と危機』金沢文庫, 1982.)

[3] Erikson, E. H., *Childhood and Society* (New York, 1985 edition) (E. H. エリクソン／仁科弥生訳『幼児期と社会』1,2, みすず書房, 1977-1980, 原著1963年版の訳.)

[4] Burston, D., *The Legacy of Erich Fromm* (Cambridge, 1991) (D. バーストン／佐野哲郎・佐野五郎訳『フロムの遺産』紀伊国屋書店, 1996.)

[5] Fromm, E., *Escape from Freedom* (New York, 1941) (E. フロム／日高六郎訳『自由からの逃走』新版, 東京創元社, 1965.)

[6] Bruner, J., *In Search of Mind: Essays in Autobiography* (New York, 1984) (J. ブルーナー／田中一彦訳『心を探して―ブルーナー自伝』みすず書房, 1993.)

[7] Evans, R. I. ed., *Dialogue with Erik Erikson* (New York, 1967) (R. I. エヴァンズ／岡堂哲雄・中園正身訳『エリクソンは語る―アイデンティティの心理学』新曜社, 1981.)

[8] Allen, W. S., *The Nazi Seizure of Power* (revised ed., New York, 1984) (W. S. アレン／西義之訳『ヒトラーが町にやってきた―ナチス革命に捲込まれた市民の体験』新装版, 番町書房, 1973.)

[9] Mead, M., *And Keep Your Powder Dry: An Anthropologist Looks at America* (New York, 1942)（M. ミード／国弘正雄・日野信行訳『火薬をしめらせるな─文化人類学者のアメリカ論』南雲堂, 1986.）
[10] Erikson, K. T. ed., *In Search of Common Ground*, (New York, 1971)（K. エリクソン／近藤邦夫訳『エリクソン vs.ニュートン─アイデンティティーと革命をめぐる討論』みすず書房, 1975.）
[11] Erikson, E. H., *Insight and Responsibility: Lectures on the Ethical Foundation of Psychoanalytic Insight* (New York, 1964)（E. H. エリクソン／鑪幹八郎訳『洞察と責任─精神分析の臨床と倫理』誠信書房, 1971.）
[12] Roheim, G., *Psychoanalysis and Anthropology: Culture, Personality, and the Unconscious* (New York, 1950)（G. ローハイム／小田晋・黒田信一郎訳『精神分析と人類学』上下, 思索社, 1980-1980.）
[13] Coles, R., *Erik H. Erikson: The Growth of His Work* (Boston, 1970)（R. コールズ／鑪幹八郎監訳『エリク・H・エリクソンの研究』上下, ぺりかん社, 1980.）

第5章　循環《サイクル》する生──『子ども期と社会』そのII

1　EHE,［録］by Robert Stewart, Cambridge, January 11, 1968, 超自我についてフロイト理論との相違点など。// EHE, *Childhood and Society*[1] (New York, 1950), 166, 患者の内部での超自我とイドの衝突をフロイトが重視したこと。情報源としては他に, Paul Roazen, *Erik H. Erikson: The Power and Limits of a Vision*[2] (New York, 1976), 109.

2　EHE, *Childhood and Society*[1], 240-41, 59-60, フロイト理論は19世紀物理学を再現したものであること; 239,「今日の患者が〜」// EHE, "Talk Given to Freshman Seminar, Spring Term" (n.d. [mid- 1960s]), 5, E-H,「自分にはどんな〜」

3　フロムの影響を認めなかったことについては, Paul Roazen, "Erik Erikson as a Teacher," *Michigan Quarterly Review* (Winter 1992): 19, ならびに［手］from EHE to David Riesman (n.d.), DRP.,「フロムについてはまったく言及しないと決めた」// EHE, *Childhood and Society*[1] 74-75, 母子分離についての記述でクラインやバリントからの引用に触れていないこと。// EHE, "Studies in the Interpretation of Play," *Genetic Psychology Monographs* 12, no.4 (November 1940): 570, クラインは「方法論的に根拠のない説明をしている」と批判。

4　EHE, "Studies in the Interpretation of Play," 668,「遊びの言語」; 586,「サイン・レベル」であり「休息」ではほとんどない; 590,「抑圧」および「準言語というべき経験」について。// Stephen Schlein, ed., *A Way of Looking at Things: Selected Papers from 1930-1980. Erik H. Erikson* (New York, 1987), 556-57,「言語化され分類された〜」,「客として〜」

5　EHE, *Childhood and Society*[1], 160,「王道」としての夢,「幼児の自我」を理解する方法としての遊び。// EHE, "Preliminary Abstract: *Childhood and Society*" (Orinda, July 1948) W. W. Norton Papers, Columbia, 19-20, 子どもの遊びと夢を比較。// EHE, *Childhood and Society*[1], 184,「同調させ」

6　EHE, *Childhood and Society*[1], 187, 194-95, 209, 374.

7 EHE, "An Outline of Projected Book *Childhood and Society: Clinical Essays*" (n. d. [mid-1948]), 1, DRP, 生物－心理－社会的アプローチについて。// EHE, "Preliminary, Abstract: *Childhood and Society*," 7,「あらゆる事柄が研究対象」

8 EHE, *Childhood and Society*[1], 27,「最初の『標本』」; 29, サムの症例はニューヘヴン（イェール）からバークレーに移った時期だったこと。

9 EHE, "Outline of Projected Book," 1, サムの症例およびイェールでの治療の初期のこと。// サムの症例についての詳しい説明は, EHE, *Childhood and Society*[1], 25-26.

10 EHE, *Childhood and Society*[1] 30-31, サムの発作の器質的側面; 27, 31, 運動抑制; 31, 自我アイデンティティの問題。// Maud Mannoni, *The Child, His "Illness" and the Others* (New York, 1970), 34, 40-45, エリクソンはサムの母親の問題への対処が欠けていたことを論じている。

11 EHE, *Childhood and Society*[1], 26-27, 31-32.

12 同上, 34.

13 同上, 34-36. // Ellen Herman, *The Romance of American Psychology: Political Culture in the Age of Experts* (Berkeley, 1995), 89, ガダルカナル戦での精神的傷病者について。

14 EHE, *Childhood and Society*[1], 36,「発熱と中毒症状」; 36-37, 海兵隊員の背景。

15 同上, 37-38.

16 同上, 39-40.

17 EHE, "Preliminary Abstract: *Childhood and Society*," 14-15.

18 EHE, *Childhood and Society*[1], 169, 181.

19 同上, 171-72.

20 同上, 172-75.

21 同上, 174-75, 178-80.

22 同上, 180-81; 172,「慎重に計画された～」

23 Sue Bloland, [電] by LJF, February 5, 1994, and Bloland, [録] by LJF, NYC, November 8, 1993, ジョアンの出産経験やずっと以前から自然出産を重視していたことについて。// JE and EHE, "The Power of the Newborn," *Mademoiselle* 62 (1953): 100-101.

24 JE, [録] January 15, 1994; Sue Bloland, [録] by LJF, NYC, November 8, 1993.

25 Bloland, [録] by LJF, NYC, November 8, 1993 および May 9, 1995; Bloland, [電] by LJF, February 5, 1994; JE, [録] January 15, 1994; Martha Proctor, [録] by LJF, Tiburon, September 13, 1995; Jon Erikson, [面] by LJF, Harwich, June 14, 1994.

26 Robert J. Lifton, "Visit with Erik Erikson, March 23, 1973," RJL-NYPL, 2, 子どもたちにはニールは死んだと伝えたこと。// Jon Erikson, [面] June 14, 1994, 父エリクが嘘をついたこと, 子ども心に偽りを感じとったこと。// Sue Bloland, [録] November 8, 1993, および [電] February 5, 1994, 父が自分には嘘をいい, カイには真実を話したことについての感情。

27 Sue Bloland, [録] by LJF, NYC, July 9, 1994, および Jon Erikson, [面] by LJF, Harwich, June 14, 1994, ニール誕生直後の一家の状況について。// JE, [録] January 15, 1994, ジョアンは, 子どもについてのエリクの話を裏付け, 病院にニールを見舞ったこと, 施設に預けるという意見に抗えないという気持ち, ニールの預け先を変えた

ときのことを語っている。// Sue Bloland, [録] November 8, 1993, ニールは家族のイメージを損なうこと。この点は他の機会にも (JE, [録] January 15, 1994) たびたび示唆された。// Margaret Brenman-Gibson, [電] by LJF, January 2, 1993, エリクソンはニールの見舞いに同行しなかったこと。// JE, [録] by LJF, Harwich, June 10, 1995, 健常な子どもたちの写真や5人家族の写真は何枚も見せてくれたが, ニールの写真は一枚もなく, 写真を撮ったという話も出なかった。

28 Mary Catherine Bateson, [面] by LJF, Wellfleet, October 22, 1994, 母マーガレット・ミードの結婚生活と, ジョアンの場合とを比較。ミードの結婚生活については他に, Rosalind Rosenberg, *Beyond Separate Spheres: Intellectual Roots of Modern Feminism* (New York, 1982), 232. // Sue Bloland, [録] by LJF, November 8, 1993 および July 9, 1994, および [電] February 5, 1994, and September 18, 1994, スーは, 夫婦としての両親についてさまざまな説得力のある思い出を語った。夫婦間が緊張し離婚の危機もあったことについては [手] from EHE to Anna Freud, March 1949, Anna Freud Papers, LC.

29 Elaine Tyler May, *Homeward Bound: Americans in the Cold War Era* (New York, 1988), 135-61. // 知恵遅れの子どもを支える団体や活動の増加や, 有名人が活動に参加したことについては, James W. Trent, *Inventing the Feeble Mind: A History of Mental Retardation in the United States*[3] (Berkeley, 1994), 230-41; Peter L. Tyor and Leland V. Bell, *Caring for the Retarded*[4] (Westport, Conn., 1984), 138, 140, 144-46. // Clemens S. Benda, *Mongolism and Cretinism* (New York, 1949), x, ダウン症をめぐる1949年の世間一般の考えが記されている。

30 ダウン症の原因に関する研究や理論の変遷については, E. Peter Volpe, "Is Down's Syndrome a Modern Disease?" *Perspectives in Biology and Medicine* 29, no.3, Part I (Spring 1986): 423, 430-32; R. C. Scheerenberger, *A History of Mental Retardation* (Baltimore, 1983), 221-22; L. T. Hilliard and Brian H. Kirman, *Mental Deficiency* (Boston, 1965), 449, 476. // 下垂体－甲状腺代謝障害に関する研究としては, Benda, *Mongolism*, 113-15.

31 Benda, *Mongolism*, 38, 61, 65, 300-301, ダウン症児は自宅でもちゃんと育てられることが認められている一方で, 施設に収容すべきだという医学的な圧力があったことを示す例である。情報源としては他に, Trent, *Inventing the Feeble Mind*[3], 237, 241, 266; Tyor and Bell, *Caring for the Retarded*[4], 137-39; Scheerenberger, *History of Mental Retardation*, 240-41.

32 JE, [録] by LJF, Harwich, January 15, 1994, ニールの誕生は自分に責めがあるとジョアンが語っている。// David Lane and Brian Stratford, eds., *Current Approaches to Down's Syndrome* (Canton, N.Y., 1985), 33, ダウン症の20％は父親の染色体過剰と関係するという記述がある。最新の遺伝子学を踏まえたダウン症について詳しく説明した資料で, 特に役立った。同じく優れた参考書として Volpe, "Is Down's Syndrome a Modern Disease ?"

33 JE, [録] January 15, 1994, オリンダやオースティン・リッグスの活動を, ニールに十分にしてやれなかったことの反動だとするジョアンの発言がある。次の資料も参考にした: JE, [録] by LJF, Cambridge, March 12, 28, 1991; Sue Bloland, [電] by LJF, February 5, 1994, October 29, 1997; Bloland, [録] NYC, May 9, 1995; Mary

Catherine Bateson, *Composing a Life*[5] (New York, 1990), 36; Martha Proctor, ［電］ by LJF, August 25, 1996.

34 Sue Bloland, ［録］ by LJF, NYC, May 9, 1995, および JE, ［録］ by LJF, Harwich, June 10, 1995, オリンダの家での生活はバラバラの家族というパターンの反映だったことについて。

35 Sue Bloland, ［録］ by LJF, NYC, November 8, 1993, July 9, 1994, May 9, 1995, 加えて Bloland, ［電］ by LJF, February 5, 1994; Jon Erikson, ［面］ by LJF, Harwich, June 14, 1994; ［手］ from Bloland to LJF, January 19, 1998.

36 JE, ［録］ January 15, 1994, ニールを見舞うため大陸横断鉄道に乗ったこと。// Jon Erikson, ［面］ June 14, 1994, および Sue Bloland, ［録］ July 9, 1994, 祖母の遺書について。// Martha Proctor, ［録］ by LJF, Tiburon, September 13, 1995, プロクター家の娘の中絶に対するジョアンの反応の回想, および, ペルージャでのディナーの席にニールの死の知らせが届いたときのこと。// Jon Erikson, ［面］ June 14, 1994; Bloland, ［録］ November 8, 1993, および ［電］ February 5, 1994; ［手］ from Bloland to LJF, January 9, 1998, いずれもニールの葬儀について。

37 William Gibson, *The Cobweb* (New York, 1954), 29, レインハルトの車にあった『白痴』の本のこと。『蜘蛛の巣』のこの部分についてのジョアンの反応については, William Gibson, ［面］ by LJF, Stockbridge, December 16, 1992, および Margaret Brenman-Gibson, ［電］ by LJF, January 2, 1993. ダウン症のニールとドストエフスキーの小説に登場する「白痴」とは同じレベルで考えられないことは興味深い。

38 JE, ［録］ by LJF, Harwich, January 15, 1994.

39 Schlein, *Way*, 547-68, "Problems of Infancy and Early Childhood" のリプリント (1940); 558, 「個人は〜どのように変化するか」; 549-50, 生まれ落ちた後「物理的および文化的な現実《リアリティ》」を取り入れる段階的発達が続くこと; 561, 家族の内部での状況について。スー族やユーロク族における相応の状況の観察については, ［手］ from EHE to Alfred Kroeber (n.d. ［May 18, 1940］), UC バークレー校人類学部資料, UC バークレー校資料室, および Richard I. Evans, ed., *Dialogue with Erik Erikson*[6] (New York, 1967), 62-63. Jane Loevinger, ［電］ by LJF, January 12, 1993.

40 In JE-EHE Recognition Reception, Cambridge, November 1991 (tape), メニンガー・クリニックでの集まりについてのマーガレット・ブレンマン＝ギブソンの回想。// JE, ［録］ by LJF, Harwich, January 14, 1994, June 9, 1995, および JE, ［電］ March 11, 1995, エリクが子どもたちを観察することが増えたという回想。

41 EHE, "Concluding Remarks: Infancy and the Rest of Life" (n.d.), E-H, and JE, ［面］ by LJF, Cambridge, June 12, 1993, 遊びの段階の発見をめぐるエピソード。// JE, ［録］ by LJF, Horwich, January 14, 1994, and June 9, 1995, 幅広い年齢の患者の事例を組み込めること, シェイクスピアを二人で一緒に読んだこと。

42 Christina Robb, "Partners for Life," *Boston Globe Magazine*, March 22, 1987, 38; JE, ［録］ January 15, 1995; JE, ［面］ June 12, 1993; EHE, "Notes from Harvard Alumni Address, 1977," E-H.

43 EHE, "Notes from Harvard Alumni Address, 1977," E-H, 「私たち二人の理論」// JE, ［録］ January 15, 1995, ニールは他の子どもたちとは見た目も振る舞いもまったく違っていたことや, 自分とエリクがニールにどのような気持ちをもっていたかを語

っている。ダウン症児と健常児の違いについて述べた（ジョアンの発言をはっきり理解するのに役立つ）資料として，Lane and Stratford, *Current Approaches to Down's Syndrome*, 149, 153, 256, 257; Rachael Levy-Shiff et al., "Ego Identity in Mentally Retarded Adolescents," *American Journal of Mental Retardation* 94, no.5 (1990): 542, 546-47; Hilliard and Kirman, *Mental Deficiency*, 455, 462-63, 475. // A. F. Tredgold, *A Textbook of Mental Deficiency*, 7th ed. (Baltimore, 1947), 205,「蒙古症」児の気持ちの優しさについて興味深い記述がある。

44 Schlein, *Way*, 549,「『適正な速度』や『正常な順序』が〜」// JE, ［録］by LJF, Harwich, January 15, 1994, 赤ん坊の頃のニールの気質や，彼に対して抱いた感情，ダウン症についてエリクと二人で資料を読んだことを詳しく語っている。ジョアンの観察が現代の専門家の記述とそれほど違っていないことは興味深い。情報源としては他に，Benda, *Mongolism*, vii-viii, 32-37, 59, 61, 96-97, 248, 291-92; Tredgold, *Textbook of Mental Deficiency*, 193-207; Barkley Beidleman, "Mongolism," *American Journal of Mental Deficiency* 50 (1945): 35-53.

45 EHE, *Childhood and Society*[1], 219-22, 信頼について; 375-77, 自然出産への賞賛。こうした視点は次の資料にも明らかである，EHE and JE, "The Power of the Newborn," 100-2. // ［手］from Sue Bloland to LJF, January 19, 1998, ジョアンが「白痴」というレッテルを嫌ったこと。

46 EHE, "'Identity Crisis' in Autobiographic Perspective," *Life History and the Historical Moment* (New York, 1975), 34; EHE, *Childhood and Society*[1], 60-61; ［手］from EHE to Harry Wagenheim, November 1, 1982, E-H; ［手］from EHE to Anna Freud, April 14, 1950, Anna Freud Papers, LC; Raymond Dyer, *Her Father's Daughter: The Work of Anna Freud* (New York, London, 1983), 227-29.

47 J. M. Tanner and Barbel Inhelder, eds., *Discussions in Child Development*, vol.4 (Geneva, 1956), 143,「後に続く段階が」// 情報源としては他に，EHE, "On the Sense of Inner Identity," in *Psychoanalytic Psychiatry and Psychology: Clinical and Therapeutic Papers*, edited by Robert P. Knight and Cyrus R. Friedman (New York, 1954), 357, および EHE, ［録］by Margaret Brenman-Gibson, Tiburon, April 1, 1983. // Milton J. E. Senn, ed., *Symposium on the Healthy Personality*, Supplement II (New York, 1950), 58, reciprocity と mutuality について。// ［手］from EHE to David R. Matteson, July 30, 1979, E-H,「測定可能な定義を探求」するのを嫌ったこと。同じ見解が示されている資料として，Evans, *Dialogue with Erik Erikson*[6], *30. // EHE, Childhood and Society*[1], 233, および［手］from David Riesman to EHE, January 11, 1951, DRP, 理論化は始まったばかりで暫定的なものだったこと。

48 Senn, *Symposium on the Healthy Personality*, 288,「乳児は〜」,「対象関係」; 107, 母親は「乳児の世話」を「アイデンティティ感覚」と結びつけること。// EHE, *Childhood and Society*[1], 222, 不安なしに確実に所有すなわち知識を得る; 225,「ゆっくりと進むプロセス」// Tanner and Inhelder, *Discussions in Child Development*, vol.4, 153,「子どもの超自我が発達」

49 Senn, *Symposium on the Healthy Personality*, 36, 291-92,「生成的な《ジェネレイティヴ》傾向性」および「人間が生産または創造したもの」を捕捉するための「生産性」や「創造性」を拒絶す

ること。// EHE, *Childhood and Society*[1], 231, 「次の世代を指導」, 「親の責任という種類の」, 「停滞と対人関係の貧困」// Senn, *Symposium on the Healthy Personality*, 36-37, 「自分はまだ〜」, 「人生のこの段階で〜」// EHE, "The Roots of Virtue," in *The Humanist Frame*[7], edited by Julian Huxley (New York, 1961), 151, 「個々人の人生段階〜」,「乳児期に開始するものの再構築」// Senn, *Symposium on the Healthy Personality*, 143, 「自分自身のものであり」

50 Janet Sayers, *Mothers of Psychoanalysis: Helene Deutsch, Karen Horney, Anna Freud, Melanie Klein* (New York, 1991), 164, A. フロイトの『自我と防衛』に記されていたこと。

51 Senn, *Symposium on the Healthy Personality*, 58, 「断片的」あるいは「暫定的」アイデンティティの統合としてのアイデンティティについて。// EHE, *Childhood and Society*[1], 228, 「内的同一性《セイムネス》と連続性《コンティニュイティ》」// Senn, *Symposium on the Healthy Personality*, 135 においてエリクソンは, これを「自我アイデンティティの感覚」と呼んだ。// William Graebner, "The Unstable World of Benjamin Spock: Social Engineering in a Democratic Culture, 1917-1950," *Journal of American History* 67, no.3 (December 1980): 621, ホワイトハウス会議での「感覚の崩壊」についてのエリクソンの言葉を引用。// EHE, *Childhood and Society*[1], 239, 「幼児期の自我の各段階を統合」,「潜在的な幼児期の怒りの残滓」; 228, 職に就き恋に落ちることについて。// Senn, *Symposium on the Healthy Personality*, 82, 深刻な病因のない「一過性のアイデンティティ拡散」

52 終わりのないアイデンティティ追求については, EHE, *Childhood and Society*[1], 228. // Senn, *Symposium on the Healthy Personality*, 259, 「変化そのものから〜」; 139, 「多くのチャンスを〜」; 43, 「進歩という理念が〜」

53 Senn, *Symposium on the Healthy Personality*, 37, 「自分個人の〜」// Judith S. Modell, *Ruth Benedict: Patterns of a Life* (Philadelphia, 1983), 306, 「道徳的, 美学的〜」というエリクソンの言葉を引用（とくに, 1948 年のベネディクト評および統合段階全般）。// EHE, *Childhood and Society*[1], 232, 「統合の様式《スタイル》」, 「自分自身の〜」, 「死は〜」// Senn, *Symposium on the Healthy Personality*, 37, 「依存という感覚〜」// EHE, *Childhood and Society*[1], 233, 「両親が〜」// Senn, *Symposium on the Healthy Personality*, 143-44, 「自分自身を〜」

54 「社会的半径」欄を含むチャートについては, Senn, *Symposium on the Healthy Personality*, 26. // EHE, *Childhood and Society*[1], 238-39, 各段階と社会制度を結びつけている。// Tanner and Inhelder, *Discussions in Child Development*, vol.4, 141, 「一連の出会いとして」// EHE, *Childhood and Society*[1], 222, 「親は, どのようにしたら」, 「社会構造の意味」

55 Senn, *Symposium on the Healthy Personality*, 46-47, ヘンドリックを引用; 123, 「男児にあって〜」// EHE, *Childhood and Society*[1], 224, 「『捉えよう』とする様態」

56 Donald Capps, "Useful Catalyst," *Christian Century* 77 (January 1971): 24, 臨床ジャーナルへの論文を中断するという 1946 年のエリクソンの決心について。// ［手］from EHE to David Riesman, July 3, 1948, DRP, 短い論文をまとまりのあるアウトラインに変えることについて。

57 ［手］from EHE to Ruth Benedict, April 23, 1944, Ruth Benedict Papers, Box 90,

Folder 1131, Vassar College,「いまだにタイプライターも～」// “Erik H. Erikson: Biography” (n.d.[1948]), UCバークレー校EHE人事ファイル, 未発表論文6編を追加するという決定について。// [手] from EHE to Storer Lunt, August 9, 1940, W. W. Norton Papers, Columbia,「時間がほとんどない」;July 12, 1948,「書き始めようちしている」,「一ヵ月か二ヵ月でいいから」; June 1, 1949, 7月中に第2稿を仕上げることについて。// [手] from EHE to Margaret Mead (n.d.[mid-1949]), Mead Papers, LC, B4, 本はバークレー教授でいるうちに仕上げる必要があることについて。エリクソンの心理学部教授への昇格には複雑な要素が絡んでいる。詳細は6章。

58 Robert Coles, *Erik Erikson: The Growth of His Work*[8] (Boston, 1970), 113-14, ビーチ・ハウスに引きこもったこと。// *Newsweek*, December 12, 1970, 88, ウィールライトたちとのグラス片手の会合について。// Jon Erikson, [面] by LJF, Harwich, June 14, 1994; [電] August 31, 1996, 浜にも草稿を携えたことや火曜日は家族や友人との集いの日だったこと。

59 [手] from EHE to David Riesman, July 3, 1948, DRP,「出版社は～」,「本だけに集中できる」// David Riesman, [録] by LJF, Cambridge, March 2, 1991, エリクソンがリースマンの娘を治療したことがきっかけで友情が芽生えたこと。// JE, [録] by LJF, Cambridge, November 21, 1991; [手] from Lois B. Murphy to EHE, n.d., E-H; [手] from Carey McWilliams to David Riesman, October 26, 1948, DRP; および Lois B. Murphy, *Gardner Murphy* (Jefferson, N.C., 1990), 168-69,『子ども期と社会』の出版社探しが難航したこと。// Donald S. Lamm, [電] by LJF, June 23, 1995, ビンガーはノートン社の顧問で, ラントの友人だったこと。

60 エリクソンとノートン社の交渉については, [手] from Storer Lunt to EHE, June 22, 1948, W. W. Norton Papers, Columbia; EHE, [録] by Robert Stewart, Cambridge, January 11, 1968; [手] from Donald S. Lamm to LJF, October 26, 1995, および Lamm, [電] by LJF, August 30, 1994 と April 4, 1995. // [手] from Lunt to EHE, November 18, 1949, Norton Papers, エリクソンの契約条件の概要が記されている。[手] EHE to Lunt, May 5, 1950, Norton Papers,「金が必要です」。[手] Lunt to EHE, May 9, 1950, Norton Papers, 前金500ドルの送金について。

61 [手] from EHE to William Gibson (n.d.), E-H,「本当の母語というものを」。[手] Katherine Barnard to EHE, December 9, 1949, [手] Storer Lunt to EHE, November 18, 1949, いずれも W. W. Norton Papers, Columbia 所収; [手] EHE to Lunt, July 6, 1949, Norton Papers,「ときたま～」// ジョアンが文章表現を手伝ったことについては, EHE, *Identity: Youth and Crisis*[9] (New York, 1968), 112; Ellen Katz and Ruth Hirsch, [録] by LJF, NYC, August 16, 1991; JE, [面] by LJF, Cambridge, August 16, 1990; M. C. Bateson, *Composing*[5], 83; C. Robb, “Partners,” 36. // EHE, [録] by Lerner and Gerzon, Reel 1, Tape A, Side B, May 22, 1971, E-H「芸術家の想像力を～」// Herman, *Romance*, 180, on the Myrdals. // JE, *Legacies: Prometheus, Orpheus, Socrates* (New York, 1993), ピエトとの同一視。

62 EHE, [録] by Robert Stewart, Cambridge, January 11, 1968, 精神分析家だけでなく知識人一般を読者として想定したこと。// EHE, “Preliminary Abstract: *Childhood and Society*,” 21-22,「イルマの夢」について。// JE, [録] by LJF, Harwich, January 15, 1994, 対象読者の問題,「イルマの夢」論文を削除しほぼ同時にライフサ

イクル論文を7章としたこと。// ［手］ from David Riesman to EHE, August 18, 1948, DRP, 「イルマの夢」論文は加えた方がよいと主張, 同じく Riesman, ［録］ by LJF, Cambridge, March 2, 1991. // 「イルマの夢」論文は次の形で発表された："The Dream Specimen of Psychoanalysis," *Journal of the American Academy of Psychoanalysis*, 2 (1954): 5-56.

63 読者層についてのエリクソンの考えは, EHE, "Preliminary Abstract: *Childhood and Society*," 1; EHE, "Gandhi's Truth: Miscellaneous Papers" (n.d.), E-H; EHE, *Childhood and Society*[1] (revised ed., 1963, 1985), 13, "Afterthoughts 1985" // ［手］ from Storer Lunt to EHE, November 18, 1949, W. W. Norton Papers, Columbia, 「構成がちょっと散漫〜」

64 ［手］ from EHE to Katherine Barnard, April 10, 1950, W. W. Norton Papers, Columbia, 「一部分だけを強調」// EHE, "Preliminary Outline: *Childhood and Society*," 1, 「生きている歴史の〜」// EHE, "Childhood and Society[1]" W. W. Norton (1950) への推薦文, 「子ども期の訓練と〜」// EHE, *Childhood and Society*[1], 11, 「幼い子どものなかにある〜」; 42, 四部構成としたこと。// EHE, "Autobiographic Statement to Freshman Seminar" (n.d. [early 1960s]), E-H, 「論文を一つにまとめているのはアイデンティティ」

65 Steven Wieland, "Psychoanalysis without Words: Erik H. Erikson's American Apprenticeship," *Michigan Quarterly Review* (Winter 1992): 13, *Childhood and Society*[1] は多様な証拠を踏まえていることを軽視。// EHE, *Childhood and Society* [1], 12-13, 「主体的な書」

66 EHE, *Childhood and Society*[1], 11-12, 「精神分析書」, 「自我のルーツ」// EHE, "Abstract of Lectures for the Second and Fourth Days of the Scandinavian Seminar" (n.d. [1952]), E-H, 1-2, 「うまく機能する社会」

67 EHE, *Childhood and Society*[1], 359, 「私が提供できるのは」

68 EHE, "Preliminary Abstract: *Childhood and Society*", 「心理学の仕事に〜」という序文。// Tanner and Inhelder, *Discussions in Child Development*, vol.3, 17, 「コンフィギュレーション・レベル」, 「目に見える〜」, 「ある種の調和」

69 Suzanne R. Kirschner, "The Assenting Echo: Anglo-American Values in Contemporary Psychoanalytic Developmental Psychology," *Social Research 57*, no.4 (Winter 1990): 848 *n*. 57. // Rupert Wilkinson, *The Pursuit of American Character* (New York, 1988).

70 EHE, "Autobiographic Notes on the Identity Crisis," *Daedalus* 94 (Fall 1970): 744, 「ものを書く精神分析家」, 「フロイト父娘に〜恩を返し」

71 EHE, *Childhood and Society*[1] ("Afterthought 1985"), 14, 「一人の人間の〜」// ［手］ from EHE to David Riesman, July 3, 1948, DRP, 「子どもを離れて〜」// Hetty Zock, *A Psychology of Ultimate Concern: Erik H. Erikson's Contribution to the Psychology of Religion* (Amsterdam, 1990), 86, 『子ども期と社会』に記された基本的信頼はエリクソンの宗教へのアプローチの基礎であると指摘。// Kai Erikson, ed., *In Search of Common Ground: Conversations with Erik H. Erikson and Huey P. Newton*[10] (New York, 1973), 54, 「自分の初めての本は〜」

72 ［手］ from EHE to Katherine Barnard, April 10, 1950, W. W. Norton Papers,

Columbia.

73 『子ども期と社会』の売り上げと販売部数の推移（1950〜63年）は，［手］from EHE to Katherine Barnard (n.d. [spring 1951]); Storer Lunt to EHE, March 11, 1955; George P. Brockway to EHE, November 27, 1961（すべて W. W. Norton Papers, Columbia 所収）. // George P. Brockway,［電］by LJF, January, 29, 1994; Donald S. Lamm,［電］by LJF, August 30, 1994;［手］from Lamm to LJF, July 5, 1994.

74 ［手］from EHE to Storer Lunt, September 1, 1951, W. W. Norton Papers, Columbia,「私の本がどのくらい〜」; EHE to Katherine Barnard, October 1950, W. W. Norton Papers, Columbia,「これから先〜」。情報源としては他に次の手紙がある; EHE to H. P. Wilson, March 7, 1952, EHE to Lunt, September 11, 1953 and November 12, 1958, W. W. Norton Papers, Columbia, 印税前払いを請求。//［手］from EHE to Barnard, May 1, 1951, W. W. Norton Papers, Columbia,『ニューヨークタイムズ』の書評のこと。// EHE,［録］by Robert Stewart, Cambridge, January 11, 1968,「学び取ったことを〜」

75 ［手］from David Riesman to EHE, January 11, 1951, Riesman,［録］by LJF, Cambridge, March 2, 1991;［手］from David Rapaport to EHE, October 9, 1950, E-H. // Robert Holt in *Journal of Personality* 21, no.1 (September 1952): 153. //［手］from Joseph B. Wheelwright to EHE, December 21, 1950, E-H. // Martin Grotjahn in *Psychoanalytic Quarterly* 20, no.2 (1951): 293. //［手］from Robert Knight to EHE and JE, November 15, 1950, E-H. // Walter Bromberg in *Mental Hygiene* (October 1951): 644.

76 EHE, *Childhood and Society*[1], 12-13,「現に主体的な書であり」// Robert W. White in *Journal of Abnormal and Social Psychology* 46 (July 1951): 447-48;［手］from Gary Kern to EHE, July 27, 1971, E-H;［手］from Henry A. Murray to EHE, February 6, 1952, E-H. //［手］from Karl A. Menninger to EHE, July 15, 1954, KAM.

77 Esther Menaker,［電］by LJF, February 12, 1995, A. フロイトの否定的な感想を回想。//［手］from Lois Murphy to EHE (n.d. [fall 1976]), E-H,「社会学」の書物だという A. フロイトの批判にエリクソンが傷ついたこと。//［手］from Ernst Kris to Anna Freud, November 1, 1950, Anna Freud Papers, LC. Géza Róheim, *Psychoanalysis and Anthropology*[11] (New York, 1950), 272, 286-88, その他のローハイムを引用したものとして Paul Robinson, *The Freudian Left: Wilhelm Reich, Géza Róheim, Herbert Marcuse*[12] (New York, 1969), 144-45. // Mable Blake Cohen in *Psychiatry* 14, no.3 (August 1951): 351;［手］barrington Moore to McGeorge Bundy, May 22, 1959, Ad Hoc Committee on Human Development, Harvard Archives. // Beatrice Whiting in *American Sociological Review* 16, no.3 (June 1951): 414.

78 Elkind in Milton Senn, ed., "Oral History of the Child Development Movement," National Library of Medicine, January 31, 1973; Robert Rubenstein, "Erik Erikson" (n.d. [late 1980s]), 6, San Francisco Psychoanalytic Institute. // Abram Kardiner, "Reminiscences," 223, 225, Rare Books and Manuscripts Div., Butler Library, Columbia University (1963).

79 EHE, "Bibliography" (January 1966), Archives of the History of American Psychology, University of Akron, 7, 米国以外の出版状況。// Nathan Hale, *The Rise and Crisis of Psychoanalysis in the United States: Freud and the Americans, 1917-1985* (New York, 1995), 253, 精神医学研修プログラムに採用されたこと。// [手] from EHE to David and Evelyn Riesman (n.d. [mid-1950s]), DRP, ロックウェルが描いた『子ども期と社会』を読むトム・ソーヤーのスケッチを含む。// Donald S. Lamm, [電] by LJF, June 23, 1995, ペーパーバック版発行で売り上げが3倍になったこと。// Coles, *Erik Erikson*[8], xi-xiv. Mead in *American Scholar* 30, no.4 (Autumn 1961): 614-15. // [手] from Lamm to LJF, July 5, 1994, 『子ども期と社会』の売れ行きの変化について，ノートン社の視点から興味深い洞察が記されている。

[1] Erikson, E. H., *Childhood and Society* (New York, 1985 edition) (E. H. エリクソン／仁科弥生訳『幼児期と社会』1,2, みすず書房, 1977-1980, 原著1963年版の訳.)

[2] Roazen, P., *Erik H. Erikson: The Power and Limits of a Vision* (New York, 1976) (P. ローゼン／福島章他訳『アイデンティティ論を超えて』誠信書房, 1984.)

[3] Trent, J. W., *Inventing the Feeble Mind: A History of Mental Retardation in the United States* (Berkeley, 1994) (J. W. トレント Jr.／清水貞夫他監訳『「精神薄弱」の誕生と変貌——アメリカにおける精神遅滞の歴史』上下, 学苑社, 1997.)

[4] Tyor, P. L. and Bell, L. V., *Caring for the Retarded* (Westport, Conn., 1984) (P. L.Tyor, Leland V.Bell／国分充他訳『精神薄弱者とコミュニティ—その歴史』相川書房, 1988.)

[5] Bateson, M. C., *Composing a Life* (New York, 1990) (M. C. ベイトソン／桜内篤子訳『女性として，人間として—五つの創造的人生から学ぶ』ティビーエス・ブリタニカ, 1991.)

[6] Evans, R. I. ed., *Dialogue with Erik Erikson* (New York, 1967) (R. I. エヴァンズ／岡堂哲雄・中園正身訳『エリクソンは語る—アイデンティティの心理学』新曜社, 1981.)

[7] Huxley, J. ed., *The Humanist Frame* (New York, 1961) (J. ハックスレー編／日本ユネスコ協会連盟ヒューマニスト・フレーム翻訳刊行委員会訳『ヒューマニズムの危機—新しい人間主義の構想』平凡社, 1964; 日本ユネスコ協会連盟, 1966.)

[8] Coles, R., *Erik H. Erikson: The Growth of His Work* (Boston, 1970) (R. コールズ／鑪幹八郎監訳『エリク・H・エリクソンの研究』上下, ぺりかん社, 1980.)

[9] Erikson, E. H., *Identity: Youth and Crisis* (New York, 1968) (E. H. エリクソン／岩瀬庸理訳『アイデンティティ—青年と危機』金沢文庫, 1982.)

[10] Erikson, K. T. ed., *In Search of Common Ground*, (New York, 1971) (K. エリクソン／近藤邦夫訳『エリクソン vs.ニュートン—アイデンティティーと革命をめぐる討論』みすず書房, 1975.)

[11] Roheim, G., *Psychoanalysis and Anthropology: Culture, Personality, and the Unconscious* (New York, 1950) (G. ローハイム／小田晋・黒田信一郎訳『精神分析と人類学』上下, 思索社, 1980-1980.)

[12] Robinson, P., *The Freudian Left: Wilhelm Reich, Geza Roheim, Herbert Marcuse* (New York, 1969) (P. A. ロビンソン／平田武靖訳『フロイト左派』せりか書房, 1972.)